高等院校应用型财经专业基础课规划教材

证券投资学

石 磊 主编

对外经济贸易大学出版社
中国·北京

图书在版编目（CIP）数据

证券投资学／石磊主编. —北京：对外经济贸易大学出版社，2014（2017.12 重印）
高等院校应用型财经专业基础课规划教材
ISBN 978-7-5663-1013-2

Ⅰ.①证… Ⅱ.①石… Ⅲ.①证券投资-高等学校-教材 Ⅳ.①F830.53

中国版本图书馆 CIP 数据核字（2014）第 081332 号

证券投资学

石 磊 **主编**

责任编辑：*李晨光 许曙宏*

对 外 经 济 贸 易 大 学 出 版 社
北京市朝阳区惠新东街 10 号 邮政编码：100029
邮购电话：010-64492338 发行部电话：010-64492342
网址：http://www.uibep.com E-mail：uibep@126.com

北京华创印务有限公司印装 新华书店经销
成品尺寸：185mm×260mm 22.25 印张 514 千字
2014 年 7 月北京第 1 版 2017 年 12 月第 4 次印刷

ISBN 978-7-5663-1013-2
印数：6 001–8 000 册 定价：40.00 元

前　言

证券投资是现代市场经济条件下进行资本运作的基本手段，是社会经济的重要组成部分，也是投资的重要形式之一。近年来，我国证券行业发展迅速，但与行业的快速发展相比，社会公众所具备的证券投资基本知识和技能还明显滞后；同时，证券产品的日趋多样化和复杂化，也在一定程度上增加了社会公众进行投资选择、风险规避以及监管的难度。随着我国资本市场规范化、国际化的发展趋势日渐显著，不断提高证券经营机构的竞争能力和风险控制水平，提高证券从业人员和广大证券市场参与者的素质显得尤为重要。

西方国家的证券投资理论与实践经历了几百年的发展，从16世纪的地中海沿岸到此后的欧洲和美洲，产生的各种类型的证券投资产品品种齐全、业务规模庞大、影响深远，在国民经济中的地位举足轻重。证券投资作为一种蕴含着巨大风险的商业机制，对一国的金融业乃至整个国民经济的影响巨大。因此得到各国政府的重视，并在政策上给予支持，在监管上予以规范。改革开放以来，中国证券业务快速增长，服务领域不断拓宽，市场体系日益完善，法律法规逐步健全，监管水平不断提高，风险得到有效防范，整体实力明显增强，在促进改革、保障经济等方面发挥了积极作用。目前，受全球经济一体化的影响，我国的资本市场将面临来自全世界发达国家市场前所未有的竞争和冲击。因此，发展证券投资理论教育，完善证券投资理论，大力培养人才，提高人才素质是我国的当务之急。当前，我国证券投资业已经站在新的发展起点上，进入了一个新的发展阶段，加强理论研究和实践创新，对于开创中国特色资本市场发展的新局面具有不可低估的重大意义。

本教材以证券投资工具为基础，以证券市场为依托，形成一个相对完整的理论体系，包括绪论、证券投资工具篇、证券市场与交易篇、证券投资分析篇、证券投资组合与风险管理篇五个部分。本教材适用《中华人民共和国证券法》（2005年修订通过），并吸收了近年来证券投资理论的最新发展及现有国内外教材的精华部分，适用性强。本教材从投资概念和投资基本原理入手，以证券投资基础知识和基本运行原理为基础，在讲解证券投资分析和案例的同时适度深化投资理论，最终达到“学投资、懂投资、会投资”的目的。本书适合高等院校投资学课程的教学使用，也可以作为证券投资从业人员及自学者的参考用书。

石磊、侯志铭、崔树国、李杰、左佳、李英伟、刘慧、李丹捷、丹冉、白玮炜等同志实际参与了本书资料整理、写作、案例编写和后期的校对工作，在此表示感谢！对外经济贸易大学出版社的编辑在出版过程中也给予了大力的协作，在此表示深切的感谢与敬意！由于编者能力有限，书中难免出现不足，敬请各方指正！

编　者

2014年2月

目　　录

绪　　论

第一篇　证券投资工具

第二篇　证券市场与交易

第三篇　证券投资分析篇

第四篇　证券投资组合与风险管理

绪　论

在现代经济生活中，投资已经成为一种普遍而具有重要意义的经济行为。系统地分析投资的内容以及各类投资运行的特点与规律，有助于人们在认识投资规律的基础上提高投资效益。作为虚拟资本投资的主要形式，证券投资具有一般性和特殊性。投资的快速发展导致很多因素对投资效率都会产生影响，而对投资效率的一般分析将引发对提高投资效率的思考。

第一章

投资概述

学习目的

通过本章的学习，学生能够做到：掌握投资的概念和特点；区分投资和投机，理解投资的特点与分类；理解投资在经济中的作用；掌握投资效率的分析和计算方法。

重点难点

1. 投资与投机的区别；
2. 投资在经济中的作用；
3. 投资效率的分析方法；
4. 时间价值和复利计算。

第一节　投资的概念与特点

一、投资的概念

投资这个名词在金融和经济方面有多种含义。它主要涉及财产的累积以求在未来得到收益。理论经济学认为，投资是指购买（和因此生产）资本货物——不会被消耗掉反倒是被使用在未来生产的物品。例如修建铁路或工厂、购买投资性房产、自己花费金钱培训等。

更一般地认为，投资（Investment）是指经济主体为了获得预期经济效益而在当前投入资金或资源用以转化为实物资产或金融资产以实现价值增值的行为和过程。

广义的投资包括生产性投资和金融投资。生产性投资即直接投资，也称作实业投资，是通过购置生产资料的活动增加经济生产能力，实现经济的增长；金融投资是指投资于金融资产或金融工具的投资活动或经济行为，是通过货币所有权的转移取得投资的回报，主要包括股票、债券、票据等求偿权的投资，又可称为证券投资。在西方学术界的投资学著作中，投资实际上指的就是金融投资，特别是证券投资。对任何社会来说，持续不断的投资都是保持其经济利益持续增长的必不可少的条件。

投资是一个历史范畴。投资活动作为一种经济活动，是随着商品经济的产生而产生，并随着商品经济的发展而不断发展变化的。在前资本主义社会，由于受当时低下的生产力水平限制，投资活动只能属于一种自然投资形态。到了16—17世纪，随着商品经济的发展和资本主义生产方式的确立，投资活动也随之发展并日趋活跃，主要表现为投资主体的广泛性、投资形式的多样性，而且投资已成为推动社会发展的重要力量。

二、投资与投机

从金融学角度来讲，相较于投机而言，投资的时间更长一些，更趋向是为了在未来一定时间段内获得某种比较持续稳定的现金流收益，是未来收益的累积。

投机（Speculation）是指根据对市场的判断，把握机会，利用市场出现的价差进行买卖从中获得利润的交易行为。投机者可以“买空”（Long），也可以“卖空”（Short）。更为通俗的一个定义是：投机就是投资机会（投资行为中的一种），没有机会就不进场交易，如同打猎，不看见猎物绝不开枪。投机的目的很直接——就是获得价差收益。投机是有较大风险的。

在使用投资与投机概念时，人们习惯于用以下方式将投资与投机加以区别：

（1）以投资时间长短来划分。投资时间短，在市场上频频买入或卖出有价证券为投机；长期保留证券，不轻易换手，按期获得资本收益为投资。

（2）以投资风险大小来划分。投资风险大的为投机，投机为高风险投资；投资风险相对小的为投资，投资是稳健的投机。

（3）以是否重视证券实际价值来划分。投资者着重对各种证券所代表的实际价值、公司的业绩和创利能力进行分析，然后选择投资对象；而投机者主要注重市场的变化，注意证券市场行情的变化，频繁买进卖出，以获市场差价为主。投资者注重证券的内在价值，而投机者则注重证券的市场价格。

正常的投机对平衡证券价格，增强证券的流动性，加速资金周转，维持证券市场正常运转具有积极作用。从某种意义上说，没有投机就没有证券市场。但过度投机会对市场乃至经济造成危害。过度投机容易造成盲目性，出现各种风潮。因此，应当禁止不正当的、非法的投机行为。

案例分析

索罗斯成功狙击英镑

作为保障市场稳定的重要机构——英格兰银行，是英国金融体制的强大支柱，具有极为丰富的市场经验和强大的实力，几乎无人能与之对抗。早在英国加入欧洲汇率体系之前，英镑与德国马克的汇率已稳定在1英镑兑换2.95马克的汇率水平，英镑明显被高估。经济衰退却维持如此高的汇率，此时加入欧洲汇率体系，对英国来说代价是极其昂贵的，英格兰银行将面临巨大的降息或贬值压力。

索罗斯早在《马斯特里赫特条约》签订之时已预见到欧洲汇率体系将会由于各国的经济实力以及各自的国家利益而很难保持协调一致。投机者会乘虚而入，对欧洲汇率体系中松动的“链条”发起进攻，而其他的潮流追随者也会闻风而动，使汇率更加摇摆不定。最终，对追风机制的依靠比市场接纳它们的容量大得多，直到整个体制被摧毁。

英国经济日益衰退，英国政府需要贬值英镑，刺激出口，但英国政府却受到欧洲汇率体系的限制，必须勉力维持英镑对马克的汇价。英镑对马克的比价在不断地下跌，从2.95跌至2.85，又从2.85跌至2.796 4。英国政府为了防止投机者使英镑对马克的比价低于欧洲汇率体系中所规定的下限2.778 0，已下令英格兰银行购入33亿英镑来干预市场。但政府的干预并未产生好的预期，这使得索罗斯更加坚信自己以前的判断，他决定在危机乍现时出击。

随着时间的推移，英国政府维持高利率的经济政策受到越来越大的压力，它请求德国联邦银行降低利率，但德国联邦银行却担心降息会导致国内的通货膨胀并有可能引发经济崩溃，拒绝了英国降息的请求。

1992年9月，投机者开始进攻欧洲汇率体系中那些疲软的货币，其中包括英镑、意大利里拉等。索罗斯及一些长期进行套汇经营的共同基金和跨国公司在市场上抛售疲软的欧洲货币，使得这些国家的中央银行不得不斥巨资来支持各自的货币价值。

在这场捍卫英镑的行动中，英国政府动用了价值269亿美元的外汇储备，但最终还是遭受惨败，被迫退出欧洲汇率体系。英国人把1992年9月15日——退出欧洲汇率体系的日子称作黑色星期三。

索罗斯却是这场袭击英镑行动中最大的赢家，曾被《经济学家》杂志称为打垮了英格兰银行的人。索罗斯从英镑空头交易中获利已接近10亿美元，在英国、法国和德国的利率期货上的多头和意大利里拉上的空头交易使他的总利润高达20亿美元，其中索罗斯个人收入为1/3。在这一年，索罗斯的量子基金增长了67.5%。

资料来源：根据百度百科整理，http：//baike. baidu. com.

三、投资的特点

投资活动作为国民经济发展的重要促进因素，对一国的经济增长在数量和结构两方面都有着显著的影响。投资活动之所以会产生这些影响，是因为投资具有以下特征：

（一）投入资金多

投资是为了实现未来的收益而投入各种生产要素，以形成经营所需要的各类资产，因此对资金的需求量相当大，在资金的筹措和运用方面均应采用科学的管理方法，以控制资金的投入数量、投入速度、投入质量和产出效益。否则，因资金运用不当造成的损失将是巨大的。

（二）占用时间长

从资金的投入到最终效益的产出一般要经历相当长的时间，投资存在着明显的时滞和时间价值。现时投入资金的活动要持续很长时间，而且投入的资金在一段时期内不能为社会提供有效的产出。为了使投资能够发挥正常的扩大再生产能力，保证经济运行的连续性，需要合理安排每个时期的投资活动。

（三）实施风险高

由于投资活动经历的时间较长，在其具体实施过程中受到外界诸多因素的影响，始终面临着失败的潜在可能性，使得未来收益的实现变得不那么可靠。投资实施过程中面临的主要风险有政策风险、技术风险、财务风险、市场风险、政治风险及自然风险等，无论哪项风险的发生，都会对计划中的投资活动产生一定程度的冲击，因此投资活动通常涉及风险评估、防范和控制。

（四）影响不可逆

投资的过程是组合各种资源形成新的生产能力的过程，它主要是资金的物化过程，一旦投入的资金得到了物化，也就被固化在某一场所，具有显著的固定性和不可分割性。投资产生的效果无论好坏都将对国民经济产生持续的影响，如果某项投资行为被证明是错误的，在短期内将难以消除其不良影响；同时，扭转错误的投资行为，也需要付出巨大的代价。从相当长的一段时期来说，投资的影响通常是不可逆的。投资的这一特点要求人们在投资活动中保持谨慎的态度，尽力提高投资的质量。

小知识

关于时间价值

资本的时间价值（Time Value of Money）又被称为货币的时间价值，指货币随着时间的推移而发生的增值。资本最初总是以货币的预付为起点，又以货币的回流为终点，所以可以将资本的时间价值称为货币的时间价值。这个概念认为，当前拥有的货币比未来收到的同样金额的货币具有更大的价值，因为当前拥有的货币可以进行投资获得复利。即使没有通货膨胀的影响，只要存在投资机会，货币的现值就一定大于它的未来价值。

货币的时间价值最直接的表现形式就是利息，利息率则是货币价值增值能力的体现。利息率越高，表示货币的增值能力越大；反之则越小。

利率的存在，使得相同货币在不同时点上的价值量会有差异，因此，要反映投资是否达到预期的效益，就必须将它们转化成某个特定时间的货币价值以进行比较。在实际过程中，这种比较绝大部分采用现值法，也就是以某个基准利率将不同时间上的货币流量转化为基期的货币价值。这种转化一般是以市场上货币的机会成本或平均利率为标准，或者是以投资者的预期（毛）利润率为标准。

四、投资的分类

（一）根据投资方式的不同，投资可分为直接投资和间接投资

直接投资是指将资金直接用于投资项目，形成固定资产和流动资产的投资。直接投资按其性质不同又可分为固定资产投资和流动资产投资。

间接投资是指投资者并不直接经营实物资产，而是将自有资本的使用权委托或让渡给第三者，用以购买股票、债券等有价证券，使货币资金转化为金融资产，以获得一定股息或利息为目的的经济行为。

（二）根据投资主体的不同，投资可分为法人投资、个人投资、政府投资和国外投资

法人投资是指企业法人和其他社会团体法人所进行的投资，企业法人包括国有企业法人、集体企业法人和私营企业法人。

个人投资是指公民个人进行的投资，也称自然人投资。

政府投资是指政府作为投资主体的一种投资。政府投资与其他主体的投资行为相比既有相似的地方，也有不同的地方，虽然政府投资有时也具有营利的性质，但是政府投资更多的是具有公益福利性、经济外部性的投资。在西方国家，政府大多投资于市场失灵的领域，以解决市场经济中存在的外部性以及防止经济波动过于频繁或波动过大等问题。

国外投资是指国外投资者向本国进行的投资活动，包括国外私人投资和外国政府投资。

（三）根据投资地域范围的不同，投资可分为国内投资和国际投资

国内投资是指各类投资者在本国国内进行的各种投资。

国际投资是指各类投资者跨越国界的投资，既包括外国资本在本国的投资，也包括本国资本在外国的投资。目前，我国对来自或投向我国台湾、香港、澳门地区的投资，均称为境外投资，视同国际投资。

（四）根据投资资产性质的不同，投资可分为有形资产投资和无形资产投资

有形资产投资包括货币性资产投资和实物资产投资两种。货币性资产投资主要是指投资者运用现金、银行存款、应收账款和各种有价证券进行的投资。实物资产投资是指投资者运用土地、建筑物、机器设备、零部件和原材料等进行的投资。

无形资产投资是指投资者运用生产技术、管理经验、商誉、专利、商标等进行的投资。

（五）根据货币转化为资本的途径不同，投资可分为实物投资和证券投资

实物投资又称直接投资，是指以现金、实物、无形资产等投入企业进行的投资。投资直接形成生产经营活动的能力并为从事某种生产经营活动创造必要条件。

证券投资是指投资者（法人或自然人）以货币购买股票、债券、基金券等有价证券以及这些有价证券的衍生品，并以此获取红利、利息及资本利得的投资行为和投资过程，是间接投资的重要形式。

五、投资的意义和作用

投资对社会和经济的发展具有重要的作用。从根本上说，生产的发展、生活的改善、社会的进步，没有哪项活动能离开投资和经济增长。在市场经济条件下，投资在国民经济发展与国际交往中发挥着越来越重要的作用。

（一）投资与企业发展

企业是国民经济的细胞，而投资是社会经济生活的血液，二者的关系极为密切。从生产力角度来考察，一方面，投资是企业发展的第一动力。首先，新企业的诞生完全依附于投资；其次，现有企业的发展也离不开投资；再次，企业总体向前发展的必然过程，离不开各企业之间优胜劣汰的竞争，优等企业的发展扩大，劣等企业的破产淘汰，

破产法的实施和企业兼并，也只有在投资的总体运动中才能实现。

另一方面，企业的发展状况对投资具有促进和制约作用。投资的经济要素除了一部分是以自然状态存在的自然资源外，其主要部分还是依靠现有企业的资金积累、物资积累。因此，企业的发展状况越好，提供的投资积累就越多；反之则少。就是说，要想有更多的投资进入社会，就必须要经营管理好现有的企业。

（二）投资与经济增长

投资与经济增长的关系非常紧密。在经济理论界，有一个观点，即认为经济增长情况主要是由投资决定，投资是经济增长的基本推动力，是经济增长的必要前提，对经济增长具有乘数效应。投资的乘数效应可以从两方面起作用：一方面，投资的增加会引起收入成 K 倍增加，也就是说收入的增加大大超过投资的增加；另一方面，投资的减少会引起收入成 K 倍减少，也就是说收入的减少要大大超过投资的减少。因此，西方经济学家称乘数效应为一把“双刃剑”。

投资对经济增长的影响，可以从要素投入和资源配置来分析。一方面，经济增长是投资赖以扩大的基础，从社会角度看，投资作为资金价值的垫付行业，归根结底取决于社会总产品价值向投资资金的转化程度；另一方面，投资增长又是经济增长的必要前提，投资形成了生产手段和生产能力（即物资资金）。

（三）投资与技术进步

投资对技术进步有很大的影响。一方面，投资是技术进步的载体，任何技术成果应用都必须通过某种投资活动来体现，它是技术与经济之间联系的纽带；另一方面，技术本身也是一种投资的结构，任何一项技术成果都是投入一定的人力资本和资源（如试验设备等）等的产物。技术进步的产生和应用离不开投资，投资是促进技术进步的主要因素，技术进步也会产生更多的投资机会。

（四）投资与资本市场

投资与资本市场是相互促进、相互影响的。一方面，投资对资本市场的成熟与完善起着重要的作用；另一方面，它又对资本市场产生很强的依赖性。反过来，投资的发展又为证券市场培育了大批高成长性的企业，这些企业的上市又活跃了证券市场。一个发达活跃的资本市场能够极大地推动实体投资的发展。证券市场的筹资功能越强，流入企业的资本就会越多，企业的长远发展有赖于证券市场开辟的长期融资渠道。

概念区分

资本与资产

● 资本（Capital）是指经营工商业的本钱。

在西方经济学理论中，资本是投入（生产资料）的一部分，投入包括劳务、土地、资金、材料等。资本是指生产出来的生产要素，是耐用品。从企业会计学理论来讲，资本是指所有者投入生产经营，并能产生效益的资金。

按照马克思主义政治经济学的观点，资本是一种可以带来剩余价值的价值，它在资本主义生产关系中是一个特定的政治经济范畴，它体现了资本家对工人的剥削关系。因此，资本并不完全是一个存量的概念。然而今天来单独研究宏观经济存量核算时，“资本”泛指一切投入再生产过程的有形资本、无形资本、金融资本和人力资本。从投资活动的角度看，资本与流量核算相联系，而作为投资活动的沉淀或者累计结果，资本又与存量核算相联系。

资产=资本+其他积累+负债

即：资本+其他积累=资产-负债=资本权益（或所有者权益）

- 资产（Assets）是指企业过去的交易或者事项形成的由企业拥有或控制的资源，预期会给企业带来经济利益的资源。

资产是企业、自然人、国家拥有或者控制的能以货币来计量收支的经济资源，包括各种收入、债权和其他。资产通常具有以下特点：第一，资产能够给企业带来经济利益；第二，资产都是为企业所拥有的，或者即使不为企业所拥有，但也是企业所控制的；第三，资产都是企业在过去发生的交易事项中获得的。

资料来源：滋维．博迪．投资学．第7版．北京：机械工业出版社，2010.

第二节　投资的效率分析

投资效益评价，就是对投资项目的经济效益和社会效益进行分析，并在此基础上，对投资项目的技术可行性、经济营利性以及进行此项投资的必要性做出相应的结论，作为投资决策的依据。

评价投资项目的经济效益，以对投资项目的财务分析和国民经济分析为基础。根据分析中是否考虑时间因素，是否把项目期内各项收支折合现值为标准，将投资效益分析分为静态投资效益分析和动态投资效益分析。静态分析法不考虑投资项目各项支出与收入发生的时间，动态分析法要考虑投资项目各项支出与收入发生的时间，通过折算为现值进行分析。

一、评价投资效益的静态分析法

（一）投资回收期法

静态投资回收期是在不考虑资金时间价值的条件下，以方案的净收益回收其总投资（包括建设投资和流动资金）所需要的时间。它是根据回收期的长短来评价项目的可行性及其效益的高低。投资回收期可以自项目建设开始年算起，也可以自项目投产年开始算起，但应予注明。自建设开始年算起，投资同收期 P_t（以年表示）的计算公式如下：

$$\sum_{t=0}^{P_t}(CI-CO)_t=0 \qquad (1-1)$$

式中，P_t为静态投资回收期；$(CI-CO)_t$为第 t 年净现金流量。

静态投资回收期可借助现金流量表，根据净现金流量来计算。其具体计算又分以下两种情况：

（1）当项目建成投产后各年的净收益（即净现金流量）均相同时，静态投资回收期的计算公式如下：

$$P_t = \frac{I}{A} \tag{1-2}$$

式中，I 为总投资；A 为每年的净收益。

【例 1-1】 某建设项目估计总投资 2 800 万元，项目建成后各年净收益为 320 万元，则该项目的静态投资回收期为多少？

该项目的静态回收期为：

$$P_t = \frac{2\ 800}{320} = 8.75\text{（年）}$$

（2）当项目建成投产后各年的净收益不相同时，静态投资回收期可根据累计净现金流量求得，也就是在现金流量表中累计净现金流量由负值转向正值的年份。其计算公式为：

$$P_t = (\text{累计净现金流量开始出现正值的年份数} - 1) + \frac{\text{上一年累计净现金流量的绝对值}}{\text{出现正值年份的净现金流量}} \tag{1-3}$$

【例 1-2】 某项目财务现金流量表的数据如表 1-1 所示，计算该项目的静态投资回收期。

根据式（1-3），可得：

$$P_t = (6 - 1) + \frac{|-200|}{500} = 5.4\text{（年）}$$

表 1-1　　某项目财务现金流量表　　单位：万元

计算期	0	1	2	3	4	5	6	7	8
现金流入	—	—	—	800	1 200	1 200	1 200	1 200	1 200
现金流出	—	600	900	500	700	700	700	700	700
净现金流量	—	-600	-900	300	500	500	500	500	500
累计净现金流量	—	-600	-1 500	-1 200	-700	-200	300	800	1 300

将计算出的静态投资回收期 P_t 与所确定的基准投资回收期 P_c 进行比较，若 $P_t \leq P_c$，表明项目投资能在规定的时间内收回，则方案可以考虑接受；若 $P_t > P_c$，则方案是不可行的。

（二）投资收益率法

投资收益率是衡量投资方案获利水平的评价指标，它是投资方案达到设计生产能力后一个正常生产年份的年净收益总额与方案投资总额的比率。它表明投资方案在正常生产年份中，单位投资每年所创造的年净收益额。对生产期内各年的净收益额变化幅度较大的方案，可计算生产期年平均净收益额与投资总额的比率。投资收益率的计算公式为：

$$R = \frac{A}{I} \times 100\% \tag{1-4}$$

式中，R 为投资收益率；A 为年净收益额或年平均净收益额；I 为总投资（包括建设投资、建设期贷款利息和流动资金）。

将计算出的投资收益率 R 与所确定的基准投资收益率 R_c 进行比较。若 $R \geqslant R_c$，则方案可以考虑接受；若 $R<R_c$，则方案是不可行的。用投资收益率来衡量投资方案的获利能力，要求项目的投资收益率应大于行业的平均投资收益率，投资收益率越高，从项目所获得的收益或利润就越多。若投资收益率高于同期银行利率，适度举债是有利的；反之，过高的负债比率将损害企业和投资者的利益。由此可以看出，投资收益率这一指标不仅可以用来衡量方案的获利能力，还可以作为投资筹资决策参考的依据。

静态指标经济意义明确、直观，计算简便，在一定程度上反映了投资效果的优劣，可适用于各种投资规模。不足的是没有考虑投资收益的时间因素，忽视了资金具有时间价值的重要性。因此，以静态指标作为主要的决策依据不太可靠。

【例 1-3】 某项目有两个投资方案，都投资 10 万元，年平均净增收益均为 2.5 万元，投资回收期均为 4 年，但两个方案在项目期各年净增收益的数目不一样，如表 1-2 所示。

表 1-2　　项目投资回收情况表　　单位：万元

方案	甲方案	乙方案
第一年	40 000	10 000
第二年	30 000	20 000
第三年	20 000	30 000
第四年	10 000	40 000

上表中，甲方案大部分投资在前两年回收，而乙方案大部分投资则是在后两年回收。实行甲方案可以提前将资金用于其他方面的周转，更好地发挥资金的效益，显然优于乙方案。

二、评价投资效益的动态分析理论

（一）单利与复利

单利是只有本金在一定时间内计算利息。复利是本金和利息一起并入本金再计利息。复利计息的基本公式为：

$$F = P(1 + i)^n \text{ 或者 } F = P(F/P, n, i) \tag{1-5}$$

$(F/P,\ n,\ i) = (1 + i)^n$ 称为一次复利终值系数

【例 1-4】 某农户投资 50 000 元建设一个果园，估计 5 年后此果园值 75 000 元，如

果贷款利率为 8%，则这笔投资是否可行？

解这个题，先要求出这笔投资在利率 8% 的情况下，5 年之后的将来值，而后把求得的将来值与 5 年后果园的价值作比较，进而得出相应的结论。

查复利系数表，$i=8\%$，$n=5$，$(F/P,\ 0.08,\ 5)=1.469$

这笔投资的将来值 $=50\,000\times1.469=73\,450$（元）

果园的预期价值大于这笔投资的将来值，故这笔投资可行。

（二）贴现与贴现因子

把某一金额的将来值折算为现值的过程称为贴现或者折现。计算现值的公式为：

$$P=\frac{F}{(1+i)^n}\text{ 或者 }P=F(P/F,i,n) \tag{1-6}$$

$(P/F,i,n)=\dfrac{1}{(1+i)^n}$ 称为一次复利现值系数或者叫折现因子（贴现因子）。

【例 1-5】 某灌溉项目，项目期 15 年，预计第 10 年的净收益为 120 000 元，如果按年贴现率为 8% 进行贴现，其现值是多少？

$$P=\frac{F}{(1+i)^n}=\frac{120\ 000}{(1+8\%)^{10}}=120\ 000\times0.463\ 2=55\ 584\text{（元）}$$

（三）年金现值系数

年金是指项目在考察期内项目每年的收入或支出相等的金额值。计算公式为：

$$P=A\frac{(1+i)^n-1}{i(1+i)^n} \tag{1-7}$$

式中，$\dfrac{(1+i)^n-1}{i(1+i)^n}$ 称为年金现值系数，也可表示为 $(P/A,i,n)$。

【例 1-6】 某个项目打算在今后 5 年内每年投资 10 000 元，设年利率为 8%，试问这些年投资金额合起来，相当于现在投资多少？

已知　$n=5$，$i=8\%$，$A=10\,000$，查表得：$(P/A,\ 0.08,\ 5)=3.993$

年现金值之和 $=10\,000\times3.993=39\,930$（元）

这些年投资金额合起来相当于现在投资 39 930 元。

三、评价投资效益的动态分析法

（一）净现值法

净现值法是将项目在考察期内各年发生的收入和支出折算为项目期初的值的代数和。净现值（Net Present Value，NPV）是反映投资方案在计算期内获利能力的动态评价指标。投资方案的净现值是指用一个预定的基准收益率（或设定的折现率）i_c，分别把整个计算期间内各年所发生的净现金流量都折现到投资方案开始实施时的现值之和。净现值 NPV 计算公式为：

$$NPV = \sum_{t=0}^{n} (CI - CO)_t (1 + i_c)^{-t} \qquad (1\text{-}8)$$

式中，NPV 为净现值；$(CI-CO)_t$ 为第 t 年的净现金流量（应注意“+”、“-”号）；i_c 为基准收益率或者贴现率；n 为方案计算期。

净现值（NPV）是评价项目盈利能力的绝对指标。当 NPV≥0 时，说明该方案经济上可行；当 NPV<0 时，说明该方案不可行。

净现值（NPV）指标考虑了资金的时间价值，并全面考虑了项目在整个计算期内的经济状况；经济意义明确直观，能够直接以货币额表示项目的盈利水平。难点是确定一个符合经济现实的基准收益率或贴现率往往是比较困难的；而且在互斥方案评价时，净现值必须慎重考虑互斥方案的寿命，如果互斥方案寿命不等，必须构造一个相同的分析期限，才能进行各个方案之间的比选。

【例 1-7】某投资项目计划购买新式水泵一组，要支出基本建设资金 6 万元，预期今后 5 年内，每年可以节约生产费用 1.5 万元。计算时所用的贴现率为 8%。

在项目期 5 年之内，这项投资的效益折成现值应为：

$$P = \frac{15\ 000}{(1+8\%)} + \frac{15\ 000}{(1+8\%)^2} + \frac{15\ 000}{(1+8\%)^3} + \frac{15\ 000}{(1+8\%)^4} + \frac{15\ 000}{(1+8\%)^5}$$

$= 66\ 696$（元）

项目期投资费用为：60 000（元）

项目的净现值为：$NPV = 66\ 696 - 60\ 000 = 6\ 696$（元）

当贴现率为 8%时，这项投资的净现值为 6 696 元，净现值大于零。所以，这个投资方案是可行的。

（二）内部报酬率法

内部报酬率是净现值为 0 时的贴现率。求内部报酬率的方法是试算法。

$$\text{即 } NPV(IRR) = \sum_{t=0}^{n} (CI - CO)_t (1 + IRR)^{-t} = 0 \qquad (1\text{-}9)$$

如果所用的贴现率小于内部报酬率，则投资项目的净现值是正的，投资方案可以接受；如果所用的贴现率大于内部报酬率，则投资项目的净现值是负的，投资方案应被拒绝。

内部报酬率的经济含义是项目在考察期内的净收益刚好能够偿还投资及其利息，反映了项目对贷款利率的最大承受能力。

经济效益分析的主要特点是：把注意力集中在一个方案或系统的最终结果上，即根据每个方案在为目标服务时的效果，来权衡它们的优缺点。同时还要从效果着眼，比较每个方案的费用（或成本）。

四、评价投资效益的其他分析法

经济效益分析还可以采用统计的、数学的等具体方法，这些方法是多种多样的，投资者应该依分析目的、项目特点以及掌握资料的性质和内容来决定。下面介绍几种经济效益分析的其他方法。

（一）因素分析法

把综合性指标分解成各个原始的因素，以便确定影响经济效益的原因，这种方法称为因素分析法，其要点如下：

（1）确定某项指标是由哪几项因素构成的，各因素的排列要遵循正常的顺序；

（2）确定各因素与某项指标的函数关系；

（3）根据分析的目的对每个因素进行分析，测定某一因素对指标变动的影响方向和程度。

因素分析法的每一层次分析计算也称为连环替代法，这种方法就是把影响一项指标的几个相互联系的因素中一个因素作为变数，暂时把其他因素作为不变数，逐个进行替换，以测定此因素对该项指标的影响程度。根据测定的结果，可以初步分清主要因素与次要因素，从而抓住关键性因素，有针对性地提出改善经营管理的措施。因素的排列顺序要根据因素的内在联系加以确定。

（二）结构分析法

结构分析法也称比重分析法，这种方法就是计算某项经济指标各项组成部分占总体的比重，分析其内容构成的变化，从而区分主要矛盾和次要矛盾。通过结构分析，能够掌握事物的特点和变化趋势，如按构成流动资金的各个项目占流动资金总额的比重确定流动资金的结构，然后将不同时期的资金结构相比较，观察构成变化与产品积压的情况，以及产销平衡定额情况，为进一步挖掘资金潜力指明了方向。

（三）动态指数法

动态指数法是将不同时间的同类指标的数值进行对比，计算动态相对数，借以分析指标发展的方向和增减速度。例如以某年作为基准年，该年的某一指标定为100，将以后几年的指标与该基准年的指标相比较，换成百分数，或者采用环比的方法依次来分析某项指标的变化趋势，比如CPI（消费物价指数）的同比和环比分析。

本章小结

1. 投资（Investment）一般是指经济主体为了获得预期经济效益而在当前投入资金或资源用以转化为实物资产或金融资产以实现价值增值的行为和过程。广义的投资包括生产性投资和金融投资。

2. 投机（Speculation）指根据对市场的判断，把握机会，利用市场出现的价差进行买卖从中获得利润的交易行为。投资具有投入资金多、占用时间长、实施风险高、影响不可逆等特点。

3. 投资的分类。根据投资方式的不同，投资可分为直接投资和间接投资；根据投资主体的不同，投资可分为法人投资、个人投资、政府投资和国外投资；根据投资地域范围的不同，投资可分为国内投资和国际投资；根据投资资产性质的不同，投资可分为有形资产投资和无形资产投资；根据货币转化为资本的途径不同，投资可分为实物投资和证券投资。

4. 投资对社会和经济的发展具有重要的作用。从根本上说，生产的发展、生活的改善、社会的进步，没有哪项活动能离开投资和经济增长。在市场经济条件下，投资在国民经济发展与国际交往中发挥着越来越重要的作用。

5. 根据投资效益分析中是否考虑时间因素，投资效益分析可分为静态分析和动态分析。评价投资效益的静态分析法有投资回收期法、投资收益率法等；评价投资效益的动态分析法有净现值法、内部报酬率法等；评价投资效益的其他分析法主要有因素分析法、结构分析法、动态指数法等。

重要概念

投资　投机　资本　资产　时间价值　证券投资　投资效益　单利　复利　年金现值　终值　投资回收期　投资收益率　净现值　内部报酬率

复习思考题

1. 投资与投机的区别是什么？
2. 投资对经济发展的作用有哪些？
3. 如何对投资进行效率评价？

计 算 题

1. 某项目年初向银行贷款流动资金 100 万元，按季计算并支付利息，季度利率为 2%，则一年支付的利息总和为多少？

2. 某项目前两年每年年末投资 400 万元，从第 3 年开始，每年等额回收 260 万元，项目计算期为 10 年。则该项目的年均收益率是多少？

3. 已知某项目的净现金流量如表 1-3 所示。若 $i_c = 8\%$，则该项目的财务净现值为多少？

表 1-3　　某项目的净现金流量表

年份	1	2	3	4	5	6
净现金流量	−4 200	−2 700	1 500	2 500	2 500	2 500

4. 某企业现在对外投资 200 万元，5 年后一次性收回本金和利息，若年基准收益率为 i，已知：$(P/F,i,5) = 0.680\,6$，$(A/P,i,5) = 5.866\,6$，$(F/A,i,5) = 0.250\,5$，则总计可以回收多少万元？

第二章

证券投资概述

学习目的

通过本章的学习，学生能够做到：掌握证券和有价证券的概念、分类；熟悉有价证券的特征、理解有价证券的虚拟性；掌握证券投资收益和风险的构成，以及证券投资收益和风险之间的关系。

重点难点

1. 有价证券的概念；
2. 证券的“虚拟性”；
3. 证券投资的风险构成；
4. 证券收益率及计算。

第一节　证券概述

一、证券的概念与分类

（一）证券的概念

证券是各类财产所有权或债权凭证的通称，是用来证明证券持有人有权依票面所载内容，取得相关权益的凭证。

证券的本质是一种交易契约或合同，该契约或合同赋予合同持有人根据该合同的规定，对合同规定的标的采取相应的行为，并获得相应的收益的权利。它有广义和狭义之分。

广义证券包括商品证券、货币证券、资本证券和其他证券等所有可以取得相应权利的权益凭证。狭义的证券指有价证券。证券可以采取纸面形式或证券监管机构规定的其他形式。也就是说，一切用于证明或规定某种权利的书面凭证都可以称为证券。

一般来讲，证券必须具备两个最基本的特征：一是法律特征，即证券反映的是某种法律行为的结果，本身具有合法性；同时，它所包含的特定内容具有法律效力；二是书面特征，即证券必须采取书面形式，或与书面形式具有同等效力的形式，并且必须按照特定的格式进行书写或制作，载明有关法规规定的全部必要事项。同时具备上述两个特征的书面凭证才能称之为证券。

（二）证券的分类

按其性质不同，证券可分为证据证券、凭证证券和有价证券。

证据证券是指单纯地证明事实的文件，如信用证、证据（书面证明）等。凭证证券是指认定持证人是某种私权的合法权利者，证明持证人所履行的义务有效的文件，如存款单、借据、收据等。证据证券和凭证证券又称为无价证券。无价证券是政府或国家法律限制其在市场上流通，并规定不能通过流通转让来增加持有人收入的证券。

有价证券是指标有一定票面金额、代表财产权或债权的证书，证明持有人有权按期取得一定收入并可自由转让和买卖的所有权或债权凭证，如股票、债券。这类证券本身没有价值，但由于它是某种权利的化身，代表着一定量的财产权利，持有人可以凭该证券直接取得一定量的商品货币，或是取得利息、股息等收入，因而可以在证券市场上买卖和流通，客观上具有了交易价格。一般意义上的证券，指的是有价证券。

（三）有价证券的虚拟性

有价证券是虚拟资本的一种形式。所谓虚拟资本，是指以有价证券形式存在，并能给持有者带来一定收益的资本。虚拟资本是马克思特别命名的一个词，它主要指各种有价证券。

之所以将这些有价证券叫作虚拟资本，一方面虚拟资本是独立于实际资本之外的一种资本存在形式，本身不能在实体经济运行过程中发挥作用。它们本身是没有价值的，只是一定价值的所有权证书，如股票、债券和其他各种所有权证书（各种储蓄存单也属于这个范畴），它们代表的实际价值或被控制在厂商手中而被用于商品生产，或者被其他各种非生产性的债务人，如国家财政、消费者等消耗掉了。另一方面则是因为它们的市场价值是不稳定的，不仅随着市场供求而变化，而且随着它们的预期收益与利率的关系而不断改变。通常，虚拟资本的价格总额并不等于所代表的真实资本的账面价格，甚至与真实资本的重置价格也不一定相等，其变化并不完全反映实际资本额的变化。

二、有价证券的分类

有价证券有广义与狭义两种概念。狭义的有价证券即指资本证券，广义的有价证券包括商品证券、货币证券和资本证券。商品证券是证明持有人有商品所有权或使用权的凭证，取得这种证券就等于取得这种商品的所有权，持有人对这种证券所代表的商品所有权受法律保护。属于商品证券的有提货单、运货单、仓库栈单等。货币证券是指本身能使持有人或第三者取得货币索取权的有价证券。货币证券主要包括两大类：一类是商业证券，主要是商业汇票和商业本票；另一类是银行证券，主要是银行汇票、银行本票和支票。资本证券是指由金融投资或与金融投资有直接联系的活动而产生的证券。持有人有一定的收入请求权。资本证券是有价证券的主要形式，本书中的有价证券即指资本证券。

有价证券的种类多种多样，可以从不同的角度按不同的标准进行分类。

(一) 按证券发行主体的不同，有价证券可分为政府证券、政府机构证券和公司证券

政府证券通常是指由中央政府或地方政府发行的债券。中央政府债券也称国债，通常由一国财政部发行。地方政府债券由地方政府发行，以地方税或其他收入偿还。经国务院批准，于2011年在上海市、浙江省、广东省、深圳市开展了地方政府自行发债试点。政府机构证券是由经批准的政府机构发行的证券，我国目前的政府机构债券有政府支持债券和政府支持机构债券，前者如铁道部发行的铁路建设债券，后者如中央汇金公司发行的债券。公司证券是公司为筹措资金而发行的有价证券，公司证券包括的范围比较广泛，有股票、公司债券及商业票据等。此外，在公司证券中，通常将银行及非银行金融机构发行的证券称为金融证券，其中金融债券尤为常见。

(二) 按是否在证券交易所挂牌交易，有价证券可分为上市证券与非上市证券

上市证券是指经证券主管机关核准发行，并经证券交易所依法审核同意，允许在证券交易所内公开买卖的证券。非上市证券是指未申请上市或不符合证券交易所挂牌交易条件的证券。非上市证券不允许在证券交易所内交易，但可以在其他证券交易市场发行和交易。凭证式国债、电子式储蓄国债、普通开放式基金份额和非上市公众公司的股票属于非上市证券。

(三) 按募集方式分类，有价证券可以分为公募证券和私募证券

公募证券是指发行人通过中介机构向不特定的社会公众投资者公开发行的证券，审核较严格并采取公示制度。私募证券是指向少数特定的投资者发行的证券，其审查条件相对宽松，投资者也较少，不采取公示制度。目前，我国信托投资公司发行的信托计划以及商业银行和证券公司发行的理财计划均属私募证券，上市公司如采取定向增发方式发行的有价证券也属私募证券。

(四) 按证券所代表的权利性质分类，有价证券可以分为股票、债券和其他证券

股票和债券是证券市场两个最基本和最主要的品种；其他证券包括基金证券、证券衍生产品，如金融期货、可转换证券、权证等。

三、有价证券的特征

(一) 权利性

证券的权利性是指有价证券记载着权利人的财产权内容，代表着一定的财产所有权，拥有证券就意味着享有财产的占有、使用、收益和处置的权利。在现代经济社会里，财产权利和证券已密不可分，两者已融为一体，证券已成为财产权利的一般形式。虽然证券持有人并不实际占有财产，但可以通过持有证券，拥有有关财产的所有权或债权。

(二) 收益性

证券的收益性是指持有证券本身可以获得一定数额的收益，这是投资者转让资本所有权或使用权的回报。证券代表的是对一定数额的某种特定资产的所有权或债权，投资者持有证券也就同时拥有取得这部分资产增值收益的权利，因而证券本身具有收益性。

（三）流动性

证券的流动性是指证券变现的难易程度。证券具有极高的流动性必须满足三个条件：很容易变现、变现的交易成本极小、本金保持相对稳定。证券的流动性可通过到期兑付、承兑、贴现、转让等方式实现。不同证券的流动性是不同的。

（四）风险性

证券的风险性是指实际收益与预期收益的背离，或者说是证券收益的不确定性。从整体上说，证券的风险与其收益成正比。通常情况下，风险越大的证券，投资者要求的预期收益越高；风险越小的证券，预期收益越低。

（五）期限性

部分证券具有期限，比如债券一般有明确的还本付息期限，以满足不同筹资者和投资者对融资期限以及与此相关的收益率需求。再如各种金融衍生品，均以标准化合约的形式存在，都是有固定期限的。证券的期限具有法律约束力，是对融资双方权益的保护。股票没有期限，可以视为无期证券。

（六）投机性

证券的投机性又称价格波动性，主要表现为证券交易价格的不断波动能够为投资者带来价差收益，即投机收益。证券市场是相对效率较高的市场，对各种与证券有关的直接或间接因素能够迅速做出价格反映，导致价格每时每刻都处于波动状态，从而为投资者带来诸多投机机会：一是证券价格与其内在价值发生背离，甚至是较大幅度的背离；二是不同券种之间比价关系发生扭曲或畸高畸低；三是同一券种在不同市场上出现不同价格。所有这些价格波动都给投资者提供了低买高卖的获利机会。投机性有助于证券市场的价格发现功能的实现。

小知识

郁金香风潮

“郁金香泡沫”是人类历史上第一次有记载的金融泡沫。16 世纪中期，一位维也纳植物学家把他培育的郁金香带到荷兰，郁金香从土耳其被引入西欧，爱花的荷兰人对这种花推崇备至，也令其价格水涨船高。不久，人们开始对这种植物产生了狂热。这种对于郁金香的狂热一直维持到 1638 年。到 17 世纪初期，一些珍品卖到了不同寻常的高价，而富人们也竞相在他们的花园中展示最新和最稀有的品种。到 17 世纪 30 年代初期，这一时尚导致了一场经典的投机狂热，荷兰人把对郁金香球茎价格看涨的需求转化为期权工具，开始了以小博大的博弈。人们购买郁金香已经不再是为了其内在的价值或作观赏之用，而是期望其价格能无限上涨并因此获利（这种总是期望有人会愿意出价更高的想法，长期以来被称为投资的博傻理论）。

对于 17 世纪的荷兰人来说，花的力量是一件恐怖的事情。1637 年的头几个月里，当郁金香尚未成熟时，在荷兰被视为地位象征的郁金香价格大幅上涨。在那个疯狂的时期，郁金香最高价曾炒至 4 200 荷兰盾，是一位熟练技工的年收入的 20 倍。一株名为“永远的奥古斯都”的郁金香售价高达 6 700 荷兰盾，这笔钱足以买下阿姆斯特丹运河边的一幢豪宅，而当时荷兰人的平均年收入只有150荷兰盾。在经济学家看来，这也是现代金融史上第一次投机泡沫。随着郁金香价格泡沫的破灭，荷兰人陷入了深深的财务危机中。几十年疯狂炒作郁金香球茎的结果，将荷兰带入了其后几十年的经济萧条。这就是“荷兰郁金香风潮”或者称为“郁金香泡沫”。

作为人类历史上有记载的最早的投机活动，荷兰的“郁金香泡沫”昭示了此后人类社会的一切投机活动，尤其是金融投机活动中的各种要素和环节——对财富的狂热追求、羊群效应、理性的完全丧失、泡沫的最终破灭和千百万人的倾家荡产。

资料来源：根据百度百科整理，http：//baike. baidu. com/view/1005782. htm? fr = aladdin.

第二节 证券投资风险和收益

作为一项以未来收益为目标的活动，投资必然会有风险。因为未来是不确定的，投资活动中各种意想不到的情况都有可能发生，即使是被认为最保险的投资活动，如被保险的活期储蓄甚至活期存款，也存在因通货膨胀而出现货币价值下降的风险，所以说风险是投资活动的孪生兄弟，这也正是投资时间价值的体现。一般来讲，投资活动所经历的时间越长，不确定性程度就越高，因此面临的风险也就越大。也正是这一点，使得人们对时间越长的投资的增值能力的要求越强，以对更大的风险进行补偿。

投资风险是指对未来投资收益的不确定性①在投资中可能会遭受收益损失甚至本金损失的风险。证券投资风险是指投资者在证券投资过程中遭受损失或达不到预期收益率的可能性。

一、证券投资风险分类

按照性质和范围不同，投资风险可以分为系统性风险与非系统性风险。

（一）系统性风险

系统性风险，是指引起一定区域内所有投资的收益都发生变动的风险，系统风险包括政策风险、经济周期波动风险、利率风险和购买力风险等。这些因素包括社会、政治、经济等各个方面。这些共同的因素会对所有企业产生不同程度的影响，不能通过多样化投资而分散，因此又称为不可分散风险。在投资过程中，必须特别注意对投资环境的评价，尤其是宏观投资环境的评价，以尽可能减少系统性风险所可能带来的损失。

1. 政策风险

政策风险是指政府有关证券市场的政策发生重大变化或是有重要的法规、举措出台，引起证券市场的波动，从而给投资者带来的风险。政府关于证券市场发展的规划和

---

① 严格地讲，风险和不确定性是不完全相同的。一般来说，风险是指事物发展在未来可能有若干不同的结果，但可以确定每种特定结果发生的概率，因此它是能够被计算的；而不确定性则不同，它是指事物在未来可能有若干不同的结果，而且每种不同结果发生的概率不能确定，因此是不能够被准确计算的。不过在投资决策实践中，往往并不能对两者作严格区分。

政策应该是长期稳定的，在规划和政策既定的前提条件下，政府应运用法律手段、经济手段和必要的行政管理手段引导证券市场健康、有序地发展。但是，在某些特殊情况下，政府也可能会改变发展证券市场的战略部署，出台一些扶持或抑制市场发展的政策，制定出新的法令或规章，从而改变市场原先的运行轨迹。特别是在证券市场发展初期，对证券市场发展的规律认识不足、法规体系不健全、管理手段不充分，更容易较多地使用政策手段来干预市场。由于证券市场政策是政府指导、管理整个证券市场的手段，一旦出现政策风险，几乎所有的证券都会受到影响，因此属于系统风险。

2. 经济周期波动风险

经济周期波动风险是指证券市场行情周期性变动而引起的风险。这种行情变动不是指证券价格的日常波动和中级波动，而是指证券行情长期趋势的改变。证券行情变动受多种因素影响，但决定性的因素是经济周期的变动。经济周期的变化决定了企业的景气和效益，从而在根本上决定了证券行情，特别是股票行情的变动趋势。证券行情随经济周期的循环而起伏变化，总的趋势可分为看涨市场或称多头市场、牛市，以及看跌市场或称空头市场、熊市两大类型。在看涨市场，随着经济回升，股票价格从低谷逐渐回升，随着交易量的扩大，交易日渐活跃，股票价格持续上升并可维持较长一段时间；待股票价格升至很高水平，资金大量涌入并进一步推动股价上升，但成交量不能进一步放大时，股票价格开始盘旋并逐渐下降，标志着看涨市场的结束。看跌市场从经济繁荣的后期开始，伴随着经济衰退，股票价格也从高点开始一直呈下跌趋势，并在达到某个低点时结束。看涨市场和看跌市场是指股票行情变动的大趋势。在这两个变动趋势中，一个重要的特征是：在整个看涨行市中，几乎所有的股票价格都会上涨；在整个看跌行市中，几乎所有的股票价格都不可避免地有所下跌，只是涨跌程度不同而已。

3. 利率风险

利率风险是指市场利率变动引起证券投资收益变动的可能性。市场利率的变化会引起证券价格变动，并进一步影响证券收益的确定性。利率与证券价格呈反方向变化，即利率提高，证券价格水平下跌；利率下降，证券价格水平上涨。

利率从两方面影响证券价格：一是改变资金流向。当市场利率提高时，会吸引一部分资金流向银行储蓄、商业票据等其他金融资产，减少对证券的需求，使证券价格下降；当市场利率下降时，一部分资金流向证券市场，增加对证券的需求，刺激证券价格上涨。二是影响公司的盈利。利率提高，公司融资成本提高，在其他条件不变的情况下净盈利下降，派发股息减少，引起股票价格下降；利率下降，融资成本下降，净盈利和股息相应增加，股票价格上涨。利率政策是中央银行的货币政策工具，中央银行根据金融宏观调控的需要调节利率水平。当中央银行调整利率时，各种金融资产的利率和价格都会灵敏地作出反应。除了中央银行的货币政策以外，利率还受金融市场供求关系的影响：当资金供求宽松时，利率水平稳中有降；当资金供求紧张时，利率水平逐渐上升。

4. 购买力风险

购买力风险又称通货膨胀风险，是由于通货膨胀、货币贬值给投资者带来实际收益水平下降的风险。在通货膨胀情况下，物价普遍上涨，社会经济运行秩序混乱，企业生产经营的外部条件恶化，证券市场也难免深受其害，所以购买力风险是难以回避的。在通货膨胀条件下，随着商品价格的上涨，证券价格也会上涨，投资者的货币收入有所增加，会使他们忽视购买力风险的存在并产生一种货币幻觉。其实，由于货币贬值，货币购买力水平下降，投资者的实际收益不仅没有增加，反而有所减少。

一般来讲，可通过计算实际收益率来分析购买力风险：

实际收益率=名义收益率-通货膨胀率

只有当名义收益率大于通货膨胀率时，投资者才有实际收益。

购买力风险对不同证券的影响是不相同的，最容易受其损害的是固定收益证券，如优先股票、债券。因为它们的名义收益率是固定的，当通货膨胀率升高时，其实际收益率就会明显下降，所以固定利息率和股息率的证券购买力风险较大；同样是债券，长期债券的购买力风险又比短期债券大。相比之下，浮动利率债券或保值贴补债券的购买力风险较小。普通股票的购买力风险也相对较小。

5. 外汇风险

外汇风险是指由外国货币与本国货币之间的汇率变动所造成的证券投资收益的变动的风险。汇率是各国货币间的兑换比率，它联系着各国之间的货币关系，反映各国货币价格的对比，以及各国生产成本和收益的比较。两国货币之间的汇率主要由两国货币的相对购买力来决定，因而可反映两国物价的相对变化。各国通货膨胀率的差异是决定汇率变化的基础。此外，国际收支状况、利率水平、金融政策以及政治、军事等因素都会影响汇率的波动。若投资者投资于外国资产，汇率的变动会给其带来外汇得益或外汇损失。所以，投资于外国资产的收益要通过汇率变动予以调整。

实际投资收益率=(1±名义投资收益率)×(1±汇率变动值)

实际收益率小于名义收益率表明有外汇损失；反之，实际收益率大于名义收益率则表明有外汇得益。

(二) 非系统性风险

非系统性风险，是指引起特定投资收益发生变动的风险，只对某个行业或个别公司的证券产生影响的风险。它通常由某一特殊因素引起，与整个证券市场的价格不存在系统、全面的联系，而只对个别或少数证券的收益产生影响。

这种因行业或企业自身因素改变而带来的证券价格变化与其他证券的价格、收益没有必然的内在联系，不会因此而影响其他证券的收益。如市场、行业及企业本身等因素导致的个别投资行为变化的风险。例如，消费者对某商品的偏好程度的下降，就会导致生产该商品的行业或厂商收益的下降；行业内的技术变革，会使那些在这方面落后的厂商出现收益下降的结果；业务伙伴的违约也会导致收益下降；企业经营不善都会反映在证券价格上进而影响投资收益。这些都属于非系统性风险的范畴。

非系统性风险是可以通过分散投资来抵消的。若投资者持有多样化的不同证券，当某些证券价格下跌、收益减少时，另一些证券可能价格正好上升、收益增加，这样就使风险相互抵消。非系统性风险是可以抵消、回避的，因此又称为可分散风险或可回避风险。非系统性风险包括信用风险、经营风险、财务风险等。

1. 信用风险

信用风险又称违约风险，指证券发行人在证券到期时无法还本付息而使投资者遭受损失的风险。证券发行人如果不能支付债券利息、优先股股息或偿还本金，哪怕仅仅是延期支付，都会影响投资者的利益，使投资者失去再投资和获利的机会，遭受损失。信用风险实际上揭示了发行人在财务状况不佳时出现违约和破产的可能，它主要受证券发行人的经营能力、盈利水平、事业稳定程度及规模大小等因素的影响。债券、优先股、普通股都可能有信用风险，但程度有所不同。债券的信用风险就是债券不能到期还本付息的风险。信用风险是债券的主要风险，因为债券是需要按时还本付息的要约证券。在债券和优先股发行时，要进行信用评级，投资者回避信用风险的最好办法是参考证券信用评级的结果。信用级别高的证券信用风险小；信用级别越低，违约的可能性越大。

2. 经营风险

经营风险是指公司的决策人员与管理人员在经营管理过程中出现失误而导致公司盈利水平变化，从而使投资者预期收益下降的可能。经营风险来自内部因素和外部因素两个方面。

企业内部的因素主要有：一是项目投资决策失误，未对投资项目做可行性分析草率上马；二是不注意技术更新，使企业在行业中的竞争地位下降；三是不注意市场调查，不注意开发新产品，仅满足于目前公司产品的市场占有率和竞争力，满足于目前的利润水平和经济效益；四是销售决策失误，过分地依赖大客户、老客户，没有注重打开新市场，寻找新的销售渠道。其他还有公司的主要管理者因循守旧、不思进取、机构臃肿、人浮于事，对可能出现的天灾人祸没有采取必要的防范措施等。外部因素是公司以外的客观因素，如政府产业政策的调整、竞争对手的实力变化使公司处于相对劣势地位等，引起公司盈利水平的相对下降。但经营风险主要还是来自公司内部的决策失误或管理不善。公司的经营状况最终表现于盈利水平的变化和资产价值的变化，经营风险主要通过盈利变化对证券产生影响。

3. 财务风险

财务风险是指公司财务结构不合理、融资不当而导致投资者预期收益下降的风险。负债经营是现代企业应有的经营策略，通过负债经营可以弥补自有资本的不足，还可以用借贷资金来实现盈利。股份公司在营运中所需要的资金一般都来自发行股票和债务两个方面，其中债务（包括银行贷款、发行企业债券、商业信用）的利息负担是一定的，如果公司资金总量中债务比重过大，或是公司的资金利润率低于利息率，就会使股东的可分配盈利减少，股息下降，使股票投资的财务风险增加。例如，当公司的资金利润率为 10%，公司向银行贷款的利率或发行债券的票面利率为 8% 时，普通股票股东所得权益将高于 10%；如果公司的资金利润率低于 8% 时，公司须按 8% 的利率支付贷款或债券利息，普通股票股东的收益就将低于资金利润率。实际上公司融资产生的财务杠杆作用犹如一把双刃剑，当融资产生的利润大于债息率时，给股东带来的是收益增长的效应；反之，就是收益减少的财务风险。

二、证券投资风险的特征

证券投资风险作为一种风险，在具备了一般风险特征的同时，也有其自身特有的性质，这主要是证券的特殊性所决定的，即证券仅是一种虚拟资本或价值符号，其价格体现了投资者对未来收益的预期。根据证券投资风险的定义，将其主要特征归纳为以下几个方面。

（一）客观存在性

由于证券市场的风险因素是客观存在的，通过其在时间和数量上的积累，引发风险事故从而影响整个证券市场的价格波动，造成了投资者的实际收益与预期收益的偏差，所以证券投资风险是客观存在的，不以投资者的主观意志为转移的。在证券市场的投资活动中，人们通常所说的“风险防范”也是在承认证券投资风险客观存在的前提下设法规避和降低风险。

（二）不确定性

由风险因素触发的风险事故，会引起投资者心理预期的改变，从而造成市场的价格波动，并进一步对投资者的投资收益产生影响，其具体表现为实际收益相对于预期收益的偏差。偏差可能是正的（高于预期），也可能是负的（低于预期），因此，证券投资风险具有不确定性。

（三）可测度性

尽管证券投资风险具有不确定性，仍然可以通过一定的方法来对其大小进行测度。从统计学的角度来看，证券投资风险是实际收益与预期收益的偏离程度，偏离程度越高，风险越大，偏离程度越低，风险越小。同时，可以运用一定的统计方法对收集的历史数据进行计算，从而实现这种偏离程度的量化。

（四）相对性

证券投资风险是相对的，由于投资者对风险偏好的不同，他们各自对风险也会采取不同的态度，风险承受能力强的为获取高收益而敢冒高风险，风险承受能力低的为避免风险而宁可选择低收益。因此，某一程度的证券投资风险在某些投资者看来很高，而在某些投资者看来则很低。

（五）危害性

虽然证券投资风险会给投资者的实际收益带来一定的不确定性，但涉及可能发生的损失和收益与投资者的预期偏差过大时，证券投资风险就具有一定的危害性。如前所述，当证券市场价格波动幅度过大时，容易引发过度的投机行为，投资者在盲目追涨的同时，往往会蒙受惨重的损失。另外，随着证券市场内在风险的进一步扩大，会引发金融风暴和经济危机，对社会、经济、政治的稳定造成相当大的危害。

（六）可防范性

尽管证券投资风险是客观存在的，同时又带有不确定性，甚至达到一定程度后更具危害性，但仍可以采取一定的方法来防范和规避证券投资风险，尽可能避免或减小风险带来的损失和危害。比如投资者可以借鉴现代投资组合理论，利用分散化投资来降低投资组合的风险，同时，他们也可以通过做空机制来对冲证券市场价格下跌所带来的风险。政府可以通过对现行制度进行改革以及加强市场监管力度，消除可能出现的证券投资风险。

三、证券投资收益

投资收益是对外投资所取得的利润、股利和债券利息等收入减去投资损失后的净收益，即资产价值在一定时期的增值。用相对数表示，资产的收益就是资产的收益率，又称资产的报酬率。如果不作特殊说明的话，收益率是按年来统计的，又称为年化收益率。

（一）资产收益率的年化计算

年化收益率是指投资期限为一年所获的收益率。不计复利的情况下，用公式表示如下：

$$年化收益率=\frac{投资收益}{本金}\times\frac{365}{投资天数}\times 100\% \tag{2-1}$$

$$年化收益=本金\times年化收益率 \tag{2-2}$$

$$实际收益=本金\times年化收益率\times\frac{投资天数}{365} \tag{2-3}$$

比如某银行卖的一款理财产品，91 天的年化收益率为 3.1%，购买了 10 万元，实际上能收到的利息是：

$$100\,000\times 3.1\%\times\frac{91}{365}=772.88\ （元）$$

而不是 3 100 元。

（二）常见的收益率类型

1. 实际收益率

实际收益率是指已经实现或确定可以实现的资产收益率。该收益受物价变动的影响较大，所以应在名义收益率的基础上做相应的剔除。

$$实际收益率=名义收益率-通货膨胀率$$

2. 预期收益率

预期收益率是指在不确定条件下，预测的某种资产未来可能实现的收益率。

（1）已知或者可以推算未来收益率发生的概率以及未来收益率的可能值时，预期收益率的计算公式为：

$$E(R)=\sum P_i\times R_i \tag{2-4}$$

（2）已知收益率的历史数据时，预期收益率的计算公式为：

$$E(R)=\sum R_i/n \tag{2-5}$$

3. 必要收益率

必要收益率也称最低必要报酬率或最低要求的收益率，表示投资者对某资产合理要求的最低收益率，必要收益率等于无风险收益率加风险收益率。

$$\begin{aligned}必要收益率&=无风险收益率+风险收益率\\&=纯粹利率+通货膨胀补贴+风险收益率\end{aligned} \tag{2-6}$$

（1）无风险资产需满足两个条件：一是不存在违约风险；二是不存在再投资收益率的不确定性。

现实生活中不可能存在没有任何风险的理想证券，但可以找到某种收益变动小的证券来代替。美国一般将联邦政府发行的短期国库券视为无风险证券，把短期国库券利率视为无风险利率。这是因为美国短期国库券由联邦政府发行，联邦政府有征税权和货币发行权，债券的还本付息有可靠保障，因此没有信用风险。政府债券没有财务风险和经营风险，同时，短期国库券以 91 天期为代表，只要在这期间没有发生严重的通货膨胀，联邦储备银行没有调整利率，也几乎没有购买力风险和利率风险。

（2）风险收益率的大小取决于以下两个因素：一是风险的大小；二是投资者对风险的偏好。

四、收益与风险的关系

在证券投资中，收益和风险形影相随，收益以风险为代价，风险用收益来补偿。投资者投资的目的是为了得到收益，与此同时，又不可避免地面临着风险，证券投资的理论和实战技巧都围绕着如何处理两者的关系而展开。收益与风险的基本关系是：收益与风险相对应。也就是说，风险较大的证券，其要求的收益率相对较高；反之，收益率较低的投资对象，风险相对较小。但是，绝不能因为收益与风险有着这样的基本关系，就盲目地认为风险越大，收益就一定越高。收益与风险相对应的原理只是揭示收益与风险的这种内在本质关系：收益与风险共生共存，承担风险是获取收益的前提；收益是风险的成本和报酬。

第一，同一种类型的债券，长期债券利率比短期债券高。这是对利率风险的补偿。如同样是政府债券，都没有信用风险和财务风险，但长期债券的利率要高于短期债券，这是因为短期债券没有利率风险，而长期债券却可能受到利率变动的影响，两者之间利率的差额就是对利率风险的补偿。

第二，不同债券的利率不同，这是对信用风险的补偿。通常，在期限相同的情况下，政府债券的利率最低，地方政府债券利率稍高，其他依次是金融债券和企业债券。在企业债券中，信用级别高的债券利率较低，信用级别低的债券利率较高，这是因为它们的信用风险不同。

第三，在通货膨胀严重的情况下，债券的票面利率会提高或者会发行浮动利率债券。这种情况是对购买力风险的补偿。

第四，股票的收益率一般高于债券。这是因为股票面临的经营风险、财务风险和经济周期波动风险比债券大得多，必须给投资者相应的补偿。在同一市场上，许多面值相同的股票也有迥然不同的价格，这是因为不同股票的经营风险、财务风险相差甚远，经济周期波动风险也有差别。投资者以出价和要价来评价不同股票的风险，调节不同股票的实际收益，使风险大的股票市场价格相对较低，风险小的股票市场价格相对较高。

当然，收益与风险的关系并非如此简单。证券投资除以上几种主要风险外，还有其他次要风险，引起风险的因素以及风险的大小程度也在不断变化中，影响证券投资收益的因素也很多。所以，收益率对风险的替代只能粗略地、近似地反映两者之间的关系，更进一步说，只有加上证券价格的变化才能更好地反映两者的动态替代关系。

小知识

债券风险与评级

风险是指存在某种不利因素而造成损失的可能性。债券投资的风险是指债券投资者不能获得预期收益的可能性。目前，债券的评级在我国还处于发展阶段，按中国人民银行的有关规定，凡是向社会公开发行的债券，需要由中国人民银行指定的资信评估机构进行评估。我国证券交易规则规定，企业信用必须A级以上，才有资格向社会公开发行债券。目前，国际通用的资信等级如表2-1所示。

表2-1　国际通用的资信等级

等级	主要内容
AAA	最高级，保证偿还本息
AA	高级，还本付息能力高
A	中上级，具备较高的还本付息能力，但与上面的相比，易受经济变化的影响
BBB	中级，具备一定还本付息能力，但需一定保护措施，一旦有变，偿还能力削弱
BB	中下级，有投机性，不能认为将来有保证，对本息的保证是有限的
B	下级，不具备理想投资条件，还本付息保证极小，有投资因素
CCC	信誉不好，可能违约，危及本息安全
CC	高度投机性，经常违约，有明显缺点
C	等级最低，经常违约，根本不能做真正的投资

资信等级越高的债券发行者，其发行的债券的风险越小，对投资者来说收益越有保证；资信等级越低的债券发行者，其发行的债券的风险越大，虽然它的利率会相对高一点，但与投资的本金相比哪一个更重要，相信投资者自己会权衡。

资料来源：中国银行“债券评级与风险”，http：//www. bankofchina. com/custserv/cs7/cs76/200808/t20080815_1285. html? keywords =% E5% 80% BA% E5% 88% B8% E8% AF% 84% E7% BA% A7.

案例分析

如果说早期欧洲三大投机风潮——荷兰郁金香、法国密西西比和英国南海泡沫的发生、发展和影响都只是局部性的金融投机，那么20世纪20年代发源于美国的股市大崩盘则是世界范围性的，无论对经济还是政治领域，都产生了深远影响。经济上，直接引发了美国大萧条，时间持续近十年，并迅速波及全球。政治上，美国总统罗斯福上台后进行大刀阔斧的改革，而德国、意大利、日本则走向法西斯独裁，为第二次世界大战的爆发埋下了种子。

1929年，美国股市发生大崩盘，随即发生了“经济大萧条”，这是一场持续了近十年的经济衰退，并扩展到所有工业化国家。经过20世纪20年代中期的快速扩展后，美国股票市场于1929年8月底冲上最高点。10月18日，股市发生暴跌，10月24日（也就是人们熟知的“黑色星期四”）投资者惊慌失措。尽管为阻止恐慌情绪的蔓延，银行和投资公司大量买进股票，但是，股市市值的暴跌一如既往，“黑色星期一”和“黑色星期二”宣告了股市的彻底崩盘。

过度投机以及对股票交易资金的慷慨支持，或许是1929年大崩盘的原因。保证金交易变得非常普遍，所以，市场一旦下跌，很多投机者就得被迫抛售筹码，以满足银行提出的补充保证金的要求。这就催生了“滚雪球效应”——股票抛售造成股价下跌，而股价下跌则会引发另一轮抛售浪潮。

20世纪70年代，经过第二次世界大战后重建的欧洲和日本创立了一批国际性公司，完全有能力与美国抗衡。虽然在战后重建和促进经济增长方面，国家控制资本主义曾经取得过成功，但是，它也让那些国家付出了经济运行极度僵化的代价，这一体系的欠缺变得日益显著。从全球范围来说，20世纪70年代初，欧佩克（OPEC，一个由原油生产国和输出国构成的团体，各个成员联合控制石油价格）大幅提高石油价格引发了石油危机，这场危机让大型国有企业的低效率问题和政治家的重大投资决策失误问题变得越发严重，并将发达国家推向了经济衰退的境地。

20世纪80年代，发达国家再次转型，这次是转向19世纪的自由市场经济。理论家极力敦促实行“私有化”，也就是国有化的倒转，人们认为，这一转化能促进投资，而且可以使公司的运营更具效率。日本迅速发展成为一个制造大国和出口大国。在发展中国家中，人们认为工业化是取得经济进步的关键所在，有些国家，尤其是亚洲国家，在制造和出口方面取得了长足的发展。

20世纪90年代，曾经在10年之前就发展成为国际社会重要角色的某些国家和地区，比如，新加坡、韩国、中国香港和中国台湾，继续超越发达国家竞争对手。个人计算机和互联网的出现大大削弱了贸易壁垒。苏联的解体和其他因素将引向了一个全球化的全新时代，国际投资和国际贸易的障碍被大大消除。现在，在全球范围内，通过直接购买股票和其他证券，或者通过诸如退休金计划和共同基金这类的股权投资，数百万人将股票市场当作了积累财富的主要手段。

资料来源：马克·默比乌斯．股权投资实用指南．北京：中信出版社，2009.

问题：投资风险与哪些因素有关？是什么导致了危机的产生？

本章小结

1. 证券是各类财产所有权或债权凭证的通称，是用来证明证券持有人有权依票面所载内容，取得相关权益的凭证。广义证券包括商品证券、货币证券、资本证券和其他证券等所有可以取得相应权利的权益凭证。狭义的证券指有价证券。按性质不同，证券可分为证据证券、凭证证券和有价证券。

2. 有价证券是指标有票面金额，用于证明持有人或该证券指定的特定主体对特定财产拥有所有权或债权的凭证。有价证券是虚拟资本的一种形式。狭义的有价证券即指资本证券，广义的有价证券包括商品证券、货币证券和资本证券。有价证券具有权利性、收益性、流动性、风险性、期限性、投机性的特征。

3. 按证券发行主体的不同，有价证券可分为政府证券、政府机构证券和公司证券；按是否在证券交易所挂牌交易，有价证券可分为上市证券与非上市证券；按募集方式分类，有价证券可分为公募证券和私募证券；按证券所代表的权利性质分类，有价证券可分为股票、债券和其他证券三大类。

4. 投资风险是指对未来投资收益的不确定性，在投资中可能会遭受收益损失甚至本金损失的风险。投资风险可分为系统性风险与非系统性风险。

系统性风险是指引起一定区域内所有投资的收益都发生变动的风险，包括政策风险、经济周期波动风险、利率风险和购买力风险等；非系统性风险是指引起特定投资收益发生变动的风险。

5. 投资收益是对外投资所取得的利润、股利和债券利息等收入减去投资损失后的净收益，即资产价值在一定时期的增值。常见的收益率类型有：实际收益率、预期收益率、必要收益率等。

6. 收益与风险的基本关系是：收益与风险相对应。也就是说，风险较大的证券，其要求的收益率相对较高；反之，收益率较低的投资对象，风险相对较小。

重要概念

证券　有价证券　资本证券　投资风险　系统性风险　非系统性风险　投资收益　年化收益率　实际收益率　预期收益率　必要收益率

复习思考题

1. 如何理解证券的虚拟性？
2. 系统性风险的构成有哪些？非系统性风险的构成有哪些？
3. 证券投资收益有哪些计量方法？

第一篇

证券投资工具

在众多资本证券中，一些已经被标准化的证券具有投资（包括投机）功能，并且形成了很大的交易规模，把这些可供大众及机构进行证券投资的金融工具称为证券投资工具。所谓的“证券投资工具”是一类金融工具的总称，也就是说本质上它是金融工具，即被标准化的、具有投资功能的金融工具。本篇重点讲述市场上常见的证券投资工具——股票、债券、基金和金融衍生产品。

第三章

股　　票

学习目的

通过本章的学习，学生能够做到：熟悉股份制度产生和发展的过程；掌握股票的概念、性质和特点；区分普通股与优先股；了解我国股票的发展历程；理解股票在经济生活中的重要作用。

重点难点

1. 股票的性质和特点；
2. 优先股和普通股的区别；
3. 股票在经济中的作用。

第一节　股份制度与股票的产生

一、股份制度概述

（一）股份制的产生与发展

股份制是与商品经济相联系的经济范畴，是商品经济发展到一定程度的产物。它在自身发展过程中，经历了几个不同的社会历史阶段并采取了不同的具体形式。17 世纪初期，由于商品经济有了进一步较高程度的发展，资本主义经济萌芽已经出现并有所发展，因而出现了以股份公司为特点的股份经济。19 世纪后半期，商品经济与资本主义生产方式相结合，成为资本主义商品经济，以资本入股或发行和认购股票的形式组成的股份公司迅速发展起来。以股份公司为主要形式的股份经济，成为资本主义股份经济的典型形态。

（二）股份制的特征

股份制是利用股份公司形式，通过发行股票筹集资本，调节社会资源配置的一种企业组织和经营管理制度。股份制的基本特征是生产要素的所有权与使用权分离，在保持所有权不变的前提下，把分散的使用权转化为集中的使用权。股份制以股份公司为核心，以发行股票为基础，以股票市场为依托。

股份公司、股票发行和股票市场是现代股份制的三个基本要素，也是区别于其他企业组织和经营制度的一个标志。从融资角度看，股份制是一种特殊的信用形式，是将分散的资金集中起来使用的有效制度。在保持所有权不变的前提下，通过股份制把分散的资金所有权转化为集中的使用权。股份制这种特有性质适应了商品经济发展的内在要求，事实上，股份制产生和发展的根本动力就是商品经济的发展。

二、股份公司

公司是根据公司法成立，以营利为目的的一种企业组织形式。在法律上，公司被视为法人，即作为享受权利和承担义务的主体，作为独立完整的单位参与民事法律关系。股份公司，是指企业资本全部股份化，由全体股东共同出资，全部注册资本由股份构成的公司。从广义上看，股份公司包括无限责任公司、有限责任公司、两合公司、股份两合公司、股份有限公司五种类型。

股份有限公司是最典型的股份制企业，也是现代股份公司最主要的形式，往往被简称为股份公司。

股份有限公司具有如下特征：

（1）股份公司是独立法人。几乎所有国家从法律角度规定了股东人数的下限，对上限则并不做规定。

（2）股份公司是典型的合资公司，实际上为财产或资本的组合，股东个人不具有任何特殊的意义。

（3）公司股票可以通过法律允许的方式在社会上自由转让，而公司资本则不受任何影响。股票价格的波动对公司的经营没有直接影响。

（4）股东只以其所认购的股份额对公司债务承担有限责任。一旦公司进行清算，股份公司的债权人只能对公司的资产提出要求，而无权对股东提出起诉。

（5）股东按其持有股份比例享受权利、承担义务。每股一票表决权，每一票权利都是平等的。

（6）公司所有权和经营权分离。公司股东不必直接参与经营管理，而是由全体股东组成的股东大会选出的董事会和监事会代表股东参与管理。股东大会是股份公司的最高权力机构，也是股东行使权利的主要途径。董事会和监事会是由股东选举产生的两个常设机构，代表全体股东行使管理权。前者是公司的法定代表和决策者，后者对公司执行机构进行监督和检查。公司的日常经营通过董事会雇用的总经理和其他管理人员进行。

三、股票概述

（一）股票的定义

股票是股份公司在筹集资本时向出资人或投资者公开或私下发行的、用以证明持有者（即股东）对股份公司的所有权，并根据持有人所持有的股份数享有权益和承担义务的凭证。

股票作为一种所有权凭证，有一定的格式。从股票的发展历史看，最初的股票票面格式既不统一，也不规范，由各发行公司自行决定。随着股份制度的发展和完善，许多国家对股票票面格式作了规定，提出票面应载明的事项和具体要求。

《中华人民共和国公司法》（以下简称《公司法》）（一百九十三条）规定，股票采用纸面形式或国务院证券监督管理机构规定的其他形式。股票应载明的事项主要有：公司名称、公司成立的日期、股票种类、票面金额及代表的股份数、股票的编号。股票由法定代表人签名，公司盖章。发起人的股票，应当标明“发起人股票”字样。

（二）股票的性质

1. 股票是有价证券

有价证券是财产价值和财产权利的统一表现形式。持有有价证券，一方面表示拥有一定价值量的财产，另一方面也表明有价证券持有人可以行使该证券所代表的权利。股票具有有价证券的特征：第一，虽然股票本身没有价值，但股票是一种代表财产权的有价证券，它包含着股东可以依其持有的股票要求股份公司按规定分配股息和红利的请求权；第二，股票与它代表的财产权有不可分离的关系，二者合为一体。换言之，行使股票所代表的财产权，必须以持有股票为条件，股东权利的转让应与股票占有的转移同时进行，股票的转让就是股东权的转让。

2. 股票是要式证券

股票应具备《公司法》规定的有关内容，如果缺少规定的要件，股票就无法律效力。

3. 股票是证权证券

证券可以分为设权证券和证权证券。设权证券是指证券所代表的权利本来不存在，而是随着证券的制作而产生，即权利的发生是以证券的制作和存在为条件的。证权证券是指证券是权利的一种物化的外在形式，它是权利的载体，权利是已经存在的。股票代表的是股东权利，它的发行是以股份的存在为条件的，股票只是把已存在的股东权利表现为证券的形式，它的作用不是创造股东的权利，而是证明股东的权利。所以说，股票是证权证券。

4. 股票是资本证券

股份公司发行股票是一种吸引认购者投资以筹措公司自有资本的手段，对于认购股票的人来说，购买股票就是一种投资行为。因此，股票是投入股份公司资本份额的证券化，属于资本证券。但是，股票又不是一种现实的资本，股份公司通过发行股票筹措的资金，是公司用于营运的真实资本。股票独立于真实资本之外，在股票市场上进行着独立的价值运动，是一种虚拟资本。

5. 股票是综合权利证券

股票不属于物权证券，也不属于债权证券，而是一种综合权利证券。物权证券是指证券持有者对公司的财产有直接支配处理权的证券；债权证券是指证券持有者为公司债权人的证券。股票持有者作为股份公司的股东，享有独立的股东权利。换言之，当公司股东将出资交给公司后，股东对其出资财产的所有权就转化为股东权（股权）了。股东权是一种综合权利，股东依法享有资产收益、重大决策、选择管理者等权利。股东虽然是公司财产的所有人，享有种种权利，但对于公司的财产不能直接支配处理，而对财产的直接支配处理是物权证券的特征，所以股票不是物权证券。另外，一旦投资者购买了公司股票，即成为公司部分财产的所有人，但该所有人在性质上是公司内部的构成分子，而不是与公司对立的债权人，所以股票也不是债权证券。

（三）股票的特征

1. 收益性

收益性是股票最基本的特征，它是指股票可以为持有人带来收益的特性。持有股票的目的在于获取收益。股票的收益来源可分成两类：一是来自股份公司。认购股票后，持有者即对发行公司享有经济权益，这种经济权益的实现形式是从公司领取股息和分享公司的红利。股息红利的多少取决于股份公司的经营状况和盈利水平。二是来自股票流通。股票持有者可以持股票到依法设立的证券交易场所进行交易，当股票的市场价格高于买入价格时，卖出股票就可以赚取差价收益。这种差价收益称为资本利得。

2. 风险性

股票风险的内涵是股票投资收益的不确定性，或者说实际收益与预期收益之间的偏离程度。投资者在买入股票时，对其未来收益会有一个估计，但事后看，真正实现的收益可能会高于或低于原先的估计，这就是股票的风险。很显然，风险不等于损失，高风险的股票可能给投资者带来较大损失，也可能带来较大的预期收益。风险本身是一个中性概念，但是，多数理性的投资者厌恶风险，如果要诱导投资者投资那些风险较高的股票，就必须提供更高的预期收益，这就是“高风险高收益”的含义。

3. 流动性

流动性是指股票可以通过依法转让而变现的特性。严格地说，是在本金保持相对稳定、变现的交易成本极小的条件下股票很容易变现的特性。股票持有人不能从公司退股，但股票转让为其提供了流动性。需要注意的是，由于股票的转让可能受各种条件或法律法规的限制，因此，并非所有股票都具有相同的流动性。通常情况下，大盘股流动性强于小盘股，上市公司股票的流动性强于非上市公司股票，而上市公司股票又可能因市场或监管原因而受到转让限制，从而具有不同程度的流动性。

4. 永久性

永久性是指股票所载有权利的有效性是始终不变的，因为它是一种无期限的法律凭证。股票的有效期与股份公司的存续期间相联系，两者是并存的关系。这种关系实质上反映了股东与股份公司之间比较稳定的经济关系。股票代表着股东的永久性投资，当然股票持有者可以出售股票而转让其股东身份，但对于股份公司来说，由于股东不能要求退股，所以通过发行股票募集到的资金，在公司存续期间是一笔稳定的自有资本。

5. 参与性

参与性是指股票持有人有权参与公司重大决策的特性。股票持有人作为股份公司的股东，有权出席股东大会，体现对公司经营决策的参与权。股东参与公司重大决策权利的大小取决于其持有股份数量的多少，如果某股东持有的股份数量达到决策所需要的有效多数时，就能实质性地影响公司的经营方针。

第二节 股票的分类

股票的种类很多，分类方法亦有差异。本节将详细介绍股票的分类。

一、普通股票和优先股票

按股东享有权利的不同，股票可以分为普通股票和优先股票。

（一）普通股票

普通股票是标准的股票，通过发行普通股票所筹集的资金，是股份公司注册资本的基础。我国《公司法》规定，股东可以用货币出资，也可以用实物、知识产权、土地使用权等可以用货币估价并可以依法转让的非货币财产作价出资；但是，法律、行政法规规定不得作为出资的财产除外。股份有限公司成立后，即向股东正式交付股票。普通股票的股利完全随公司盈利的高低而变化。在公司盈利较多时，普通股票股东可获得较高的股利收益，但在公司盈利和剩余财产的分配顺序上列在债权人和优先股票股东之后，故其承担的风险也较高。与优先股票相比，普通股票是标准的股票，也是风险较大的股票。

普通股票是最基本、最常见的一种股票，其持有者享有股东的基本权利和义务。

1. 普通股票股东的权利

普通股票的持有者是股份公司的基本股东，按照我国《公司法》的规定，公司股东依法享有资产收益、参与重大决策和选举管理者等权利。

（1）公司重大决策参与权。股东基于股票的持有而享有股东权利，这是一种综合权利，其中首要的是可以以股东身份参与股份公司的重大事项决策。作为普通股票股东，行使这一权利的途径是参加股东大会、行使表决权。股东会议由股东按出资比例行使表决权，但公司章程另有规定的除外。股东可以亲自出席股东大会，也可以委托代理人出席股东会议。代理人应当向公司提交股东授权委托书，并在授权范围内行使表决权。

（2）公司资产收益权和剩余资产分配权。普通股票股东拥有公司盈余和剩余资产分配权，这一权利直接体现了其在经济利益上的要求。这一要求又可以表现为两个方面：一是普通股票股东有权按照实缴的出资比例分取红利，但是全体股东约定不按照出资比例分取红利的除外；二是普通股票股东在股份公司解散清算时，有权要求取得公司的剩余资产。

普通股票股东行使资产收益权有一定的限制条件。第一，法律上的限制。许多国家在公司法或者其他法律中对股份公司红利的支付条件实行明确规定。一般原则是：只能用留存收益支付；股利的支付不能减少其注册资本；公司在无力偿债时不能支付红利。我国有关法律规定，公司缴纳所得税后的利润，在支付普通股票的红利之前，应按如下顺序分配：弥补亏损，提取法定公积金，提取法定公益金，提取任意公积金。可见，普通股票股东能否分到红利以及分得多少，取决于公司的税后利润多少以及公司未来发展的需要。第二，其他方面的限制。如公司对现金的需要，股东所处的地位，公司的经营环境，公司进入资本市场获得资金的能力等。

（3）优先认股权。当公司为增加注册资本发行新股时，股东有权按照实缴的出资比例认购新股。股东大会应对向原有股东发行新股的种类及数额作出决议。股东的这一权利又称优先认股权或配股权。优先认股权是指当股份公司为增加公司资本而决定增加发行新的股票时，原普通股票股东享有的按其持股比例，以低于市价的某一特定价格优先认购一定数量新发行股票的权利。赋予股东这种权利有两个主要目的：一是能保证普通股票股东在股份公司中保持原有的持股比例；二是能保护原普通股票股东的利益和持股价值。因为当公司增资扩股后，在一段时间内，公司的每股税后净利会因此而摊薄，原普通股票股东以优惠价格优先购买一定数量的新股，可从中得到补偿或取得收益。

（4）其他权利。除了上面基本权利外，普通股票股东还可以享有由法律和公司章程所规定的其他权利。

2. 普通股票股东的义务

我国《公司法》规定，公司股东应当遵守法律、行政法规和公司章程，依法行使股东权利，不得滥用股东权利损害公司或其他股东的利益；不得滥用公司法人独立地位和股东有限责任损害公司债权人的利益。公司股东滥用股东权利给公司或者其他股东造成损失的，应当依法承担赔偿责任。公司股东滥用公司法人独立地位和股东有限责任逃避责任，严重损害公司债权人利益的，应当对公司债务承担连带责任。公司的控股股东、实际控制人、董事、监事、高级管理人员不得利用其关联关系损害公司利益。如违反有关规定，给公司造成损失的，应当承担赔偿责任。

（二）优先股票

优先股票与普通股票相对应，是指股东享有某些优先权利（如优先分配公司盈利和剩余财产权）的股票。优先股票的内涵可以从两个不同的角度来认识：一方面，优先股票作为一种股权证书，代表着对公司的所有权，这一点与普通股票一样，但优先股票股东又不具备普通股票股东所具有的基本权利，其持有者的股东权利受到一定限制，但在公司盈利和剩余财产的分配上比普通股票股东享有优先权；另一方面，优先股票也兼有债券的若干特点，它在发行时事先确定固定的股息率，像债券的利息率事先固定一样。

优先股票是一种特殊股票，虽然它不是股票的主要品种，但是它的存在对股份公司和投资者来说仍有一定的意义。首先，对股份公司而言，发行优先股票的作用在于可以筹集长期稳定的公司股本，又因其股息率固定，可以减轻利润的分派负担。另外，优先股票股东无表决权，这样可以避免公司经营决策权的改变和分散。其次，对投资者而言，由于优先股票的股息收益稳定可靠，而且在财产清偿时也先于普通股票股东，因而风险相对较小，不失为一种较安全的投资对象。

1. 优先股票的特征

（1）股息率固定。普通股票的股息是不固定的，它取决于股份公司的经营状况和盈利水平。而优先股票在发行时就约定了固定的股息率，无论公司经营状况和盈利水平如何变化，该股息率不变。

（2）股息分派优先。在股份公司盈利分配顺序上，优先股票排在普通股票之前。

各国公司法对此一般都规定，公司盈利首先应支付债权人的本金和利息，缴纳税金；其次是支付优先股股息；最后才分配普通股股利。因此，从风险角度看，优先股票的风险小于普通股票。

（3）剩余资产分配优先。当股份公司因解散或破产进行清算时，在对公司剩余资产的分配上，优先股票股东排在债权人之后、普通股票股东之前。也就是说，优先股票股东可优先于普通股票股东分配公司的剩余资产，但一般是按优先股票的面值清偿。

（4）一般无表决权。优先股票股东权利是受限制的，最主要的是表决权限制。普通股票股东参与股份公司的经营决策主要通过参加股东大会行使表决权，而优先股票股东在一般情况下没有投票表决权，不享有公司的决策参与权。只有在特殊情况下，如讨论涉及优先股票股东权益的议案时，他们才能行使表决权。

2. 优先股票的种类

优先股票根据不同的附加条件，大致可以分成以下几类：累积优先股票和非累积优先股票、参与优先股票和非参与优先股票、可转换优先股票和不可转换优先股票、可赎回优先股票和不可赎回优先股票、股息率可调整优先股票和股息率固定优先股票。

（1）累积优先股票和非累积优先股票。这种分类的依据是优先股票股息在当年未能足额分派时，能否在以后年度补发。

累积优先股票是指历年股息累积发放的优先股票。股份公司发行累积优先股票的目的，主要是为了保障优先股票股东的收益不致因公司盈利状况的波动而减少。由于规定未发放的股息可以累积起来，待以后年度一起支付，这就有利于保护优先股票投资者的利益。

非累积优先股票是指股息当年结清、不能累积发放的优先股票。非累积优先股票的特点是股息分派以每个营业年度为界，当年结清。如果本年度公司的盈利不足以支付全部优先股股息，对其所欠部分，公司将不予累积计算，优先股票股东也不得要求公司在以后的营业年度中予以补发。

（2）参与优先股票和非参与优先股票。这种分类的依据是优先股票在公司盈利较多的年份里，除了获得固定的股息以外，能否参与或部分参与本期剩余盈利的分配。

参与优先股票是指优先股票股东除了按规定分得本期固定股息外，还有权与普通股票股东一起参与本期剩余盈利分配的优先股票。

非参与优先股票是指除了按规定分得本期固定股息外，无权再参与对本期剩余盈利分配的优先股票。非参与优先股票是一般意义上的优先股票，其优先权不是体现在股息多少上，而是体现在分配顺序上。

（3）可转换优先股票和不可转换优先股票。这种分类的依据是优先股票在一定的条件下能否转换成其他品种。

可转换优先股票是指发行后在一定条件下允许持有者将它转换成其他种类股票的优先股票。在大多数情况下，股份公司的转换股票是由优先股票转换成普通股票，或者由某种优先股票转换成另一种优先股票。

不可转换优先股票是指发行后不允许其持有者将它转换成其他种类股票的优先股票。不可转换优先股票与转换优先股票不同，它没有给投资者提供改变股票种类的机会。

（4）可赎回优先股票和不可赎回优先股票。这种分类的依据是在一定条件下，该优先股票能否由原发行的股份公司出价赎回。

可赎回优先股票是指在发行后一定时期，可按特定的赎买价格由发行公司收回的优先股票。一般的股票从某种意义上说是永久的，因为它的有效期限是与股份公司的存续期并存的。而可赎回优先股票却不具有这种性质，它可以依照该股票发行时所附的赎回条款，由公司出价赎回。股份公司一旦赎回自己的股票，必须在短期内予以注销。

不可赎回优先股票是指发行后根据规定不能赎回的优先股票。这种股票一经投资者认购，在任何条件下都不能由股份公司赎回。由于股票投资者不能再从公司抽回股本，这就保证了公司资本的长期稳定。

（5）股息率可调整优先股票和股息率固定优先股票。这种分类的依据是股息率是否允许变动。

股息率可调整优先股票是指股票发行后，股息率可以根据情况按规定进行调整的优先股票。这种股票与一般优先股票股息事先固定的特点不同，它的特性在于股息率是可变动的。但是，股息率的变化一般又与公司经营状况无关，而主要是随市场上其他证券的价格或者银行存款利率的变化作调整。股息率可调整优先股票的产生，主要是为了适应国际金融市场不稳定、各种有价证券价格和银行存款利率经常波动以及通货膨胀的情况。发行这种股票，可以保护股票持有者的利益，同时对股份公司来说，有利于扩大股票发行量。

股息率固定优先股票是指发行后股息率不再变动的优先股票。大多数优先股票的股息率是固定的，一般意义上的优先股票就是指股息率固定优先股票。

（三）普通股票和优先股票的区别

（1）普通股股东享有公司的经营参与权，而优先股股东一般不享有公司的经营参与权；

（2）普通股股东享有优先认股权，而优先股股东一般不享有优先认股权；

（3）普通股股东的收益要视公司的赢利状况而定，而优先股的收益一般是固定的；

（4）普通股股东不能退股，只能在二级市场上变现，而优先股股东可依照优先股股票上所附的赎回条款要求公司将股票赎回；

（5）在公司盈利和剩余财产的分配上优先股先于普通股。

二、记名股票和无记名股票

股票按是否记载股东姓名，可以分为记名股票和无记名股票。

（一）记名股票

记名股票是指在股票票面和股份公司的股东名册上记载股东姓名的股票。很多国家的公司法都对记名股票的有关事项作出了具体规定。记名股票有如下特点：

（1）股东权利归属于记名股东。对于记名股票来说，只有记名股东或其正式委托授权的代理人才能行使股东权。除了记名股东以外，其他持有者（非经记名股东转让和经股份公司过户的）不具有股东资格。

（2）可以一次或分次缴纳出资。缴纳股款是股东基于认购股票而承担的义务。一般来说，股东应在认购时一次缴足股款。但是，基于记名股票所确定的股份公司与记名股东之间的特定关系，有些国家也规定允许记名股东在认购股票时可以无须一次缴足股款。

（3）转让相对复杂或受限制。记名股票的转让必须依据法律和公司章程规定的程序进行，而且要服从规定的转让条件。

（4）便于挂失，相对安全。记名股票与记名股东的关系是特定的，因此，如果股票遗失，记名股东的资格和权利并不消失，并可依据法定程序向股份公司挂失，要求公司补发新的股票。

（二）无记名股票

无记名股票是指在股票票面和股份公司股东名册上均不记载股东姓名的股票。无记名股票也称不记名股票，与记名股票的差别不是在股东权利等方面，而是在股票的记载方式上。无记名股票发行时一般留有存根联，它在形式上分为两部分：一部分是股票的主体，记载了有关公司的事项，如公司名称、股票所代表的股数等；另一部分是股息票，用于进行股息结算和行使增资权利。

三、有面额股票和无面额股票

按是否在股票票面上标明金额，股票可以分为有面额股票和无面额股票。

（一）有面额股票

有面额股票是指在股票票面上记载一定金额的股票。记载的金额也称为票面金额、票面价值或股票面值。股票票面金额的计算方法是用资本总额除以股份数求得，但实际上很多国家是通过法规予以直接规定，一般是限定了这类股票的最低票面金额。另外，同次发行的有面额股票的每股票面金额是相等的，票面金额一般以国家主币为单位。大多数国家的股票都是有面额股票。

（二）无面额股票

无面额股票是指在股票票面上不记载股票面额，只注明它在公司总股本中所占比例的股票。无面额股票也称为比例股票或份额股票。无面额股票的价值随股份公司净资产和预期未来收益的增减而相应增减。若公司净资产和预期未来收益增加，则每股价值上升；反之，若公司净资产和预期未来收益减少，则每股价值下降。无面额股票淡化了票面价值的概念，但仍然有内在价值，它与有面额股票的差别仅在表现形式上。也就是说，它们都代表着股东对公司资本总额的投资比例，股东享有同等的股东权利。20 世纪早期，美国纽约州率先通过法律，允许发行无面额股票，以后美国其他州和其他一些国家也相继效仿。目前世界上很多国家（包括中国）的公司法规定不允许发行这种股票。

第三节　我国股票的历史与现实

一、我国股票的发展史

中国股票发行经历了清政府、北洋政府、国民政府，新中国人民政府。使用购买股票的币种有银两、银元、法币、中储券、关金券、金圆券、人民币。如今，收藏界把这百余年发行的股票进行分组，分为清代、民国、解放区、新中国、新时期、上市公司股票再加股票认购证。

1916年，孙中山与沪商虞洽卿共同建议组织上海交易所股份有限公司，拟具章程和说明书，呈请农商部核准。1920年2月1日，上海证券物品交易所在总商会开创立会。2月6日交易所召开理事会，选举虞洽卿为理事长。农商部在1920年6月批准在上海设立证券物品交易所，运作模式引自日本，还聘请了日本顾问。1920年7月1日，上海证券交易所开业，采用股份公司形式，交易标的分为有价证券、棉花等7类。

新中国建立以后，1983年，第一家股份制企业深圳宝安联合投资公司成立，是中国开始股份制改革的象征；1984年，北京天桥百货股份有限公司成立，是新中国第一家股份有限公司；同年，飞乐音响成为第一家公开发行股票的企业，中国第一股——上海飞乐音响股份公司成立；1985年，上海延中实业有限公司成立，并全部以股票形式向社会筹资，发行全流通股票，成为第一家公开向社会发行股票的集体所有制企业；1985年，北京天桥公司开始发行股票；1987年，深圳市发展银行首次向社会公开发行股票，成为深圳第一股；1986年，中国工商银行上海信托投资公司静安分公司成为第一个证券柜台交易点；1987年，第一家证券公司——深圳特区证券公司成立；1990年12月19日，上海证券交易所开业，上市交易的仅有30种国库券、债券和所谓的“老八股”。

老八股是指：申华控股（申华电工）、飞乐股份、豫园商城、广电电子（真空电子）、ST博元（浙江凤凰）、飞乐音响、爱使股份、方正科技（延中实业）。

1991年，深圳证券交易所正式开业；1991年，中国南方玻璃股份有限公司与深圳市物业发展（集团）股份有限公司向社会公众招股，这是中国股份制企业首次发行B股。1999年7月1日，《中华人民共和国证券法》（以下简称《证券法》）正式实施。

二、我国的股票类型

（一）按投资主体的性质分类

按股东的权利和义务关系，国外一般将股票分为普通股和优先股。在我国，按投资主体的不同性质，可将股票划分为国家股、法人股、社会公众股和外资股。

1. 国家股

国家股是指有权代表国家投资的部门或机构以国有资产向公司投资形成的股份，包括公司现有国有资产折算成的股份。在我国企业的股份制改造中，原来一些全民所有制企业改组为股份公司。从性质上讲，这些全民所有制企业的资产属于国家所有，因此在改组为股份公司时，就折成国家股。另外，国家对新组建的股份公司进行投资，也构成了国家股。国家股由国务院授权的部门或机构持有，或根据国务院决定，由地方人民政府授权的部门或机构持有。

国家股从资金来源上看，主要有三个方面：第一，现有国有企业改组为股份公司时所拥有的净资产；第二，现阶段有权代表国家投资的政府部门向新组建的股份公司的投资；第三，经授权代表国家投资的投资公司、资产经营公司、经济实体性总公司等机构向新组建股份公司的投资。

2. 法人股

法人股是指企业法人或具有法人资格的事业单位和社会团体以其依法可支配的资产投入公司形成的股份。法人持股所形成的也是一种所有权关系，是法人经营自身财产的一种投资行为。法人股股票以法人记名。

如果是具有法人资格的国有企业、事业单位及其他单位以其依法占用的法人资产向独立于自己的股份公司出资形成或依法定程序取得的股份，可称为国有法人股。国有法人股属于国有股权。

3. 社会公众股

社会公众股是指社会公众依法以其拥有的财产投入公司时形成的可上市流通的股份。在社会募集方式下，股份公司发行的股份，除了由发起人认购一部分外，其余部分应该向社会公众公开发行。我国《证券法》规定，社会募集公司申请股票上市的条件之一是：向社会公开发行的股份达到公司股份总数的 25% 以上；公司股本总额超过人民币 4 亿元的，向社会公开发行股份的比例为 10% 以上。

4. 外资股

外资股是指股份公司向外国和我国香港、澳门、台湾地区投资者发行的股票。这是我国股份公司吸收外资的一种方式。外资股按上市地域，可以分为境内上市外资股和境外上市外资股。

（1）境内上市外资股。境内上市外资股原来是指股份有限公司向境外投资者募集并在我国境内上市的股份，投资者限于外国的自然人、法人和其他组织，我国香港、澳门、台湾地区的自然人、法人和其他组织，定居在国外的中国公民等。这类股票称为 B 股，也称为人民币特种股票。B 股采取记名股票形式，以人民币标明股票面值，在交易所上市交易，以外币认购、买卖，上海市场为美元，深圳市场为港币。但从 2001 年 2 月对境内居民个人开放 B 股市场后，境内投资者逐渐成为 B 股市场的重要投资主体，B 股的外资股性质发生了变化。公司向境内上市外资股股东支付股利及其他款项，以人民币计价和宣布，以外币支付。

（2）境外上市外资股。境外上市外资股是指股份有限公司向境外投资者募集并在境外上市的股份。它也采取记名股票形式，以人民币标明面值，以外币认购。在境外上市时，可以采取境外存股凭证形式或者股票的其他派生形式。在境外上市的外资股除了应符合我国的有关法规外，还须符合上市所在地国家或者地区证券交易所制定的上市条件。依法持有境外上市外资股、其姓名或者名称登记在公司股东名册上的境外投资人，为公司的境外上市外资股股东。公司向境外上市外资股股东支付股利及其他款项，以人民币计价和宣布，以外币支付。

境外上市外资股主要由 H 股、N 股、S 股等构成。H 股是指注册地在我国内地、上市地在我国香港的外资股。香港的英文是 HONG KONG，取其首字母，在香港上市的外资股就称为 H 般。依此类推，纽约的第一个英文字母是 N，新加坡的第一个英文字母是 S，伦敦的第一个英文字母是 L。因此，在纽约、新加坡、伦敦上市的外资股分别称为 N 股、S 股、L 股。

小知识

红　筹　股

红筹股（Red Chip），这一概念诞生于20世纪90年代初期的香港股票市场。中华人民共和国在国际上有时被称为红色中国，相应地，香港和国际投资者把在境外注册、在香港上市的那些带有中国内地概念的股票称为红筹股。虽然在香港上市，但主要业务在中国内地或大部分股东权益来自中国内地。所以红筹股不属于外资股。早期的红筹股，主要是一些中资公司收购香港的中小型上市公司后重组而形成的；此后出现的红筹股，主要是内地一些省市或中央部委将其在香港的窗口公司改组并在香港上市后形成的。红筹股已经成为内地企业进入国际资本市场融资的一条重要渠道。

资料来源：节选于百度百科，http：//baike. baidu. com/view/10690. htm？ fr=aladdin.

（二）按流通受限与否分类

1. 已完成股权分置改革的公司，按股份流通受限与否可分为有限售条件股份和无限售条件股份

（1）有限售条件股份是指股份持有人依照法律、法规规定或按承诺有转让限制的股份，包括因股权分置改革暂时锁定的股份、内部职工股、董事、监事、高级管理人员持有的股份等。具体包括国家持股、国有法人持股、其他内资持股、外资持股（境外法人持股和境外自然人持股）。

（2）无限售条件股份是指流通转让不受限制的股份。具体包括人民币普通股（A股）、境内上市外资股（B股）、境外上市外资股（如H股）、其他。

2. 未完成股权分置改革的公司，按股份流通受限与否可分为未上市流通股份和已上市流通股份

（1）未上市流通股份是指尚未在证券交易所上市交易的股份。具体包括发起人股份、募集法人股份、内部职工股、优先股、其他。

（2）已上市流通股份是指已在证券交易所上市交易的股份，具体包括境内上市人民币普通股票（A股）、境内上市外资股（B股）、境外上市外资股（如H股）、其他。

（三）按照概念进行分类

按照概念进行分类的类型较多，比如：

指标概念：沪深300、深证成指、深证100、上证180、中证100等；

板块概念：中小企业、三板、ST板、创投概念、军工概念等；

投资概念：参股金融、基金重仓、社保重仓、参股券商、QFII持股等；

区域概念：成渝特区、自贸区、珠江三角、横琴特区、西部开发等；

行业概念：航天军工、供水供气、节能环保、稀土永磁、通讯导航等。

三、股票对中国经济的作用

（一）股票对宏观经济的作用

1. 通过影响投资而影响到整个经济

股票对投资的影响主要通过股票市场上的托宾 q 效应来反映。托宾 q 值是企业市场价值（即企业股本的市值）与其资本重置成本之比。q 越大，融资成本越低，促使企业发行更多的股票进行新的投资；q 越小，融资成本越高，企业不愿发行股票进行新投资。所以，当股价提升时，托宾 q 增大，投资增加，总需求和总产出增加，对经济有促涨作用。反之，当股价下降时，托宾 q 减小，投资减少，对经济有降温作用。

2. 发行企业资产负债表效应影响着投资和整体经济

企业净资产财富的拥有量对在融资过程中能否产生逆向选择和道德风险起着关键的作用。净财富越低，企业在融资过程中越容易产生逆向选择和道德风险，银行减少向企业的贷款，从而使企业通过外部融资进行的投资下降。相反，如果企业净资产财富拥有量增加，降低了逆向选择和道德风险的可能性，银行愿意贷款给这些企业，从而企业能够获得更多的外部融资。企业资产负债表状况良好，逆向选择和道德风险下降，银行贷款增加，投资增加，总需求和产出增加；相反，企业资产负债表恶化，逆向选择和道德风险上升，促使银行贷款减少，投资减少，总需求和总产出减少，经济降温。

3. 流动性效应影响着消费需求

流动性效应观点认为，资产负债效应通过影响消费者的支出发生作用。由于具有信息不对称的特征，耐用商品和房地产属于流动性非常弱的资产。当人们预计将陷入财务困境时，通常愿意持有流动性强的金融资产，而不愿持有流动性较弱的耐用消费品。因此，如果陷入财务困境的可能性增大，耐用消费品或房产支出就会减少；反之，若陷入财务困境的可能性减少，耐用品和房地产支出则会增加。消费者财务状况相对稳健，陷入财务困境可能性变低，消费者对房产和耐用商品的支出会相应增加；反之，消费者财务状况相对较差，陷入财务困境的可能性变大，消费者对房产及耐用商品的支出就会减少。

4. 家庭财富效应影响着消费支出

消费者财富的一个重要组成部分是金融财富，其中一个主要部分是普通股股票。当股票价格上升时，消费者的金融财富增加，消费者感觉变得富有，因而相应增加了消费支出。反之，当股票价格下降，消费者金融财富缩水，一些资金被套牢在股市上，因而不得不减少当期消费支出。

通过以上四个途径，股票通过影响投资需求和消费需求，对宏观经济产生影响。当股价强劲上涨时，对投资和消费需求产生拉动作用，从而对整个经济产生促涨作用；当股市下跌时，市值大幅缩水，不仅使投资大幅减少，而且对房产和耐用消费品以及其他消费支出产生较大的“挤出”作用，从而大大减少社会总需求，对中国经济增长总体回落起到不可忽视的作用。

（二）股票对微观经济的作用

1. 对股票的发行者来说，股票的基本作用

（1）股票是筹集资金的有效手段。股票的最原始作用就是筹集资金。通过发行股

票，股份公司可广泛地吸引社会暂时闲置的资金，在短时间内把社会上分散的资金集中成为巨大的生产资本，组成一个“社会企业”——股份有限公司。通过二级市场的流通，又能将短期资金通过股票转让的形式衔接为长期资金。正是基于这个特点，现今世界上许多国家特别是西方一些发达国家，都是通过发行股票的形式来组织股份有限公司，以经营工业、农业、运输业、金融保险业中的一些大企业。我国一些股份公司发行股票的主要目的也是筹集企业进一步发展所需的资金。

（2）通过发行股票来分散投资风险。发行股票的第二个作用就是分散投资风险。无论是哪一类企业，总会有经营风险存在，特别是一些高新技术产业，由于产品的市场前景不明朗，技术工艺尚待成熟和稳定，在经营过程中，风险较大。对这些前景难以预测的企业，当发起人难以或不愿承担所面临的风险时，他们会想方设法地将风险转嫁或分摊给他人，而通过发行股票来组成股份公司就是分散投资风险的一个好方法。即使投资失败，各个股东所承受的损失也非常有限。

（3）通过发行股票来实现创业资本的增值。在股票发行市场上，股票的发行价总是和企业的经营业绩相联系的。当一家业绩优良的企业发行股票时，其发行价要高出其每股净资产的许多，而股票的溢价发行又使股份公司发起人的创业资本得到增值，有助于未来具有较高成长性的新兴企业通过发行股票，迅速成长起来，短期内扩大企业规模、提高效益。

（4）通过股票的发行上市提高企业透明度。由于有众多的社会公众参与股票投资，股市就成为舆论宣传的一个热点，各种媒介每天都在反复传播股市信息，无形之中提高了上市公司的知名度，起到了宣传作用；同时发行股票上市等于企业直接面对社会公众接受监督，有助于上市公司自我约束，提高管理水平和竞争能力。

2. 对股票的购买者来说，股票的基本作用

（1）由于股票具有收益性，股票投资就成为大众投资的一种工具。人们总是希望钱能生钱，除了银行存款、购买债券及亲自创办经济实体外，通过购买股票也可取得收益，实现资本的增值。

（2）通过购买股票实现生产要素的组合。通过购买股票，投资者可非常方便地实现参股投资或控股及购买、兼并股份公司的目的，从而实现生产要素的组合，提高企业的经营效益。

（3）通过购买股票进行投机。由于受众多因素的影响，股票价格具有较强的波动性，因而人们可通过股票来进行投机活动，从买进卖出中赚取股票的价差，这也是股票市场吸引众多投资者的原因之一。

阅读材料

我国的股权分置改革

所谓股权分置，是指同一上市公司的股份分为流通股与非流通股。股东所持向社会公开发行的股份且能在证券交易所上市交易，称为流通股；而公开发行前股份暂不上市交易，称为非流通股。这种同一上市公司股份分为流通股和非流通股的股权分置状况，

为中国内地证券市场所独有。非流通股与流通股这两类股份，除了持股的成本的巨大差异和流通权不同之外，赋予每份股份其他的权利均相同。由于持股的成本有巨大差异，造成了两类股东之间的严重不公。

这种制度安排使上市公司或大股东不关心股价的涨跌，不利于维护中小投资者的利益，同时也越来越影响到上市公司通过股权交易进行兼并达到资产市场化配置的目的，妨碍了中国经济改革的深化。股权分置不能适应资本市场改革开放和稳定发展的要求，必须通过股权分置改革，消除非流通股和流通股的流通制度差异。在改革的过程中，最开始提的是国有股减持，后来提全流通，现在又提出解决股权分置，其实三者的含义是完全相同的。

2004 年 1 月 31 日，国务院发布《国务院关于推进资本市场改革开放和稳定发展的若干意见》，明确指出“积极稳妥解决股权分置问题”，提出“在解决这一问题时要尊重市场规律，有利于市场的稳定和发展，切实保护投资者特别是公众投资者合法权益”的总体要求。2005 年 4 月 29 日，经国务院批准，中国证监会发布《关于上市公司股权分置改革试点有关问题的通知》，启动了股权分置改革的试点工作。经过两批试点，取得了一定经验，具备了转入积极稳妥推进的基础和条件。经国务院批准，2005 年 8 月 23 日，中国证监会、国务院国有资产监督管理委员会、财政部、中国人民银行、商务部联合发布《关于上市公司股权分置改革的指导意见》；9 月 4 日，中国证监会发布《上市公司股权分置改革管理办法》，我国的股权分置改革进入全面铺开阶段。

股权分置改革是为解决 A 股市场相关股东之间的利益平衡问题而采取的举措，对于同时存在 H 股或 B 股的 A 股上市公司，由 A 股市场相关股东协商解决股权分置问题，有效解决了市场供需失衡、股东利益冲突、控制权僵化等问题。

证券监督管理机构将根据股权分置改革进程和市场整体情况择机实行“新老划断”，即对首次公开发行公司不再区分流通股和非流通股。股权分置改革基本完成和其他市场化改革措施的实施，解决了长期影响我国资本市场健康发展的重大历史遗留问题，理顺了市场机制，释放了市场潜能，使资本市场融资和资源配置功能得以恢复，并引领资本市场活跃向上。更为重要的是，资本市场已经开始对中国经济社会产生重要影响，不仅中国社会的各个层面感受到资本市场给经济发展带来的活力，而且中国的资本市场已成为全球投资者关注的焦点。

资料来源：中国证券业协会．证券市场基础知识．北京：中国金融出版社，2012.

案例分析

锦州港：控制权之争的经典案例

——兵家云：明修栈道，暗度陈仓

如果说上市公司的控制权之争是一部跌宕起伏的商战大戏，那么发生在锦州港（600190）两大股东之间的这部戏，结局则扑朔迷离。事实上，从资本市场的角度看，控制权争夺不外乎引发两种结果，要么被举牌股价大涨，要么伴随股权之争的不断上演，股价也随之暴涨暴跌，不管哪种结果都牵动着投资者的神经。

两大股东龙虎斗

根据锦州港2013年最新的三季报显示，其前十大股东中第一大股东东方集团（600811）的持股比例与第二大股东大连港（601880）集团有限公司的持股比例非常接近，分别为19.73%和19.44%。而这一局面早在2008年就已显现。

2008年7月，锦州港召开临时股东会议，审议通过了向大连港集团定向增发2.46亿股A股的决议，大连港集团成功入股锦州港，加上其之前通过二级市场操作获得的690余万锦州港股票，大连港集团持有锦州港19.44%股权，仅比第一大股东东方集团19.73%的持股比例少0.29个百分点。据锦州港公告表示，根据公司的实际情况，相关法律法规对控股股东、实际控制人的认定标准，公司已不存在控股股东与实际控制人，自此两大股东势均力敌。

事实上，大连港集团对锦州港觊觎已久，因自身业务发展的需要使得大连港集团急需取得对锦州港的绝对控制权，然而对锦州港的第一大股东东方集团而言，控制权的战略意义也非同小可，作为东方集团重要的资本平台，锦州港对于东方集团的现金流贡献不言而喻，同时不容忽视的是作为一家民营企业，拥有并控制一家上市公司的资本运作平台，会为其带来无尽的资本运作收益。

2012年5月，围绕锦州港两大股东的控制权龙虎斗则完全公开化，持有公司11.53%股权的第三大股东锦州港国有资产经营管理有限公司拟将所持有的公司股份7 855.8万股转让给大连港集团有限公司，该部分股权占公司总股本的5.03%，若此次转让成行，则大连港集团将成为公司第一大股东，并可能进一步获得控股权。

不过，公司在2012年年报中称，尚未收到相关股东关于股权转让最新进展的往来文件。据市场人士介绍，在锦州港国有资产经营管理有限公司宣布转让股权之前，由于该消息被提前走漏，公司股价大幅上涨，给转让造成了麻烦。普遍猜测，制造麻烦者正是公司现有股东东方集团。

鹿死谁手　结局难定

2012年5月17日，锦州港直封涨停，次日再度大涨7.32%；5月28日，股价再度上涨7.19%。而大连港集团控股的大连港势头更猛，5月17日、18日公司股价连续涨停；5月28日，股价再大涨9.24%。

此后一年内，关于违规信息披露、虚假陈诉、内幕交易等质疑声此起彼伏，该收购也不了了之，值得注意的是2013年3月份，公司端出一份“蹊跷”的增发方案，拟向西藏海涵交通发展有限公司和西藏天圣交通发展投资有限公司定增募集不超过14.67亿元。增发预案显示，两家公司均为“新生”，尚未有任何业务。

业内人士表示，此次增发很可能与围绕公司控制权的明争暗斗有关。此次发行完成后，两公司将合计持有公司22%的股权，若这两家公司与现有任一股东宣布成为一致行动人，则该股东将名正言顺地获得控制权。而对于投资者来说，恐怕更关心这是否会带来题材的炒作。

资料来源：田磊．锦州港：控制权之争的经典案例．股市动态分析，2013（46）.

问题： 股份公司和一般的企业相比较，更容易出现管理权与控制权的争夺。对于发行股票的上市公司而言，控制权可能会通过哪些方式发生转换？这种转换会对股份公司产生什么样的影响？

本章小结

1. 股份制是与商品经济相联系的经济范畴，是商品经济发展到一定程度的产物。股份制以股份公司为核心，以发行股票为基础，以股票市场为依托。股份有限公司是最典型的股份制企业，也是现代股份公司最主要的形式，往往被简称为股份公司。

2. 股票是股份公司在筹集资本时向出资人或投资者公开或私下发行的、用以证明持有者（即股东）对股份公司的所有权，并根据持有人所持有的股份数享有权益和承担义务的凭证。股票是有价证券，是要式证券，是证权证券，是资本证券，是综合权利证券。股票具有收益性、风险性、流动性、永久性和参与性的特征。

3. 按股东享有权利的不同，股票可以分为普通股票和优先股票。普通股票是标准的股票，通过发行普通股票所筹集的资金，成为股份公司注册资本的基础。优先股票是指股东享有某些优先权利（如优先分配公司盈利和剩余财产权）的股票。两者在权利义务方面存在很大的差异。

4. 股票按是否记载股东姓名，可以分为记名股票和无记名股票；按是否在股票票面上标明金额，股票可以分为有面额股票和无面额股票。

5. 我国的股票按投资主体的不同性质，可划分为国家股、法人股、社会公众股和外资股等不同类型。按流通受限与否分类：已完成股权分置改革的公司，按股份流通受限与否可分为有限售条件股份和无限售条件股份；未完成股权分置改革的公司，按股份流通受限与否可分为未上市流通股份和已上市流通股份。还有很多按照概念的分类方式。

6. 股票对于经济发展的作用可以从宏观和微观两个方面来分析。股票对宏观经济的作用体现在：通过影响投资而影响到整个经济；发行企业资产负债表效应影响着投资和整体经济；流动性效应影响着消费需求；家庭财富效应影响着消费支出方面。对微观经济的影响体现在：对发行者来说，股票是筹集资金的有效手段，通过发行股票来分散投资风险，实现创业资本的增值和提高企业的透明度；对股票购买者来说，股票是大众投资的一种工具，可以实现生产要素的组合，也可进行投机。

重要概念

股份制　股份公司　股票　普通股　优先股　国家股　法人股　社会公众股　外资股

复习思考题

1. 股份制度产生和发展的历史原因是什么？
2. 股票的性质和特征分别有哪些？
3. 普通股和优先股在权利和义务上有何差异？
4. 股权分置改革对于中国的股票市场有何意义？
5. 股票对中国经济的发展有何影响？

第四章

债　　券

学习目的

通过本章的学习，学生能够做到：掌握债券的概念和分类；理解债券的性质和特点，并和股票进行比较；了解目前的债券种类；掌握债券价值的影响因素和债券收益率的计算。

重点难点

1. 债券和股票的比较；
2. 债券价格的影响因素；
3. 债券的计息方式；
4. 债券收益率的计算。

第一节　债券概述

一、债券的定义和性质

（一）债券的定义

债券是一种有价证券，是社会各类经济主体为筹集资金而向债券投资者出具的、承诺按一定利率定期支付利息并到期偿还本金的债权债务凭证。

债券所规定的资金借贷双方的权责关系主要有：第一，所借贷货币资金的数额；第二，借贷的时间；第三，在借贷时间内的资金成本或应有的补偿（即债券的利息）。

（二）债券的基本性质

1. 债券属于有价证券

首先，债券反映和代表一定的价值。债券本身有一定的面值，通常它是债券投资者投入资金的量化表现；另外，持有债券可按期取得利息，利息也是债券投资者收益的价值表现。其次，债券与其代表的权利联系在一起，拥有债券就拥有了债券所代表的权利，转让债券也就将债券代表的权利一并转移。

2. 债券是一种虚拟资本

债券尽管有面值，代表了一定的财产价值，但它也只是一种虚拟资本，而非真实资本。因为债券的本质是证明债权债务关系的证书，在债权债务关系建立时所投入的资金已被债务人占用，债券是实际运用的真实资本的证书。债券的流动并不意味着它所代表的实际资本也同样流动，债券独立于实际资本之外。

3. 债券是债权的表现

债券代表债券投资者的权利，这种权利不是直接支配财产权，也不以资产所有权表现，而是一种债权。拥有债券的人是债权人，债权人不同于公司股东，是公司的外部利益相关者。

二、债券的要素

（一）债券的票面要素

债券作为证明债权债务关系的凭证，一般以一定格式的票面形式来表现。通常，债券票面上有以下基本要素。

1. 债券的票面价值

债券的票面价值又称面值，是债券票面标明的货币价值，是债券发行人承诺在债券到期日偿还给债券持有人的金额。

（1）选择币种。在债券的票面价值中，首先要规定票面价值的币种，即以何种货币作为债券价值的计量标准。确定币种主要考虑债券的发行对象。一般来说，在本国发行的债券通常以本国货币作为面值的计量单位；在国际金融市场筹资，则通常以债券发行地所在国家的货币或以国际通用货币为计量标准。此外，确定币种还应考虑债券发行者本身对币种的需要。

（2）确定票面金额。票面金额大小不同，可以适应不同的投资对象，同时也会产生不同的发行成本。债券票面金额的确定要根据债券的发行对象、市场资金供给情况及债券发行费用等因素综合考虑，债券票面金额与企业业绩好坏成正比，与市场对该债券的需求数量成正比，与市场利率大小成反比。

2. 债券的到期期限

债券到期期限是指债券从发行之日起至偿清本息之日止的时间，也是债券发行人承诺履行合同义务的全部时间。各种债券有不同的偿还期限，短则几个月，长则几十年，习惯上有短期债券、中期债券和长期债券之分。发行人在确定债券期限时，要考虑多种因素的影响，主要有以下方面：

（1）资金使用方向。债务人借入资金可能是为了弥补临时性资金周转的短缺，也可能是为了满足对长期资金的需求。在前者情况下可以发行短期债券，在后者情况下可以发行中长期债券，既能保证发行人的资金需要，又不因占用资金时间过长而增加利息负担。

（2）市场利率变化。债券偿还期限的确定应根据对市场利率的预期，相应选择有助于减少发行者筹资成本的期限。一般来说，当未来市场利率趋于下降时，应选择发行期限较短的债券，可以避免市场利率下跌后仍须支付较高的利息；而当未来市场利率趋于上升时，应选择发行期限较长的债券，这样能在市场利率趋高的情况下保持较低的利息负担。

（3）债券的变现能力。这一因素与债券流通市场发育程度有关。如果流通市场发达，债券容易变现，长期债券就能被投资者接受；如果流通市场不发达，投资者买了长期债券而又急需资金时不易变现，长期债券的销售就可能不如短期债券。

3. 债券的票面利率

债券票面利率也称名义利率，是债券年利息与债券票面价值的比率，通常年利率用百分数表示。利率是债券票面要素中不可缺少的内容。在实际经济生活中，债券利率有多种形式，如单利、复利和贴现利率等。债券利率受很多因素的影响，主要有以下方面：

（1）借贷资金市场利率水平。市场利率较高时，债券的票面利率也相应较高，否则，投资者会选择其他金融资产投资而舍弃债券；反之，市场利率较低时，债券的票面利率也相应较低。

（2）筹资者的资信。如果债券发行人的资信状况好，债券信用等级高，投资者的风险小，债券票面利率可以定得比其他条件相同的债券低一些；如果债券发行人的资信状况差，债券信用等级低，投资者的风险大，债券票面利率就需要定得高一些。此时的利率差异反映了信用风险的大小，高利率是对高风险的补偿。

（3）债券期限长短。一般来说，期限较长的债券流动性差，风险相对较大，票面利率应该定得高一些；而期限较短的债券流动性强，风险相对较小，票面利率就可以定得低一些。但是，债券票面利率与期限的关系较复杂，它们还受其他因素的影响，所以有时也会出现短期债券票面利率高而长期债券票面利率低的现象。

4. 债券发行者名称

这一要素指明了该债券的债务主体，既明确了债券发行人应履行对债权人偿还本息的义务，也为债权人到期追索本金和利息提供了依据。

（二）债券的发行价格

债券的发行价格是指债券原始投资者购入债券时应支付的市场价格，它与债券的面值可能一致也可能不一致。理论上，债券发行价格是债券的面值和要支付的年利息按发行当时的市场利率折现所得到的现值。

1. 债券的发行方式

溢价发行：指按高于债券面值的价格发行债券。

平价发行：指以债券的票面金额作为发行价格。

折价发行：指按低于债券面值的价格发行债券。

由此可见，票面利率和市场利率的关系影响到债券的发行价格。当债券票面利率等于市场利率时，债券发行价格等于面值，即平价发行；当债券票面利率低于市场利率时，企业仍以面值发行就不能吸引投资者，故一般要折价发行；反之，当债券票面利率高于市场利率时，企业仍以面值发行就会增加发行成本，故一般要溢价发行。

2. 发行价格的确定因素

决定债券发行价格的基本因素有如下方面：

（1）债券面额。债券面值即债券票面上标出的金额，企业可根据不同认购者的需要，使债券面值多样化，既有大额面值，也有小额面值。

（2）票面利率。票面利率可分为固定利率和浮动利率两种。一般地，企业应根据自身资信情况、公司承受能力、利率变化趋势、债券期限的长短等决定选择何种利率形式与利率的高低。

（3）市场利率。市场利率是衡量债券票面利率高低的参照系，也是决定债券价格按面值发行还是溢价或折价发行的决定因素。

（4）债券期限。期限越长，债权人的风险越大，其所要求的利息报酬就越高，其发行价格就可能较低。

三、债券的特征及比较

（一）债券的特征

1. 偿还性

偿还性是指债券有规定的偿还期限，债务人必须按期向债权人支付利息和偿还本金。债券的偿还性使资金筹措者不能无限期地占用债券购买者的资金，换言之，他们之间的借贷经济关系将随偿还期结束，还本付息手续完毕而不复存在。这一特征与股票的永久性有很大的区别。在历史上，债券的偿还性也有例外，曾有国家发行过无期公债或永久性公债。这种公债无固定偿还期，持券者不能要求政府清偿，只能按期取息。

2. 流动性

流动性是指债券持有人可按需要和市场的实际状况，灵活地转让债券，以提前收回本金和实现投资收益。流动性首先取决于市场为转让所提供的便利程度，其次取决于债券在迅速转变为货币时，是否在货币计算的价值上蒙受损失。

3. 安全性

安全性是指债券持有人的收益相对稳定，不随发行者经营收益的变动而变动，并且可按期收回本金。一般来说，具有高度流动性的债券同时也是较安全的，因为它不仅可以迅速地转换为货币，而且还可以按一个较稳定的价格转换。债券不能收回投资的风险有两种情况：

（1）债务人不履行债务，即债务人不能按时足额按约定的利息支付或者偿还本金。不同的债务人不履行债务的风险程度是不一样的，一般政府债券不履行债务的风险较低。

（2）流通市场风险，即债券在市场上转让时因价格下跌而承受损失。许多因素会影响债券的转让价格，其中较重要的是市场利率水平。

4. 收益性

收益性是指债券能为投资者带来一定的收入，即债权投资的报酬。在实际经济活动中，债券收益可以表现为三种形式：一是利息收入，即债权人在持有债券期间按约定的条件分期、分次取得利息或者到期一次取得利息；二是资本损益，即债权人到期收回的本金与买入债券或中途卖出债券与买入债券之间的价差收入；三是再投资收益，即投资债券所获现金流量再投资的利息收入，受市场收益率变化的影响。

（二）债券与股票的比较

1. 债券与股票的相同点

（1）债券与股票都属于有价证券。尽管债券和股票有各自的特点，但它们都属于有价证券。债券和股票作为有价证券体系中的一员，是虚拟资本，它们本身无价值，但又都是真实资本的代表。持有债券或股票，都有可能获取一定的收益，并能行使各自的权利和流通转让。债券和股票都在证券市场上交易，是各国证券市场的两大支柱类交易工具。

（2）债券与股票都是筹措资金的手段。债券和股票都是有关经济主体为筹资需要而发行的有价证券。经济主体在社会经济活动中必然会产生对资金的需求，从资金融通角度看，债券和股票都是筹资手段。与向银行贷款间接融资相比，发行债券和股票筹资的数额大、时间长、成本低，且不受贷款银行的条件限制。

（3）债券与股票收益率相互影响。从单个债券和股票看，它们的收益率经常会发生差异，而且有时差距还很大。但是，总体而言，如果市场是有效的，则债券的平均收益率和股票的平均收益率会大体保持相对稳定的关系，其差异反映了两者风险程度的差别。这是因为，在市场规律的作用下，证券市场上一种融资手段收益率的变动，会引起另一种融资手段收益率发生同向变动。

2. 债券与股票的区别

（1）权利不同。债券是债权凭证，债券持有者与债券发行人之间的经济关系是债权债务关系，债券持有者只可按期获取利息及到期收回本金，无权参与公司的经营决策；股票是所有权凭证，股票所有者是发行股票公司的股东，股东一般拥有表决权，可以通过参加股东大会选举董事，参与公司重大事项的审议和表决，行使对公司的经营决策权和监督权。

（2）目的不同。发行债券是公司追加资金的需要，它属于公司的负债；发行股票则是股份公司创立和增加资本的需要，筹措的资金列入公司资本。

（3）发行主体不同。发行债券的经济主体很多，中央政府、地方政府、金融机构、公司企业等一般都可以发行债券，但能发行股票的经济主体只有股份有限公司。

（4）期限不同。债券一般有规定的偿还期，期满时债务人必须按时归还本金，因此，债券是一种有期证券。股票一旦投资入股，股东便不能从股份公司抽回本金，因此，股票是一种无期证券，或称永久证券。但是，股票持有者可以通过市场转让收回投资资金。

（5）收益不同。债券通常有规定的票面利率，可获得固定的利息。股票的股息红利不固定，一般视公司经营情况而定。

（6）风险不同。股票风险较大，债券风险相对较小。这是因为：第一，债券利息是公司的固定支出，属于费用范围；股票的股息红利是公司利润的一部分，公司有盈利才能支付，而且支付顺序列在债券利息支付和纳税之后。第二，倘若公司破产，清理资产有余额偿还时，债券偿付在前，股票偿付在后。第三，在二级市场上，债券因其利率固定、期限固定，市场价格也较稳定；而股票无固定期限和利率，受各种宏观因素和微观因素的影响，市场价格波动频繁，涨跌幅度较大。

四、债券的分类

债券种类很多，在债券的历史发展过程中出现过许多不同品种的债券，各种债券共同构成了一个完整的债券体系。债券可以依据不同的标准进行分类。

（一）按发行主体分类

根据发行主体的不同，债券可以分为政府债券、金融债券、公司债券和国际债券。

（1）政府债券。政府债券的发行主体是政府。中央政府发行的债券称为国债，其主要用途是满足由政府投资的公共设施或重点建设项目的资金需要和弥补国家财政赤字。

（2）金融债券。金融债券的发行主体是银行或非银行的金融机构。金融机构一般有雄厚的资金实力，信用度较高，因此，金融债券往往也有良好的信誉。

（3）公司债券。公司债券是公司依照法定程序发行、约定在一定期限还本付息的有价证券。公司债券的发行主体是股份公司，但有些国家也允许非股份制企业发行债券。

（4）国际债券。国际债券是一国政府、金融机构、工商企业或国家组织为筹措和融通资金，在国外金融市场上发行的，以外国货币为面值的债券。国际债券又可分为外国债券和欧洲债券。

（二）按付息方式分类

根据债券发行条款中是否规定在约定期限向债券持有人支付利息，债券可分为零息债券、附息债券、息票累积债券。

（1）零息债券。零息债券也称零息票债券，指债券合约未规定利息支付的债券。通常，这类债券以低于面值的价格发行和交易，债券持有人实际上是以买卖（到期赎回）价差的方式取得债券利息。

（2）附息债券。附息债券的合约中明确规定，在债券存续期内，对持有人定期支付利息（通常每半年或每年支付一次）。按照计息方式的不同，这类债券还可细分为固定利率债券和浮动利率债券两大类。固定利率债券是在债券存续期内票面利率不变的债券。浮动利率债券是在票面利率的基础上参照预先确定的某一基准利率予以定期调整的债券。有些附息债券可以根据合约条款推迟支付定期利率，故称为缓息债券。

（3）息票累积债券。与附息债券相似，这类债券也规定了票面利率，但是，债券持有人必须在债券到期时一次性获得本息，存续期间没有利息支付。

（三）按债券形态分类

债券有不同的形式，根据债券券面形态可以分为实物债券、凭证式债券和记账式债券。

（1）实物债券。实物债券是一种具有标准格式实物券面的债券。在标准格式的债券券面上，一般印有债券面额、债券利率、债券期限、债券发行人全称、还本付息方式等各种债券票面要素。有时债券利率、债券期限等要素也可以通过公告向社会公布，而不在债券券面上注明。无记名国债就属于这种实物债券，它以实物券的形式记录债权、面值等，不记名、不挂失，可上市流通。实物债券是一般意义上的债券，很多国家通过法律或者法规对实物债券的格式予以明确规定。

（2）凭证式债券。凭证式债券的形式是债权人认购债券的一种收款凭证，而不是债券发行人制定的标准格式的债券。我国从 1994 年开始发行凭证式国债。我国的凭证式国债通过各银行储蓄网点和财政部门国债服务部面向社会发行，券面上不印制票面金额，而是根据认购者的认购额填写实际的缴款金额，是一种国家储蓄债，可记名、挂失，以凭证式国债收款凭证记录债权，不能上市流通，从购买之日起计息。在持有期内，持券人如遇特殊情况需要提取现金，可以到原购买网点提前兑取。

（3）记账式债券。记账式债券是没有实物形态的票券，利用证券账户通过计算机系统完成债券发行、交易及兑付的全过程。我国从 1994 年开始发行记账式国债。目前，上海证券交易所和深圳证券交易所已为证券投资者建立了电子证券账户，发行人可以利用证券交易所的交易系统来发行债券。投资者进行记账式债券买卖，必须在证券交易所设立账户。记账式债券可以记名、挂失，安全性较高，同时由于记账式债券的发行和交易均无纸化，所以发行时间短，发行效率高，交易手续简便，成本低，交易安全。

（四）按照债券所附权利分类

（1）附有赎回选择权条款的债券。表明债券发行人具有在到期日之前买回全部或部分债券的权利。

（2）附有出售选择权条款的债券。表明债券持有人具有在指定的日期以内以票面价值将债券卖回给发行人的权利。

（3）附有可转换条款的债券。表明债券持有人具有按约定条件将债券转换成发行公司普通股股票的选择权。

（4）附有交换条款的债券。指债券持有人具有按约定条件将债券与债券发行公司以外的其他公司的普通股票交换的选择权。

（5）附有新股认购权条款的债券。表明债券持有人具有按约定条件购买债券发行公司新发行的普通股股票的选择权。

阅读材料

华域汽车系统股份有限公司 2013 年公司债券发行公告

发行人：华域汽车系统股份有限公司（住所：上海市威海路 489 号）

保荐机构：国泰君安证券股份有限公司

联席主承销商：国泰君安证券股份有限公司、摩根士丹利华鑫证券

（1）发行主体：华域汽车系统股份有限公司。

（2）债券名称：华域汽车系统股份有限公司 2013 年公司债券。

（3）债券品种及期限：本次债券分为两个品种，分别为两年期固定利率品种和 5 年期固定利率品种。两年期品种预设发行规模为 10 亿元；5 年期品种预设发行规模为 30 亿元。5 年期品种，附发行人第 3 年末上调票面利率选择权和投资者回售选择权。

（4）发行总额：40 亿元。

（5）债券票面金额：本次债券票面金额为 100 元。

（6）发行价格：本次债券按面值平价发行。

（7）债券形式：实名制记账式公司债券。

（8）债券利率：本次债券采用固定利率。两年期品种在债券存续期内利率固定不变。5 年期品种在债券存续期内前 3 年固定不变；在债券存续期的第 3 年末，如发行人行使上调票面利率选择权，未被回售部分的票面利率为债券存续期前 3 年票面年利率加上调基点，在债券存续期限后两年固定不变。

（9）计息方式：采用单利按年计息，不计复利，逾期不另计息。

（10）发行首日：本次债券发行期限的第 1 日，即 2013 年 11 月 18 日。

（11）还本付息方式：本次债券采用单利按年计息，不计复利。在本次债券的计息期限内，每年付息一次，到期一次还本，最后一期利息随本金的兑付一起支付。其中，5 年期品种，若投资者放弃回售选择权，则在 2018 年 11 月 18 日一次兑付本金；若投资者部分或全部行使回售选择权，则回售部分债券的本金在 2016 年 11 月 18 日兑付，未回售部分债券的本金在 2018 年 11 月 18 日兑付。如遇法定节假日或休息日，则顺延至其后的第 1 个交易日。

（12）付息日：本次债券两年期品种的付息日为 2014 年至 2015 年每年的 11 月 18 日。5 年期品种的付息日，若投资者放弃回售选择权，则为 2014 年至 2018 年每年的 11 月 18 日；若投资者部分或全部行使回售选择权，则回售部分债券的付息日为 2014 年至 2016 年每年的 11 月 18 日；未回售部分债券的付息日为 2014 年至 2018 年每年的 11 月 18 日。如遇法定节假日或休息日，则顺延至其后的第 1 个工作日；每次付息款项不另计利息。

（13）到期日：本次债券两年期品种的到期日为 2015 年 11 月 18 日；5 年期品种的到期日为 2018 年 11 月 18 日，如投资者行使回售选择权，则回售部分债券的到期日为 2016 年 11 月 18 日。

资料来源：摘自上海证券交易所公告，http：//www. sse. com. cn.

第二节　按主体划分的债券

根据发行主体的不同，债券可以分为政府债券、金融债券、公司债券和国际债券。

一、政府债券

（一）政府债券概述

政府债券是国家为了筹措资金而向投资者出具的、承诺在一定时期支付利息和到期还本的债务凭证。

从广义的角度来看，政府债券的举债主体是国家。社会上存在公共部门和私人部门两大部门，私人部门的财产归私人所有，而公共部门的财产归国家所有，因此，广义的政府债券属于公共部门的债务，与它相对应的是私人部门的债务。从狭义的角度看，政府是国家政权的代表，国家的债务就是政府的债务，因此，狭义的政府债券属于政府部门的债务，与它相对应的是非政府部门的债务。一般所指的政府债券大多是狭义的，即政府举借的债务。

根据政府债券发行主体的不同，又可分为中央政府债券和地方政府债券。中央政府发行的债券称为国债，地方政府发行的债券称为地方债。

1. 政府债券的性质

政府债券的性质主要从两个方面考察：第一，从形式上看，政府债券也是一种有价证券，它具有债券的一般性质。政府债券本身有面额，投资者投资于政府债券可以取得利息，因此，政府债券具备了债券的一般特征。第二，从功能上看，政府债券最初仅是政府弥补赤字的手段，但在现代商品经济条件下政府债券已成为政府筹集资金、扩大公共开支的重要手段，并且随着金融市场的发展，逐渐具备了金融商品和信用工具的职能，成为国家实施宏观经济政策、进行宏观调控的工具。

2. 政府债券的特征

（1）安全性高。政府债券是政府发行的债券，由政府承担还本付息的责任，是国家信用的体现。在各类债券中，政府债券的信用等级是最高的，通常被称为金边债券。投资者购买政府债券，是一种较安全的投资选择。

（2）流通性强。政府债券是一国政府的债务，它的发行量一般都非常大。同时，由于政府债券的信用好，竞争力强，市场属性好，所以，许多国家政府债券的二级市场十分发达，一般不仅允许在证券交易所上市交易，还允许在场外市场进行买卖。发达的二级市场为政府债券的转让提供了方便，使其流通性大大增强。

（3）收益稳定。投资者购买政府债券可以得到一定的利息。政府债券的付息由政府保证，其信用度最高，风险最小，对于投资者来说，投资政府债券的收益是比较稳定的。此外，因政府债券的本息大多数固定且有保障，所以交易价格一般不会出现大的波动，二级市场的交易双方均能得到相对稳定的收益。

（4）免税待遇。政府债券是政府自己的债务，为了鼓励人们投资政府债券，大多数国家规定，对于购买政府债券所获得的收益，可以享受免税待遇。《中华人民共和国个人所得税法》规定，个人投资的公司债券利息、股息、红利所得应纳个人所得税，但国债和国家发行的金融债券的利息收入可免纳个人所得税。因此，在政府债券与其他证券名义收益率相等的情况下，如果考虑税收因素，持有政府债券的投资者可以获得更多的实际投资收益。

（二）国家债券

国家债券是中央政府根据信用原则，以承担还本付息责任为前提而发行的债务凭证。国家债券简称为国债。国债发行量大、品种多，是政府债券市场上最主要的投资工具。

1. 国债的分类

（1）按偿还期限分类。国债的偿还期限是国债的存续时间，以此为标准，习惯上把国债分为短期国债、中期国债和长期国债。

短期国债一般指偿还期限为 1 年或 1 年以内的国债，具有周期短及流动性强的特点，在货币市场上占有重要地位。政府发行短期国债，一般是为满足国库暂时的入不敷出之需。在国际市场上，短期国债的常见形式是国库券，它是由政府发行用于弥补临时收支差额的一种债券。我国 20 世纪 80 年代以来也曾使用国库券的名称，但它与发达国家所指的短期国债不同，偿还期限大多是超过 1 年的。

中期国债是指偿还期限在 1 年以上、10 年以下的国债。政府发行中期国债筹集的资金或用于弥补赤字，或用于投资，不再用于临时周转。

长期国债是指偿还期限在 10 年或 10 年以上的国债。长期国债由于期限长，政府短期内无偿还的负担，而且可以较长时间占用国债认购者的资金，所以常被用作政府投资的资金来源。长期国债在资本市场上有着重要地位。

短期国债、中期国债以及长期国债都属于有期国债。在国债发展史上，一些西方国家政府还曾发行过一种无期国债，这种国债在发行时并未规定还本期限，债权人平时仅有权按期索取利息，而无权要求清偿，但政府可以随时从市场上买入而将其注销。

（2）按资金用途分类。政府通过国债筹集的资金可用于各项开支。根据举借债务对筹集资金使用方向的规定，国债可以分为赤字国债、建设国债、战争国债和特种国债。

赤字国债是指用于弥补政府预算赤字的国债。政府收支不平衡是一种经常可能出现的现象，如果支出大于收入，便产生赤字。弥补赤字的手段有多种，除了举借国债外，还有增加税收、向中央银行借款、动用历年结余等。增加税收会加重社会负担，易引起人们的反对，而且增税还必须通过一定的法律程序，不适合作为政府临时增加收入的主要手段；向中央银行借款有可能增加货币供应量，导致通货膨胀；动用历年结余需视政府过去的年度收支情况，若无结余，此手段也无法运用。因此，发行国债常被政府用作弥补赤字的主要方式。

建设国债是指发债筹措的资金用于建设项目。政府的职能有多种，它在社会经济中往往要承担一些大型基础性项目和公共设施的投资，如修建铁路和公路，这些项目耗资十分巨大，因此，常由政府通过举借债务筹集专项资金来建设。

战争国债专指用于弥补战争费用的国债。战争时期，军费开支庞大，在用其他方法已无法再筹集到资金的时候，政府就有可能以发行国债来弥补。

特种国债是指政府为了实施某种特殊政策而发行的国债。随着政府职能的扩大，政府有时为了某些特殊的社会目的而需要大量资金，为此也有可能举借国债。

（3）按流通与否分类。流通性是债券的特征之一，也是国债的基本特点，但也有一些国债是不能流通的，因此，国债可以分为流通国债和非流通国债。

流通国债是指可以在流通市场上交易的国债。这种国债的特征是投资者可以自由认购、自由转让，通常不记名，转让价格取决于对该国债的供给与需求。流通国债的转让一般在证券市场上进行，如通过证券交易所或柜台市场交易。在不少国家，流通国债占国债发行量的大部分。

非流通国债是指不允许在流通市场上交易的国债。这种国债不能自由转让，可以记名，也可以不记名。非流通国债的发行对象，有的是个人，有的是一些特殊的机构。以个人为发行对象的非流通国债，一般以吸收个人的小额储蓄资金为主，故有时称为储蓄国债。

（4）按发行本位分类。国债债券有一定的面值，有面值就需要有某种计量单位。依照不同的发行本位，国债可以分为实物国债和货币国债。

这里的实物国债与实物债券不是同一个含义。实物债券是专指具有实物票券的债券，它与无实物票券的债券（如记账式债券）相对应；而实物国债是指以某种商品实物为本位而发行的国债。政府发行实物国债，主要有两种情况：一是在货币经济不发达时，实物交易占主导地位；二是尽管货币经济已比较发达，但币值不稳定，为维持国债信誉，增强国债吸引力，发行实物国债。

货币国债是指以某种货币为本位而发行的国债。货币国债又可以进一步分为本币国债和外币国债。本币国债以本国货币为面值发行，外币国债以外国货币为面值发行。在现代社会，绝大多数国债属于货币国债，实物国债已非常少见。

2. 我国国债的发展

1949 年新中国成立以后，我国国债发行基本上分为两个阶段：20 世纪 50 年代是第一阶段，20 世纪 80 年代以后是第二阶段。

20 世纪 50 年代，我国发行过两种国债。一种是 1950 年发行的人民胜利折实公债。当时，一方面刚解放，经济基础薄弱，财政收入有限；另一方面要继续支援人民解放战争，迅速统一全国，还要恢复和发展经济，财政支出较大，同时通货膨胀情况也比较严重。于是，中央人民政府决定举借折实公债，其发行对象是城市工商业者、城乡殷实富户和富有的退职人员，其他社会阶层人士可自愿购买。人民胜利折实公债的募集与还本付息，均以实物为计算标准，其单位定名为“分”。每分公债应折合的金额由中国人民银行每旬公布一次。另一种是 1954—1958 年发行的国家经济建设公债。我国进入第一个“五年计划”建设时期以后，为了加速国家经济建设，中央人民政府决定于 1954 年开始连续发行建设公债，一共发行了 5 次，发行对象是社会各阶层人士。在 20 世纪 60 年代和 70 年代，我国停止发行国债。

进入 20 世纪 80 年代以后，随着改革开放的不断深入，我国国民收入分配格局发生了变化，政府财政收入占国民收入的比重逐渐下降，部门、企业和个人所占比重上升，同时也为了更好地利用国债调节经济，中央政府于 1981 年恢复发行国债。1981—1994 年，面向个人发行的国债一直只有无记名国库券一种。1994 年我国面向个人发行的债种从单一型（无记名国库券）逐步转向多样型（凭证式国债和记账式国债等）。随着 2000 年国家发行的最后一期实物券（1997 年 3 年期债券）的全面到期，无记名国债宣告退出国债发行市场的舞台。1997 年亚洲金融危机爆发后，我国出现有效需求不足和通货紧缩的现象，在这种特殊背景下，为扩大内需，我国政府连续 7 年实施积极的财政政策，增发国债。这一时期的国债主要采取凭证式国债形式。2006 年财政部研究推出新的储蓄债券品种——储蓄国债（电子式）。

（三）地方政府债券

1. 地方政府债券的发行主体

地方政府债券是指地方政府根据信用原则、以承担还本付息责任为前提而筹集资金的债务凭证，是指有财政收入的地方政府及地方公共机构发行的债券。筹集的资金一般用于弥补地方财政资金的不足，或者地方兴建大型项目。

同中央政府发行的国债一样，地方政府债券一般也是以当地政府的税收能力作为还本付息的担保。地方政府债券的发行主体是地方政府，地方政府一般又由不同的级次组成，而且在不同的国家有不同的名称。美国地方政府债券由州、市、区、县和州政府所属机关和管理局发行。日本地方政府债券则由一般地方公共团体和特殊地方公共团体发行，前者是指都、道、府、县、市、镇、村政府，后者是指特别地区、地方公共团体联合组织和开发事业团等。

地方政府债券的安全性较高，被认为是安全性仅次于“金边债券”的一种债券，而且，投资者购买地方政府债券所获得的利息收入一般都免交所得税，这对投资者有很强的吸引力。

2. 地方政府债券的分类

地方政府债券按资金用途和偿还资金来源分类，通常可以分为一般债券（普通债券）和专项债券（收益债券）。前者是指地方政府为缓解资金紧张或解决临时经费不足而发行的债券，后者是指为筹集资金建设某项具体工程而发行的债券。对于一般债券的偿还，地方政府通常以本地区的财政收入作担保，而对专项债券，地方政府往往以项目建成后取得的收入作保证。

目前全世界已有多个国家实行地方政府债券模式，其中美国和日本的地方政府债券发行规模最大，发行模式也最具代表性：美国的市政债券代表着分权制国家的地方债券市场制度；日本的地方政府债券则代表了集权制国家的地方债券市场制度。此外，近年来在阿根廷、巴西等国家和地区，地方政府债券市场也已具备一定规模。

3. 我国的地方政府债券

地方政府债券是政府债券的形式之一，在新中国建国初期就已经存在。事实上，建国后不久我国就允许地方政府发行债券，如在 1950 年，东北人民政府就发行过东北生产建设折实公债。1958 年 4 月，中共中央发布了《关于发行地方公债的决定》，决定自 1959 年起，在必要时允许发行地方建设公债，并规定了发债的条件。20 世纪 80 年代末至 90 年代初，许多地方政府为了筹集资金修路建桥，都曾经发行过地方债券。但在 1985 年，在各地方政府怀有强烈的投资冲动的情况下，为了控制投资规模，决定暂停发行地方债。我国 1995 年起实施的《中华人民共和国预算法》第 28 条指出：“地方各级预算按照量入为出、收支平衡的原则编制，不列赤字。除法规和国务院规定的以外，地方政府不得发行地方政府债券。”但地方政府在诸如桥梁、公路、隧道、供水、供气等基础设施的建设中又面临资金短缺的问题，于是形成了具有中国特色的地方政府债券，即以企业债券的形式发行地方政府债券。如 1999 年上海城市建设投资开发公司发行 5 亿元浦东建设债券，名义上是公司债券，但所筹资金是用于上海地铁建设；济南自来水公司发行 15 亿元供水建设债券，名义上是公司债券，但所筹资金是用于济南自来水设施建设。

2008 年国际金融危机对我国经济造成严重冲击，中央政府推出 4 万亿元经济刺激计划。为了缓解地方政府在经济刺激计划中的资金瓶颈，2009 年 3 月，我国首次在全国范围内发行地方政府债券，由财政部代地方政府发行的 2 000 亿元债券，期限为 3 年，面向各类投资者发行，即地方政府债券统一由财政部代理并代办还本付息和支付发行费，以省、自治区、直辖市和计划单列市政府为发行和偿还主体的可流通记账式债券。面向记账式国债承销团甲类成员招标发行。发行后按规定在全国银行间债券市场和证券交易所市场上市流通。2011 年 11 月 15 日，上海市率先自行发行地方政府债券

（简称地方债），揭开了地方债自行发行的序幕。随后，浙江省、广东省、深圳市相继完成自行发行的试点工作，总发行规模为229亿元。

二、金融债券

（一）金融债券概述

金融债券是指银行及非银行金融机构依照法定程序发行并约定在一定期限内还本付息的有价证券。

20世纪60年代以前，只有投资银行、投资公司之类的金融机构才发行金融债券，因为这些机构一般不吸收存款，或者只吸收少量的长期存款，发行金融债券成为其筹措资金来源的一个重要手段。而商业银行等金融机构，因能吸收存款，有稳定的资金来源，一般不允许发行金融债券。20世纪60年代以后，商业银行等金融机构为改变资产负债结构或用于某种特定用途，纷纷加入发行金融债券的行列，从而打破了金融债券的发行格局。

在欧美很多国家，由于商业银行和其他金融机构多采用股份公司这种组织形式，所以这些金融机构发行的债券与公司债券一样，受相同的法规管理，一般归类于公司债券。日本则有所不同，金融债券的管理受制于特别法规。我国和日本一样，将金融机构发行的债券定义为金融债券，以突出金融机构作为证券市场发行主体的地位。从广义上讲，金融债券还应该包括中央银行债券，只不过它是一种特殊的金融债券，其特殊性表现在：一是期限较短；二是为实现金融宏观调控而发行。

（二）我国的金融债券

我国金融债券的发行始于北洋政府时期，后来，国民党政府时期也曾多次发行过金融公债、金融长期公债和金融短期公债。新中国成立之后的金融债券发行始于1982年，中国国际信托投资公司率先在日本的东京证券市场发行了外国金融债券。为推动金融资产多样化，筹集社会资金，国家决定于1985年由中国工商银行、中国农业银行发行金融债券，开办特种贷款。这是我国经济体制改革以后国内发行金融债券的开端。在此之后，中国工商银行和中国农业银行又多次发行金融债券，中国银行、中国建设银行也陆续发行了金融债券。1988年，部分非银行金融机构开始发行金融债券。1993年，中国投资银行被批准在境内发行外币金融债券，这是我国首次发行境内外币金融债券。1994年，我国政策性银行成立后，发行主体从商业银行转向政策性银行，当年仅国家开发银行就7次发行了金融债券，总金额达758亿元。1997年和1998年，经中国人民银行批准，部分金融机构发行了特种金融债券，所筹集资金专门用于偿还不规范证券回购交易所形成的债务。近年来，我国金融债券市场发展较快，金融债券品种不断增加，主要有以下几种：

1. 中央银行票据

中央银行票据简称央票，是央行为调节基础货币而向金融机构发行的票据，是一种重要的货币政策日常操作工具，期限为3个月至3年。为实现宏观金融调控目标，中国人民银行于2002年开始进行公开市场操作，将未到期的正回购债券全部转为相应的中央银行票据。目前，中央银行票据已经成为央行公开市场业务的有力工具。

2. 政策性金融债券

政策性金融债券是政策性银行在银行间债券市场发行的金融债券。以国家开发银行为主，金融债券已成为其筹措资金的主要方式。同时，金融债券的发行也进行了一些探索性改革：一是探索市场化发行方式；二是力求金融债券品种多样化。国家开发银行于2002年推出投资人选择权债券、发行人普通选择权债券、长期次级债券和本息分离债券等新品种，还推出可掉期国债新品种。2007年6月，中国人民银行、国家发展和改革委员会发布《境内金融机构赴香港特别行政区发行人民币债券管理暂行办法》，境内政策性银行和商业银行经批准可在香港发行人民币债券。国家开发银行成为获准的第一家，在香港发行首只人民币债券50亿元。

3. 商业银行债券

商业银行债券包括：（1）金融债券，是指依法在中华人民共和国境内设立的金融机构法人在全国银行间债券市场发行的、按约定还本付息的有价证券。（2）商业银行次级债券，是指商业银行发行的、本金和利息的清偿顺序列于商业银行其他负债之后、先于商业银行股权资本的债券。（3）混合资本债券，我国的混合资本债券是指商业银行为补充附属资本在银行间市场发行的、清偿顺序位于股权资本之前但列在一般债务和次级债务之后、期限在15年以上、发行之日起10年内不可赎回的债券。

4. 证券公司债券

证券公司债券是指证券公司依法发行的、约定在一定期限内还本付息的有价证券。2003年8月29日，中国证监会发布《证券公司债券管理暂行办法》，并于2004年3月1日核准中信证券、海通证券、长城证券公司发行公司债券423亿元。2004年10月，经与中国证监会和中国银监会商定，中国人民银行制定并发布《证券公司短期融资券管理办法》。证券公司短期融资券是指证券公司以短期融资为目的，在银行间债券市场发行的约定在一定期限内还本付息的金融债券。2005年，广发证券、中信证券、海通证券、招商证券、国泰君安5家证券公司分别发行了短期融资券，共5期，累计发行29亿元。

5. 保险公司次级债务

保险公司次级定期债务是指保险公司经批准定向募集的、期限在5年以上（含5年）、本金和利息的清偿顺序列于保单责任和其他负债之后、先于保险公司股权资本的保险公司债务。2004年9月29日，中国保监会发布了《保险公司次级定期债务管理暂行办法》。该办法所称保险公司，是指依照中国法律在中国境内设立的中资保险公司、中外合资保险公司和外资独资保险公司。中国保监会依法对保险公司次级定期债务的定向募集、转让、还本付息和信息披露行为进行监督管理。

6. 财务公司债券

为满足企业集团发展过程中财务公司充分发挥金融服务功能的需要，为改变财务公司资金来源单一的现状，满足其调整资产负债期限结构和化解金融风险的需要，同时也为了增加银行间债券市场的品种、扩大市场规模，2007年7月，中国银监会下发《企业集团财务公司发行金融债券有关问题的通知》，明确规定企业集团财务公司发行债券的条件和程序，并允许财务公司在银行间债券市场发行财务公司债券。2007年有7家财务公司在全国银行间债券市场发行普通金融债券150亿元。

三、公司债券

（一）公司债券的定义

公司债券是公司依照法定程序发行的、约定在一定期限还本付息的有价证券。公司债券属于债券体系中的一个品种，它反映发行债券的公司和债券投资者之间的债权债务关系。

（二）公司债券的类型

各国在实践中曾创造出许多种类的公司债券，这里选择若干品种进行介绍。

1. 信用公司债券

信用公司债券是一种不以公司任何资产作担保而发行的债券，属于无担保证券范畴。公司债券不同于政府债券和金融债券，一般公司的信用状况要比政府和金融机构差，所以大多数公司发行债券被要求提供某种形式的担保。但少数大公司经营良好，信誉卓著，也可以发行信用公司债券。信用公司债券的发行人实际上是将公司信誉作为担保。为了保护投资者的利益，可要求信用公司债券附有某些限制性条款，如公司债券不得随意增加、债券未清偿之前股东的分红要有限制等。

2. 不动产抵押公司债券

不动产抵押公司债券是以公司的不动产（如房屋、土地等）作抵押而发行的债券，是抵押证券的一种。公司以这种财产的房契或地契作抵押，如果发生了公司不能偿还债务的情况，抵押的财产将被出售，所得款项用来偿还债务。另外，用作抵押的财产价值不一定与发生的债务额相等，当某抵押品价值很大时，可以分作若干次抵押，这样就有第一抵押债券、第二抵押债券等之分。在处理抵押品偿债时，要按顺序依次偿还优先一级的抵押债券。

3. 保证公司债券

保证公司债券是公司发行的由第三者作为还本付息担保人的债券，是担保证券的一种。担保人是发行人以外的其他人（或称第三者），如信誉好的银行或举债公司的母公司等。一般来说，投资者比较愿意购买保证公司债券，因为一旦公司到期不能偿还债务，担保人将负清偿之责。实践中，保证行为常见于母子公司之间，如由母公司对于子公司发行的公司债券予以保证。

4. 收益公司债券

收益公司债券是一种具有特殊性质的债券，它与一般债券相似，有固定到期日，清偿时债权排列顺序先于股票。但另一方面，它又与一般债券不同，其利息只在公司有盈利时才支付，即发行公司的利润扣除各项固定支出后的余额用作债券利息的来源。如果余额不足支付，未付利息可以累加，待公司收益增加后再补发。所有应付利息付清后，公司才可对股东分红。

5. 可转换公司债券

可转换公司债券是指发行人依照法定程序发行、在一定期限内依据约定的条件可以转换成股份的公司债券。这种债券附加转换选择权，在转换前是公司债券形式，转换后相当于增发了股票。可转换公司债券兼有债权投资和股权投资的双重优势。可转换公司债券与一般的债券一样，在转换前投资者可以定期得到利息收入，但此时不具有股东的权利；当发行公司的经营业绩取得显著增长时，可转换公司债券的持有人可以在约定期限内，按预定的转换价格转换成公司的股份，以分享公司业绩增长带来的收益。可转换公司债券一般要经股东大会或董事会的决议通过才能发行，而且在发行时，应在发行条款中规定转换期限和转换价格。

6. 附认股权证的公司债券

附认股权证的公司债券是公司发行的一种附有认购该公司股票权利的债券。这种债券的购买者可以按预先规定的条件在公司发行股票时享有优先购买权。预先规定的条件主要是指股票的购买价格、认购比例和认购期间。按照附新股认股权和债券本身能否分开来划分，这种债券有两种类型：一种是可分离型，即债券与认股权可以分开，可独立转让，即可分离交易的附认股权证公司债券；另一种是非分离型，即不能把认股权从债券上分离，认股权不能成为独立买卖的对象。按照行使认股权的方式，可以分为现金汇入型与抵缴型。现金汇入型是指当持有人行使认股权时，必须再拿出现金来认购股票；抵缴型是指公司债券票面金额本身可按一定比例直接转股。

7. 可交换债券

可交换债券是指上市公司的股东依法发行、在一定期限内依据约定的条件可以交换成该股东所持有的上市公司股份的公司债券。可交换债券与可转换债券的相同之处是发行要素与可转换债券相似，也包括票面利率、期限、换股价格和换股比率、换股期限等；对投资者来说与持有标的上市公司的可转换债券相同，投资价值与上市公司价值相关，在约定期限内可以以约定的价格变换为标的股票。

（三）我国的企业债券与公司债券

我国证券市场上同时存在企业债券和公司债券，它们在发行主体、监管机构以及规范的法规上有一定区别。

1. 企业债券

我国的企业债券是指在中华人民共和国境内具有法人资格的企业在境内依照法定程序发行、约定在一定期限内还本付息的有价证券。但是，金融债券和外币债券除外。企业债券由 1993 年 8 月 2 日国务院发布的《企业债券管理条例》规范。

2. 公司债券

我国的公司债券是指公司依照法定程序发行、约定在 1 年以上期限内还本付息的有价证券。公司债券的发行人是依照《公司法》在中国境内设立的有限责任公司和股份有限公司。发行公司债券应当符合《证券法》、《公司法》和《公司债券发行试点办法》规定的条件，经中国证监会核准。

四、国际债券

（一）国际债券概述

国际债券是指一国借款人在国际证券市场上以外国货币为面值、向外国投资者发行的债券。国际债券的发行人主要是各国政府、政府所属机构、银行或其他金融机构、工商企业及一些国际组织等。国际债券的投资者主要是银行或其他金融机构、各种基金会、工商财团和自然人。

（二）国际债券的特征

国际债券是一种跨国发行的债券，涉及两个或两个以上的国家。同国内债券相比，具有一定的特殊性。

（1）资金来源广、发行规模大。发行国际债券是在国际证券市场上筹措资金，发行对象为各国的投资者，因此，资金来源比国内债券广泛得多。发行国际债券的目的之一就是要利用国际证券市场资金来源的广泛性和充足性。发行人进入国际债券市场的门槛比较高，必须由国际著名的资信评估机构进行债券信用级别评定，只有高信誉的发行人才能顺利筹资，因此，在发行人资信状况得到充分肯定的情况下，国际债券的发行规模一般都比较大。

（2）存在汇率风险。发行国内债券，筹集和还本付息的资金都是本国货币，所以不存在汇率风险。发行国际债券，筹集到的资金是外国货币，汇率一旦发生波动，发行人和投资者都有可能蒙受意外损失或获取意外收益，所以，汇率风险是国际债券的重要风险。

（3）有国家主权保障。在国际债券市场上筹集资金，有时可以得到一个主权国家政府最终偿债的承诺保证。若得到这样的承诺保证，各个国际债券市场都愿意向该主权国家开放，这也使得国际债券市场有较高的安全性。当然，代表国家主权的政府也要对本国发行人在国际债券市场上借债进行审查和控制。

（4）以自由兑换货币作为计量货币。国际债券在国际市场上发行，因此，其计价货币往往是国际通用货币，一般以美元、英镑、欧元、日元和瑞士法郎为主。这样，发行人筹集到的资金是一种可通用的自由外汇资金。

（三）国际债券的分类

1. 外国债券

外国债券是指某一国家借款人在本国以外的某一国家发行以该国货币为面值的债券。它的特点是债券发行人属于一个国家，债券的面值货币和发行市场则属于另一个国家。外国债券是一种传统的国际债券。在美国发行的外国债券称为扬基债券，它是由非美国发行人在美国债券市场发行的吸收美元资金的债券。在日本发行的外国债券称为武士债券，它是由非日本发行人在日本债券市场发行的以日元为面值的债券。

2005 年 2 月 18 日，中国人民银行、财政部、国家发改委和中国证监会联合发布了《国际开发机构人民币债券发行管理暂行办法》，允许符合条件的国际开发机构在中国发行人民币债券。国际开发机构是指进行开发性贷款和投资的国际开发性金融机构，国际开发机构人民币债券是指国际开发机构依法在中国境内发行的、约定在一定期限内还本付息的、以人民币计价的债券。根据国际惯例，国外金融机构在一国发行债券时，一般以该国最具特征的吉祥物命名。据此，国际多边金融机构首次在华发行的人民币债券被命名为“熊猫债券”。

2. 欧洲债券

欧洲债券是指借款人在本国境外市场发行的、不以发行市场所在国货币为面值的国际债券。欧洲债券是在20世纪60年代初期随着欧洲货币市场的形成而出现和发展起来的。到20世纪70年代中期，欧洲债券已初具规模；20世纪80年代以来，欧洲债券的发展更快。目前，欧洲债券已成为各经济体在国际资本市场上筹措资金的重要手段。

欧洲债券的特点是债券发行者、债券发行地点和债券面值所使用的货币可以分别属于不同的国家。由于它不以发行市场所在国的货币为面值，故也称无国籍债券。欧洲债券票面使用的货币一般是可自由兑换的货币，主要为美元，其次还有欧元、英镑、日元等；也有使用复合货币单位的，如特别提款权。

龙债券是指在除日本以外的亚洲地区发行的一种以非亚洲国家和地区货币标价的债券。一般是一次到期还本、每年付息一次的长期固定利率债券，或者是以美元计价，以伦敦银行同业拆放利率为基准，每一季或每半年重新定一次利率的浮动利率债券。龙债券的发行以非亚洲货币标定面额，尽管有一些债券以加拿大元、澳元和日元标价，但多数以美元标价。

3. 亚洲债券

亚洲债券是指用亚洲国家货币定值，并在亚洲地区发行和交易的债券，亚洲债券的供给方大都来自亚洲经济体，而其需求方则来自包括亚洲各经济体在内的全球投资者。亚洲债券市场就是亚洲债券发行、交易和流通的市场，是以亚洲地区为主的区域性债券市场。最近几年以来，亚洲债券市场的发展已日益成为亚洲各经济体、特别是东亚经济体加强区域金融合作的重要内容。

亚洲债券市场的发展源于人们对1997年东南亚金融危机的反思。亚洲各经济体的政府官员和金融业界普遍认为，亚洲地区不健全的金融体系是形成东南亚金融危机的重要原因。这主要表现在企业过于依赖银行体系的间接融资，危机国家普遍缺少发达的资本市场，企业外部融资也以银行借贷为主，从而使金融风险集中在银行体系。发展亚洲债券市场无疑会深化亚洲地区的金融体系，纠正该地区过于依赖银行体系这种不合理的融资格局。

（四）我国的国际债券

对外发行债券是我国吸引外国资金的一个重要渠道，我国的国际债券发行始于20世纪80年代。从1982年首次在国际市场发行国际债券至今，我国各类筹资主体已在国际债券市场多次发行债券。主要的债券品种有以下几种：

（1）政府债券。1987年10月，财政部在德国法兰克福发行了3亿马克的公募债券，这是我国经济体制改革后政府首次在国外发行债券。1996年我国政府成功地在美国发行4亿美元100年期扬基债券，极大地提高了我国政府的国际形象。近年来，我国在海外发行的政府债券，对于国际金融市场来说已经成为一种信誉较高的优质投资品种。

（2）金融债券。1982年1月，中国国际信托投资公司首次在日本东京资本市场上发行了100亿日元的债券，期限为12年，利率为8.7%，采用私募方式发行。随后，在20世纪80年代中后期，福建投资信托公司、中国银行、上海国际信托投资公司、广东国际信托投资公司、天津国际信托投资公司、交通银行等，也先后在东京、法兰克福、香港、新加坡、伦敦发行国际债券，发行币种包括日元、港币、德国马克、美元等，期限均为中、长期，最短的 5 年，最长的 12 年，绝大多数采用公募方式发行。1993 年，中国投资银行被批准首次在境内发行外币金融债券，发行数量为 5 000 万美元，发行对象为城乡居民，期限为 1 年，采取浮动利率制，利率高于国内同期限美元存款利率 1 个百分点。

（3）企业债券。2001 年，南玻 B 股转债、镇海炼油、庆铃汽车 H 股转债、华能国际 N 股转债 4 种可供境外投资者投资的券种先后发行。至今品种数量均有较大增加。目前，在海外发行债券已成为企业融资的良好渠道。中国石化于 2013 年 4 月完成总计 35 亿美元、四个期限品种境外美元债券的首次交易。该次发行是中国发行人迄今为止规模最大的单笔美元债券私募发行，也是过去 10 年规模最大的亚洲美元债券私募发行。

我国国际债券的发行地遍及亚洲、欧洲、美洲等世界各地；债券的期限结构有 1 年、5 年、7 年、10 年、30 年等数个品种。在国际资本市场上发行债券，确定了我国主权信用债券的较高地位和等级，保持了中国在国际资本市场上经常发行人的地位，而且向国际金融社会展示了中国经济的活力，是具有战略眼光的融资行为，并对我国金融业的对外开放起到了重要的推动作用。

第三节 债券的价值及收益

价格是由价值决定的，分析债券的价格首先应该分析债券价值的决定因素。而债券的价值又和付息方式有关，不同的付息方式下价值是不同的。所以，先来讨论债券的付息方式。

一、债券的付息方式

（一）按照是否考虑到时间价值，债券计息可以分成单利计息和复利计息两种形式

1. 单利计息：$I = M \times r \times n$ （4-1）

式中，M 为债券票面价值；I 为债券利息；r 为债券的票面利率；n 为计息期数。

2. 复利计息：$I = M[(1 + r)^n - 1]$ （4-2）

式中，M 为债券票面价值；I 为债券利息；r 为债券的票面利率；n 为计息期数。

（二）按照利息是否付息可以分成零息债券和付息债权；附息债券又可以分成固定利率债券（到期一次付息债券、分期付息债券）、浮动利率债券

1. 零息债券

零息债券是指债券合约规定利息支付的债券。通常采用低于面值的价格发行和交易，发行价与票面金额的差额相当于预先支付的利息，债券期满时按面值偿付。通常以贴现债券为代表。贴现债券是指在票面上不规定利率，发行时按某一折扣率，以低于票面金额的价格发行，到期时仍按面额偿还本金的债券。

贴现债券的发行价格与其面值的差额即为债券的利息。计算公式是：

债券利息 = 面值 - 发行价格 （4-3）

2. 到期一次付息债券

一次还本付息债券是指在债务期间不支付利息，只在债券到期后按规定的利率一次性向持有者支付利息并还本的债券。我国的一次还本付息债券可视为零息债券。

（1）单利计息

$$F = M + I = M + M \times r \times n = M(1 + r \times n) \tag{4-4}$$

式中，F 为本利合计；M 为债券票面价值；I 为债券利息；r 为债券的票面利率；n 为计息期数。

（2）复利计息

$$F = M + I = M[(1 + r)^n - 1] + M = M(1 + r)^n \tag{4-5}$$

式中，F 为本利合计；M 为债券票面价值；I 为债券利息；r 为债券的票面利率；n 为计息期数。

3. 分期付息债券

分期付息债券又称附息债券或息票债券，是在债券到期以前按约定的日期分次按票面利率支付利息，到期再偿还债券本金。分次付息一般分按年付息、半年付息和按季付息三种方式。分次支付利息之后，利息不再计息，所以只能是单利。

二、债券的价值决定模型

债券价值是指进行债券投资是投资者预期可获得的现金流入的现值。债券的现金流入主要包括利息和到期收回的本金或出售时获得的现金两部分。当债券的购买价格低于债券价值时，才值得购买。

根据资产的收入资本化定价理论，任何资产的价值都是在投资者预期的资产可获得的现金收入的基础上进行贴现决定的。债券价值的计算公式因不同的计息方法，可以有以下几种表示方式。

（一）典型的债券价值计算模型

典型的债券是指固定利率、每年计算并支付利息、到期归还本金的债券。这种典型债券价值计算的基本模型是：

$$PV = \frac{I_1}{(1+i)^1} + \frac{I_2}{(1+i)^2} + \cdots + \frac{I_n}{(1+i)^n} + \frac{M}{(1+i)^n} = \sum_{t=1}^{n} \frac{I}{(1+i)^t} + \frac{M}{(1+i)^n}$$
$$= I(P/A, i.n) + M(P/F, i, n) \text{—— 转换成等值计算公式} \tag{4-6}$$

式中，PV 为债券价值；I 为定期计算的利息；M 为债券票面价值；i 为必要投资收益率；n 为计息期数；t 为第 t 期。

【例 4-1】某公司欲购买一张面值为 1 000 元、票面利率为 8%、每年付息一次、5 年期的债券。若该公司要求的最低投资收益率为 10%，则该债券目前市价为多少时公司才能进行投资？

$$PV = 80 \times (P/A, 10\%, 5) + 1\,000(P/F, 10\%, 5)$$
$$= 80 \times 3.791 + 1\,000 \times 0.621 = 924.28 \text{（元）}$$

计算结果表明，这种债券的市价必须低于924.28元时，该投资者才能购买。

（二）一次还本付息且单利计息的债券价值计算模型

一次还本付息且单利计息的债券价值的计算模型如下：

$$V=\frac{I\times n+M}{(1+i)^{n}} \tag{4-7}$$

式中，V为债券价值；I为定期计算的利息；M为债券票面价值；i为必要投资收益率；n为计息期数。

【例4-2】 A公司欲购买B公司发行的利随本清、不计复利的债券。该债券面值为1 000元，5年期，票面利率为10%，当前市场利率为8%。若该债券目前发行价格为1 015元，则A公司是否应该购买该债券？

由上述公式可知：

$$V=\frac{1\ 000\times 10\%\times 5+1\ 000}{(1+8\%)^{5}}=1\ 020\text{（元）}$$

因为该债券价值为1 020元，大于目前买价1 015元，所以A公司可以投资。

（三）贴现发行时债券价值的计算

目前，我国有些债券是采用贴现方式发行，没有票面利率，到期按面值偿还。这种债券价值的计算公式为：

$$V=\frac{M}{(1+i)^{n}}=M\times(P/F,i,n) \tag{4-8}$$

式中，V为债券价值；M为债券票面价值；i为必要投资收益率；n为计息期数。

【例4-3】 某债券面值为1 000元，期限为5年，以贴现方式发行，期内不计利息，到期按面值偿还，若企业要求的投资收益率为10%，则其价格为多少时，企业才能购买？

$$V=1\ 000\times(P/F,10\%,5)=1\ 000\times 0.621=621\text{（元）}$$

计算结果表明，只有当该债券价格低于621元时，企业才能购买。

三、债券价值的影响因素

（一）从债券估值模型的公式中分析

从上部分的估值公式中可以看出，影响债券价值大小的直接因素有必要收益率、到期时间、利息支付频率和计息方式等。

1. 必要收益率对债券估价的影响

债券价值与必要收益率有着密切的关系。折现率越小，债券价值越大。另外，当同等风险投资的必要收益率高于票面利率时，债券价值低于票面价值；当同等风险投资的必要收益率等于票面利率时，债券价值等于票面价值，到期时间的缩短对债券价值没有影响；当同等风险投资的必要收益率低于票面利率时，债券价值高于票面价值，随着时间向到期日靠近，债券价值逐渐下降，最终等于债券面值。

综上所述，当折现率一直保持至到期日不变时，随着到期时间的缩短，债券价值逐渐接近其票面价值。如果付息期无限小则债券价值表现为一条直线。如果折现率在债券发行后发生变动，债券价值也会因此而变动。随着到期时间的缩短，折现率变动对债券价值的影响越来越小。这就是说，债券价值对折现率特定变化的反应越来越不灵敏。

2. 到期时间对债券估价的影响

债券价值不仅受折现率的影响，而且受债券到期时间的影响。债券的到期时间，是指当前日至债券到期日之间的时间间隔。随着时间的延续，债券的到期时间逐渐缩短，至到期日时该间隔为零。在折现率一直保持不变的情况下，不管它高于或低于票面利率，债券价值随到期时间的缩短逐渐向债券面值靠近，至到期日债券价值等于债券面值。当折现率高于票面利率时，随着时间向到期日靠近，债券价值逐渐提高，最终等于债券面值。到期时间对债券估价的影响，如图 4-1 所示。

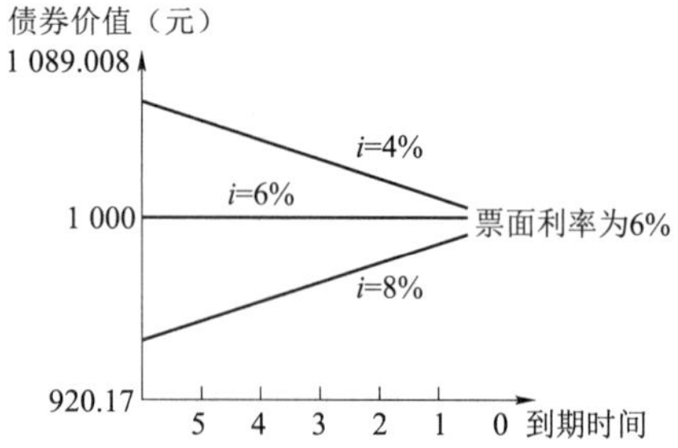

图 4-1 债券估价与到期时间关系图

3. 利息支付频率对债券估价的影响

一年内付息频率越高，债券价值越小。

4. 计息方式对债券价值的影响

【例 4-4】 某公司 2009 年 1 月 1 日发行面值为 1 000 元，票面利率为 10% 的 3 年期债券一次还本付息，复利计息，一年复利一次。假设 2009 年 1 月 1 日投资者准备购买，折现率为 12%，价格为 950 元，则投资者是否应该购买？

分析此题，需要计算该债券在 2009 年 1 月 1 日的价值，然后与 950 元进行比较，如果债券在 2009 年 1 月 1 日的价值大于 950 元，则投资者购买该债券的预期收益率大于必要收益率 12%，投资者应购买；反之，投资者不应购买。

该债券所涉及的现金流量如图 4-2 所示，则该债券的价值为：

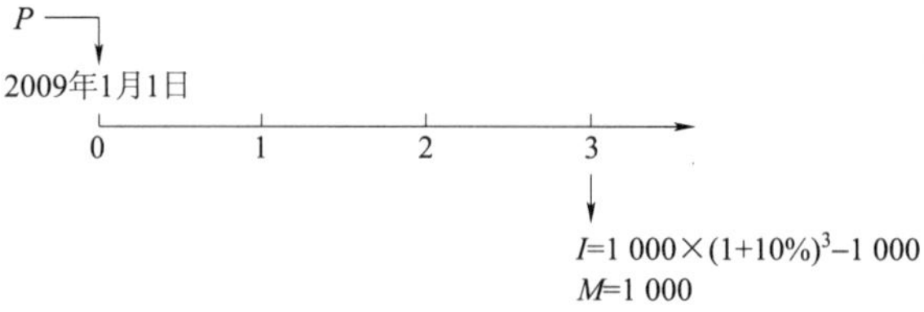

图 4-2 现金流量分布图

$$PV = \frac{I_1 + I_2 + I_3 + M}{(1+i)^3} = \frac{I + M}{(1+i)^3}$$

$$= 1\,000 \times (F/P,\ 10\%,\ 3) \times (P/F,\ 12\%,\ 3)$$

$$= 1\,000 \times 1.331\,0 \times 0.711\,8$$

$$= 947.41\ (元)$$

因为债券价值 947.41 元低于现时债券价格 950 元，所以不应该购买。

【例 4-5】 某公司 2009 年 1 月 1 日发行面值为 1 000 元，票面利率为 10% 的 3 年期债券，一次还本付息，单利计息。假设 2009 年 1 月 1 日投资者准备购买，折现率为 12%，价格为 950 元，则投资者是否应该购买？

值得注意的是，计算债券价值都要用复利，债券利息支付方式是单利还是复利，只影响到利息的数额。

该债券所涉及的现金流量如图 4-3 所示，则该债券的价值为：

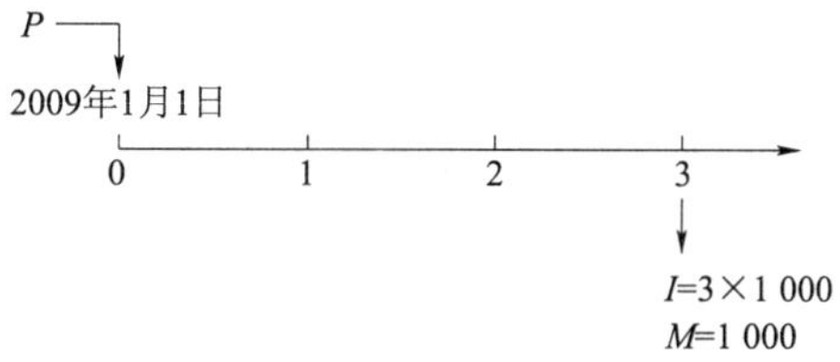

图 4-3　现金流量分布图

注意，在图 4-3 中，单利终值 $F=P\times(1+i\times n)$，其中，$i\times n$ 为各期利息之和。

$$PV=\frac{I_1+I_2+I_3+M}{(1+i)^3}=\frac{3\times100+1\ 000}{(1+12\%)^3}=1\ 300\times(P/F,12\%,3)=925.34(\text{元})$$

因为债券价值 925.34 元低于现时债券价格 950 元，所以不应该购买。

比较【例 4-4】和【例 4-5】的计算结果，发现由于债券计息方式不同，在一次还本付息的条件下，单利计息债券的价值 925.34 元小于复利计息债券的价值 947.41 元。

如果【例 4-4】和【例 4-5】将一次还本付息改变为每年末支付利息，其他条件不变，你能计算出该债券在 2009 年 1 月 1 日的价值，并为该投资者做出是否购买的决策吗？

复利计息条件下，该债券所涉及的现金流量如图 4-4 所示，则该债券的价值为：

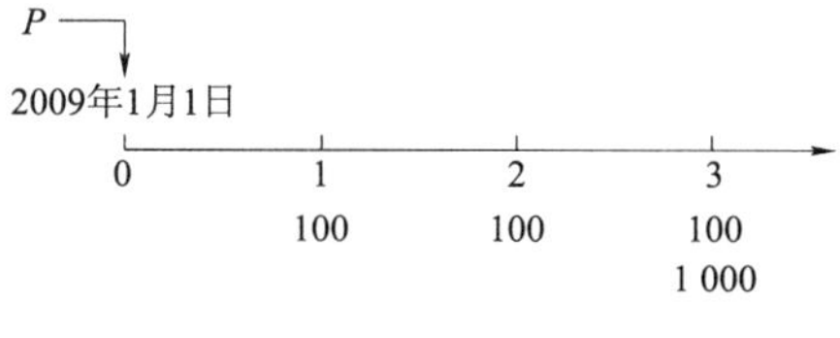

图 4-4　现金流量分布图

$$\begin{aligned}PV&=\frac{I_1}{(1+i)^1}+\frac{I_2}{(1+i)^2}+\frac{I_3}{(1+i)^3}+\frac{M}{(1+i)^3}\\&=100\times(P/A,12\%,3)+1\ 000\times(P/F,12\%,3)\\&=100\times2.401\ 8+1\ 000\times0.711\ 8\\&=951.98\ (\text{元})\end{aligned}$$

因为债券价值 951.98 元高于现时债券价格 950 元，所以应该购买。

（二）影响债券投资价值的内部因素

内部因素是指与债券本身相关的因素，债券自身有六个方面的基本特性影响其定价，具体见表 4-1。

（1）票面利率。债券的票面利率越低，债券价格的易变性也就越大。在市场利率提高的时候，票面利率较低的债券的价格下降较快。但是，当市场利率下降时，它们增值的潜力也较大。

（2）期限。一般来说，债券的期限越长，其市场变动的可能性就越大，其价格的易变性也就越大，投资价值越低。

（3）税收待遇。一般来说，免税债券的到期收益率比类似的应纳税债券的到期收益率低，内在价值高于纳税的债券。此外，税收还以其他方式影响着债券的价格和收益率。例如，任何一种按折扣方式出售的低利率附息债券提供的收益有两种形式：息票利息和资本收益。在其他条件相同的情况下，这种债券的税前收益率必然略低于高利附息债券，也就是说，低利附息债券比高利附息债券的内在价值要高。

（4）流通性。流通性是指债券可以迅速出售而不会发生实际价格损失的能力。如果某种债券按市价卖出很困难，持有者会因该债券的市场性差而遭受损失，这种损失包括较高的交易成本以及资本损失，这种风险也必须在债券的定价中得到补偿。因此，流通性好的债券与流通性差的债券相比，具有较高的内在价值。

（5）债券的信用等级。债券的信用等级是指债券发行人按期履行合约规定的义务、足额支付利息和本金的可靠性程度，又称信用风险或违约风险。一般来说，除政府债券以外，一般债券都有信用风险，只不过风险大小有所不同而已。信用越低的债券，投资者要求的到期收益率就越高，债券的内在价值也就越低。

（6）提前赎回条款。提前赎回条款是债券发行人所拥有的一种选择权，它允许债券发行人在债券发行一段时间以后，按约定的赎回价格在债券到期前部分或全部偿还债务。这种规定在财务上对发行人是有利的，因为发行人可以发行较低利率的债券取代那些利率较高的被赎回的债券，从而减少融资成本。而对于投资者来说，他的再投资机会受到限制，再投资利率也较低，这种风险是要补偿的。因此，具有较高提前赎回可能性的债券应具有较高的票面利率，也应具有较高的到期收益率，其内在价值也就较低。

表 4-1　　债券内部因素对债券价值的影响（变动方向以其他因素不变为前提）

影响因素	变动方向	对债券价值的影响
票面利率	票面利率越低	价值易变性越大
期限	期限越长	内在价值变化的可能性和幅度越大
税收待遇	税收越低（免税）	内在价值越大
流动性	流动性越好	内在价值越大
发债主体信用	等级越高	内在价值越大
是否可赎回	提前赎回可能性越高	内在价值越小

（三）影响债券投资价值的外部因素

外部因素是指债券本身以外的其他因素，影响债券投资价值的外部因素有如下方面，具体见表 4-2。

(1) 资金供求状况。流向债券市场的资金供求状况会影响债券的价值，这和商品供求规律是一致的。比如，利息税从 20% 调到 5% 无疑提高了定期存款的吸引力，会抑制资金向债市流动，资金供不应求，债券的价值会出现下降的趋势。因此对债券的供求关系会有一定的影响，进而影响债券价值。

(2) 基础利率。基础利率是债券定价过程中必须考虑的一个重要因素，在证券的投资价值分析中，基础利率一般是指无风险债券利率。当基础利率提高时，投资者预期的收益率会相应提高，原因是投资者的预期收益由两部分构成，一部分是无风险收益，另一部分是风险溢价。

(3) 市场利率。市场利率风险是各种债券都面临的风险。在市场总体利率水平上升时，债券的收益率水平也应上升，从而使债券的内在价值降低；反之，在市场总体利率水平下降时，债券的收益率水平也应下降，从而使债券的内在价值增加。并且，市场利率风险与债券的期限相关，债券的期限越长，其价格的利率敏感度也就越大。

(4) 其他因素。影响债券定价的外部因素还有通货膨胀水平以及外汇汇率风险等。通货膨胀的存在可能会使投资者从债券投资中实现的收益不足以抵补由于通货膨胀而造成的购买力损失。当投资者投资于某种外币债券时，汇率的变化会使投资者的未来本币收入受到贬值损失。这些损失的可能性也都必须在债券的定价中得到体现，使其债券的到期收益率增加，债券的内在价值降低。

表 4-2　　债券外部因素对债券价值的影响

影响因素	变动方向	对债券价值的影响
供求状况	供大于求	内在价值越低
基础利率	提高	内在价值降低
市场利率风险	越大	内在价值越低
通胀水平	越高	内在价值越低

四、债券的收益率计算

债券的收益率是债券收益与投入本金的比率。最基本的收益率计算公式是：

$$债券收益率 = \frac{到期本息和 - 发行价格}{发行价格 \times 偿还期限} \times 100\% \tag{4-9}$$

根据不同的目的，一般衡量债券收益率的计算方法有以下几种。

（一）名义收益率

名义收益率又称票面收益率、息票率，是指债券票面上的固定利率，即年利息收入与债券面额的比率。投资者按面额买入持有到期满，其投资收益率将与票面收益率一致。如某种债券面值 100 元，10 年偿还期，年息 8 元，则该债券的名义收益率就是 8%。

名义收益率与实际收益率的关系是：实际收益率是剔除通货膨胀因素后的收益率。即，实际收益率 = 名义收益率 - 通货膨胀率。

（二）现期收益率

现期收益率又称当期收益率或本期收益率，是根据债券利息和债券市场价格计算出来的。现期收益率是现期利息收入与债券价格之比。计算公式为：

$$CY = C/P \times 100\% \tag{4-10}$$

式中，CY 为现期收益率；C 为债券年支付利息；P 为债券市场价格。

【例 4-6】 某债券面额为 1 000 元，三年期限，到期一次还本付息，票面利率为 10%，投资者以 1 020 元的发行价购入，则该债券的现期收益率为多少？

$$CY = (1\,000 \times 10\%) \div 1\,020 \times 100\% = 9.8\%$$

（三）到期收益率

到期收益率又称最终收益率，是指将债券持有到偿还期所获得的收益，包括到期的全部利息和买价与面值的差价。到期收益率计算标准是债券市场定价的基础。按现值公式计算，到期收益率是使债券每期产生的现金流的现值总和与债券当前市场价格恰好相等的折现率。即，

$$P = \sum_{t=1}^{n} \frac{I}{(1+i)^t} + \frac{M}{(1+i)^n} \tag{4-11}$$

实现到期收益率的三个前提：投资者持有债券到期；无违约（利息和本金能按时、足额收到）；收到利息能以到期收益率再投资。

若已知债券当前购买价格 P，面值为 M，现在距离到期时间为 n 年，若 1 年付息 1 次，每年支付的利息总额为 I，则到期收益率为：

$$Y = \left(\frac{I}{P} + \frac{M-P}{P \times n}\right) \times 100\% \tag{4-12}$$

【例 4-7】 某债券面值为 100 元，票面利率为 8%，且每年付息一次，期限为 10 年，当前的市场价格为 107.02 元。那么现在购买其到期收益率为多少？

根据到期收益率计算公式，有

$$Y = \left(\frac{100 \times 8\%}{107.02} + \frac{100 - 107.02}{107.02 \times 10}\right) \times 100\% = 6.82\%$$

（四）持有期收益率

持有期收益率是投资者在债券到期之前就把债券卖出的收益率。投资者的持有期是小于债券的期限的。

$$\text{持有期收益率} = \text{现期收益率} + \text{资本利得率（年）} \tag{4-13}$$

$$\text{资本利得率} = \frac{\text{卖出价格} - \text{购买价格}}{\text{购买价格} \times \text{持有年限}} \times 100\% \tag{4-14}$$

【例 4-8】 某债券面值为 100 元，票面利率为 8%，且每年付息一次，期限为 10 年，购买价格为 102.25 元，三年之后的市场价格为 104.37 元，则持有期收益率是多少？

根据持有期收益率计算公式，有

$$Y=\left(\frac{100\times 8\%}{102.25}+\frac{104.37-102.25}{102.25\times 3}\right)\times 100\%=8.52\%$$

（五）购买者收益率和出售者收益率

由于债券持有人可能在债券偿还期内转让债券，因此，债券的收益率还可以分出债券出售者收益率、债券购买者收益率，实际上就是各自持有期间按照单利计算的持有期收益率。计算公式如下：

$$\text{债券出售者收益率}=\frac{\text{卖出价格}-\text{发行价格}+\text{持有期间利息}}{\text{发行价格}\times\text{持有年限}}\times 100\% \tag{4-15}$$

$$\text{债券购买者收益率}=\frac{\text{到期本息和}-\text{买入价格}}{\text{买入价格}\times\text{剩余年限}}\times 100\% \tag{4-16}$$

阅读材料

正确判断国债的投资价值

国债的品种较多，计息与付息的方式也不一样，如果只比较国债的票面利率的话，很容易对它的投资价值产生错误的判断。

实例1：13储蓄03和13储蓄04

这是财政部在2013年5月所发行的两期储蓄国债（电子式）。两期国债均为固定利率、固定期限品种。其中，第三期期限为3年，票面年利率为5.00%，最大发行额为300亿元；第四期期限为5年，票面年利率为5.41%，最大发行额为200亿元。储蓄国债的付息方式为按年付息，如近期所发行的两期国债从2013年5月10日起息，按年付息，每年5月10日支付利息。如果投资者投资5万元13储蓄04，那么每年5月10日，将可以获得派息50 000×5.41%＝2 705（元），到期后获得5万元本金偿付。

实例2：2013凭证式国债一期

这是2013年3月10日所发行的首期凭证式国债，其中3年期和5年期国债利率分别为5%和5.41%。看上去这一次凭证式国债的票面收益率与13储蓄03和13储蓄04相同，但是凭证式国债的付息方式决定了它的内在收益率要低于储蓄国债。原因在于凭证式国债采用的是到期一次性还本付息的方式。如投资者投资5万元5年期凭证式国债（票面利率为5.41%），那么在5年的投资期末，他可以获得的债息回报是50 000×5.41%×5＝13 525（元），折算为符合年化收益率的话为4.9%。也就是说这笔投资的收益率与票面利率为4.9%的储蓄国债相当。单利和复利的计息方式导致了两种债券内在收益率的差异。

实例3：2013第十期记账式付息国债

这是2013年5月17日所发行的记账式国债，本期国债期限为50年，经招标确定的票面年利率为4.24%，2013年5月20日开始计息。本期国债为固定利率附息债，利息按半年支付，利息支付日为每年的5月20日、11月20日（节假日顺延），2063年5

月20日偿还本金并支付最后一次利息。记账式国债的付息方式较为多样化，为附息债、零息债等，此款记账式国债的付息方式为半年付息。如果投资者在发行期内以票面价格买入这期国债5万元，那么他每半年将获得1 060元的派息，折算为年化收益率的话为4.28%。记账式国债的期限较长，如这款国债期限为50年，通常投资者并不一定需要持有债券到期，而是选择合适的策略进行记账式国债的买卖。

资料来源：证券导报，http://zqdb.hinews.cn/html/2013-07/10/content_5_2.htm，2013-7-10.

本章小结

1. 债券是一种有价证券，是社会各类经济主体为筹集资金而向债券投资者出具的、承诺按一定利率定期支付利息并到期偿还本金的债权债务凭证。债券属于有价证券、债券是一种虚拟资本、债券是债权的表现。

2. 债券的票面要素主要有：债券的票面价值、债券的到期期限、债券的票面利率、债券发行者名称。债券的发行价格主要有溢价发行、平价发行、折价发行，具体采用哪种方式取决于债券面额、票面利率、市场利率、债券期限。

3. 债券具有偿还性、流动性、安全性、收益性的特征。债券与股票既有相同点又有不同点。相同点是：债券与股票都属于有价证券；债券与股票都是筹措资金的手段；债券与股票收益率相互影响。债券与股票的区别是：权利不同、目的不同、发行主体不同、期限不同、收益不同、风险不同。

4. 债券可以依据不同的标准进行分类。根据发行主体的不同，债券可以分为政府债券、金融债券、公司债券和国际债券；根据债券发行条款中是否规定在约定期限向债券持有人支付利息，债券可分为零息债券、附息债券、息票累积债券；根据债券券面形态可以分为实物债券、凭证式债券和记账式债券。

5. 政府债券是国家为了筹措资金而向投资者出具的、承诺在一定时期支付利息和到期还本的债务凭证。根据政府债券发行主体的不同，又可分为中央政府债券和地方政府债券。中央政府发行的债券称为国债。政府债券具有安全性高、流通性强、收益稳定、具有免税待遇的特点。

6. 金融债券是指银行及非银行金融机构依照法定程序发行并约定在一定期限内还本付息的有价证券。近年来，我国金融债券市场发展较快，金融债券品种不断增加，主要有中央银行票据、政策性金融债券、商业银行债券、证券公司债券、保险公司次级债券、财务公司债券等。

7. 公司债券是公司依照法定程序发行的、约定在一定期限还本付息的有价证券。公司债券的类型有：信用公司债券、不动产抵押公司债券、保证公司债券、收益公司债券、可转换公司债券、附认股权证的公司债券、可交换债券等。

8. 国际债券是指一国借款人在国际证券市场上以外国货币为面值、向外国投资者发行的债券。国际债券的发行人主要是各国政府、政府所属机构、银行或其他金融机构、工商企业及一些国际组织等。国际债券的投资者主要是银行或其他金融机构、各种基金会、工商财团和自然人。主要有外国债券、欧洲债券、亚洲债券等。

9. 债券价值是指进行债券投资是投资者预期可获得的现金流入的现值。从估值公式中可以看出，影响债券价值大小的直接因素有必要收益率、到期时间、利息支付频率和计息方式等。影响债券投资价值的内部因素有票面利率、期限、税收待遇、流动性、发债主体信用、是否可赎回等；影响债券投资价值的外部因素有资金供求状况、基础利率、市场利率风险、通胀水平等。

10. 债券的收益率是债券收益与投入本金的比率。根据不同的目的，一般衡量债券的收益率的计算方法有名义收益率、现期收益率、到期收益率、持有期收益率等。

重要概念

债券　票面价值　票面利率　平价发行　溢价发行　折价发行　政府债券　金融债券　公司债券　国际债券　欧洲债券　亚洲债券　外国债券　债券价值　债券收益率

复习思考题

1. 债券和股票的区别与联系分别是什么？
2. 影响债券发行价格的因素有哪些？
3. 债券的分类有哪些？
4. 外国债券和欧洲债券的区别是什么？
5. 影响债券价值的因素有哪些？

计算题

1. 某人于2010年1月1日，以102元购入2008年1月1日发行的5年期国债，面值为100元，票面利率为10%、每年1月1日支付利息。持有到2013年到期，则债券购买者收益率和出售者收益率各是多少？

2. 某人在市场上选择购买债券投资，面值都是1 000元，期限为5年。一种债券票面利率为5%，单利计息；另一种债券票面利率为3%，复利计息。则哪一种债券的收益更高？

第五章

证券投资基金

学习目的

通过本章的学习，学生能够做到：掌握基金的特点，并和其他投资工具进行比较；理解基金的分类，熟悉不同类型的基金产品；了解基金运作涉及的相关主体以及基金运作的程序。

重点难点

1. 基金的特点和比较；
2. 基金的不同分类；
3. 基金参与主体的特殊性。

第一节　证券投资基金概述

一、证券投资基金的产生与发展

证券投资基金是指通过公开发售基金份额募集资金，由基金托管人托管，由基金管理人管理和运用资金，为基金份额持有人的利益，以资产组合方式进行证券投资的一种利益共享、风险共担的集合投资方式。

作为一种大众化的信托投资工具，各国对证券投资基金的称谓不尽相同，如美国称共同基金，英国和我国香港地区称单位信托基金，日本和我国台湾地区则称证券投资信托基金等。

（一）世界证券投资基金的产生与发展

18 世纪产业革命的成功使英国生产力水平迅速提高，工商业都取得较大的发展，其殖民地和海外贸易遍及全球，大量的资金为追逐高额利润而涌向其他国家。但是大多数投资者缺乏国际投资知识，又不了解外国的情况，难以直接参加海外投资。于是，人们便萌发了众人集资、委托专人经营和管理的想法。这一想法得到了英国政府的支持。1868 年由政府出面组建了海外和殖民地政府信托组织，公开向社会发售受益凭证。海外和殖民地政府信托组织是公认的最早的基金机构，以分散投资于国外殖民地的公司债为主，其投资地区遍及南北美洲、中东、东南亚地区和意大利、葡萄牙、西班牙等国，当时的投资总额共达 48 万英镑。该基金类似股票，不能退股，也不能兑现，认购者的权益仅限于分红和派息。100 多年来，随着社会经济的发展，世界基金产业从无到有，从小到大，尤其是 20 世纪 70 年代以来，随着世界投资规模的剧增、现代金融业的创新，品种繁多、名目各异的基金风起云涌，形成了一个庞大的产业。以美国为例，2006 年底，美国共同基金的净资产总额已达 104 万亿美元，超过了商业银行的资产规模。基金产业已经与银行业、证券业、保险业并驾齐驱，成为现代金融体系的四大支柱之一。

（二）我国证券投资基金业发展概况

证券投资基金在我国发展的时间还比较短，但在证券监管机构的大力扶植下，在短短几年时间里获得了突飞猛进的发展。1997 年 11 月，国务院颁布《证券投资基金管理暂行办法》；1998 年 3 月，两只封闭式基金——基金金泰、基金开元设立，分别由国泰基金管理公司和南方基金管理公司管理；2004 年 6 月 1 日，《中华人民共和国证券投资基金法》（以下简称《证券投资基金法》）正式实施，以法律形式确认了证券投资基金在资本市场及社会主义市场经济中的地位和作用，成为中国证券投资基金业发展史上的一个重要里程碑。证券投资基金业从此进入崭新的发展阶段，基金数量和规模迅速增长，市场地位日趋重要，呈现出下列特点：

（1）基金规模快速增长，开放式基金后来居上，逐渐成为基金设立的主流形式。1998 年—2001 年 9 月是我国封闭式基金发展阶段，在此期间，我国证券市场只有封闭式基金。2000 年 10 月 8 日，中国证监会发布了《开放式证券投资基金试点办法》；2001 年 9 月，我国第一只开放式基金诞生。此后，我国基金业进入开放式基金发展阶段，开放式基金成为基金设立的主要形式。

（2）基金产品差异化日益明显，基金的投资风格也趋于多样化。我国的基金产品除股票型基金外，债券基金、货币市场基金、保本基金、指数基金等纷纷问世，封闭式基金也有一些创新发展。在投资风格方面，除传统的成长型基金、混合型基金外，还有收益型基金、价值型基金等。

（3）中国基金业发展迅速，对外开放的步伐加快。近年来，我国基金业发展迅速，基金管理公司数量不断增加，管理基金规模不断扩大，其业务范围也有所扩大，2007 年 11 月中国证监会基金部发布《基金管理公司特定客户资产管理业务试点办法》，允许符合条件的基金管理公司开展为特定客户管理资产的业务。此外，2006 年中国基金业也开始了国际化航程，目前获得合格境内机构投资者（QDII）资格的国内基金管理公司已可以通过募集基金投资国际市场，即 QDII 基金。

二、证券投资基金的特性分析

（一）证券投资基金的性质

根据证券投资基金的含义，可以看出其性质体现在以下几个方面：

（1）证券投资基金是一种集合投资制度。证券投资基金是一种积少成多的整体组合投资方式，它从广大的投资者那里聚集巨额资金，组建投资管理公司进行专业化管理和经营。在这种制度下，资金的运作受到多重监督。

（2）证券投资基金是一种信托投资方式。它与一般金融信托关系一样，主要有委托人、受托人、受益人三个关系人，其中受托人与委托人之间订有信托契约。但证券基金作为金融信托业务的一种形式，又有自己的特点。

（3）证券投资基金是一种间接的证券投资方式。投资者是通过购买基金而间接投资于证券市场的。与直接购买股票相比，投资者与上市公司没有任何直接关系，不参与公司决策和管理，只享有公司利润的分配权，由基金管理人来具体管理和运作基金资产，进行证券的买卖活动。因此，对投资者来说，证券投资基金是一种间接证券投资方式。

（4）证券投资基金是一种金融中介机构。它存在于投资者与投资对象之间，起着把投资者的资金转换成金融资产，通过专门机构在金融市场上再投资，从而使货币资产得到增值的作用。证券投资基金的管理者对投资者所投入的资金负有经营、管理的职责，而且必须按照合同（或契约）的要求确定资金投向，保证投资者的资金安全和收益最大化。

（5）证券投资基金是一种证券投资工具。它发行的凭证即基金券（或受益凭证、基金单位、基金股份）与股票、债券一起构成有价证券的三大品种。投资者通过购买基金券完成投资行为，并凭之分享证券投资基金的投资收益，承担证券投资基金的投资风险。

（二）证券投资基金的特点

证券投资基金之所以在许多国家受到投资者的广泛欢迎，并发展迅速，与证券投资基金本身的特点有关。作为一种现代化投资工具，证券投资基金所具备的特点是十分明显的。

（1）集合理财、专业管理。基金的特点是将零散的资金汇集起来，交给专业机构投资于各种金融工具，以谋取资产的增值。基金可以最广泛地吸收社会闲散资金，汇成规模巨大的投资资金。具有比较丰富的证券投资经验的专业人员运用各种技术手段收集、分析各种信息资料，预测金融市场上各个品种的价格变动趋势，制订投资策略和投资组合方案，从而可避免投资决策失误，提高投资收益。

（2）组合投资、分散风险。为降低投资风险，我国《证券投资基金法》规定，基金必须以组合投资的方式进行基金的投资运作，从而使“组合投资、分散风险”成为基金的一大特色。通过多元化的投资组合，一方面借助于资金庞大和投资者众多的优势使每个投资者面临的投资风险变小；另一方面，利用不同投资对象之间收益率变化的相关性，达到分散投资风险的目的。

（3）利益共享、风险共担。基金投资者是基金的所有者。基金投资人共担风险，共享收益。基金投资收益在扣除由基金承担的费用后的盈余全部归基金投资者所有，并依据各投资者所持有的基金份额比例进行分配。基金是全部投资者形成的集合体，每一基金份额具有同样的风险和收益水平，使得每一个投资者按照其投入金额的多少，即购入基金份额的多少来享有收益、承担风险。

（4）严格监管，信息透明。为切实保护投资者的利益，增强投资者对基金投资的信心，中国证监会对基金业实行比较严格的监管，对各种有损投资者利益的行为进行严厉打击，并强制基金进行较为充分的信息披露。在这种情况下，严格监管与信息透明也就成为基金的一个显著特点。

（5）独立托管，保障安全。基金管理人负责基金的投资操作，本身并不经手基金财产的保管。基金财产的保管由独立于基金管理人的基金托管人负责。这种相互制约、相互监督的制衡机制对投资者的利益提供了重要的保护。

（三）证券投资基金与股票、债券的区别

（1）反映的经济关系性质不同。股票反映的是所有权关系，债券反映的是债权债务关系，基金反映的是信托关系，公司型基金除外。

（2）发行目的不同。股票和债券的发行目的都是为了筹资，即筹集资本和企业经营所需的资金，而基金的发行是为了形成投资基金组织，进行集合投资。

（3）所筹集资金的投向不同。股票和债券是直接投资工具，筹集的资金主要投向实业，而基金是间接投资工具，所筹集的资金主要投向有价证券等金融工具。

（4）发行者不同。股票的发行者是股份有限公司，债券的发行者是需要资金的各类机构甚至政府，基金的发行者是金融投资中介机构。

（5）风险和收益水平不同。股票的直接收益取决于发行公司的经营效益，不确定性强，投资于股票有较大的风险。债券的直接收益取决于债券利率，而债券利率一般是事先确定的，投资风险较小。基金主要投资于有价证券，投资选择灵活多样，从而使基金的收益有可能高于债券，投资风险又可能小于股票。因此，基金能满足那些不能或不宜直接参与股票、债券投资的个人或机构的需要。

（6）期限不同。股票没有期限，债券一般期限比较固定，基金的期限很灵活，封闭式基金一般有固定期限，届满终止；而开放式基金期限不固定。

（7）投机性。股票的投机性较强，债券的投机性较弱，基金的投机性随着证券市场价格波动。

（四）基金与银行储蓄存款的差异

截至目前，由于开放式基金主要通过银行代销，许多投资者误认为基金是银行发行的金融产品，与银行储蓄存款没有太大区别。实际上，二者有着本质的不同，主要表现在以下几个方面：

（1）性质不同。基金是一种受益凭证，基金财产独立于基金管理人，基金管理人只是受托管理投资者资金，并不承担投资损失的风险；银行储蓄存款表现为银行的负债，是一种信用凭证，银行对存款者负有法定的保本付息责任。

（2）收益与风险特性不同。基金收益具有一定的波动性，投资风险较大；银行存款利率相对固定，投资者损失本金的可能性很小，投资相对比较安全。

（3）信息披露程度不同。基金管理人必须定期向投资者公布基金的投资运作情况；银行吸收存款之后，不需要向存款人披露资金的运用情况。

三、证券投资基金的作用

证券投资基金是一种集中资金、专业理财、组合投资、分散风险的集合投资方式。

一方面，它通过发行基金份额的形式面向投资大众募集资金；另一方面，将募集的资金，通过专业理财、分散投资的方式投资于资本市场。其独特的制度优势促使其不断发展壮大，在金融体系中的地位和作用也不断上升。

（一）基金为中小投资者拓宽了投资渠道

对中小投资者来说，存款或买债券较为稳妥，但收益率较低；投资于股票有可能获得较高收益，但风险较大。证券投资基金作为一种新型的投资工具，将众多投资者的小额资金汇集起来进行组合投资，由专家来管理和运作，经营稳定，收益可观，为中小投资者提供了较为理想的间接投资工具，大大拓宽了中小投资者的投资渠道。

（二）有利于证券市场的稳定和发展

第一，基金的发展有利于证券市场的稳定。证券市场的稳定与否同市场的投资者结构密切相关。基金的出现和发展，能有效地改善证券市场的投资者结构。基金由专业投资人士经营管理，其投资经验比较丰富，收集和分析信息的能力较强，投资行为相对理性，客观上能起到稳定市场的作用。同时，基金一般注重资本的长期增长，多采取长期的投资行为，较少在证券市场上频繁进出，能减少证券市场的波动。第二，基金作为一种主要投资于证券市场的金融工具，它的出现和发展增加了证券市场的投资品种，扩大了证券市场的交易规模，起到了丰富和活跃证券市场的作用。

（三）优化金融结构，促进经济增长

目前，我国金融结构存在直接融资和间接融资相对失衡的矛盾，通过证券市场的直接融资比重较小。证券投资基金将中小投资者的闲散资金汇集起来投资于证券市场，扩大了直接融资的比例，为企业在证券市场筹集资金创造了良好的融资环境，实际上起到了将储蓄资金转化为生产资金的作用。近年来基金市场的迅速发展已充分说明，以基金和股票为代表的融资工具能够有效分流储蓄资金，在一定程度上降低金融行业系统性风险，为产业发展和经济增长提供重要的资金来源，以利于生产力的提高和国民经济的发展。

（四）完善金融体系和社会保障体系

通过为保险资金提供专业化的投资服务和投资于货币市场，证券投资基金行业的发展有利于促进保险市场和货币市场的发展壮大，增强证券市场与保险市场、货币市场之间的协同，改善宏观经济政策和金融政策的传导机制，完善金融体系。国际经验表明，证券投资基金的专业化服务，可为社保基金、企业年金等各类养老金提供保值增值平台，促进社会保障体系的建立与完善。

第二节 证券投资基金的类型

随着我国基金品种的日益丰富，在原先简单的封闭式基金与开放式基金划分的基础上，2004 年 7 月 1 日开始施行的《证券投资基金运作管理办法》，首次将我国的基金类别分为股票基金、债券基金、货币市场基金、混合基金等基本类型。

构成基金的要素有多种，因此可以依据不同的标准对基金进行分类。证券投资基金数量众多、品种丰富，科学合理的基金分类，无论是对投资者正确选择基金，还是对维护基金业的公平竞争，都有重要的意义。

一、按基金的组织形式不同，可分为契约型基金和公司型基金

（一）契约型基金

契约型基金又称单位信托基金，是指将投资者、管理人、托管人三者作为信托关系的当事人，通过签订基金契约的形式发行受益凭证而设立的一种基金。契约型基金是基于信托原理而组织起来的代理投资方式，没有基金章程，也没有公司董事会，而是通过基金契约来规范三方当事人的行为。基金管理人负责基金的管理操作；基金托管人作为基金资产的名义持有人，负责基金资产的保管和处置，对基金管理人的运作实行监督。

（二）公司型基金

公司型基金是依据基金公司章程设立，在法律上具有独立法人地位的股份投资公司。公司型基金以发行股份的方式募集资金，投资者购买基金公司的股份后，以基金持有人的身份成为基金公司的股东，凭其持有的股份依法享有投资收益。公司型基金在组织形式上与股份有限公司类似，由股东选举董事会，由董事会选聘基金管理公司，基金管理公司负责管理基金的投资业务。

（三）契约型基金与公司型基金的区别

（1）资金的性质不同。契约型基金的资金是通过发行基金份额筹集起来的信托财产；公司型基金的资金是通过发行普通股票筹集的公司法人的资本。

（2）投资者的地位不同。契约型基金的投资者购买基金份额后成为基金契约的当事人之一，投资者既是基金的委托人，即基于对基金管理人的信任，将自己的资金委托给基金管理人管理和营运，又是基金的受益人，即享有基金的受益权。公司型基金的投资者购买基金公司的股票后成为该公司的股东，因此，公司型基金的投资者对基金运作的影响比契约型基金的投资者大。

（3）基金的营运依据不同。契约型基金依据基金契约营运基金，公司型基金依据基金公司章程营运基金。

由此可见，契约型基金和公司型基金在法律依据、组织形式以及有关当事人的地位等方面是不同的，但它们都是把投资者的资金集中起来，按照基金设立时所规定的投资目标和策略，将基金资产分散投资于众多的金融产品上，获取收益后再分配给投资者的投资方式。

二、按基金运作方式不同，可分为封闭式基金和开放式基金

（一）封闭式基金

封闭式基金是指经核准的基金份额总额在基金合同期限内固定不变，基金份额可以在依法设立的证券交易场所交易，但基金份额持有人不得申请赎回的基金。由于封闭式基金在封闭期内不能追加认购或赎回，投资者只能通过证券经纪商在二级市场上进行基金的买卖。封闭式基金的期限是指基金的存续期，即基金从成立起到终止之间的时间。

（二）开放式基金

开放式基金是指基金份额总额不固定，基金份额可以在基金合同约定的时间和场所

申购或者赎回的基金。为了满足投资者赎回资金、实现变现的要求，开放式基金一般都从所筹资金中拨出一定比例，以现金形式保持这部分资产。这虽然会影响基金的盈利水平，但作为开放式基金来说是必需的。

（三）封闭式基金与开放式基金的区别

（1）期限不同。封闭式基金有固定的存续期，通常在5年以上，一般为10年或15年，经受益人大会通过并经主管机关同意可以适当延长期限。开放式基金没有固定期限，投资者可随时向基金管理人赎回基金份额，若大量赎回会导致清盘。

（2）发行规模限制不同。封闭式基金的基金规模是固定的，在封闭期限内未经法定程序认可不能增加发行量。开放式基金没有发行规模限制，投资者可随时提出申购或赎回申请，基金规模随之增加或减少。

（3）基金份额交易方式不同。封闭式基金的基金份额在封闭期限内不能赎回，持有人只能在证券交易场所出售给第三者，交易在基金投资者之间完成。开放式基金的投资者则可以在首次发行结束一段时间后，随时向基金管理人或其销售代理人提出申购或赎回申请，绝大多数开放式基金不上市交易，交易在投资者与基金管理人或其销售代理人之间进行。

（4）基金份额的交易价格计算标准不同。封闭式基金与开放式基金的基金份额除了首次发行价都是按面值加一定百分比的购买费用计算外，以后的交易计价方式不同。封闭式基金的买卖价格受市场供求关系的影响，常出现溢价或折价现象，并不必然反映单位基金份额的净资产值。开放式基金的交易价格则取决于每一基金份额净资产值的大小，其申购价一般是基金份额净资产值加一定的购买费用，赎回价是基金份额净资产值减去一定的赎回费用，不直接受市场供求影响。

（5）基金份额资产净值公布的时间不同。封闭式基金一般每周或更长时间公布一次，开放式基金一般在每个交易日连续公布。

（6）交易费用不同。投资者在买卖封闭式基金时，在基金价格之外要支付手续费；投资者在买卖开放式基金时，要支付申购费用和赎回费用。

（7）投资策略不同。封闭式基金在封闭期内基金规模不会减少，因此可进行长期投资，基金资产的投资组合能有效地在预定计划内进行。开放式基金因基金份额可随时赎回，为应付投资者随时赎回兑现，所募集的资金不能全部用来投资，更不能把全部资金用于长期投资，必须保持基金资产的流动性，在投资组合上必须保留一部分现金和高流动性的金融工具。

三、按投资标的划分，可分为债券基金、股票基金、货币市场基金等

（一）债券基金

债券基金主要以债券为投资对象，因此对追求稳定收入的投资者具有较强的吸引力。债券基金的波动性通常要小于股票基金，因此常常被投资者认为是收益、风险适中的投资工具。此外，当债券基金与股票基金进行适当的组合投资时，常常能较好地分散投资风险，因此债券基金常常也被视为组合投资中不可或缺的重要组成部分。债券基金主要的投资风险包括利率风险、信用风险、提前赎回风险以及通货膨胀风险。

（二）股票基金

股票基金是指以上市股票为主要投资对象的证券投资基金。股票基金的投资目标侧重于追求资本利得和长期资本增值。股票基金以追求长期的资本增值为目标，比较适合长期投资。与其他类型的基金相比，股票基金的风险较高，但预期收益也较高。股票基金提供了一种长期的投资增值性，可供投资者用来满足教育支出、退休支出等远期支出的需要。与房地产一样，股票基金是应对通货膨胀最有效的手段。

（三）货币市场基金

货币市场基金是以货币市场工具为投资对象的一种基金，其投资对象期限在 1 年以内，包括银行短期存款、国库券、公司短期债券、银行承兑票据及商业票据等货币市场工具。货币市场基金的优点是资本安全性高、购买限额低、流动性强、收益较高、管理费用低，有些还不收取赎回费用。货币市场基金是厌恶风险、对资产流动性和安全性要求较高的投资者进行短期投资的理想工具，或暂时存放现金的理想场所。但需要注意的是，货币市场基金的长期收益率较低，并不适合进行长期投资。

（四）混合基金

混合基金同时以股票、债券等为投资对象，以期通过在不同资产类别上的投资实现收益与风险之间的平衡。根据中国证监会对基金类别的分类标准，投资于股票、债券和货币市场工具，但股票投资和债券投资的比例不符合股票基金、债券基金规定的为混合基金。混合基金的风险低于股票基金，预期收益则要高于债券基金。它为投资者提供了一种在不同资产类别之间进行分散投资的工具，比较适合较为保守的投资者。

混合基金的投资风险主要取决于股票与债券配置的比例大小。一般而言，偏股型基金、灵活配置型基金的风险较高，但预期收益率也较高；偏债型基金的风险较低，预期收益率也较低；股债平衡型基金的风险与收益则较为适中。

（五）指数基金

指数基金是 20 世纪 70 年代以来出现的新的基金品种。其特点是：投资组合模仿某一股价指数或债券指数，收益随着即期的价格指数上下波动。当价格指数上升时，基金收益增加；反之，收益减少。基金因始终保持即期的市场平均收益水平，因而收益不会太高，也不会太低。

（六）黄金基金

黄金基金是指以黄金或其他贵金属及其相关产业的证券为主要投资对象的基金。其收益率一般随贵金属的价格波动而变化。

（七）衍生证券投资基金

衍生证券投资基金是一种以衍生证券为投资对象的基金，包括期货基金、期权基金、认股权证基金等。这种基金风险大，因为衍生证券一般是高风险的投资品种。

四、按投资目标划分，可分为成长型基金、收入型基金和平衡型基金

（一）成长型基金

成长型基金追求的是基金资产的长期增值，较少考虑当期收入的基金，主要以具有良好增长潜力的股票为投资对象。为了达到这一目标，基金管理人通常将基金资产投资

于信誉度较高、有长期成长前景或长期盈余的所谓成长公司的股票。成长型基金又可分为稳健成长型基金和积极成长型基金。

（二）收入型基金

收入型基金是指以追求稳定的经常性收入为基本目标的基金，主要以大盘蓝筹股、公司债、政府债券等稳定收益证券为投资对象。收入型基金主要投资于可带来现金收入的有价证券，以获取当期的最大收入为目的。收入型基金资产的成长潜力较小，损失本金的风险相对也较低，一般可分为固定收入型基金和股票收入型基金。

（三）平衡型基金

平衡型基金是既注重资本增值又注重当期收入的一类基金。平衡型基金将资产分别投资于两种不同特性的证券上，并在以取得收入为目的的债券及优先股和以资本增值为目的的普通股之间进行平衡。平衡型基金的主要目的是从其投资组合的债券中得到适当的利息收益，与此同时又可以获得普通股的升值收益。投资者既可获得当期收入，又可得到资金的长期增值。平衡型基金的特点是风险比较低，缺点是成长的潜力不大。

五、根据募集方式的不同，可以将基金分为公募基金和私募基金

（一）公募基金

公募基金是指可以面向社会公众公开发售的一类基金。公募基金主要具有如下特征：可以面向社会公众公开发售基金份额和宣传推广，基金募集对象不固定；投资金额要求低，适宜中小投资者参与；必须遵守基金法律和法规的约束，并接受监管部门的严格监管。

（二）私募基金

私募基金则是只能采取非公开方式，面向特定投资者募集发售的基金。与公募基金相比，私募基金不能进行公开的发售和宣传推广，投资金额要求高，投资者的资格和人数常常受到严格的限制。与公募基金必须遵守基金法律和法规的约束并接受监管部门的严格监管相比，私募基金在运作上具有较大的灵活性，所受到的限制和约束也较少。它既可以投资于衍生金融产品进行买空卖空交易，也可以进行汇率、商品期货投机交易等。私募基金的投资风险较高，主要以具有较强风险承受能力的富裕阶层为目标客户。

六、交易型开放式指数基金（ETF）与上市开放式基金（LOF）

（一）交易型开放式指数基金（ETF）

交易型开放式指数基金通常又称为交易所交易基金（Exchange Traded Funds，ETF）常被译为“交易所交易基金”，上海证券交易所则将其定名为“交易型开放式指数基金”。ETF 是一种在交易所上市交易的、基金份额可变的一种基金运作方式。ETF 结合了封闭式基金与开放式基金的运作特点，一方面可以像封闭式基金一样在交易所二级市场进行买卖，另一方面又可以像开放式基金一样申购、赎回。不同的是，它的申购是用一揽子股票换取 ETF 份额，赎回时也是换回一揽子股票而不是现金。我国第一只 ETF 成立于 2004 年底的上证 50ETF。

（二）上市开放式基金（LOF）

上市开放式基金（Listed Open-ended Funds，LOF）是一种既可以在场外市场进行基金份额申购、赎回，又可以在交易所（场内市场）进行基金份额交易和基金份额申购或赎回的开放式基金。它是我国对证券投资基金的一种本土化创新。尽管同样是交易所交易的开放式基金，但就产品特性看，深圳证券交易所推出的 LOF 在世界范围内具有首创性。与 ETF 不同，LOF 不一定采用指数基金模式，同时，申购和赎回均以现金进行。

（三）两者的区别

ETF 与 LOF 都存在两个交易市场，一级市场价格由基金资产净值决定，二级市场价格由供求关系影响。ETF 和 LOF 存在以下不同点：

（1）创新定位不同。ETF 是一种产品创新，是一种可上市交易的新型指数基金，而 LOF 的新意则在于开放式基金交易方式的创新；ETF 是基于某一个成分股指数的一种被动性投资基金产品，LOF 提供的是一个平台，而不是单一的产品，任何基金都可以利用这一平台发行、交易。因此，LOF 的出现一方面可以改变基金发行完全依赖银行体系的现状，另一方面还可以使投资者像买股票一样方便地买卖基金，这改变了开放式基金的交易机制。

（2）申购赎回的标的物不同。ETF 的一级市场是以一揽子股票进行申购和赎回，而 LOF 在一级市场就像现在的开放式基金一样，实行现金的申购和赎回；ETF 的申购、赎回通过交易所进行，LOF 的申购、赎回既可以在代销网点进行也可以在交易所进行。

（3）套利机制不同。虽然 ETF 与 LOF 都有套利机会，但套利机制并不相同。首先，ETF 在套利交易过程中必须通过一揽子股票的买卖，而 LOF 进行套利交易则不需要涉及股票的买卖，仍然是现金申购和赎回；其次，LOF 的套利机制主要在于消除基金的折价，而 ETF 的套利机制更侧重于套利的盈利空间。

（4）投资者的参与门槛不同。所有投资者都可参加 LOF 的一、二级市场套利，但 ETF 一级市场门槛很高，中小投资者基本上无法参与套利。比如华夏上证 50ETF 的最小申购赎回单位是 100 万份，易方达深证 100ETF 的最小申购赎回单位是 30 万份等。

（5）产品的衍生性不同。ETF 具有指数期货的现货特点，可以进行卖空交易，也可以用来进行套期保值或者进行套利交易，而且 ETF 一揽子股票申购赎回机制有助于提高股市的成交量，建立在 ETF 基础上，可以发展 ETF 的期货产品、期权产品等；而 LOF 则简单许多，只是结合了开放式基金、封闭式基金的优点，并为“封转开”提供了现实渠道。

（6）环境依赖性不同。ETF 基金是一个指数跟踪度高的基金产品，其成功与否与标的指数的市场认同程度、高效率市场套利机制、有效的流动性安排等市场环境密切相关，对市场环境的依赖性很强；LOF 基金对市场环境没有特殊的依赖性，各类开放式基金都可以。

（7）基金投资策略不同。ETF 通常采用完全被动式管理方法，以拟合某一指数为目标；而 LOF 则是为普通的开放式基金增加了交易所的交易方式，它可以是指数型基金，也可以是主动管理型基金。

（8）在二级市场的净值报价上，ETF 每 15 秒提供一个基金参考净值报价；而 LOF 的净值报价频率要比 ETF 低，通常 1 天只提供 1 次或几次基金净值报价。交易所交易的开放式基金是传统封闭式基金的交易便利性与开放式基金可赎回性相结合的一种新型基金。

目前，我国沪、深证券交易所已经分别推出交易型开放式指数基金和上市开放式基金两类变种。

七、特殊类型基金

（1）系列基金。系列基金又称伞形基金，是指多个基金共用一个基金合同，子基金独立运作，子基金之间可以进行相互转换的一种基金结构形式。

（2）基金中的基金。基金中的基金是指以其他证券投资基金为投资对象的基金，其投资组合由其他基金组成。我国目前尚无此类基金存在。

（3）保本基金。保本基金是指通过采用投资组合保险技术，保证投资者在投资到期时至少能够获得投资本金或一定回报的证券投资基金。保本基金的投资目标是在锁定下跌风险的同时力争有机会获得潜在的高回报。目前，我国已有多只保本基金。

（4）QDII 基金。QDII 是 Qualified Domestic Institutional Investors（合格的境内机构投资者）的首字缩写。QDII 基金是指在一国境内设立，经该国有关部门批准从事境外证券市场的股票、债券等有价证券投资的基金。它为国内投资者参与国际市场投资提供了便利。2007 年我国推出了首批 QDII 基金。

（5）分级基金。分级基金又称为“结构型基金”“可分离交易基金”，是指在一只基金内部通过结构化的设计或安排，将普通基金份额拆分为具有不同预期收益与风险的两类（级）或多类（级）份额并可分离上市交易的一种基金产品。

（6）QFII 基金。QFII 是 Qualified Foreign Institutional Investors（合格的境外机构投资者）的简称。在 QFII 制度下，QFII 将被允许把一定额度的外汇资金汇入并兑换为当地货币，通过严格监督管理的专门账户投资当地证券市场，包括股息及买卖价差等在内的各种资本所得，经审核后可转换为外汇汇出，实际上就是对外资有限度地开放本国证券市场。根据中国人民银行与中国证监会联合发布的《合格境外机构投资者境内证券投资管理暂行办法》，QFII 的投资范围包括：在证券交易所挂牌交易的 A 股股票、国债、可转换债券、企业债券及中国证监会批准的其他金融工具。

第三节 证券投资基金的参与主体

在基金市场上，存在许多不同的参与主体。依据所承担的职责与作用的不同，可以将基金市场的参与主体分为基金当事人、基金市场服务机构、监管和自律机构三大类。

一、基金当事人

我国的证券投资基金依据基金合同设立，基金份额持有人、基金管理人与基金托管人是基金的当事人，简称基金当事人。

（一）基金份额持有人

基金份额持有人即基金投资者，是基金的出资人、基金资产的所有者和基金投资回报的受益人。按照《证券投资基金法》的规定，我国基金份额持有人享有以下权利：分享基金财产收益，参与分配清算后的剩余基金财产，依法转让或者申请赎回其持有的基金份额，按照规定要求召开基金份额持有人大会，对基金份额持有人大会审议事项行使表决权，查阅或者复制公开披露的基金信息资料，对基金管理人、基金托管人、基金销售机构损害其合法权益的行为依法提出诉讼，基金合同约定的其他权利。

（二）基金管理人

基金管理人是基金的组织者和管理者，在整个基金的运作中起着核心作用。它不仅负责基金的投资管理，而且承担着产品设计、基金营销、基金注册登记、基金估值、会计核算以及客户服务等多方面的职责，基金持有人利益的保护也与基金管理人的行为密切相关。基金管理费是基金管理人的主要收入来源。基金管理人只有以投资者的利益为重，不断为投资者取得满意的投资回报，才能在竞争中立于不败之地。依据《证券投资基金法》的规定，基金管理人只能由依法设立的基金管理公司担任。

（三）基金托管人

基金托管人是证券投资基金的主要当事人之一。在基金运作中引入基金托管人制度，有利于基金财产的安全和投资者利益的保护。为了保证基金资产的安全，《证券投资基金法》规定，基金资产必须由独立于基金管理人的基金托管人保管，从而使得基金托管人成为基金的当事人之一。在我国，基金托管人只能由依法设立并取得基金托管资格的商业银行担任。

二、基金市场服务机构

基金管理人、基金托管人既是基金的当事人，又是基金的主要服务机构。除基金管理人与基金托管人外，基金市场上还有许多面向基金提供各类服务的其他机构。这些机构主要包括基金销售机构、注册登记机构、律师事务所、会计师事务所、基金投资咨询公司、基金评级公司等。

（1）基金销售机构。基金销售机构是受基金管理公司委托从事基金代理销售的机构。通常，只有机构客户或资金规模较大的投资者才直接通过基金管理公司进行基金份额的直接买卖，一般资金规模较小的普通投资者通常经过基金代销机构进行基金的申（认）购与赎回或买卖。在我国，只有中国证监会认定的机构才能从事基金的代理销售。目前，商业银行、证券公司、证券投资咨询机构、专业基金销售机构以及中国证监会规定的其他机构，均可以向中国证监会申请基金代销业务资格，从事基金的代销业务。

（2）注册登记机构。基金注册登记机构是指负责基金登记、存管、清算和交收业务的机构，其具体业务包括投资者基金账户管理、基金份额注册登记、清算及基金交易确认、红利发放、基金份额持有人名册的建立与保管等。目前，在我国承担基金份额注册登记工作的主要是基金管理公司自身和中国证券登记结算有限责任公司。

（3）律师事务所和会计师事务所。律师事务所和会计师事务所作为专业、独立的中介服务机构，为基金提供法律、会计服务。

（4）基金投资咨询公司与基金评级机构。基金投资咨询公司是向基金投资者提供基金投资咨询建议的中介机构；基金评级机构则是向投资者以及其他市场参与主体提供基金评价业务、基金资料与数据服务的机构。

三、基金监管机构和自律组织

（1）基金监管机构。为了保护基金投资者的利益，世界上不同国家和地区都对基金活动进行严格的监督管理。基金监管机构通过依法行使审批或核准权，依法办理基金备案，对基金管理人、基金托管人以及其他从事基金活动的中介机构进行监督管理，对违法违规行为进行查处，因此其在基金的运作过程中起着重要的作用。

（2）基金自律组织。证券交易所是基金的自律管理机构之一。我国的证券交易所是依法设立的，不以营利为目的，为证券的集中和有组织的交易提供场所和设施，履行国家有关法律法规、规章、政策规定的职责，实行自律性管理的法人。一方面，封闭式基金、上市开放式基金和交易型开放式指数基金等需要通过证券交易所募集和交易，同时还必须遵守证券交易所的规则；另一方面，经中国证监会授权，证券交易所对基金的投资交易行为还承担着重要的一线监控职责。

基金行业自律组织是由基金管理人、基金托管人或基金销售机构等行业组织成立的同业协会。同业协会在促进同业交流、提高从业人员素质、加强行业自律管理、促进行业规范发展等方面具有重要的作用。

案例分析

中国的私募股权基金（PE）

随着经济的增长，全球的投资者（尤其是机构投资者）在设计投资策略时，不仅将资金继续投资到股票、债券、衍生工具等金融工具，而且开始越来越多地考虑开展另类投资，比如投资私募股权投资基金（Private Equity，简称 PE）的可能性。

从孕育小企业的风险投资，到对行业进行整合的并购资金，甚至卖出自己的股份上市融资，可以说私募股权基金已经走向了成熟，同时对企业、行业甚至一国经济的影响也越来越大。虽然眼下的私募股权基金的业务已经多样化，但是投资于非上市的企业股权和企业控制权仍然是其最主要的业务。

从 1984 年中国引进风险投资概念至今，我国私募股权投资已经历了 29 个春秋的潮起潮涌。在国际私募股权投资基金蜂拥而至的同时，本土私募股权投资基金也在快速发展壮大，风险投资在我国的尝试可以追溯到 20 世纪 80 年代。

1985 年中共中央发布的《关于科学技术改革的决定》中提到了支持创业风险投资的问题，随后由国家科委和财政部等部门筹建了我国第一个风险投资机构——中国新技术创业投资公司（中创公司）。20 世纪 90 年代之后，大量的海外私募股权投资基金开始进入我国，从此在中国这个新兴经济体中掀起了私募股权投资的热浪。

第一次投资浪潮出现在 1992 年改革开放后。这一阶段的投资对象主要以国有企业为主，海外投资基金大多与中国各部委合作，如北方工业与嘉陵合作。但由于体制没有理顺，行政干预较为严重，投资机构很难找到好项目，而且当时很少有海外上市，又不能在国内全流通退出，私募股权投资后找不到出路，这导致投资基金第一次进入中国时以失败告终，这些基金大多在1997年之前撤出或解散。

1999年《中共中央关于加强技术创新、发展高科技、实现产业化的决定》的出台，为我国私募股权投资的发展作出了制度上的安排，极大鼓舞了发展私募股权投资的热情，掀起了第二次短暂的投资风潮。国内相继成立了一大批由政府主导的风险投资机构，其中具有代表性的是（深圳市政府设立的）深圳创新投资集团公司和中科院牵头成立的上海联创、中科招商。

2000年初出台的《关于建立我国风险投资机制的若干意见》是我国第一个有关风险投资发展的战略性、纲领性文件，为风险投资机制建立了相关的原则。同时，我国政府也积极筹备在深圳开设创业板，一系列政策措施极大地推动了我国私募股权投资的发展。但当时由于还没有建立中小企业板，基金退出渠道仍不够畅通，一大批投资企业无法收回投资而倒闭。

前两次的私募股权投资热潮由于退出渠道的不顺畅而失败，但这种情况在2004年出现了转机。2004年，我国资本市场出现了有利于私募股权投资发展的制度创新——深圳中小企业板正式启动，这为私募股权投资在国内资本市场提供了IPO的退出方式。所以2004年以后出现了第三次投资浪潮，私募股权投资成功的案例开始出现。

海外创业投资事业经历了近十年的发展，规模日益壮大。在纳斯达克上市的中国企业共40多家，总市值300多亿美元；在纳斯达克上市的中国企业中，高管大多有海外留学背景；在纳斯达克上市的中国企业正推动新技术及传统产业发展，创造了企业在中国发展、在海外融资的新模式。在纳斯达克上市的中国企业，已突破了互联网和高科技公司的范围。

以百度、新浪、搜狐、携程、如家等为代表的一批留学人员回国创业企业给国内带回了大批风险投资，这种全新的融资方式，极大地催化了中小企业的成长。同时，国内的国际风险投资公司的掌门人大都是留学回国人士，例如，IDG资深合伙人熊晓鸽、鼎晖国际创投基金董事长吴尚志、赛富亚洲投资基金首席合伙人阎焱、红杉基金中国合伙人沈南鹏、金沙江创业投资董事总经理丁健、美国中经合集团董事总经理张颖、北极光创投基金创始合伙人邓锋、北斗星投资基金董事总经理吴立峰、启明创投创始人及董事总经理邝子平、德克萨斯太平洋集团合伙人王兟等。大部分风险投资都是通过海归或海归工作的外企带进国内的。这些投资促进了国内对创业的热情，促进了一大批海归企业和国内中小企业的发展，同时也带动了国内创业投资行业的进步。

总体来看，私募股权投资在中国发展迅速，新募集基金数、募集资金额和投资案例与金额等代表着投资发展的基本数据将会长时间保持增长状态，这是新兴市场的经济发展和中国企业数量多、发展快所带来的投资机遇。

资料来源：百度百科，http：//baike.baidu.com/link？url=QqH39m1V3DPRJyAe7w9YUnH7Lv1EDZ1p4G-6uNDmaMEmHl4397RDm93Hi0U0JbB2z_t4vDqJ0oD2HuYst5 WfGK.

问题：私募股权基金对于哪些行业和领域的作用更明显？这种模式可能产生的风险是什么？和传统的基金相比较，PE 有哪些优势？

本章小结

1. 证券投资基金是指通过公开发售基金份额募集资金，由基金托管人托管，由基金管理人管理和运用资金，为基金份额持有人的利益，以资产组合方式进行证券投资的一种利益共享、风险共担的集合投资方式。

2. 作为一种现代化投资工具，证券投资基金所具备的特点是十分明显的：集合理财、专业管理；组合投资、分散风险；利益共享、风险共担；严格监管，信息透明；独立托管，保障安全。证券投资基金与股票、债券既有联系又有区别。

3. 证券投资基金是一种集中资金、专业理财、组合投资、分散风险的集合投资方式，对经济发展具有重要作用，表现在以下方面：基金为中小投资者拓宽了投资渠道；有利于证券市场的稳定和发展；优化金融结构，促进经济增长；完善金融体系和社会保障体系。

4. 构成基金的要素有多种，因此可以依据不同的标准对基金进行分类。按基金的组织形式不同，可分为契约型基金和公司型基金；按基金运作方式不同，可分为封闭式基金和开放式基金；按投资标的划分，可分为债券基金、股票基金、货币市场基金等；按投资目标划分，可分为成长型基金、收入型基金和平衡型基金；根据募集方式的不同，可以将基金分为公募基金和私募基金；还有交易型开放式指数基金（ETF）与上市开放式基金（LOF）以及特殊类型基金。

5. 在基金市场上，存在许多不同的参与主体。依据所承担的职责与作用的不同，可以将基金市场的参与主体分为基金当事人、基金市场服务机构、监管和自律机构三大类。

重要概念

证券投资基金　公司型基金　契约型基金　开放式基金　封闭式基金　债券基金　股票基金　货币市场基金　交易型开放式指数基金（ETF）　上市开放式基金（LOF）

复习思考题

1. 我国市场上存在的基金类型有哪些？
2. 基金和其他证券投资工具相比较有哪些特点？
3. 基金的参与主体有哪些特殊性？

第六章

金融衍生工具

学习目的

通过本章的学习，学生能够做到：掌握衍生工具的基本类型，熟悉各自内容、特点和分类；理解期货的职能，尤其是套期保值的职能；掌握期权的种类。

重点难点

1. 衍生金融工具的特点；
2. 金融期货和现货的比较；
3. 股指期货的套期保值；
4. 期权的类型以及行权。

金融衍生产品市场的兴起是近30多年来国际金融市场出现的最为突出的变化之一。金融衍生工具的迅速扩散和广泛应用，一方面大大提高了国际金融市场的流动性和市场效率，增强了风险分配和风险管理的能力；另一方面又放大了国际金融市场的风险，危及金融安全。因此，研究金融衍生工具，发展和管理国际衍生产品市场，具有非常重大的现实意义。

第一节　金融衍生工具概述

一、金融衍生工具的概念

金融衍生工具（Derivatives）是指其价值依赖于基础资产价值变动的合约（Contracts）。这种合约可以是标准化的，也可以是非标准化的。标准化合约是指其标的物（基础资产）的交易价格、交易时间、资产特征、交易方式等都是事先标准化的，因此此类合约大多在交易所上市交易，如期货。非标准化合约是指以上各项由交易的双方自行约定，因此具有很强的灵活性，比如远期协议。

二、金融衍生产品的特点

由金融衍生工具的定义可以看出，它们具有下列显著特性：

（一）高风险性

高风险性是金融衍生产品的第一个特征。金融衍生产品的产生和发展以及存在的前提源于对规避风险和套期保值的需求，即它具有分配风险的功能。然而即便是这样一种用来作为风险管理的工具，其自身的交易与运行也蕴涵着巨大的风险。首先，从金融系统视角看，金融衍生产品可以帮助融资者转移或分散个别风险，却不能从总体上消除或减少风险。其次，金融衍生产品的产生与发展有赖于完善高效的市场体系，但即使是成熟的金融市场，仍然存在着外部性、垄断性、信息不对称等市场缺陷，由此形成的各种金融风险不可避免。第三，信用风险相对集中性。由于金融衍生产品有技术性强，交易程序复杂，定价难度大等特征，只有那些实力雄厚、资信优良的大型跨国金融机构有能力凭借自身优势创新设计和销售这类产品，这意味着其交易引起的风险总是集中在这些为数不多的金融机构上，如果一家银行或非银行金融机构突然爆发信用风险，那么整个金融衍生产品市场将引起一连串违约事件，从而危及金融体系的稳定与安全。

（二）跨期性

金融衍生工具是交易双方通过对利率、汇率、股价等因素变动趋势的预测，约定在未来某一时间按照一定条件进行交易或选择是否交易的合约。无论是哪一种金融衍生工具，都会影响交易者在未来一段时间内或未来某时点上的现金流，跨期交易的特点十分突出。这就要求交易双方对利率、汇率、股价等价格因素的未来变动趋势作出判断，而判断的准确与否直接决定了交易者的交易盈亏。

（三）高杠杆性

杠杆性是金融衍生产品的基本特征。金融衍生产品的共同特征是保证金交易，即只要支付一定比例的保证金就可进行全额交易，不需实际上的本金转移，合约的了结一般也采用现金差价结算的方式进行，只有在满期日以实物交割方式履约的合约才需要买方交足货款。例如，若期货交易保证金为合约金额的5%，则期货交易者可以控制20倍于所投资金额的合约资产，实现以小搏大的效果。因此，金融衍生产品交易具有杠杆效应。保证金越低，杠杆效应越大，风险也就越大。这种强大的杠杆效应，既能以小博大，获取暴利，同时也会成倍放大风险，造成巨额亏损，从而使金融衍生产品成为一种投机性极强的工具，一旦运用不当，便有可能迅速放大风险和引发金融危机。

（四）虚拟性

虚拟性是指金融衍生产品所具有的独立于现实基础资产运用之外，却能给持有者带来一定收入的特征。当金融衍生产品对应的基础资产是股票、债券之类的虚拟资本时，其虚拟性产生的后果是金融衍生产品市场的规模大大超过基础资产市场规模并远离基础市场，而一旦出现严重背离便可能会放大金融风险和加剧金融动荡。因此，金融衍生产品市场又是一个在急剧膨胀的同时又酝酿着巨大隐患的市场。

（五）交易目的的多重性

金融衍生产品交易通常有套期保值、投机、套利和资产负债管理四大目的。其交易的主要目的并不在于所涉及的基础金融商品所有权的转移，而在于转移与该金融商品相关的价值变化的风险或通过风险投资获取经济利益。金融衍生产品具有降低交易成本、增强流动性和风险再分配的功能，可以帮助人们以较低的成本进行套期保值；还可以用来在各个市场之间出现不平衡状态时进行无风险套利活动，其结果增强了市场的流动性；再有，金融衍生产品的交易是一种“零和博弈”，这种交易既可以减少未来价格的不确定性，降低成本和提高经济效益，又可以通过交易来分配风险，即风险从保值者转移给愿意承担风险的投机者，从而改善了风险分布状况，使风险管理更具有效率。

三、金融衍生产品分类

金融衍生产品是与金融相关的派生物，通常是指从原生资产（Underlying Assets）派生出来的金融工具。金融衍生产品不仅可以衍生在一些基础金融资产上，而且可以衍生在一些初级金融工具市场的价格指数上，甚至还可以衍生于一些金融衍生产品上。所以，在同一基础资产之上往往会出现各种不同水平或不同层次的金融衍生产品同时并存的现象，这意味着金融衍生产品的交易比传统的金融交易复杂得多。据统计，经过30多年的发展，目前市场上的衍生金融产品已高达两万余种。

金融衍生工具可以按照基础工具的种类、风险—收益特性以及自身交易方法的不同而有不同的分类。

（一）按产品形态分类

根据产品形态，金融衍生工具可分为独立衍生工具和嵌入式衍生工具。

（1）独立衍生工具。这是指本身即为独立存在的金融合约，例如期权合约、期货合约或者互换交易合约等。

（2）嵌入式衍生工具（Embedded Derivatives）。这是指嵌入到非衍生合同（以下简称“主合同”）中的衍生金融工具，该衍生工具使主合同的部分或全部现金流量将按照特定利率、金融工具价格、汇率或利率指数、信用等级或信用指数，或类似变量的变动而发生调整，例如目前公司债券条款中包含的赎回条款、返售条款、转股条款、重设条款等。

（二）按照交易场所分类

金融衍生工具按交易场所分类可以分为以下两类：

（1）交易所交易的衍生工具。这是指在有组织的交易所上市交易的衍生工具，例如，在股票交易所交易的股票期权产品，在期货交易所和专门的期权交易所交易的各类期货合约、期权合约等。

（2）OTC交易的衍生工具。这是指通过各种通信方式，不通过集中的交易所，实行分散的、一对一交易的衍生工具。例如，金融机构之间、金融机构与大规模交易者之间进行的各类互换交易和信用衍生品交易。从近年来的发展看，这类衍生品的交易量逐年增大，已经超过交易所市场的交易额，市场流动性也得到增强，还发展出专业化的交易商。

（三）按照基础工具种类分类

金融衍生工具从基础工具角度进行分类，可划分为股权类产品的衍生工具、货币衍生工具、利率衍生工具、信用衍生工具以及其他衍生工具。

（1）股权类产品的衍生工具。这是指以股票或股票指数为基础工具的金融衍生工具，主要包括股票期货、股票期权、股票指数期货、股票指数期权以及上述合约的混合交易合约。

（2）货币衍生工具。这是指以各种货币作为基础工具的金融衍生工具，主要包括远期外汇合约、货币期货、货币期权、货币互换以及上述合约的混合交易合约。

（3）利率衍生工具。这是指以利率或利率的载体为基础工具的金融衍生工具，主要包括远期利率协议、利率期货、利率期权、利率互换以及上述合约的混合交易合约。

（4）信用衍生工具。这是指以基础产品所蕴含的信用风险或违约风险为基础变量的金融衍生工具，用于转移或防范信用风险，是20世纪90年代以来发展最为迅速的一类衍生产品，主要包括信用互换、信用联结票据等。

（5）其他衍生工具。除以上四类金融衍生工具之外，还有相当数量金融衍生工具是在非金融变量的基础上开发的，例如，用于管理气温变化风险的天气期货、管理政治风险的政治期货、管理巨灾风险的巨灾衍生产品等。

（四）按照金融衍生工具自身交易的方法及特点分类

金融衍生工具从其自身交易的方法和特点角度分类可以分为金融远期、金融期货、金融期权、金融互换和结构化金融衍生工具。

1. 金融远期（Financial Forward）

金融远期是一种远期合约（Forward Contracts），是指双方约定在未来的某一确定时间，按确定的价格买卖一定数量的某种金融资产的合约。远期合约主要有远期利率合约和远期外汇合约。金融远期合约规定了将来交割的资产、交割的日期、交割的价格和数量，合约条款根据双方需求协商确定。金融远期合约主要包括远期利率合约、远期外汇合约和远期股票合约。

（1）远期利率合约（Forward Rate Agreements，FRA）是买卖双方同意从未来某一商定的时间开始在某一特定时期内按协议利率借贷一笔数额确定、以具体货币表示的名义本金协议。合约的买方是名义借款人，购买合约的目的或是为了规避利率上升引致的风险，或是为了牟取投机利润；合约的卖方是名义贷款人，出售合约的目的或是为了规避利率下降引致的风险，或是为了牟取投机利润。

（2）远期外汇合约（Forward Exchange Contracts）是指双方约定在将来某一时间按约定的远期汇率买卖一定金额的某种外汇的合约。合约买卖双方在签订合约时需要确定好将来进行交割的远期汇率，这意味着在交割时无论汇率如何变化，都必须按合约确定的汇率交割，而且交割时不是交割名义本金，而是交割合约中规定的远期汇率与交割期汇率之间的差额。远期外汇合约买卖双方的主要目的或是规避汇率风险，或是牟取投机利润。

（3）远期股票合约（Equity forwards）是指在将来某一特定日期按特定价格交付一定数量单个股票或一揽子股票的协议。远期股票合约在世界上出现的时间不长，总交易规模也不大。

2. 金融期货（Financial Futures）

金融期货是指买卖双方在有组织的交易所内以公开竞价的形式达成的，在将来某一特定时间交收标准数量特定金融工具的协议。主要包括货币期货、利率期货、股票指数期货和股票期货四种。近年来，不少交易所又陆续推出更多新型的期货品种，例如房地产价格指数期货、通货膨胀指数期货等。

3. 金融期权（Financial Option）

金融期权是指合约买方向卖方支付一定费用（称为“期权费”或“期权价格”），在约定日期内（或约定日期）享有按事先确定的价格向合约卖方买卖某种金融工具的权利的契约。包括现货期权和期货期权两大类。除交易所交易的标准化期权、权证之外，还存在大量场外交易的期权，这些新型期权通常统称为奇异型期权。

4. 金融互换（Financial Swaps）

金融互换是指两个或两个以上的当事人按共同商定的条件，在约定的时间内定期交换现金流的金融交易。可分为货币互换、利率互换、股权互换、信用违约互换等类别。从交易结构上看，可以将互换交易视为一系列远期交易的组合。自 1981 年美国所罗门兄弟公司为 IBM 和世界银行办理首笔美元与马克和瑞士法郎之间的货币互换业务以来，互换市场的发展非常迅猛，目前，按名义金额计算的互换交易已经成为最大的衍生交易品种。

2008 年 1 月 18 日，中国人民银行发布《关于开展人民币利率互换业务有关事宜的通知》，人民币利率互换是指交易双方约定在未来的一定期限内，根据约定的人民币本金和利率计算利息并进行利息交换的金融合约。通知规定，利率互换的参考利率应为经中国人民银行授权的全国银行间同业拆借中心等机构发布的银行间市场具有基准性质的市场利率或经中国人民银行公布的基准利率。

互换交易的主要用途是改变交易者资产或负债的风险结构（比如利率或利率结构），从而规避相应的风险。比如说，如果国家开发银行发放了 50 亿元 10 年期固定利率按揭贷款，则通过互换交易，就可以将贷款收益转化为浮动利率，与其存款利率结构相匹配，在市场利率上升情况下，可以规避利率风险。

小知识

违约互换（CDS）的风险

在 2007 年以来发生的全球性金融危机中，导致大量金融机构陷入危机的最重要的一类衍生金融产品是信用违约互换（Credit Default Swap，CDS）。最基本的信用违约互换涉及两个当事人，双方约定以某一信用工具为参考，一方向另一方出售信用保护，若参考工具发生规定的信用违约事件，则信用保护出售方必须向购买方支付赔偿。2008 年 7 月 9 日，美联储统计研究部副主任帕金森（P. M. Parkinson）在向美国国会参议院作证时指出，信用违约互换的场外交易特征以及过快的增长速度是导致信用危机放大的重要原因。据国际清算银行（BIS）统计，2007 年全球 CDS 名义总金额高达 58 万亿美元，是 2006 年同期的 2 倍。

CDS 交易的危险来自三个方面：第一，具有较高的杠杆性。信用保护买方只需要支付少量保费，最多可以获得等于名义金额的赔偿（参考品发行人破产时），一旦参考品信用等级出现微小变化，CDS 保费价格就会剧烈波动。例如，在各种国债 CDS 中，名义金额居首位的西班牙国债 CDS，其保护价格在 2007 年 9 月初仅为 47 基点，意味着价值 1 000 万美元的西班牙 10 年期国债的保费仅 4.7 万美元，杠杆倍数超过 200 倍，而到了 10 月份，该价格最高曾达到 112 基点，信用保护的卖方若在此时平仓，将招致巨大亏损。第二，由于信用保护的买方并不需要真正持有作为参考的信用工具（常见的有按揭贷款、按揭支持证券、各国国债及公司债券或者债券组合、债券指数），因此，特定信用工具可能同时在多起交易中被当作 CDS 的参考，有可能极大地放大风险敞口总额，在发生危机时，市场往往恐慌性地高估涉险金额。作为一个例子，雷曼兄弟公司宣布破产时，以其债券作为参考的信用保护名义金额曾被市场高估到 4 000 亿美元，引起极大恐慌。第三，由于场外市场缺乏充分的信息披露和监管，交易者并不清楚自己的交易对手卷入了多少此类交易。因此，在危机期间，每起信用事件的发生都会引起市场参与者的相互猜疑，担心自己的交易对手因此倒下从而使自己的敞口头寸失去着落。

资料来源：百度百科，http：//baike. baidu. com/link？url=vuSg24-jyr8skJbEiZ3MlRRWFDg8Zm2scufTAVGy5CgVz-WTWernl8e9duYdRj0gjlOiOdeRV5r6Bl3GZrWVe_ .

5. 结构化金融衍生工具

前述四种常见的金融衍生工具通常也被称作“建构模块工具”，它们是最简单和最基础的金融衍生工具，而利用其结构化特性，通过相互结合或者与基础金融工具相结合，能够开发设计出更多具有复杂特性的金融衍生产品，后者通常被称为结构化金融衍生工具，或简称为结构化产品。例如，在股票交易所交易的各类结构化票据、目前我国各家商业银行推广的外汇结构化理财产品等都是其典型代表。

第二节　金融期货

金融期货即金融期货合约（Financial Futures Contracts），是指协议双方同意在约定的将来某个日期按约定的价格、交割方式和交割地点等条件买入或卖出一定标准数量的某种金融工具的标准化协议。金融期货的主要功能是转移价格风险功能和价格发现功能。价格发现功能体现在期货交易所通过电脑撮合公开竞价出来的价格即为此瞬间市场对未来某一特定时间现货价格的平均看法。市场参与者可以利用期货市场的价格发现功能所提供的信息作出相关决策。

一、金融期货特性分析

（一）金融期货的特征

1. 金融期货是期货交易的一种

期货交易是指交易双方在集中的交易所市场以公开竞价方式所进行的期货合约的交易。而期货合约则是由交易双方订立的、约定在未来某日期按成交时约定的价格交割一定数量的某种商品的标准化协议。金融期货合约的基础工具是各种金融工具（或金融变量），如外汇、债券、股票、股价指数等。换言之，金融期货是以金融工具（或金融变量）为基础工具的期货交易。

2. 金融期货与金融现货的比较

与金融现货交易相比，金融期货的特征具体表现在以下几个方面：

（1）交易对象不同。金融现货交易的对象是某一具体形态的金融工具。通常，它是代表着一定所有权或债权关系的股票、债券或其他金融工具，而金融期货交易的对象是金融期货合约。金融期货合约是由期货交易所设计的一种对指定金融工具的种类、规格、数量、交收月份、交收地点都作出统一规定的标准化书面协议。

（2）交易目的不同。金融工具现货交易的首要目的是筹资或投资，即为生产和经营筹集必要的资金，或为暂时闲置的货币资金寻找生息获利的投资机会。金融期货交易的主要目的是套期保值，即为不愿承担价格风险的生产经营者提供稳定成本的条件，从而保证生产经营活动的正常进行。与现货交易相似，通过金融期货交易也可以进行套利、投机活动，但后者通常具有更高的交易杠杆。

（3）交易价格的含义不同。金融现货的交易价格是在交易过程中通过公开竞价或协商议价形成的，这一价格是实时的成交价，代表在某一时点上供求双方均能接受的市场均衡价格。金融期货的交易价格也是在交易过程中形成的，但这一交易价格是对金融现货未来价格的预期，这相当于在交易的同时发现了金融现货基础工具（或金融变量）的未来价格。因此，从这个意义上看，期货交易过程也就是未来价格的发现过程。当然，所谓价格发现并不是绝对的，学术界有很多证据表明，出于各种原因，期货价格与未来的现货价格之间可能存在一定偏离。

（4）交易方式不同。金融工具现货交易一般要求在成交后的几个交易日内完成资金与金融工具的全额结算，成熟市场中通常也允许进行保证金买入或卖空，但所涉及的资金或证券缺口部分由经纪商出借给交易者，要收取相应利息。期货交易则实行保证金交易和逐日盯市制度，交易者并不需要在成交时拥有或借入全部资金或基础金融工具。

（5）结算方式不同。金融现货交易通常以基础金融工具与货币的转手而结束交易活动。而在金融期货交易中，仅有极少数的合约到期进行实物交收，绝大多数的期货合约是通过做相反交易实现对冲而平仓的。

（二）金融期货合约的特点

（1）合约的交易均在交易所进行，交易双方并不直接接触，而是各自在交易所的清算部门或专设的清算公司结算。

（2）合约的交易不是到期一次性进行，而是每天结算的，买卖双方在交易之前必须在经纪公司开立专门的保证金账户，通过每天对保证金账户的结算，将保证金额度维持在初始水平的 75% 左右。

（3）合约的买方或卖方可以在交割日之前采取对冲交易结束期货交易的头寸而无须进行最后的实物交割，从而提高了期货市场的流动性。

（4）合约交易是标准化的，表现在合约的数量、合约交割的日期、合约交割的地点等方面完全标准化。

（三）金融远期与金融期货的区别

金融远期与金融期货有明显的区别，主要有以下几个方面：

(1) 交易场所和组织形式不同。金融远期交易一般没有固定的场所，是一个无形的分散的场外市场交易，而金融期货交易须在有形的交易所里面进行，并受到严格的交易规则的约束，因而期货市场是一个有序的、规范的和统一的市场。

(2) 结算方式不同。金融远期合约签订后，在合约期间不能结算，必须在到期日才能交割清算。而金融期货交易实行保证金制度和每日结算制度。

(3) 标准化程度不同。金融远期遵循“契约自由”的原则，即与交易有关的如标的物的质量和数量、交割时间与交割地点、支付货币与其汇率的确定等都是根据交易双方的需要通过协商确定的；而金融期货是标准化的，合约对交易涉及的主要条件都用规范的条款确定下来，只有价格是在交易双方成交时根据市场行情确定的。

(4) 定价方式不同。金融远期合约的交割价格由交易双方直接谈判并私下确定，而金融期货的价格是在交易所中由众多买方和卖方通过经纪人在场内公开竞价形成的。

(5) 履约方式不同。金融期货的基础资产的质量、合约时间、合约规模、交割安排、交易时间、报价方式、价格波动限制、持仓限额、保证金水平等内容都由交易所明确规定，金融期货合约具有显著的标准化特征，合约期间无须对方同意即可在交易所内通过平仓来结清自己的头寸并把履约权利和义务转让给第三方。而金融远期合约是非标准化的，转让合约需要征得对方同意，因而绝大多数合约都需要在到期时实物交割。远期交易的具体内容可由交易双方协商决定，具有较大的灵活性。

(6) 信用关系不同。金融远期违约风险的大小取决于交易双方的信用度，因此签约时必须充分掌握对方的资讯信息；而金融期货的违约风险不是由交易对方承担，而是取决于交易所或清算公司，因此在期货交易中交易双方完全可以互不了解。

(7) 违约风险不同。金融远期合约的一方违约，另一方就要承担违约风险损失，为此，签约时需要附加缴纳定金和采取第三方担保等防范违约风险的措施；金融期货的违约风险由交易所或清算公司承担，而交易所或清算公司通过保证金制度管理风险，因此金融期货的违约风险极小。

二、金融期货的分类

金融期货主要有利率期货、外汇期货和股指期货等。另外，芝加哥期货交易所还开设有互换的期货，芝加哥商业交易所开设有消费者物价指数期货（该交易所将其归类为利率期货）和房地产价格指数期货。

(一) 外汇期货

外汇期货又称货币期货，是以外汇为基础工具的期货合约，是金融期货中最先产生的品种，主要用于规避外汇风险。外汇期货的标的物是外汇，比如美元、欧元、日元、瑞士法郎等。

外汇期货交易自 1972 年在芝加哥商业交易所（CME）所属的国际货币市场（IMM）率先推出后得到了迅速发展。以 CME 为例，上市品种不仅包括以美元标价的外币期货合约（如欧元期货、日元期货、瑞士法郎期货、英镑期货等），还包括外币对外币的交叉汇率期货（如欧元对日元、欧元对英镑、欧元对瑞士法郎等）以及 CME 自行开发的美元指数期货（CME. S INDEX）。2005 年，CME 推出了以美元、日元、欧元报价和现金结算的人民币期货及期货期权交易，不过，由于人民币汇率并未完全实现市场化，这些产品的交易并不活跃。

（二）利率期货

利率期货的标的物是利率，是指标的资产价格依赖于利率水平的期货合约。利率期货是继外汇期货之后产生的又一个金融期货类别，其基础资产是一定数量的与利率相关的某种金融工具，主要是各类固定收益金融工具。利率期货主要是为了规避利率风险而产生的。固定利率有价证券的价格受到现行利率和预期利率的影响，价格变化与利率变化一般呈反向关系。市场上常见的利率期货有长期和短期国债期货以及欧洲美元利率期货等。

1975 年 10 月，利率期货产生于美国芝加哥期货交易所（CBOT），虽然比外汇期货晚了 3 年，但其发展速度与应用范围都远较外汇期货来得迅速和广泛。利率期货主要包括债券期货和参考利率期货。

1. 债券期货

以国债期货为主的债券期货是各主要交易所最重要的利率期货品种。我国曾经短暂开展过国债期货交易试点。1992 年 12 月 18 日，上海证券交易所开办国债期货交易，并于 1993 年 10 月 25 日向社会公众开放，此后，深圳证券交易所、北京商品交易所也向社会推出了国债期货交易。国债期货推出后，受到市场的广泛欢迎，但是，由于现货市场存在的固有缺陷以及期货交易规则的不完善，引发了以“3·27 国债期货事件”为代表的大量风险事件，造成市场秩序紊乱，1995 年 5 月 17 日，中国证监会决定暂停国债期货试点。时隔 18 年之后，2013 年 8 月 30 日，证监会宣布，国债期货于当年 9 月 6 日上市交易。

2. 参考利率期货

在国际金融市场上，存在若干重要的参考利率，它们是市场利率水平的重要指标，同时也是金融机构制定利率政策和设计金融工具的主要依据。除国债利率外，常见的参考利率包括伦敦银行间同业拆放利率（LIBOR）、香港银行间同业拆放利率（HIBOR）、欧洲美元定期存款单利率、联邦基金利率等。为方便金融机构进行利率风险管理，有关期货交易所推出了采用这些利率的固定收益工具为基础资产的期货合约。

（三）股权类期货

股权类期货是以单只股票、股票组合或者股票价格指数为基础资产的期货合约。股指期货的标的物是股价指数，由于股价指数是一种特殊商品并没有具体的实物形式，因而在交易时需要把股价指数的点数换算成货币单位进行结算，例如芝加哥商品交易所 S&P500 指数期货的每份合约价格规定为指数点数乘以 500 美元。这种没有实物交割的特点是与其他标的物期货的最大区别。

1. 股票价格指数期货

股票价格指数期货是以股票价格指数为基础变量的期货交易，是为适应人们控制股市风险，尤其是系统性风险的需要而产生的。股票价格指数期货的交易单位等于基础指数的数值与交易所规定的每点价值的乘积，采用现金结算。

1982 年，美国堪萨斯期货交易所（KCBT）首先推出价值线指数期货，此后全球股票价格指数期货品种不断涌现，几乎覆盖了所有的基准指数。其中比较重要的有：芝加哥商业交易所的标准普尔股票价格指数期货系列、纽约期货交易所的纽约证券交易所综合指数期货系列、芝加哥期货交易所的道·琼斯指数期货系列、伦敦国际金融期权期货交易的金融时报证券交易所 100 种股票价格指数期货系列、新加坡期货交易所的日经 225 指数期货、中国香港交易所的恒生指数期货、中国台湾证券交易所的台湾股票指数期货等。

2006 年 9 月 8 日，中国金融期货交易所正式成立，推出以沪深 300 指数为基础资产的首个中国内地股票价格指数期货，并于 2010 年 4 月 16 日起正式上市交易。新加坡交易所（SGX）于 2006 年 9 月 5 日推出以新华富时 50 指数为基础变量的全球首个中国 A 股指数期货。

2. 单只股票期货

单只股票期货是以单只股票作为基础工具的期货，买卖双方约定，以约定的价格在合约到期日买卖规定数量的股票。事实上，股票期货均实行现金交割，买卖双方只需要按规定的合约乘数乘以价差，盈亏以现金方式进行交割。为防止操纵市场行为，并不是所有上市交易的股票均有期货交易，交易所通常会选取流通盘较大、交易比较活跃的股票推出相应的期货合约，并且对投资者的持仓数量进行限制。

3. 股票组合的期货

股票组合的期货是金融期货中最新的一类，是以标准化的股票组合为基础资产的金融期货，芝加哥商业交易所（CME）基于美国证券交易所交易所交易基金（ETF）的期货最具代表性。

三、金融期货的基本功能

金融期货具有四项基本功能：套期保值功能、价格发现功能、投机功能和套利功能。

（一）套期保值功能

套期保值是指通过在现货市场与期货市场建立相反的头寸，从而锁定未来现金流的交易行为。

1. 套期保值原理

期货交易之所以能够套期保值，其基本原理在于某一特定商品或金融工具的期货价格和现货价格受相同经济因素的制约和影响，从而它们的变动趋势大致相同；而且，现货价格与期货价格在走势上具有收敛性，即当期货合约临近到期日时，现货价格与期货价格将逐渐趋同。因此，若同时在现货市场和期货市场建立数量相同、方向相反的头寸，则到期时不论现货价格上涨还是下跌，两种头寸的盈亏恰好抵消，使套期保值者避免承担风险损失。

2. 套期保值的基本做法

套期保值的基本做法是：在现货市场买进或卖出某种金融工具的同时，做一笔与现货交易品种、数量、期限相当但方向相反的期货交易，以期在未来某一时间通过期货合约的对冲，以一个市场的盈利来弥补另一个市场的亏损，从而规避现货价格变动带来的风险，实现保值的目的。

套期保值的基本类型有两种：

一是多头套期保值，是指持有现货空头（如持有股票空头者）的交易者担心将来现货价格上涨（如股市大盘上涨）而给自己造成经济损失，于是买入期货合约（建立期货多头）。若未来现货价格果真上涨，则持有期货头寸所获得的盈利正好可以弥补现货头寸的损失。

二是空头套期保值，是指持有现货多头（如持有股票多头）的交易者担心未来现货价格下跌，在期货市场卖出期货合约（建立期货空头）。当现货价格下跌时以期货市场的盈利来弥补现货市场的损失。

期货交易的对象是标准化产品，因此套期保值者很可能难以找到与现货头寸在品种、期限、数量上均恰好匹配的期货合约。如果选用替代合约进行套期保值操作，则不能完全锁定未来现金流，由此带来的风险称为基差风险。

【例 6-1】股指期货空头套期保值

国内某证券投资基金，在 2012 年 6 月 2 日时，其股票组合的收益达到了 40%，总市值为 5 亿元。该基金预期银行可能加息和一些大盘股相继要上市，股票可能出现短期深幅下调，但对后市还是看好。决定用沪深 300 指数期货进行空头套期保值。

假设其股票组合与沪深 300 指数的相关系数 β 为 0.9。6 月 2 日的沪深 300 指数现货报价为 2 400 点，假设 9 月到期的期货合约报价为 2 420 点。

则该基金的套期保值做空数量为：5 亿÷(2 420×300)×0.9≈620 手（沪深 300 指数合约价值：每点 300 元人民币）

到 2012 年 6 月 22 日，股票市场下探，沪深 300 指数现货报价为 2 330，9 月到期的期货报价为 2 349 点。

到 6 月 22 日收盘时，

现货头寸价值=5 亿元×6 月 22 日收盘价÷6 月 2 日现货报价×相关系数；

期货头寸盈亏= 300 元×（6 月 22 日期货结算价-6 月 2 日期货报价）×做空合约张数。

在不同指数点位下，头寸变化如表 6-1 所示。

表 6-1　沪深 300 指数现货报价、期货报价

	现指	期指
2012/6/2	2 400	2 420
2012/6/22	2 330	2 349

如表 6-2 所示，经空头套期保值后，不论 6 月份沪深 300 指数如何变化，该投资者的账户总值基本维持不变。

表 6-2　　沪深 300 指数期货套期保值操作表

日期	现货市场	期货市场
06/02	股票市值为 5 亿元，沪深 300 现指为 2 400 点，股票持仓。	以 2 420 点卖出 620 手 9 月到期的沪深 300 指数期货，合约总值为：620×2 420×300 = 4.5 亿元
06/22	沪深 300 现指跌至 2 330 点，该基金持有的股票价值减少：5 亿×2.625% = 1 312.5 万（0.9×70÷2 400 = 2.625%）	以 2 349 点买入 620 手 9 月到期的沪深 300 指数期货，合约价值为：620×2 349×300 = 4.37 亿元
损益	现货持仓价值损失 1 312.5 万元	对冲结果：股指期货交易盈利 1 320.6 万元
状态	继续持有原股票组合	平仓离场

如果有投资者拥有较多资金欲投资于股票现货，又担心建仓期内大盘出现非预期大幅上涨导致建仓成本过高，也可以采取多头套期保值，即在期货上建立相应多头头寸，利用期货盈余抵消现货成本上升的风险。在现实中，投资者更多是利用股指期货对投资组合的贝塔系数进行修正。

（二）价格发现功能

价格发现功能是指在一个公开、公平、高效、竞争的期货市场中，通过集中竞价形成期货价格的功能。期货价格具有预期性、连续性和权威性的特点，能够比较准确地反映出未来商品价格的变动趋势。期货市场之所以具有价格发现功能，是因为期货市场将众多影响供求关系的因素集中于交易所内，通过买卖双方公开竞价，集中转化为一个统一的交易价格。这一价格一旦形成，立即向世界各地传播，并影响供求关系，从而形成新的价格。如此循环往复，使价格不断趋于合理。

因为期货价格与现货价格的走势基本一致并逐渐趋同，所以今天的期货价格可能就是未来的现货价格，这一关系使世界各地的套期保值者和现货经营者都利用期货价格来衡量相关现货商品的近、远期价格发展趋势，利用期货价格和传播的市场信息来制定各自的经营决策。这样，期货价格成了世界各地现货成交价的基础。当然，期货价格并非时时刻刻都能准确地反映市场的供求关系，但这一价格克服了分散、局部的市场价格在时间上和空间上的局限性，具有公开性、连续性、预期性的特点。应该说它比较真实地反映了一定时期世界范围内供求关系影响下的商品或金融工具的价格水平。

价格发现并不意味着期货价格必然等于未来的现货价格，正好相反，多数研究表明，期货价格不等于未来现货价格才是常态。由于资金成本、仓储费用、现货持有便利等因素的影响，理论上说，期货价格要反映现货的持有成本，即便现货价格不变，期货价格也会与之存在差异。

（三）投机功能

如果入市者在金融市场上基于对金融工具价格未来变化趋势的判断，只买卖期货，没有现货市场上的对应行为，那么，该入市者就是一个期货合约的投机者。与所有有价证券交易相同，期货市场上的投机者也会利用对未来期货价格走势的预期进行投机交易，预计价格上涨的投机者会建立期货多头，反之则建立空头。投机者的存在对维持市场流动性具有重大意义，当然，过度的投机必须受到限制。

与现货市场投机相比较，期货市场投机有两个重要区别：一是目前我国股票市场实行“T+l”清算制度，而期货市场是“T+O”，可以进行日内投机；二是期货交易的保证金制度导致期货投机具有较高的杠杆率，盈亏相应放大，具有更高的风险性。

【例 6-2】 股票指数期货投机

2011 年 3 月 18 日，沪深 300 指数开盘报价为 3 335.42 点，9 月份期货合约开盘价为 2 648 点，若期货投机者预期当日期货报价将上涨，开盘即多头开仓，并在当日最高价 2 748.6 点进行平仓，则当日即实现盈利为：

$$(2\,748.6-2\,648)\times 300=30\,180\text{（元）}$$

若期货公司要求的初始保证金等于交易所规定的最低交易保证金 10%，则该策略投入资金为 2 648×300×10% = 79 440（元）。

$$\text{日收益率为 } 30\,180\div 79\,440\times 100\% = 37.99\%$$

（四）套利功能

套利的理论基础在于经济学中的“一价定律”，即忽略交易费用的差异，同一商品只能有一个价格。严格意义上的期货套利是指利用同一合约在不同市场上可能存在的短暂价格差异进行买卖，赚取差价，成为“跨市场套利”。行业内通常也根据不同品种、不同期限合约之间的比价关系进行双向操作，分别称为“跨品种套利”和“跨期限套利”，但其结果不一定可靠。对于股价指数等品种，还可以和成分股现货联系起来进行指数套利。期货指数与现货指数会产生偏离，当这种偏离超出一定的范围时（无套利定价区间的上限和下限），就会产生套利机会。利用期指与现指之间的不合理关系进行套利的交易行为叫无风险套利（Arbitrage），利用期货合约价格之间不合理关系进行套利交易的行为称为价差交易（Spread Trading）。期货套利机制的存在对于提高金融市场的有效性具有重要意义。

【例 6-3】 股票指数期货无风险套利

买卖双方签订一份 3 个月后交割一揽子股票组合的远期合约，该一揽子股票组合与香港恒生指数构成完全对应，现在市场价值为 75 万港元，对应于恒生指数 15 200 点（恒指期货合约的乘数为 50 港元），比理论指数 15 124 点高 76 点。假定市场年利率为 6%，且预计一个月后可收到 5 000 元现金红利。

步骤 1：卖出一张恒指期货合约，成交价位 15 200 点，以 6% 的年利率贷款 75 万港元，买进相应的一揽子股票组合；

步骤 2：一个月后，收到 5 000 港元，按 6% 的年利率贷出；

步骤 3：再过两个月，到交割期。这时在期现两市同时平仓（期现交割价格是一致的）。

交割时指数不同，结果也有所不同，如表 6-3 列示。

表 6-3　　期价高估时的套利情况表

	情况 A	情况 B	情况 C
期现交割价	15 300 点	15 100 点	14 900 点
期货盈亏	15 200-15 300=-100 点，即亏损 5 000 港元	15 200-15 100=100 点，即盈利 5 000 港元	15 200-14 900=300 点，即盈利 15 000 港元
现货盈亏	15 300-15 000=300 点，即盈利 15 000 港元，共可收回 765 000 港元	15 100-15 000=100 点，即盈利 5 000 港元，共可收回 755 000 港元	14 900-15 000=-100 点，即亏损 5 000 港元，共可收回 745 000 港元
期现盈亏合计	200 点，即 10 000 港元，共可收回 760 000 港元	200 点，即 10 000 港元，共可收回 760 000 港元	200 点，即 10 000 港元，共可收回 760 000 港元

可见，不管最后交割价高低，该交易者从中可收回的资金数都是相同的 760 000 港元，加上收回贷出的 5 000 港元的本利和 5 050 港元，共计收回资金 765 050 港元；

步骤 4：还贷，750 000 港元 3 个月的利息为 11 250 港元，共计需还本利 761 250 港元，则 765 050-761 250=3 800（港元），为该交易者获得的净利润。

正好等于实际期价与理论期价之差(15 200-15 124)×50=3 800（港元）。

当期价高估时，买进现货，同时卖出期价，通常叫正向套利；当期价低估时，卖出现货，买进期货，叫反向套利。

四、金融期货的主要交易制度

金融期货交易有一定的交易规则，这些规则是期货交易正常进行的制度保证，也是期货市场运行机制的外在体现。

（1）集中交易制度。金融期货在期货交易所或证券交易所进行集中交易。期货交易所是专门进行期货合约买卖的场所，是期货市场的核心，承担着组织、监督期货交易的重要职能。

（2）标准化的期货合约和对冲机制。期货合约是由交易所设计、经主管机构批准后向市场公布的标准化合约。期货合约设计成标准化的合约是为了便于交易双方在合约到期前分别做一笔相反的交易进行对冲，从而避免实物交收。实际上绝大多数的期货合约并不进行实物交割，通常在到期日之前即已平仓。

（3）保证金及其杠杆作用。为了控制期货交易的风险和提高效率，期货交易所的会员经纪公司必须向交易所或结算所缴纳结算保证金，而期货交易双方在成交后都要通过经纪人向交易所或结算所缴纳一定数量的保证金。由于期货交易的保证金比率很低，因此有高度的杠杆作用，这一杠杆作用使套期保值者能用少量的资金为价值量很大的现货资产找到回避价格风险的手段，也为投机者提供了用少量资金获取盈利的机会。

（4）结算所和无负债结算制度。结算所是期货交易的专门清算机构，通常附属于交易所，但又以独立的公司形式组建。结算所实行无负债的每日结算制度，又称逐日盯市制度，就是以每种期货合约在交易日收盘前最后1分钟或几分钟的平均成交价作为当日结算价，与每笔交易成交时的价格作对照，计算每个结算所会员账户的浮动盈亏，进行随市清算。由于逐日盯市制度以1个交易日为最长的结算周期，对所有账户的交易头寸按不同到期日分别计算，并要求所有的交易盈亏都能及时结算，从而能及时调整保证金账户，控制市场风险。

（5）限仓制度。限仓制度是交易所为了防止市场风险过度集中和防范操纵市场的行为，而对交易者持仓数量加以限制的制度。

（6）大户报告制度。大户报告制度是交易所建立限仓制度后，当会员或客户的持仓量达到交易所规定的数量时，必须向交易所申报有关开户、交易、资金来源、交易动机等情况，以便交易所审查大户是否有过度投机和操纵市场行为，并判断大户交易风险状况的风险控制制度。

（7）每日价格波动限制及断路器规则。为防止期货价格出现过大的非理性变动，交易所通常对每个交易时段允许的最大波动范围作出规定，一旦达到涨（跌）幅限制，则高于（低于）该价格的多头（空头）委托无效。除此之外，还有的交易所规定了一系列涨跌幅限制，达到这些限幅之后交易暂停，十余分钟后再恢复交易，目的是给市场充分时间消化特定信息的影响。

除上述常规制度之外，期货交易所为了确保交易安全，还规定了强行平仓、强制减仓、临时调整保证金比例（金额）等交易规则，交易者在入市之前务必透彻掌握相关规定。

第三节 金融期权与期权类衍生工具

期权和期权类衍生产品是最复杂而且种类较多的金融衍生产品，由于它们具有较好的结构特性，因而在风险管理和产品开发设计中得到广泛运用。

一、金融期权的定义

期权（Option）也称选择权，是指其持有者能在规定的期限内按交易双方商定的价格购买或出售一定数量的基础工具的权利。期权交易实际上是对这种选择权的单方面有偿让渡。期权的买方以支付一定数量的期权费为代价而拥有了这种权利，但不承担必须买进或卖出的义务；期权的卖方则在收取了一定数量的期权费后，在一定期限内必须无条件服从买方的选择并履行成交时的允诺。

金融期权是指赋予其购买者在规定期限内按双方规定的价格购买或出售一定数量某种基础金融资产的权利的合约。具体地说，其购买者在向出售者支付一定费用后，就获得了能在规定期限内以某一特定价格向出售者买进或卖出一定数量的某种金融工具的权利。

二、金融期权的特征

金融期权与金融期货相比较的区别有如下方面：

（一）基础资产不同

金融期权与金融期货的基础资产不尽相同。一般地说，凡可作期货交易的金融工具都可作期权交易。然而，可作期权交易的金融工具却未必可作期货交易。在实践中，只有金融期货期权，而没有金融期权期货，即只有以金融期货合约为基础资产的金融期权交易，而没有以金融期权合约为基础资产的金融期货交易。一般而言，金融期权的基础资产多于金融期货的基础资产。

随着金融期权的日益发展，其基础资产还有日益增多的趋势，不少金融期货无法交易的金融产品均可作为金融期权的基础资产，甚至连金融期权合约本身也成了金融期权的基础资产，即所谓复合期权。

（二）交易者权利与义务的对称性不同

金融期货交易双方的权利与义务对称，即金融期货交易的双方都被赋予相应的权利和义务，对任何一方而言，都既有要求对方履约的权利，又有自己对对方履约的义务，并在合约到期时必须执行。而金融期权交易双方的权利与义务存在着明显的不对称性，金融期权只赋予合约的买方权利，而卖方没有任何权利，合约的卖方必须在对方履约时进行对应买卖标的物的义务。

（三）履约保证不同

金融期货交易双方均需开立保证金账户，并按规定缴纳履约保证金。而在金融期权交易中，只有期权出售者，尤其是无担保期权的出售者才需开立保证金账户，并按规定缴纳保证金，以保证其履约的义务；如果是在场外交易的，缴纳与否取决于当事人意见。期权的买者因其亏损不会超过已支付的期权费，所以无需开立保证金账户，也无须缴纳保证金。

（四）现金流转不同

金融期货交易双方在成交时不发生现金收付关系，但在成交后，由于实行逐日结算制度，交易双方将因价格的变动而发生现金流转，即盈利一方的保证金账户余额将增加，而亏损一方的保证金账户余额将减少。当亏损方保证金账户余额低于规定的维持保证金时，亏损方必须按规定及时缴纳追加保证金。因此，金融期货交易双方都必须保有一定的流动性较高的资产，以备不时之需。而在金融期权交易中，在成交时，期权购买者为取得期权合约所赋予的权利，必须向期权出售者支付一定的期权费，但在成交后，除了到期履约外，交易双方将不发生任何现金流转。

（五）盈亏特点不同

金融期货交易双方都无权违约，也无权要求提前交割或推迟交割，只能在到期前的任一时间通过反向交易实现对冲或到期进行实物交割。在对冲或到期交割前，价格的变动必然使其中一方盈利而另一方亏损，其盈利或亏损的程度决定于价格变动的幅度。因此，从理论上说，金融期货交易中双方潜在的盈利和亏损都是无限的，利用合约保值者既转移了风险损失，也转移了风险报酬。而金融期权交易的买方风险是有限的，因为支付期权费后就可转移风险损失，并可能获得无限的风险报酬（看涨期权），或有限的风险报酬（看跌期权）；而对于卖方，其风险损失可能是无限的（看涨期权），也可能是有限的（看跌期权），其风险报酬是有限的，因为获取的是期权费。

（六）套期保值的作用与效果不同

金融期权与金融期货都是人们常用的套期保值工具，但它们的作用与效果是不同的。人们利用金融期货进行套期保值，在避免价格不利变动造成损失的同时，也必须放弃若价格有利变动可能获得的利益。人们利用金融期权进行套期保值，若价格发生不利变动，套期保值者可通过执行期权来避免损失；若价格发生有利变动，套期保值者又可通过放弃期权来保护利益。这样，通过金融期权交易，既可避免价格不利变动造成的损失，又可在相当程度上保住价格有利变动而带来的利益。

但是，这并不是说金融期权比金融期货更为有利。如从保值角度来说，金融期货通常比金融期权更为有效，也更为便宜，而且要在金融期权交易中真正做到既保值又获利，事实上也并非易事，往往要将两者结合起来，通过一定的组合或搭配来实现某一特定目标。

三、金融期权的分类

根据不同的分类标准，可以将金融期权划分为很多类别。

（一）根据选择权的性质划分

根据选择权的性质划分，金融期权可分为“看涨期权”（也叫择购期权）和“看跌期权”（或叫择售期权），凡赋予期权购买者购买标的基础金融资产权利的合约就是看涨期权，凡赋予期权购买者出售基础金融资产权利的合约就是看跌期权。看涨期权也称认购权，指期权的买方具有在约定期限内（或合约到期日）按协定价格（也称敲定价格或行权价格）买入一定数量基础金融工具的权利。交易者之所以买入看涨期权，是因为他预期基础金融工具的价格在合约期限内将会上涨。如果判断正确，按协定价买入该项金融工具并以市价卖出，可赚取市价与协定价之间的差额；如果判断失误，则放弃行权，仅损失期权费。看跌期权也称认沽权，指期权的买方具有在约定期限内按协定价格卖出一定数量基础金融工具的权利。交易者买入看跌期权，是因为他预期基础金融工具的价格在近期内将会下跌。如果判断正确，可从市场上以较低的价格买入该项金融工具，再按协定价格卖给期权的卖方，将赚取协定价与市价的差额；如果判断失误，则放弃行权，仅损失期权费。

（二）按期权的买者执行期权的时限划分

按期权的买者执行期权的时限划分，金融期权可以分为欧式期权、美式期权和修正的美式期权。欧式期权的买者只能在期权到期日才能执行期权；美式期权则可在期权到期日或到期日之前的任何一个营业日执行；修正的美式期权也称为百慕大期权或大西洋期权，可以在期权到期日之前的一系列规定日执行。

（三）按照金融期权基础资产性质的不同划分

按照金融期权基础资产性质的不同划分，金融期权可以分为股权类期权、利率期权、货币期权、金融期货合约期权、互换期权等。

（1）股权类期权。与股权类期货类似，股权类期权也包括三种类型：单只股票期权、股票组合期权和股票指数期权。

单只股票期权（简称“股票期权”）指买方在交付了期权费后，即取得在合约规定的到期日或到期日以前按协定价买入或卖出一定数量相关股票的权利。

股票组合期权是以一揽子股票为基础资产的期权，代表性品种是交易所交易基金的期权。

股票指数期权是以股票指数为基础资产，买方在支付了期权费后，即取得在合约有效期内或到期时以协定指数与市场实际指数进行盈亏结算的权利。股票指数期权没有可作实物交割的具体股票，只能采取现金轧差的方式结算。

（2）利率期权。利率期权指买方在支付了期权费后，即取得在合约有效期内或到期时以一定的利率（价格）买入或卖出一定面额的利率工具的权利。利率期权合约通常以政府短期、中期、长期债券，欧洲美元债券，大面额可转让存单等利率工具为基础资产。

（3）货币期权。货币期权又称外币期权、外汇期权，指买方在支付了期权费后，即取得在合约有效期内或到期时以约定的汇率购买或出售一定数额某种外汇资产的权利。货币期权合约主要以美元、欧元、日元、英镑、瑞士法郎、加拿大元及澳大利亚元等为基础资产。

（4）金融期货合约期权。金融期货合约期权是一种以金融期货合约为交易对象的选择权，它赋予其持有者在规定时间内以协定价格买卖特定金融期货合约的权利。

（5）互换期权。金融互换期权是以金融互换合约为交易对象的选择权，它赋予其持有者在规定时间内以规定条件与交易对手进行互换交易的权利。

四、权证

权证是基础证券发行人或其以外的第三人（以下简称“发行人”）发行的，约定持有人在规定期间内或特定到期日，有权按约定价格向发行人购买或出售标的证券，或以现金结算方式收取结算差价的有价证券。从产品属性看，权证是一种期权类金融衍生产品。权证与交易所交易期权的主要区别在于，交易所挂牌交易的期权是交易所制定的标准化合约，具有同一基础资产、不同行权价格和行权时间的多个期权形成期权系列进行交易；而权证则是权证发行人发行的合约，发行人作为权利的授予者承担全部责任。

（一）权证分类

根据各种分类标准，可以把权证分为不同的类型。

（1）按基础资产分类。根据权证行权的基础资产或标的资产，可将权证分为股权类权证、债权类权证以及其他权证。目前我国证券市场推出的权证均为股权类权证，其标的资产可以是单只股票或股票组合（如 ETF）。以下所介绍的权证均指股权类权证。

（2）按基础资产的来源分类。根据权证行权所买卖的标的股票来源不同，权证可分为认股权证和备兑权证。认股权证也称为股本权证，一般由基础证券的发行人发行，行权时上市公司增发新股售予认股权证的持有人。20 世纪 90 年代初，我国证券市场曾经出现过的飞乐、宝安等上市公司发行的认股权证以及配股权证、转配股权证，就属于认股权证。

备兑权证通常由投资银行发行，备兑权证所认兑的股票不是新发行的股票，而是已在市场上流通的股票，不会增加股份公司的股本。目前创新类证券公司创设的权证均为备兑权证。

（3）按持有人权利分类。按照持有人权利的性质不同，权证可分为认购权证和认沽权证。前者实质上属看涨期权，其持有人有权按规定价格购买基础资产；后者属看跌期权，其持有人有权按规定价格卖出基础资产。

（4）按行权的时间分类。按照权证持有人行权的时间不同，可以将权证分为美式权证、欧式权证、百慕大式权证等类别。美式权证可以在权证失效日之前任何交易日行权；欧式权证仅可以在失效日当日行权；百慕大式权证则可在失效日之前一段规定时间内行权。

（5）按权证的内在价值分类。按权证的内在价值的不同，可以将权证分为平价权证、价内权证和价外权证，其原理与期权相同。

（二）权证要素

权证的要素包括权证类别、标的、行权价格、存续时间、行权日期、行权结算方式、行权比例等要素。

（1）权证类别。权证类别即标明该权证属认购权证或认沽权证。

（2）标的。权证的标的物种类涵盖股票、债券、外币、指数、商品或其他金融工具，其中股票权证的标的是单一股票或是一揽子股票组合。

（3）行权价格。发行人发行权证时所约定的，权证持有人向发行人购买或出售标的证券的价格。若标的证券在发行后有除息、除权等事项，通常要对认股权证的认股价格进行调整。

（4）存续时间。权证的存续时间即权证的有效期，超过有效期，认股权自动失效。目前上海证券交易所、深圳证券交易所均规定，权证自上市之日起存续时间为6个月以上24个月以下。

（5）行权日。这是指权证持有人有权行使权利的日期。

（6）行权结算方式。行权结算方式分为证券给付结算方式和现金结算方式两种。前者指权证持有人行权时，发行人有义务按照行权价格向权证持有人出售或购买标的证券；后者指权证持有人行权时，发行人按照约定向权证持有人支付行权价格与标的证券结算价格之间的差额。

（7）行权比例。这是指单位权证可以购买或出售的标的证券数量。目前上海和深圳证券交易所规定，标的证券发生行权的，行权比例应作相应调整，除息时则不作调整。

五、可转换债券

（一）可转换债券的定义和特征

可转换债券是指其持有者可以在一定时期内按一定比例或价格将之转换成一定数量的另一种证券的证券。可转换债券通常是转换成普通股票，当股票价格上涨时，可转换债券的持有人行使转换权比较有利。因此，可转换债券实质上嵌入了普通股票的看涨期权，正是从这个意义上说，将其列为期权类衍生产品。

在国际市场上，按照发行时证券的性质，可分为可转换债券和可转换优先股票两种。可转换债券是指证券持有者依据一定的转换条件，可将信用债券转换成为发行人普通股票的证券。可转换优先股票是指证券持有者可依据一定的转换条件，将优先股票转换成发行人普通股票的证券。目前，我国只有可转换债券。

可转换债券具有下列特征：

（1）可转换债券是一种附有转股权的特殊债券。在转换以前，它是一种公司债券，具备债券的一切特征，有规定的利率和期限，体现的是债权债务关系，持有者是债权人；在转换成股票后，它变成了股票，具备股票的一般特征，体现所有权关系，持有者由债权人变成了股权所有者。

（2）可转换债券具有双重选择权的特征。一方面，投资者可自行选择是否转股，并为此承担转债利率较低的机会成本；另一方面，转债发行人拥有是否实施赎回条款的选择权，并为此要支付比没有赎回条款的转债更高的利率。双重选择权是可转换公司债券最主要的金融特征，它的存在使投资者和发行人的风险、收益限定在一定的范围以内，并可以利用这一特点对股票进行套期保值，获得更加确定的收益。

（二）可转换债券的要素

可转换债券有若干要素，这些要素基本决定了可转换债券的转换条件、转换价值、市场价格等总体特征。

（1）有效期限和转换期限。就可转换债券而言，其有效期限与一般债券相同，指债券从发行之日起至偿清本息之日止的存续时间。

转换期限是指可转换债券转换为普通股票的起始日至结束日的期间。大多数情况下，发行人都规定一个特定的转换期限，在该期限内，允许可转换债券的持有人按转换比例或转换价格转换成发行人的股票。我国《上市公司证券发行管理办法》规定，可转换公司债券的期限最短为 1 年，最长为 6 年，自发行结束之日起 6 个月后方可转换为公司股票。

（2）票面利率或股息率。可转换公司债券的票面利率（或可转换优先股的股息率）是指可转换债券作为一种债券的票面年利率（或优先股股息率），由发行人根据当前市场利率水平、公司债券资信等级和发行条款确定，一般低于相同条件的不可转换公司债券（或不可转换优先股）。可转换公司债券应半年或 1 年付息 1 次，到期后 5 个工作日内应偿还未转股债券的本金及最后 1 期利息。

（3）转换比例或转换价格。转换比例是指一定面额可转换债券可转换成普通股的股数。用公式表示为：

$$转换比例=可转换债券面值/转换价格$$

【例 6-4】 如果某可转换债券面额为 1 000 元，规定其转换价格为 25 元，则转换比例为 40，即 1 000 元债券可按 25 元 1 股的价格转换为 40 股普通股票。

转换价格是指可转换债券转换为每股普通股份所支付的价格。用公式表示为：

$$转换价格=可转换债券面值/转换比例$$

（4）赎回条款与回售条款。赎回是指发行人在发行一段时间后，可以提前赎回未到期的发行在外的可转换公司债券。赎回条件一般是当公司股票价格在一段时间内连续高于转换价格达到一定幅度时，公司可按照事先约定的赎回价格买回发行在外尚未转股的可转换公司债券。回售是指公司股票在一段时间内连续低于转换价格达到某一幅度时，可转换公司债券持有人按事先约定的价格将所持可转换债券卖给发行人的行为。赎回条款和回售条款是可转换债券在发行时规定的赎回行为和回售行为发生的具体市场条件。

(5) 转换价格修正条款。转换价格修正是指发行公司在发行可转换债券后，由于公司的送股、配股、增发股票、分立、合并、拆分及其他原因导致发行人股份发生变动，引起公司股票名义价格下降时而对转换价格所作的必要调整。

案例分析

327国债事件始末

327是一个国债的产品，兑付办法是票面利率8%加保值贴息。由于保值贴息的不确定性，决定了该产品在期货市场上存在一定的投机价值，成为了当年最为热门的炒作素材，而由此引发的327案，也成了中国证券史上的“巴林事件”，英国《金融时报》则将1995年2月23日称为中国证券史上最黑暗的一天。

(一) 327国债事件背景

“327”是“92 (3) 国债06月交收”国债期货合约的代号，对应1992年发行1995年6月到期兑付的3年期国库券，该券发行总量是240亿元人民币。

当时我国国债发行极难。1990年以前，国库券一直是靠行政分配的方式发行的。国债的转让流通起步于1988年，1990年才形成全国性的二级市场。个人投资者普遍把国债作为一种变相的长期储蓄存款，很少有进入市场交易的兴趣。

通过多次国际考察，决策者对国际金融市场有了较多的了解，感觉应当有金融工具的创新。在当时的体制框架内和认识水平上，搞股票指数期货是不可能的，而国债的发行正在受到国家的大力鼓励。借鉴美国的经验，1992年12月28日，上海证券交易所首次设计并试行推出了12个品种的期货合约。

国债期货试行的两周内，交易清淡。1993年7月10日，情况发生了历史性的变化，这一天，财政部颁布了《关于调整国库券发行条件的公告》，公告称，在通货膨胀居高不下的背景下，政府决定将参照中央银行公布的保值贴补率给予一些国债品种的保值补贴。国债收益率开始出现不确定性。国债期货市场的炒作空间扩大了。

20世纪90年代中期，国家开放了国债期货交易试点，采用国际惯例，实行保证金制度，虽然大大地高出了1%的国际标准，但2.5%的保证金制度仍然把可交易量扩大到了40倍，有效地提高了国债期货产品的流动性。

由于期货价格主要取决于相应现货价格预期，因此，影响现货价格的因素也就成了期货市场的炒作题材。

(二) 事件发展经过

1995年，国家宏观调控提出三年内大幅降低通货膨胀率的措施，到1994年底1995年初的时段，通胀率已经被调控下调了2.5%左右。众所周知的是，在1991—1994年中国通胀率一直居高不下的这三年里，保值贴息率一直在7%～8%的水平上。根据这些数据，时任万国证券总经理，有中国证券教父之称的管金生预测，327国债的保值贴息率不可能上调，即使不下降，也应维持在8%的水平。按照这一计算，327国债将以132元的价格兑付。因此当市价在147～148元波动的时候，万国证券联合辽宁国发集团(简称辽国发)，成为了市场空头主力。

而另外一边，当时的中国经济开发有限公司（简称中经开）隶属于财政部，有理由认为，它当时已经知道财政部将上调保值贴息率。因此，中经开成为了多头主力。

1995年2月23日，财政部发布公告称，327国债将按148.50元兑付，空头判断彻底错误。当日，中经开率领多方借利好大肆买入，将价格推到了151.98元。随后辽国发的高岭、高原兄弟在形势对空头极其不利的情况下由空翻多，将其50万口做空单迅速平仓，反手买入50万口做多，327国债在1分钟内涨了2元。这对万国证券是一个沉重打击——60亿人民币的巨额亏损。管金生为了维护自身利益，在收盘前八分钟时，做出避免巨额亏损的疯狂举措：大举透支卖出国债期货，做空国债。下午四点二十二分，在手头并没有足够保证金的前提下，空方突然发难，先以50万口把价位从151.30元轰到150元，然后把价位打到148元，最后一个730万口的巨大卖单把价位打到147.40元。而这笔730万口卖单面值1 460亿元。当日开盘的多方全部爆仓，并且由于时间仓促，多方根本没有来得及有所反应，使得这次激烈的多空绞杀终于以万国证券盈利而告终。而另一方面，以中经开为代表的多头，则出现了约40亿元的巨额亏损。

2月23日晚上十点，上交所在经过紧急会议后宣布：23日16时22分13秒之后的所有交易是异常的无效的，经过此调整当日国债成交额为5 400亿元，当日327品种的收盘价为违规前最后签订的一笔交易价格151.30元。这也就是说当日收盘前8分钟内多头的所有卖单无效，327产品兑付价由会员协议确定。上交所的这一决定，使万国证券的尾盘操作收获瞬间化为泡影。万国亏损56亿人民币，濒临破产。

（三）事件尾声

5月17日，中国证监会鉴于中国当时不具备开展国债期货交易的基本条件，发出《关于暂停全国范围内国债期货交易试点的紧急通知》，开市仅两年零六个月的国债期货无奈地画上了句号。中国第一个金融期货品种宣告夭折。

资料来源：新浪财经，http://finance.sina.com.cn/money/future/fmnews/20120209/145911345933.shtml,2012-2-9.

问题：327国债风险产生的原因是什么？国债期货市场存在哪些风险？如何防范国债期货的风险？

本章小结

1. 金融衍生工具（Derivatives）是指其价值依赖于基础资产价值变动的合约(Contracts)。具有跨期性、高风险性、高杠杆性、虚拟性、交易目的的多重性等显著特性。

2. 金融衍生工具可以按照基础工具的种类、风险—收益特性以及自身交易方法的不同而有不同的分类。根据产品形态，金融衍生工具可分为独立衍生工具和嵌入式衍生工具；按照交易场所可分为交易所交易的衍生工具、OTC交易的衍生工具；按照基础工具种类可划分为股权类产品的衍生工具、货币衍生工具、利率衍生工具、信用衍生工具以及其他衍生工具；按照金融衍生工具自身交易的方法及特点可分为金融远期、金融期货、金融期权、金融互换和结构化金融衍生工具。

3. 金融期货即是金融期货合约（Financial Futures Contracts），是指协议双方同意在约定的将来某个日期按约定的价格、交割方式和交割地点等条件买入或卖出一定标准数量的某种金融工具的标准化协议。金融期货的主要功能是转移价格风险功能和价格发现功能。金融期货是期货交易的一种。金融期货与金融现货交易相比存在交易对象不同、交易目的不同、交易价格的含义不同、交易方式不同、结算方式不同的现象。

4. 金融远期与金融期货的区别主要有以下几方面：交易场所和组织形式不同；结算方式不同；标准化程度不同；定价方式不同；履约方式不同；信用关系不同；违约风险不同。金融期货主要有利率期货、外汇期货和股指期货等。

5. 金融期货具有四项基本功能：套期保值功能、价格发现功能、投机功能和套利功能。套期保值是指通过在现货市场与期货市场建立相反的头寸，从而锁定未来现金流的交易行为。套期保值的基本类型有两种：一是多头套期保值；二是空头套期保值。

6. 金融期权是指赋予其购买者在规定期限内按双方规定的价格购买或出售一定数量某种基础金融资产的权利的合约。金融期货与金融期权相比较的区别有：基础资产不同、交易者权利与义务的对称性不同、履约保证不同、现金流转不同、盈亏特点不同、套期保值的作用与效果不同。

7. 根据选择权的性质划分，金融期权又可分为“看涨期权”（也叫择购期权）和“看跌期权”（或叫择售期权）；按期权的买者执行期权的时限划分，金融期权可分为欧式期权、美式期权和修正的美式期权；按照金融期权基础资产性质的不同，金融期权可分为股权类期权、利率期权、货币期权、金融期货合约期权、互换期权等。

8. 根据权证行权的基础资产或标的资产，可将权证分为股权类权证、债权类权证以及其他权证；根据权证行权所买卖的标的股票来源不同，权证可分为认股权证和备兑权证；按照持有人权利的性质不同，权证可分为认购权证和认沽权证；按照权证持有人行权的时间不同，可以将权证分为美式权证、欧式权证、百慕大式权证等类别；按照权证的内在价值不同，可以将权证分为平价权证、价内权证和价外权证，其原理与期权相同。

9. 可转换债券是指其持有者可以在一定时期内按一定比例或价格将之转换成一定数量的另一种证券的证券。可转换债券具有下列特征：可转换债券是一种附有转股权的特殊债券；可转换债券具有双重选择权的特征。

重要概念

衍生金融工具　金融远期　金融期货　金融期权　金融互换　外汇期货　利率期货　股指期货　看涨期权　看跌期权　美式行权　欧式行权　备兑权证　股本权证　可转换债权　资产证券化

复习思考题

1. 衍生金融工具的特点有哪些？
2. 金融远期和金融期货的区别是什么？
3. 金融期权和金融期货的区别是什么？
4. 衍生金融工具的分类有哪些？
5. 期权的行权有什么注意事项？
6. 资产证券化对中国资本市场有何意义？

第二篇

证券市场与交易

证券市场是股票、债券、投资基金等有价证券发行和交易的场所。证券市场是市场经济发展到一定阶段的产物，是为解决资本供求矛盾和流动性而产生的市场。证券市场以证券发行与交易的方式实现了筹资与投资的对接，有效地化解了资本的供求矛盾和资本结构调整的难题。在发达的市场经济中，证券市场是完整的市场体系的重要组成部分，它不仅反映和调节货币资金的运动，而且对整个经济的运行具有重要影响。

第七章

证券市场概述

学习目的

通过本章的学习，学生能够做到：了解证券市场的发展历程，熟悉证券市场国际化的特征以及发展现状；掌握证券市场的特征和功能；理解证券市场的结构分类；熟悉证券市场的主体以及之间的相互关系。

重点难点

1. 证券市场的特征；
2. 证券市场的功能；
3. 证券市场的结构；
4. 证券市场的主体以及之间的相互关系。

第一节　证券市场的功能与结构

证券是多种经济权益凭证的统称。广义上的证券市场指的是所有证券发行和交易的场所；狭义上，指最活跃的证券市场即资本证券市场、货币证券市场和商品证券市场，是股票、债券，商品期货、期权、股票期货、期权、利率期货、期权等证券产品发行和交易的场所。

一、证券市场的产生

证券市场是市场经济发展到一定阶段的产物，是为解决资本供求矛盾和流动性而产生的市场。证券市场以证券发行和交易的方式实现了筹资与投资的对接，有效地化解了资本的供求矛盾和资本结构调整的难题。在发达的市场经济中，证券市场是完整的市场体系的重要组成部分，它不仅反映和调节货币资金的运动，而且对整个经济的运行具有重要影响。

从自然经济向商品经济发展的初期，由于社会分工不发达，生产力水平低下，简单落后的信用制度使得证券市场无法形成。随着生产力的进一步发展，社会化大生产产生了对巨额资金的需求，传统的独资经营方式和家族型企业已经不能胜任对巨额资本的需求，于是产生了合伙经营的组织；随后又由单纯的合伙组织逐步演变成股份公司。股份公司通过发行股票、债券向社会公众募集资金。股份公司的建立以及公司股票和债券的发行，为证券市场的产生提供了现实的基础和客观的要求。随着信用制度的发展，商业信用、国家信用、银行信用等融资方式不断出现，越来越多的信用工具随之涌现。信用工具一般都有流通变现的要求，而证券市场为有价证券的流通、转让创造了条件。因而，随着信用制度的发展，证券市场的产生成为必然。

证券市场的形成得益于社会化大生产和商品经济、股份制以及信用制度的发展。其进程经历了萌芽阶段、从初步发展到停滞恢复阶段、加速发展阶段。全球市场的变化主要表现在证券市场一体化、投资者法人化、金融创新深化、金融机构混业化、交易所重组与公司化、证券市场网络化、金融风险复杂化、金融监管合作化等方面。

二、证券市场的特征

（一）证券市场的显著特征

（1）证券市场是价值直接交换的场所。有价证券都是价值的直接代表，它们本质上是价值的一种直接表现形式。虽然证券交易的对象是各种各样的有价证券，但由于它们是价值的直接表现形式，所以证券市场本质上是价值的直接交换场所。

（2）证券市场是财产权利直接交换的场所。证券市场上的交易对象是作为经济权益凭证的股票、债券、投资基金等有价证券，它们本身是一定量财产权利的代表，所以，代表着对一定数额财产的所有权或债权以及相关的收益权。证券市场实际上是财产权利直接交换的场所。

（3）证券市场是风险直接交换的场所。有价证券既是一定收益权利的代表，同时也是一定风险的代表。有价证券的交换在转让出一定收益权的同时，也把该有价证券所特有的风险转让出去。所以，从风险的角度分析，证券市场也是风险直接交换的场所。

（二）证券市场与一般商品市场的区别

证券市场与一般商品市场的区别主要表现在以下方面：

（1）交易对象不同。一般商品市场的交易对象是各种具有不同使用价值、能满足人们某种特定需要的商品。而证券市场的交易对象是作为经济权益凭证的股票、债券、投资基金券等有价证券。

（2）交易目的不同。证券交易的目的是为了实现投资收益，或为了筹集资金。而购买商品的目的主要是为了满足某种消费的需要。

（3）交易对象的价格决定不同。商品市场的价格，其实质是商品价值的货币表现，取决于生产商品的社会必要劳动时间。而证券市场的证券价格实质是利润的分割，是预期收益的市场表现，与市场利率的关系密切。

（4）市场风险不同。一般商品市场由于实行的是等价交换原则，价格波动较小，市场前景的可预测性较强，因而风险较小。而证券市场的影响因素复杂多变，价格波动性大且有不可预测性，投资者的投资能否取得预期收益具有较大的不确定性，所以风险较大。

三、证券市场的功能

证券市场综合反映国民经济运行的各个维度，被称为国民经济的“晴雨表”，客观上为观察和监控经济运行提供了直观的指标，它的基本功能有以下方面。

（一）融通资金

证券市场的融资功能是指证券市场为资金需求者筹集资金的功能。融通资金是证券市场的首要功能，这一功能的另一作用是为资金的供给者提供投资对象。一般来说，企业融资有两种渠道：一是间接融资，即通过银行贷款而获得资金；二是直接融资，即发行各种有价证券使社会闲散资金汇集成为长期资本。前者提供的贷款期限较短，适合解决企业流动资金不足的问题，而长期贷款数量有限，条件苛刻，对企业不利；后者却弥补了前者的不足，使社会化大生产和企业大规模经营成为了可能。政府也可以发行债券，从而迅速地筹集长期巨额资金，投入国家的生产建设之中或用来弥补当年的财政赤字。

（二）价格发现

证券市场的第二个基本功能就是决定价格。证券是资本的存在形式，所以，证券的价格实际上是证券所代表的资本的价格。证券的价格是证券市场上证券供求双方共同作用的结果。证券市场的运行形成了证券需求者竞争和证券供给者竞争的关系，这种竞争的结果是：能产生高投资回报的资本，市场的需求就大，其相应的证券价格就高；反之，证券的价格就低。因此，证券市场是资本的合理定价机制。

（三）资本配置

证券市场的资本配置功能是指通过证券价格引导资本的流动从而实现资本合理配置的功能。证券投资者对证券的收益十分敏感，而证券收益率在很大程度上取决于企业的经济效益。从长期来看，经济效益高的企业的证券拥有较多的投资者，这种证券在市场上买卖也很活跃。相反，经济效益差的企业的证券投资者越来越少，市场上的交易也不旺盛。所以，社会上部分资金会自动地流向经济效益好的企业，远离经济效益差的企业。这样，证券市场就引导资本流向能产生高报酬的企业或行业，从而使资本产生尽可能高的效率，进而实现资源的合理配置。

（四）转换机制

企业如果要通过证券市场筹集资金，必须改制成为股份有限公司。股份公司的组织形式是社会化大生产和现代市场经济发展的产物，这种企业组织形式对企业所有权和经营权进行了分离，并且有一系列严格的法律、法规对其进行规范，使企业能够自觉地提高经营管理水平和资金使用效率。而且企业成为上市公司之后，会一直处于市场各方面的监督和影响之中，有利于形成“产权清晰，权责明确，政企分开，管理科学”的治理结构，有利于企业经营管理的规范化、科学化和制度化，有利于健全企业的风险控制机制和激励机制。

（五）宏观调控

证券市场是国民经济的晴雨表，它能够灵敏地反映社会政治、经济发展的动向，为经济分析和宏观调控提供依据。证券市场的动向是指市场行情的变化，通常用证券价格指数来表示。如果在一段时间内，国家政治稳定，经济繁荣，整体发展态势良好，证券价格指数就会上升；反之，如果政治动荡，经济衰退，或发展前景难以预测，证券价格指数就会下跌。政府可以通过证券市场行情的变化对经济运行状况和发展前景进行分析预测，并且利用证券市场对经济实施宏观调控。如中央银行大量买进证券，商业性金融机构就可以扩大信用规模，流通中的现金量就会增加，而且证券价格会随之提高，利率水平会相应下降，这些都会起到刺激投资、扩张经济的作用；反之，当中央银行大量卖出证券时，就会对经济产生紧缩效应，可以有效地抑制投资膨胀和经济过热。

（六）分散风险

证券市场不仅为投资者和融资者提供了丰富的投融资渠道，而且还具有分散风险的功能。对于上市公司来说，通过证券市场融资可以将经营风险部分地转移和分散给投资者，公司的股东越多，单个股东承担的风险就越小。另外，企业还可以通过购买一定的证券，保持资产的流动性和提高盈利水平，减少对银行信贷资金的依赖，提高企业对宏观经济波动的抗风险能力。对于投资者来说，可以通过买卖证券和建立证券投资组合来转移和分散资产风险。投资者往往把资产分散投资于不同的对象，证券作为流动性、收益性都相对较好的资产形式，可以有效地满足投资者的需要，而且投资者还可以选择不同性质、不同期限、不同风险和收益的证券构建证券组合，分散证券投资的风险。

四、证券市场的结构

证券市场的结构是指证券市场的构成及其各部分之间的量比关系。证券市场的结构可以有许多种，但较为重要的结构有以下几种。

（一）层次结构

通常指按证券进入市场的顺序而形成的结构关系。按这种顺序关系划分，证券市场的构成可分为发行市场和交易市场。

证券发行市场又称一级市场或初级市场，是发行人以筹集资金为目的，按照一定的法律规定和发行程序，向投资者出售新证券所形成的市场。证券交易市场又称二级市场或次级市场，是已发行的证券通过买卖交易实现流通转让的市场。

证券发行市场和流通市场相互依存、相互制约，是一个不可分割的整体。证券发行市场是流通市场的基础和前提，有了发行市场的证券供应，才有流通市场的证券交易，证券发行的种类、数量和发行方式决定着流通市场的规模和交易方式。流通市场是证券得以持续扩大发行的必要条件，为证券的转让提供市场条件使发行市场充满活力。此外，流通市场的交易价格制约和影响着证券的发行价格，是证券发行时需要考虑的重要因素。

（二）多层次资本市场

除一、二级市场区分之外，证券市场的层次性还体现为区域分布、覆盖公司类型、上市交易制度以及监管要求的多样性。根据所服务和覆盖的上市公司类型，可分为全球性市场、全国性市场、区域性市场等类型；根据上市公司规模、监管要求等差异，可分为主板市场、二板市场（创业板或新企业板）；根据交易方式，可分为集中交易市场、柜台市场（或代办转让）等。

（三）品种结构

这是根据有价证券的品种形成的结构关系来划分的。这种结构关系的构成主要有股票市场、债券市场、基金市场、衍生产品市场等。

股票市场是股票发行和买卖交易的场所。股票市场的发行人为股份有限公司。股份有限公司通过发行股票募集公司的股本，或是在公司营运过程中通过发行股票扩大公司的股本；债券市场是债券发行和买卖交易的场所，债券因有固定的票面利率和期限，相对于股票价格而言，市场价格比较稳定；基金市场是基金份额发行和流通的市场。封闭式基金在证券交易所挂牌交易，开放式基金则通过投资者向基金管埋公司申购和赎回实现流通转让。此外，近年来，全球各主要市场均开设了交易所交易基金（ETF）或上市开放式基金（LOF）交易，使开放式基金也可以在交易所市场挂牌交易；金融衍生产品市场是各类衍生产品发行和交易的市场，随着金融创新在全球范围内的不断深化，衍生品市场已经成为金融市场不可或缺的重要组成部分。

（四）交易场所结构

按交易活动是否在固定场所进行，证券市场可分为有形市场和无形市场。

通常人们也把有形市场称为场内市场，是指有固定场所的证券交易所市场。该市场是有组织、制度化了的市场。有形市场的诞生是证券市场走向集中化的重要标志之一。一般而言，证券必须达到证券交易所规定的上市标准才能够在场内交易。有时人们也把无形市场称为场外市场，是指没有固定交易场所的市场。随着现代通信技术的发展和电子计算机网络的广泛应用，交易技术和交易组织形式的演进，越来越多的证券交易不在有形的场内市场进行，而是通过经纪人或交易商的电传、电报、电话、网络等洽谈成交。

目前场内市场与场外市场之间的截然划分已经不复存在，出现了多层次的证券市场结构。很多传统意义上的场外市场由于报价商和电子撮合系统的出现而具有了集中交易特征，而交易所市场也开始逐步推出兼容场外交易的交易组织形式。

第二节 证券市场主体

一、证券发行人

证券发行人是指为筹措资金而发行债券、股票等证券的政府及其机构、金融机构、公司和企业。证券发行人是证券发行的主体。主要包括以下内容。

（一）公司（企业）

企业的组织形式可分为独资制、合伙制和公司制。现代股份制公司主要采取股份有限公司和有限责任公司两种形式，其中，只有股份有限公司才能发行股票。公司发行股票所筹集的资本属于自有资本，而通过发行债券所筹集的资本属于借入资本，发行股票和长期公司（企业）债券是公司（企业）筹措长期资本的主要途径，发行短期债券则是补充流动资金的重要手段。

在公司证券中，通常将银行及非银行金融机构发行的证券称为金融证券。金融机构作为证券市场的发行主体，既发行债券，也发行股票。欧美等西方国家能够发行证券的金融机构，一般都是股份公司，所以将金融机构发行的证券归入了公司证券。而我国和日本则把金融机构发行的债券定义为金融债券，从而突出了金融机构作为证券市场发行主体的地位。但股份制的金融机构发行的股票并没有定义为金融证券，而是归类于一般的公司股票。

（二）政府和政府机构

随着国家干预经济理论的兴起，政府（中央政府和地方政府）和中央政府直属机构已成为证券发行的重要主体之一，但政府发行证券的品种仅限于债券。

政府发行债券所筹集的资金既可以用于协调财政资金短期周转、弥补财政赤字、兴建政府投资的大型基础性的建设项目，也可以用于实施某种特殊的政策，在战争期间还可以用于弥补战争费用的开支。

由于中央政府拥有税收、货币发行等特权，通常情况下，中央政府债券不存在违约风险。因此，这一类证券被视为无风险证券，相对应的证券收益率被称为无风险利率，是金融市场上最重要的价格指标。

中央银行是代表一国政府发行法偿货币、制定和执行货币政策、实施金融监管的重要机构。中央银行作为证券发行主体，主要涉及两类证券。第一类是中央银行股票。在一些国家（例如美国），中央银行采取了股份制组织结构，通过发行股票募集资金，但是，中央银行的股东并不享有决定中央银行政策的权利，只能按期收取固定的红利，其股票类似于优先股。第二类是中央银行出于调控货币供给量目的而发行的特殊债券。中国人民银行从2003年起开始发行中央银行票据，期限从3个月到3年不等，主要用于进行公开市场业务，对冲金融体系中过多的流动性。

二、证券投资人

证券投资人是指通过证券而进行投资的各类机构法人和自然人。相应地，证券投资人可分为机构投资者和个人投资者两大类。

（一）机构投资者

机构投资者主要有政府机构、金融机构、企业和事业法人及各类基金等。

1. 政府机构

作为政府机构，参与证券投资的目的主要是为了调剂资金余缺和进行宏观调控。中央银行以公开市场操作作为政策手段，通过买卖政府债券或金融债券，影响货币供应量进行宏观调控。我国国有资产管理部门或其授权部门持有国有股，履行国有资产的保值增值和通过国家控股、参股来支配更多社会资金的职责。从各国的具体实践看，出于维护金融稳定的需要，政府还可成立或指定专门机构参与证券市场交易，减少非理性的市场震荡。

2. 金融机构

参与证券投资的金融机构包括证券经营机构、银行业金融机构、保险公司以及其他金融机构。

（1）证券经营机构。证券经营机构是证券市场上最活跃的投资者，以其自有资本、营运资金和受托投资资金进行证券投资。我国证券经营机构主要为证券公司。按照《中华人民共和国证券法》的规定，证券公司可以通过从事证券自营业务和证券资产管理业务，以自己的名义或代其客户进行证券投资。证券公司从事自营业务，其投资的范围包括股票、基金、认股权证、国债、公司或企业债券等上市证券以及证券监管机构认定的其他证券。

（2）银行业金融机构。银行业金融机构包括商业银行、城市信用合作社、农村信用合作社等吸收公众存款的金融机构以及政策性银行。受自身业务特点和政府法令的制约，银行业金融机构一般仅限于投资政府债券和地方政府债券，而且通常以短期国债作为其超额储备的持有形式。我国现行法规规定，银行业金融机构可用自有资金及中国银监会规定的可用于投资的表内资金买卖政府债券和金融债券。对于因处置贷款质押资产而被动持有的股票，只能单向卖出。银行业金融机构经中国银监会批准后，也可通过理财计划募集资金进行有价证券投资。

（3）保险公司及保险资产管理公司。目前保险公司已经超过共同基金成为全球最大的机构投资者，除大量投资于各类政府债券、高等级公司债券外，还广泛涉足基金和股票投资。目前我国的保险公司除利用自有资金和保险收入作为证券投资的资金来源外，还可运用受托管理的企业年金进行投资。作为投资主体，保险公司通常采用自设投资部门进行投资、委托专门机构投资或购买共同基金份额等方式运作。保险公司除投资于国债之外，还可以在规定的比例内投资于证券投资基金和股权性证券。根据中国保监会《保险资产管理公司管理暂行规定》（2004 年 6 月 1 日起施行），目前国内主要保险公司均发起设立了保险资产管理公司，对保险资产的投资进行集中管理，成为证券市场重要的投资主体。2012 年 10 月，中国保监会发布了《关于保险资金投资有关金融产品的通知》，明确了保险资金可以投资的金融产品范围，以及保险公司投资金融产品应当满足的条件。

（4）合格境外机构投资者（QFII）。QFII 制度是一国（地区）在货币没有实现完全可自由兑换、资本项目尚未开放的情况下，有限度地引进外资、开放资本市场的一项过渡性的制度。在我国，合格境外机构投资者是指符合《合格境外机构投资者境内证券投资管理办法》规定，经中国证券监督管理委员会（以下简称“中国证监会”）批准投资于中国证券市场，并取得国家外汇管理局额度批准的中国境外基金管理机构、保险公司、证券公司以及其他资产管理机构。

按照《合格境外机构投资者境内证券投资管理办法》，合格境外机构投资者在经批准的投资额度内，可以投资于中国证监会批准的人民币金融工具，具体包括在证券交易所挂牌交易的股票、在证券交易所挂牌交易的债券、证券投资基金、在证券交易所挂牌交易的权证以及中国证监会允许的其他金融工具。合格境外机构投资者可以参与新股发行、可转换债券发行、股票增发和配股的申购。

（5）其他金融机构。其他金融机构包括信托投资公司、企业集团财务公司金融租赁公司等。这些机构通常也在自身章程和监督机构许可的范围内进行证券投资。

3. 企业和事业法人

企业可以用自己的积累资金或暂时不用的闲置资金进行证券投资。企业可以通过股票投资实现对其他企业的控股或参股，也可以将暂时闲置的资金通过自营或委托专业机构进行证券投资以获取收益。我国现行的规定是：各类企业可参与股票配售，也可投资于股票二级市场；事业法人可用自有资金和有权自行支配的预算外资金进行证券投资。

4. 各类基金

基金性质的机构投资者包括证券投资基金、社保基金、主权投资基金、企业年金和社会公益基金等。

（1）证券投资基金。证券投资基金是指通过公开发售基金份额筹集资金，由基金管理人管理，基金托管人托管，为基金份额持有人的利益，以资产组合方式进行证券投资活动的有价证券的统称。《中华人民共和国证券投资基金法》规定，我国的证券投资基金可投资于股票、债券和国务院证券监督管理机构规定的其他证券品种。

（2）社保基金。在大多数国家，社保基金分为两个层次：一是国家以社会保障税等形式征收的全国性基金；二是由企业定期向员工支付并委托基金公司管理的企业年金。由于资金来源不一样，且最终用途不一样，这两种形式的社保基金管理方式也完全不同。全国性社会保障基金属于国家控制的财政收入，主要用于支付失业救济和退休金，是社会福利网的最后一道防线，对资金的安全性和流动性要求非常高。这部分资金的投资方向有严格限制，主要投向国债市场。而由企业控制的企业年金，资金运作周期长，对账户资产增值有较高要求，但对投资范围限制不多。

（3）主权财富基金。随着国际经济、金融形势的变化，目前不少国家尤其是发展中国家拥有了大量的官方外汇储备，为管理好这部分资金，成立了代表国家进行投资的主权财富基金。经国务院批准，中国投资有限责任公司于 2007 年 9 月 29 日宣告成立，注册资本金为 2 000 亿美元，成为专门从事外汇资金投资业务的国有投资公司，以境外金融组合产品为主，开展多元投资，实现外汇资产保值增值，被视为中国主权财富基金的发端。

（4）企业年金。企业年金是指企业及其职工在依法参加基本养老保险的基础上，自愿建立的补充养老保险基金。按照我国现行法规，企业年金可由年金受托人或受托人指定的专业投资机构进行证券投资。按照 2004 年 2 月发布的《企业年金基金管理试行办法》的规定，企业年金基金财产的投资范围，限于银行存款、国债和其他具有良好流动性的金融产品，包括短期债券回购、信用等级在投资级以上的金融债和企业债、可转换债、投资性保险产品、证券投资基金、股票等。

（5）社会公益基金。社会公益基金是指将收益用于指定的社会公益事业的基金，如福利基金、科技发展基金、教育发展基金、文学奖励基金等。我国有关政策规定，各种社会公益基金可用于证券投资，以便保值增值。

（二）个人投资者

个人投资者是指从事证券投资的社会自然人，他们是证券市场最广泛的投资者。

个人进行证券投资应具备一些基本条件，这些条件包括，国家有关法律、法规关于个人投资者投资资格的规定和个人投资者必须具备一定的经济实力。为保护个人投资者利益，对于部分高风险证券产品的投资（如衍生产品、信托产品），监管法规还要求相关个人具有一定的产品知识并签署书面的知情同意书。

三、证券市场中介机构

证券市场中介机构是指为证券的发行、交易提供服务的各类机构。在证券市场起中介作用的机构是证券公司和其他证券服务机构，通常把两者合称为证券中介机构。

（一）证券公司

证券公司又称证券商，是指依照我国《公司法》规定和经国务院证券监督管理机构批准经营证券业务的有限责任公司或股份有限公司。证券公司的主要业务有证券承销、经纪、自营、投资咨询以及购并、受托资产管理和基金管理等。过去，我国证券监督管理部门将证券公司分为综合类证券公司和经纪类证券公司，并施行分类监管。随着资本市场的发展，分类监管划分模式已不能适应我国证券市场的专业化细分和规模化的发展方向。2006 年 1 月 1 日起施行的经修订的《证券法》将原有的分类管理的规定调整为按照证券经纪、证券投资咨询、财务顾问、证券承销和保荐、证券自营、证券资产管理、其他证券业务等业务类型进行管理，并按照审慎监管的原则，根据各项业务的风险程度，设定分类准入条件。

（二）证券登记结算机构

证券登记结算机构是为证券交易提供集中的登记、托管与结算服务的专门机构。根据我国《证券法》规定，证券登记结算机构是不以营利为目的的法人。我国的证券登记结算机构是中国证券登记结算有限责任公司，公司总部设在北京，下设上海、深圳两个分公司。

（三）证券服务机构

证券服务机构是指依法设立的从事证券服务业务的法人机构，主要包括证券投资咨询机构、财务顾问机构、资信评级机构、资产评估机构、会计师事务所、律师事务所等。

四、自律性组织

自律性组织包括证券交易所和证券业协会。

（一）证券交易所

根据我国《证券法》的规定，证券交易所是为证券集中交易提供场所和设施，组织和监督证券交易，实行自律管理的法人。其主要职责有：提供交易场所与设施、制定交易规则、监管在该交易所上市的证券以及会员交易行为的合规性、合法性，确保市场的公开、公平和公正。

（二）证券业协会

证券业协会是证券业的自律性组织，是社会团体法人。证券业协会的权力机构为全体会员组成的会员大会。根据我国《证券法》的规定，证券公司应当加入证券业协会。证券业协会应当履行协助证券监督管理机构组织会员执行有关法律，维护会员的合法权益，为会员提供信息服务，制定规则，组织培训和开展业务交流，调解纠纷，就证券业的发展开展研究，监督、检查会员行为及证券监督管理机构赋予的其他职责。

五、证券监管机构

在我国，证券监管机构是指中国证监会及其派出机构。中国证监会是国务院直属的证券监督管理机构，按照国务院授权和依照相关法律法规对证券市场进行集中、统一监管。它的主要职责是：依法制定有关证券市场监督管理的规章、规则，负责监督有关法律法规的执行，负责保护投资者的合法权益，对全国的证券发行、证券交易、中介机构的行为等依法实施全面监管，维持公平而有序的证券市场。

阅读材料

世界上主要的证券交易所

一、纽约证券交易所（NYSE）

纽约证券交易所是世界上最大的有价证券交易市场，最早成立于1792年5月17日，由24名经纪人，在纽约华尔街的西北角一家咖啡馆门前的一棵梧桐树下签订了“梧桐树协议”，当时完全是原始的票据交易，这就是纽约证券交易所的前身。到1817年股票交易开始活跃，于是市场的参与者又成立了“纽约证券交易管理处”。1863年更名为“纽约证券交易所”。2006年6月1日，纽约证券交易所与泛欧证券交易所宣布合并，2007年4月4日纽约—泛欧证券交易所成立，由5个国家的6家货币股权交易所以及6家衍生产品交易所共同组成，截至2007年5月，上市公司超过4 000家。目前，纽约证券交易所是美国的上市公司总市值第一、交易量第二的交易所。

二、纳斯达克证券市场（NASDAQ）

纳斯达克证券市场由全美证券交易商协会创立并负责管理。1968年为场外交割交易，1971年交易系统才正式启动，是全球第一个电子交易市场。纳斯达克证券市场分三个层次，划分为：精选市场，有1 200家上市公司；全球市场，有1 450家上市公司；资本市场，有450家上市公司，合计约3 200家。2007年5月，纳斯达克以37亿美元收购了北欧证券市场OMX公司。

三、伦敦证券交易所（LSE）

伦敦证券交易所的前身是三百多年前17世纪末的露天市场，当时只是买卖政府债券的“皇家交易所”，半个世纪后的1761年由150名交易商自发组建了交易俱乐部，1773年迁入室内，由“皇家交易所”更名为伦敦证券交易所，是欧洲最大的证券交易所，是欧洲债券及外汇交易的全球领先者。债券、外汇交易超过纽约证券交易所，居全球第一，受理三分之二国际股票承销业务。截至2007年5月，上市公司为1 585家，其中外国公司占总价值的56%，超过其他的任何交易所。

四、东京证券交易所（TSE）

东京证券交易所的前身是1879年5月成立的东京证券交易所株式会社，交易所于1946年在美军占领下解散，1949年重新开张，1983—1990年东京证券交易所得到了飞速发展，1990年东京证券交易所在最火爆时，吸引了全世界60%的流动资本，成为全世界最大的资本市场，1989年日经指数最高达38 915点，市盈率达70.6倍，当时完全处于疯狂与非理性之中，大部分分析认为还要上涨一万点，1990 年二季度随着房价的下跌，泡沫破灭，2003 年 4 月最低跌至 7 607 点，跌幅高达 80%。目前，东京证券交易所是仅次于纽约证券交易所的全球第二大交易所。

五、香港证券交易所（HKEx）

1970 年前后，由于香港上市公司增加，相继成立了远东证券交易、金银证券交易、九龙证券交易，再加上香港证券交易所，由于“四所”的恶性竞争，证券交易下降，最终出现了“假股票案”，1973 年 3 月到 1974 年 12 月出现了香港证券交易危机及信用危机，1980 年四所合并成香港证券联交所。目前的香港证券交易所于 2000 年 3 月由香港联交所、香港期货交易所和香港中央结算公司合并而成。2012 年 6 月 15 日，香港证券交易所成功收购了伦敦金属交易所。

六、沪深证券交易所

现在的上海证券交易所是我国改革开放后成立的第一家证券交易所，该所于 1990 年 7 月经国务院批准成立，并于同年 12 月正式挂牌营业，1991 年 9 月，正式首次推出了“无证交易”制度，到 1993 年，上海证券交易所股票交易量已达 103 223 亿元。目前，它是我国最大、功能最齐备、市场辐射面最广、影响力最大的证券市场。1989 年 11 月 15 日，深圳证券交易所开始筹建，1990 年 12 月 1 日，开始集中交易，1991 年 4 月 11 日，中国人民银行正式下文，批准成立深圳证券交易所，7 月 3 日，深圳证券交易所正式营业。

资料来源：新浪财经，http：//finance. sina. com. cn/stock/t/20060912/12302907143. shtml，2006-9-12.

本章小结

1. 证券市场的形成得益于社会化大生产和商品经济、股份制以及信用制度的发展。其进程经历了萌芽阶段、从初步发展到停滞恢复阶段、加速发展阶段。全球市场的变化主要表现在证券市场一体化、投资者法人化、金融创新深化、金融机构混业化、交易所重组与公司化、证券市场网络化、金融风险复杂化、金融监管合作化等方面。

2. 证券市场的显著特征有：证券市场是价值直接交换的场所；证券市场是财产权利直接交换的场所；证券市场是风险直接交换的场所。证券市场与一般商品市场的区别主要表现在：交易对象不同；交易目的不同；交易对象的价格决定不同；市场风险不同。

3. 证券市场的结构是指证券市场的构成及其各部分之间的量比关系。证券市场的结构可以有许多种，但较为重要的结构有：按层次结构划分，证券市场的构成可分为发行市场和交易市场；按品种结构划分，证券市场主要有股票市场、债券市场、基金市场、衍生产品市场等；按交易活动是否在固定场所进行，证券市场可分为有形市场和无形市场。

4. 证券交易的主体包括：证券发行人，是指为筹措资金而发行债券、股票等证券的政府及其机构、金融机构、公司和企业。证券投资人，是指通过证券而进行投资的各类机构法人和自然人，可分为机构投资者和个人投资者两大类。在证券市场起中介作用的机构是证券公司和其他证券服务机构，通常把两者合称为证券中介机构。证券监管机构是指中国证监会及其派出机构。

重要概念

发行市场　交易市场　股票市场　基金市场　债券市场　场内市场　场外市场

复习思考题

1. 证券市场的特点有哪些？
2. 证券市场的结构分类标准有哪些？
3. 证券市场的功能有哪些？
4. 证券市场的交易主体有哪些？

第八章

证券发行和交易

学习目的

通过本章的学习，学生能够做到：掌握证券市场的构成；理解发行市场的作用和发行制度；了解股票和债券的发行方式和承销方式；掌握证券交易原则；了解交易制度的内容。

重点难点

1. 证券发行制度；
2. 证券的发行方式；
3. 证券交易原则；
4. 证券交易制度的构成。

证券市场是证券交易的场所，也是资金供求的中心。根据市场的功能划分，证券市场可分为证券发行市场和证券交易市场。证券市场的两个组成部分，既相互依存，又相互制约，是一个不可分割的整体。证券发行市场是交易市场的基础和前提，有了发行市场的证券供应，才有流通市场的证券交易，证券发行的种类、数量和发行方式决定着流通市场的规模和运行。交易市场是发行市场得以持续扩大的必要条件，有了交易市场为证券转让提供保证，才使发行市场充满活力。此外，交易市场的交易价格制约和影响着证券的发行价格，这是证券发行时需要考虑的重要因素。

证券的发行、交易活动必须实行公开、公平、公正的原则，必须遵守法律、行政法规，禁止欺诈、内幕交易和操纵证券市场的行为。证券发行、交易活动的当事人具有平等的法律地位，应当遵守自愿、有偿、诚实信用的原则。

第一节　证券发行市场

一、证券发行市场概述

证券发行市场是发行人以发行证券的方式筹集资金的场所，又称一级市场、初级市场。证券发行市场通常无固定场所，是一个无形的市场。

（一）证券发行市场的作用

1. 为资金需求者提供筹措资金的渠道

证券发行市场拥有大量的运行成熟的证券商品供发行者选择，发行者可以参照各类证券的期限、收益水平、参与权、流通性、风险度、发行成本等不同特点，根据自己的需要和可能选择发行何种证券，并依据当时市场上的供求关系和价格行情来确定证券发行数量和价格（收益率）。发达的发行市场还可以冲破地区限制，为发行者扩大筹资范围和对象，在境内或境外面向各类投资者筹措资金，并通过市场竞争逐步使筹资成本合理化。

2. 为资金供应者提供投资的机会，实现储蓄向投资转化

政府、企业和个人在经济活动中可能出现暂时闲置的货币资金，证券发行市场提供了多种多样的投资机会，实现社会储蓄向投资转化。储蓄转化为投资是社会再生产顺利进行的必要条件。

3. 形成资金流动的收益导向机制，促进资源配置的不断优化

在现代经济活动中，生产要素都跟随着资金流动，只有实现了货币资金的优化配置，才有可能实现社会资源的优化配置。证券发行市场通过市场机制选择发行证券的企业，那些产业前景好、经营业绩优良和具有发展潜力的企业更容易从证券市场筹集所需要的资金，从而使资金流入最能产生效益的行业和企业，达到促进资源优化的目的。

（二）证券发行市场的构成

证券发行市场是由发行市场主体、发行中介及管理者和发行客体构成。

1. 发行市场主体

（1）证券发行人。证券发行人是证券的供应者和资金的需求者。发行人的多少和发行证券数量的多少决定了发行市场的规模和发达程度。证券发行人主要包括政府、企业和金融机构，自然人不能成为证券发行人。

由于证券发行人是证券权利义务关系的主要当事人，是证券发行后果与责任的主要承担者，所以，为了保障社会投资者的利益，维护证券发行市场的秩序，防止各种欺诈舞弊行为，多数国家的证券法都对证券发行人的主体资格、净资产额、经营业绩和发起人责任设有条件限制。证券法对于发行人设定主体条件要求的目的在于保障证券发行行为的安全与公平。

（2）证券投资人。证券投资人即资金的供应者，投资人数量的多少和资金实力的大小同样制约着证券发行市场的规模。投资人包括个人投资者和机构投资者，后者主要

是证券公司、信托投资公司、共同基金、人寿保险公司等金融机构和企业、事业机构、社会团体等。相对于证券发行人来说，对投资人的资格限定要少得多，一般所见的限定主要是对投资人主体资格的限定，如投资人是否具有民事行为能力，个人的职业、职务、机构的经营范围是否不准涉足证券投资等。

2. 发行中介及管理者

（1）证券发行中介人。证券发行中介人主要是指证券发行的承销商，它代理证券发行，向投资人推销证券，一般是指投资银行、证券公司和其他金融机构的证券部门。

在现代社会的证券发行中，发行人通常不是把证券直接销售给投资人，而是由证券承销商首先承诺全部或部分包销，即使是在发行人直接销售证券的情况下，往往也需要获得中介人的协助。因为在证券发行过程中，承销商的参与一方面可以使发行人减轻或消除证券发不出去的风险，另一方面可以使发行人借助承销商的专业知识和经验顺利完成发行工作。同时，证券承销商虽然不是证券上权利义务的当事人，但它对发行人的经营状况负有尽职审查的义务，并对其承销的证券的招募说明书的真实性和完整性负有连带责任。所以，证券承销商作为经营证券的中介机构，在证券发行市场上起着沟通买卖、连接供求的桥梁作用。我国现行法规明确规定，股票和企业债券的公开发行应当由证券经营机构承销。

除了证券承销商外，证券发行市场上的其他中介人包括：律师事务所、会计师事务所和资产评估机构。这类中介机构的主要职责是：以专业人员应有的注意，完成尽职审查的义务，客观公正地出具结论性意见，并对经其确认的法律文件和由其出具的结论性意见的真实性、合法性和完整性负有持续的法律责任。它们的中介作用对于保障证券发行的合法顺利进行，对于有效确定证券交易条件，对于减少证券承销风险及避免可能发生的纠纷，都是非常重要的。比如，律师事务所要确认发行人的主体资格、经营运作、发行准备活动以及上报的文件资料等符合法律规定，并签署法律意见书；会计师事务所要对发行人以往的经营业绩、财务状况和未来的盈利预测进行审计，并发表承担法律责任的审计意见，以保证发行人披露的财务资料的可信性；资产评估机构要对发行人的现有资产的现实价值进行评估，根据市场情况客观公正地调整发行人现有资产的账面价值等。

（2）证券发行管理者。任何国家发行证券都要受到证券管理机关的相应管理。目前我国证券发行的管理机关是中国证券监督管理委员会及所属的发行审核委员会。

3. 证券市场发行客体

证券市场发行的客体包括股票、债券（国债、金融债券、公司债券、企业债券、可转换债券等）、投资基金等有价证券。

（三）证券发行分类

1. 按发行对象可以分为公募发行和私募发行

（1）公募发行，又称公开发行，是发行人向不特定的社会公众投资者发售证券的发行。在公募发行方式下，任何合法的投资者都可以认购拟发行的证券。采用公募发行的有利之处在于以众多投资者为发行对象，证券发行的数量多，筹集资金的潜力大，投资者范围广，可避免发行的证券过于集中或者被少数人操纵，公募发行的发行条件比较严格，发行程序也比较复杂，发行时间较长，发行费用较高。

（2）私募发行，又称不公开发行或者私下发行、内部发行，是指以特定少数投资者为对象的发行。私募发行的对象有两类，一类是公司的老股东或者发行人的员工，另一类是投资基金、社会保险基金、保险公司、商业银行等金融机构以及与发行人有密切往来关系的企业等机构投资者。私募发行有确定的投资者，发行手续简单，可以节省发行时间和发行费用，但投资者数量有限，证券流通性较差，不利于提高发行人的社会信誉。

公募发行是证券发行中最常见、最基本的发行方式，适合证券发行数量多、筹资额大、准备申请证券上市的发行人。根据我国《证券法》有关规定，公开发行是指向不特定对象发行证券、向特定对象发行证券累计超过200人的以及法律、行政法规规定的其他发行行为。上市公司发行证券，可以向不特定对象公开发行，也可以向特定对象非公开发行。非公开发行是指上市公司采用非公开方式向特定对象发行证券的行为，但此处的非公开发行并不是上述的私募发行。

2. 按有无发行中介可以分为直接发行和间接发行

（1）直接发行，即发行人直接向投资者出售证券的发行。这种发行方式可以节省向发行中介机构缴纳的手续费，降低发行成本。但如果发行额较大，由于缺乏专业人才和发行网点，发行者自身要担负较大的发行风险。这种方式只适用于有既定发行对象或发行人知名度高、发行数量少、风险低的证券。

（2）间接发行，是由发行公司委托证券公司等证券中介机构代理出售证券的发行。对发行人来说，采用间接发行可在较短时期内筹集到所需资金，发行风险较小；但需支付一定的手续费，发行成本高。

一般情况下，间接发行是基本的、常见的方式，特别是公募发行，大多采用间接发行；而私募发行则以直接发行为主。我国《证券法》规定，向不特定对象发行的证券票面总值超过人民币5 000万元的，应当由承销团承销。承销团应当由主承销商和参与承销的证券公司组成。

二、证券发行与承销制度

（一）证券发行制度

1. 注册制

证券发行注册制实行公开管理原则，实质上是一种发行公司的财务公开制度。它要求发行人提供关于证券发行本身以及和证券发行有关的一切信息。发行人不仅要完全公开有关信息，不得有重大遗漏，还要对所提供信息的真实性、完整性和可靠性承担法律责任。发行人只要充分披露了有关信息，在注册申报后的规定时间内未被证券监管机构拒绝注册，就可以进行证券发行，无须再经过批准。实行证券发行注册制可以向投资者提供证券发行的有关资料，但并不保证发行的证券资质优良，价格适当。

2. 核准制

核准制是指发行人申请发行证券，不仅要公开披露与发行证券有关的信息，符合《公司法》和《证券法》所规定的条件，而且要求发行人将发行申请报请证券监管部门决定的审核制度。证券发行核准制实行实质管理原则，即证券发行人不仅要以真实状况的充分公开为条件，而且必须符合证券监管机构制定的若干适合于发行的实质条件。只有符合条件的发行人经证券监管机构的批准方可在证券市场上发行证券。实行核准制的目的在于证券监管部门能行使法律赋予的职能，保证发行的证券符合公众利益和证券市场稳定发展的需要。目前我国证券发行采用的是核准制。

（二）证券发行方式

1. 股票发行方式

我国现行的有关法规规定，我国股份公司首次公开发行股票和上市后向社会公开募集股份（公募增发）采取对公众投资者上网发行和对机构投资者配售相结合的发行方式。

根据《证券发行与承销管理办法》的规定，首次公开发行股票数量在 4 亿股以上的，可向战略投资者配售股票。符合中国证监会规定条件的特定机构投资者（询价对象）及其管理的证券投资产品（股票配售对象）可以参与网下配售。

发行人及其主承销商应在网下配售的同时对公众投资者进行网上发行。上网公开发行方式是指利用证券交易所的交易系统，主承销商在证券交易所开设股票发行专户并作为唯一的卖方，投资者在指定时间内，按现行委托买入股票的方式进行申购的发行方式。上海、深圳证券交易所现行的做法是采用资金申购上网公开发行股票方式。公众投资者可以使用其所持有的沪、深证券交易所证券账户在申购时间内通过与交易所联网的证券营业部，根据发行人公告规定的发行价格和申购数量全额存入申购款进行申购委托。

上市公司向不特定对象公开募集股份（增发）或发行可转换债券，主承销商可以对参与网下配售的机构投资者进行分类。对不同类别的机构投资者设定不同的配售比例进行配售，也可以全部或部分向原股东优先配售。

2. 债券发行方式

（1）定向发行。又称私募发行、私下发行，即面向少数特定投资者发行。一般由债券发行人与某些机构投资者，如人寿保险公司、养老基金、退休基金等直接洽谈发行条件和其他具体事务，属直接发行。

（2）承购包销。指发行人与由商业银行、证券公司等金融机构组成的承销团通过协商条件签订承购包销合同，由承销团分销拟发行债券的发行方式。

（3）招标发行。指通过招标方式确定债券承销商和发行条件的发行方式。根据标的物不同，招标发行可分为价格招标、收益率招标和缴款期招标；根据中标规则不同，可分为荷兰式招标（单一价格中标）和美式招标（多种价格中标）。

（三）证券承销方式

证券发行的最后环节是将证券推销给投资者。发行人推销证券的方法有两种：一是自己销售，称为自销；二是委托他人代为销售，称为承销。一般情况下，公开发行以承销为主。

承销是将证券销售业务委托给专门的股票承销机构销售。按照发行风险的承担、所筹资金的划拨以及手续费的高低等因素划分，承销方式有包销和代销两种。

1. 包销

证券包销是指证券公司将发行人的证券按照协议全部购入，或者在承销期结束时将售后剩余证券全部自行购入的承销方式。包销可分为全额包销和余额包销两种。

（1）全额包销，是指由承销商先全额购买发行人该次发行的证券，再向投资者发售，由承销商承担全部风险的承销方式。

（2）余额包销，是指承销商按照规定的发行额和发行条件，在约定的期限内向投资者发售证券，到销售截止日，如投资者实际认购总额低于预定发行总额，未售出的证券由承销商负责认购，并按约定时间向发行人支付全部证券款项的承销方式。

2. 代销

代销是指证券公司代发行人发售证券，在承销期结束时，将未售出的证券全部退还给发行人的承销方式。

我国《证券法》规定，发行人向不特定对象发行的证券，法律、行政法规规定应当由证券公司承销的，发行人应当同证券公司签订承销协议；向不特定对象发行的证券票面总值超过人民币 5 000 万元，应当由承销团承销。证券承销采取代销或包销方式。我国《上市公司证券发行管理办法》规定，上市公司发行证券，应当由证券公司承销；非公开发行股票，发行对象均属于原前 10 名股东的，可以由上市公司自行销售。上市公司向原股东配售股份应当采用代销方式发行。

（四）证券发行价格

1. 股票发行价格

股票发行价格是指投资者认购新发行的股票时实际支付的价格。根据我国《公司法》和《证券法》的规定，股票发行价格可以等于票面金额，也可以超过票面金额，但不得低于票面金额。以超过票面金额的价格发行股票所得的溢价款应列入发行公司的资本公积金。股票发行采取溢价发行的，发行价格由发行人与承销的证券公司协商确定。

股票发行的定价方式，可以采取协商定价方式，也可以采取一般询价方式、累计投标询价方式、上网竞价方式等。我国《证券发行与承销管理办法》规定，首次公开发行股票以询价方式确定股票发行价格。上市公司发行证券，可以通过询价方式确定发行价格，也可以与主承销商协商确定发行价格。

2. 债券发行价格

债券的发行价格是指投资者认购新发行的债券实际支付的价格。债券的发行价格可以分为：平价发行，即债券的发行价格与面值相等；折价发行，即债券以低于面值的价格发行；溢价发行，即债券以高于面值的价格发行。在面值一定的情况下，调整债券的发行价格可以使投资者的实际收益率接近市场收益率的水平。

债券发行的定价方式以公开招标最为典型。按照招标标的分类，有价格招标和收益率招标；按决定方式分类，有美式招标和荷兰式招标，以及混合招标，下面以国债发行为例，说明三种方式。

（1）荷兰式招标（单一价格招标），是指按照投标人所报买价自高向低（或者利率、利差由低而高）的顺序中标，直至满足预定发行额为止，中标的承销机构以相同的价格（所有中标价格中的最低价格）来认购中标的国债数额。

（2）美式招标（多种价格招标），是指中标价格为投标方各自报出的价格。标的为利率时，全场加权平均中标利率为当期国债的票面利率，各中标机构依各自及全场加权平均中标利率折算承销价格；标的为价格时，各中标机构按各自加权平均中标价格承销当期国债。

一般情况下，短期贴现债券多采用单一价格的荷兰式招标，长期附息债券多采用多种收益率的美式招标。

（3）混合式招标。标的为利率时，全场加权平均中标利率为当期国债的票面利率，低于或等于票面利率的标位，按面值承销；高于票面利率一定数量以内的标位，按各中标标位的利率与票面利率折算的价格承销；高于票面利率一定数量以上的标位，全部落标。标的为价格时，全场加权平均中标价格为当期国债发行价格，高于或等于发行价格（全场加权平均中标价格）的标位，按发行价格承销；低于发行价格一定数量以内的标位，按各中标标位的价格承销；低于发行价格一定数量以上的标位，全部落标。背离全场加权平均投标利率或价格一定数量的标位视为无效投标，全部落标，不参与全场加权平均中标利率或价格的计算。

第二节 证券交易市场

证券交易市场是为已经公开发行的证券提供流通转让机会的市场。证券交易所是证券买卖双方公开交易的场所，是一个高度组织化、集中进行证券交易的市场，是整个证券市场的核心。我国《证券法》（一百零二条）规定，证券交易所是为证券集中交易提供场所和设施，组织和监督证券交易，实行自律管理的法人。证券交易所的设立和解散，由国务院决定。

证券交易所本身并不买卖证券，也不限定证券价格，而是为证券交易提供一定的场所和设施，配备必要的管理和服务人员，并对证券交易进行周密的组织和严格的管理，为证券交易顺利进行提供一个稳定、公开、高效的市场。证券交易市场通常分为证券交易所市场和场外交易市场。

我国《证券法》（三十九条）规定，依法发行的股票、公司债券及其他证券应当在依法设立的证券交易所上市交易或者在国务院批准的其他证券交易场所转让。公开发行股票的股份公司为公众公司，其中，在证券交易所上市交易的股份公司称为上市公司；符合公开发行条件、但未在证券交易所上市交易的股份公司称为非上市公众公司，非上市公众公司的股票将在柜台市场转手交易。

一、证券交易所

证券交易所是依据国家有关法律，经政府证券主管机关批准设立的集中进行证券交易的有形场所。交易所在法律上具有独立的地位，但它自身不参与交易，除了提供服务充当交易组织者的角色，还需执行法律法规赋予它的一线监管职能。证券交易所应当创造公开、公平的市场环境，提供便利条件从而保证股票交易的正常运行。证券交易所的职责主要包括：提供股票交易的场所和设施；制定证券交易所的业务规则；审核批准股票的上市申请；组织、监督股票交易活动；提供和管理证券交易所的股票市场信息。

（一）证券交易所的特点

（1）证券交易所一般都是依法设立的法人组织。根据我国《证券法》（九十五条）规定，设立和解散证券交易所，必须由国务院决定。

（2）证券交易所是集中竞价交易的场所。所谓集中竞价是指所有证券经纪商、自营商主要集中在这个场所通过竞争的方式，从事证券的代理或自营买卖活动。

（3）证券交易所是证券交易的组织者。本身不参与证券交易，只是为证券交易提供一个公开、集中交易的场所，并监督证券交易的进行。证券交易所既不决定证券价格，也不受证券价格变化的影响。

（4）证券交易所是特殊法人。证券交易所是由若干会员组成的一种非营利性法人。构成股票交易的会员都是证券公司，其中有正式会员，也有非正式会员。

（二）证券交易所的组织形式

证券交易所分为公司制和会员制两种组织形式，这两种证券交易所均可以是政府或公共团体出资经营的（称为公营制证券交易所），也可以是私人出资经营的（称为民营制证券交易所），还可以是政府与私人共同出资经营的（称为公私合营的证券交易所）。

1. 公司制证券交易所

公司制证券交易所是以营利为目的，提供交易场所和服务人员，以便利证券商的交易与交割的证券交易所。从股票交易实践可以看出，这种证券交易所要收取发行公司的上市费与证券成交的佣金，其主要收入来自买卖成交额的一定比例。而且，经营这种交易所的人员不能参与证券买卖，从而在一定程度上保证交易的公平。

在公司制证券交易所中，最高权力机构是股东大会，常设机构是董事会。总经理向董事会负责，负责证券交易所的日常事务。董事会的职责是：核定重要章程及业务、财务方针；拟定预算决算及盈余分配计划；核定投资；核定参加股票交易的证券商名单；核定证券商应缴纳营业保证金、买卖经手费及其他款项的数额；核议上市股票的登记、变更、撤销、停业及上市费的征收；审定向股东大会提出的议案及报告；决定经理人员和评价委员会成员的选聘、解聘及核定其他项目。监事的职责包括审查年度决算报告及监察业务，检查一切账目等。

2. 会员制证券交易所

会员制证券交易所是不以营利为目的，由会员自治自律、互相约束，参与经营的会员可以参加股票交易中的股票买卖与交割的交易所。这种交易所的佣金和上市费用较低，从而在一定程度上可以防止上市股票的场外交易。但是，由于经营交易所的会员本身就是股票交易的参加者，因而在股票交易中难免出现交易的不公正性。同时，因为参与交易的买卖方只限于证券交易所的会员，新会员的加入一般要经过原会员的一致同意，这就形成了一种事实上的垄断，不利于提高服务质量和降低收费标准。

在会员制证券交易所中，最高权力机构通常称为会员大会，执行机构称为理事会。

理事会的职责主要有：决定政策，并由总经理负责编制预算，送请成员大会审定；维持会员纪律，对违反规章的会员给予罚款，停止营业与除名处分；批准新会员进入；核定新股票上市；决定如何将上市股票分配到交易厅专柜等。

（三）证券交易所的成员

1. 会员

会员包括股票经纪人、股票自营商及专业会员。

股票经纪人主要是指佣金经纪人，即专门替客户买卖股票并收取佣金的经纪人。交易所规定只有会员才能进入大厅进行股票交易。因此，非会员投资者若想在交易所买卖股票，就必须通过经纪人。

股票自营商是指不为顾客买卖股票，而为自己买卖股票的证券公司，根据其业务范围可以分为直接经营人和零数交易商。直接经营人是指在交易所注册的、可直接在交易所买卖股票的会员，这种会员不需支付佣金，其利润来源于短期股票价格的变动。零数交易商是指专门从事零数交易的交易商（零数交易是指不够一单位所包含的股数的交易），这种交易商不能收取佣金，其收入主要来源于以低于整份交易的价格从证券公司客户手中购入证券，然后以高于整份交易的价格卖给零数股票的购买者所赚取的差价。

专业会员是指在交易所大厅专门买卖一种或多种股票的交易所会员，其职责是就有关股票保持一个自由的、连续的市场。在股票交易实践中，专业会员既可以经纪人身份、也可以自营商身份参与股票的买卖业务，但他不能同时身兼二职参加股票买卖。

2. 交易人

交易人进入交易所后，就被分为特种经纪人和场内经纪人。

特种经纪人是交易所大厅的中心人物，每位特种经纪人都身兼数职，主要有：充当其他股票经纪人的代理人；直接参加交易，以轧平买卖双方的价格差距，促成交易；在大宗股票交易中扮演拍卖人的角色，负责对其他经纪人的出价和开价进行评估，确定一个公平的价格；负责本区域交易，促其成交；向其他经纪人提供各种信息。

场内经纪人主要有佣金经纪人和独立经纪人。佣金经纪人上文有述，此处不再作介绍。独立经纪人主要是指一些独立的个体企业家。一个公司如果没有自己的经纪人，就可以成为独立经纪人的客户，每做一笔交易，公司须付一笔佣金。在实践中，独立经纪人都会竭力按公司要求进行股票买卖，以获取良好信誉和丰厚报酬。

（四）我国的交易所

1. 我国的证券交易所

上海证券交易所于 1990 年 12 月 19 日正式营业，深圳证券交易所于 1991 年 7 月 3 日正式营业。两家证券交易所均按会员制方式组成，是非营利性的事业法人。组织机构由会员大会、理事会、监察委员会和其他专门委员会、总经理及其他职能部门组成。

2. 我国的期货交易所

（1）中国金融期货交易所

中国金融期货交易所是经国务院同意，中国证监会批准，由上海期货交易所、郑州商品交易所、大连商品交易所、上海证券交易所和深圳证券交易所共同发起设立的交易所，于 2006 年 9 月 8 日在上海成立。主要交易品种现为沪深 300 股指期货、国债期货，并深入研发股票指数期权、外汇期货及外汇期权等金融衍生产品。

（2）大连商品交易所

大连商品交易所成立于 1993 年 2 月 28 日，是中国最大的农产品期货交易所。大连商品交易所目前的交易品种有玉米、黄大豆 1 号、黄大豆 2 号、豆粕、豆油、啤酒大麦，正式挂牌交易的品种是玉米、黄大豆 1 号、黄大豆 2 号、豆粕和豆油等。

（3）郑州商品交易所

郑州商品交易所成立于 1990 年 10 月 12 日，在现货远期交易成功运行两年以后，于 1993 年 5 月 28 日正式推出期货交易。郑州商品交易所上市交易的期货合约有小麦、棉花、白糖、精对苯二甲酸（PTA）、绿豆等。

（4）上海期货交易所

上海期货交易所成立于 1990 年 11 月 26 日，是新中国成立后建立的第一家证券交易所。上海期货交易所目前上市交易的有铜、铝、锌、天然橡胶、燃料油以及黄金、白银等。

二、场外交易市场

场外交易市场即业界所称的 OTC 市场，又称柜台交易市场或店头市场，是指在证券交易所外进行证券买卖的市场。从交易的组织形式看，资本市场可以分为交易所市场和场外交易市场，场外交易市场是相对于交易所市场而言的，是在证券交易所之外进行证券买卖的市场。传统的场内市场和场外市场在物理概念上的区分为：交易所市场的交易是集中在交易大厅内进行的；场外市场，又被称为“柜台市场”或“店头市场”，是分散在各个证券商柜台的市场，无集中交易场所和统一的交易制度。但是，随着信息技术的发展，证券交易的方式逐渐演变为通过网络系统将订单汇集起来，再由电子交易系统处理，场内市场和场外市场的物理界限逐渐模糊。

目前，场内市场和场外市场的概念演变为风险分层管理的概念，即不同层次市场按照上市品种的风险大小，通过对上市或挂牌条件、信息披露制度、交易结算制度、证券产品设计以及投资者约束条件等做出差异化安排，实现了资本市场交易产品的风险纵向分层。

（一）场外交易市场的特点

（1）场外交易市场是一个分散的无形市场。它没有固定的、集中的交易场所，而是由许多各自独立经营的证券经营机构分别进行交易的，并且主要是依靠电话、电报、传真和计算机网络联系成交的。

（2）场外交易市场的组织方式大多采取做市商制。场外交易市场与证券交易所的区别在于不采取经纪制，投资者直接与证券商进行交易。证券交易通常在证券经营机构之间或是证券经营机构与投资者之间直接进行，不需要中介人。在场外证券交易中，证券经营机构先行垫入资金买进若干证券作为库存，然后开始挂牌对外进行交易。以较低的价格买进，再以略高的价格卖出，从中赚取差价，但其加价幅度一般受到限制。

（3）场外交易市场是一个拥有众多证券种类和证券经营机构的市场，以未能或无须在证券交易所批准上市的股票和债券为主。在证券市场发达的国家，由于证券种类繁多，每家证券经营机构只固定地经营若干种证券。

（4）场外交易市场是一个以议价方式进行证券交易的市场。在场外交易市场上，证券买卖采取一对一的交易方式，对同一种证券的买卖不可能同时出现众多的买方和卖方，也就不存在公开的竞价机制。场外交易市场的价格决定机制不是公开竞价，而是买卖双方协商议价，具体地说，是证券公司对自己所经营的证券同时挂出买入价和卖出价，并无条件地按买入价买入证券和按卖出价卖出证券，最终的成交价是在挂牌价基础上经双方协商决定的不含佣金的净价。券商可根据市场情况随时调整所挂的牌价。

（5）场外交易市场的管理比证券交易所宽松。由于场外交易市场分散，缺乏统一的组织和章程，因此不易管理和监督，其交易效率也不及证券交易所。但是，美国的 NASDAQ 市场借助计算机将分散于全国的场外交易市场联成网络，在管理和效率上都有很大提高。

（二）场外交易市场的分类

场外交易市场主要由柜台交易市场、第三市场、第四市场组成。

（1）柜台交易市场。它是通过证券公司、证券经纪人的柜台进行证券交易的市场。该市场在证券产生之时就已存在，在交易所产生并迅速发展后，柜台市场也随之发展，其发展的原因有：交易所的容量有限，且有严格的上市条件，客观上需要柜台市场的存在；柜台交易比较简便、灵活，满足了投资者的需要；随着计算机和网络技术的发展，柜台交易也在不断改进，其效率已和场内交易不相上下。

（2）第三市场。指已经上市证券的场外交易市场。第三市场产生于 1960 年的美国，原属于柜台交易市场的组成部分，因其发展迅速，市场地位随之提高，已被作为一个独立的市场类型对待。第三市场的交易主体多为实力雄厚的机构投资者。第三市场的产生与美国的交易所采用固定佣金制密切相关，它使机构投资者的交易成本变得非常昂贵，场外市场不受交易所的固定佣金制约束，因而导致大量上市证券在场外进行交易，逐渐形成第三市场。第三市场是交易所的有力竞争对手，它最终促使美国证券交易委员会（SEC）于 1975 年取消固定佣金制，同时也促使交易所改善交易条件，由此第三市场的吸引力有所降低。

（3）第四市场。它是投资者绕过传统经纪服务，彼此之间利用计算机网络直接进行大宗证券交易所形成的市场。第四市场的吸引力在于：交易成本低，因为买卖双方直接交易，无经纪服务，其佣金比其他市场少得多；可以保守秘密，因无须通过经纪人，有利于匿名进行交易，保持交易的秘密性；不冲击证券市场，大宗交易如在交易所内进行，可能给证券市场的价格造成较大影响；信息灵敏，成交迅速，计算机网络技术的运用，可以广泛收集和存储大量信息，通过自动报价系统，可以把分散的场外交易行情迅速集中并反映出来，有利于投资者决策。第四市场的发展一方面对证券交易所和其他形式的场外交易市场产生了巨大的压力，促使这些市场降低佣金、改进服务；另一方面也对证券市场的监管提出了挑战。

阅读材料

美国的OTC市场

美国的OTC市场包括四个层次：NASDAQ全国资本市场、NASDAQ小型资本市场、OTCBB和Pink Sheets。NASDAQ建立于1971年，是“全国证券商协会自动报价系统”的简称。在NASDAQ挂牌的股票大致可分为工业股、其他金融股、电脑股、银行股、通信股、生化股、保险股、运输股八大类。这八大类中有80%的公司与高科技产业相关，这就使NASDAQ指数代表了高科技的领先指标。让NASDAQ与众不同的原因还有：首先NASDAQ发达的计算机和通信网络系统形成了一个庞大的电子交易网络。通过这个网络，所有投资者都可以通过这个系统被紧密地联系在一起。NASDAQ另外一个令人瞩目之处在于它的柜台交易板，因为这个交易板块由多位做市商操作，使市场为买卖随时做好准备，即便在市场上无人提出买卖时也是如此。而在像纽约和多伦多股票交易所这样的拍卖市场中，做市商只能作为买卖中间人。NASDAQ没有一个集中交易大厅，除了有一个大型行情显示屏外，交易数据都是通过电脑系统同步传送到全世界上万台的电脑终端上，电脑撮合的速度，加上网络联系的不断发展，使投资者能够从四面八方迅速注入资金，也使NASDAQ的吸引力远远超过了像纽约证券交易所这样靠人工跑单的传统交易所。

NASDAQ中最活跃、资本也最雄厚的要属NASDAQ全国资本市场，在这里挂牌交易的要求也相对较高，包括要求在这个板块上市的公司要有一个独立的董事会，要按时召开股东大会，增发新股需要股东认可，并且不能剥夺股东的选举权。在NASDAQ小型资本市场上市的公司，资本没有上一层次那么雄厚，并且资产和收益水平也相对较低，另外，这些公司的股票发行量较小，股价也较低，这个市场层次上的投机性也特别大。

另外，除去NASDAQ的这两个层次外，OTC市场再下面的一个层次是那些列在柜台交易板（OTCBB）的股票。OTCBB建立于1990年，是一套实时报价的场外电子交易系统，它和NASDAQ一样，同样在NASD的监管之下，它主要为中小型企业提供有价证券交易服务，除股票外，这里还有认股权证、美国存托凭证的交易服务。OTCBB市场是现货交易市场，不能融资，且股价跳动的最小单位为1/32。在OTCBB挂牌基本上没有特殊限定，挂牌公司只需每年提出财务报告即可，美国联邦法规也无任何特别规范。而OTCBB与一般交易中心不同的地方在于：一般交易中心对挂牌公司的财务及其他部分有所限制，而且有直接的监控与执行的责任与义务，而OTCBB则仅仅是一个报价公司，对挂牌公司的财务或其他部分并无任何规范与监控，在NASDAQ市场中做市商可以控制市场的供需，但OTCBB的做市商并没有这项权利。按照OTCBB监管者的设想，从2003年开始，它将被逐步淘汰，被一个新的质量更高的市场BBX所取代。

OTC市场最底层的一级报价系统是粉红单交易市场，在这个系统中，市场每周对交易公司进行纸上报价。粉红单交易系统不隶属于NASDAQ，它由私营公司美国全国报价局（NQB）管理，NQB成立于1913年，除粉红单市场外，它还提供黄色单市场和股权单市场报价。黄色单市场是 NQB 专门为公司债提供柜台报价服务的系统，股权单市场是 NQB 主要为直接参股计划提供报价和交易信息的系统。NQB 于 2000 年 6 月更名为粉红单有限公司，新的报价系统涵盖原粉红单、黄色单和股权单市场。1990 年前的粉红单市场，其流动性比 OTCBB 更差，原因是粉红单交易系统不是一个自动报价系统，而是经纪人通过电话询问至少三个做市商的报价之后，然后再与最佳报价的做市商成交。1990 年后，NQB 推出粉红单电子版，每日更新，并通过市场数据零售终端发布。2000 年 6 月后，报价信息可在其站点上实时查询。

NASDAQ 全国资本市场就是通常所说的二板市场，OTCBB 和粉红单市场是通常所说的三板市场，有时三板市场也包括 NASDAQ 小型资本市场。美国是一个二板市场和三板市场合一的国家。二板市场是 OTC 市场的重要组成部分。

资料来源：孙军．美国的 OTC 市场．产权导刊，2004（6）.

三、证券上市制度

证券上市是指已公开发行的证券经过证券交易所批准在交易所内公开挂牌买卖，又称交易上市。申请上市的证券必须满足证券交易所规定的条件，方可被批准挂牌上市。各国对证券上市的条件与具体标准有不同的规定。

在我国，股份有限公司申请股票上市应当符合下列条件：（1）股票经国务院证券监督管理机构核准已向社会公开发行；（2）公司股本总额不少于人民币 3 000 万元；（3）公开发行的股份达公司股份总数的 25% 以上，公司股本总额超过人民币 4 亿元的，公开发行股份的比例为 10% 以上；（4）公司在最近 3 年无重大违法行为，财务会计报告无虚假记载。证券交易所可以规定高于上述规定的上市条件，并报国务院证券监督管理机构批准。

公司申请公司债券上市交易，应当符合下列条件：（1）公司债券的期限为 1 年以上；（2）公司债券实际发行额不少于人民币 5 000 万元；（3）公司申请债券上市时仍符合法定的公司债券发行条件。

证券上市后，上市公司应遵守我国《公司法》、《证券法》、《证券交易所上市规则》等法律法规的规定，并履行信息披露的义务。上市公司必须定期公开财务状况和经营状况，公开披露年度报告、中期报告和临时报告，并应履行及时披露所有对上市公司证券价格可能产生重大影响的信息，确保信息披露的内容真实、准确、完整而没有虚假、严重误导性陈述或重大遗漏的基本义务。

公司上市的资格并不是永久的，当不能满足证券上市条件时，证券监管部门或证券交易所将对该股票做出实行特别处理、退市风险提示、暂停上市、终止上市的决定。这些做法既是对投资者的提示，也是对上市公司的淘汰制度，是防范和化解证券市场风险、保护投资者利益的重要措施。

为适应市场发展的需要，我国上海、深圳证券交易所的运作系统在原有集中竞价交易系统的基础上有所发展。上海证券交易所的运作系统包括集中竞价交易系统、大宗交易系统、固定收益证券综合电子平台。深圳证券交易所的运作系统包括集中竞价交易系统、综合协议交易平台。

四、证券交易所交易原则

证券交易所采用经纪制交易方式，投资者必须委托具有会员资格的证券经纪商在交易所内代理买卖证券，经纪商通过公开竞价形成证券价格，达成交易。我国《证券法》（四十条）规定，证券在证券交易所上市交易，应当采用公开的集中交易方式或者国务院证券监督管理机构批准的其他方式。证券交易当事人买卖的证券可以采用纸面形式或者国务院证券监督管理机构规定的其他形式。证券交易以现货和国务院规定的其他方式进行交易。

为了保证场内证券交易高效、有序进行，证券交易所需要制定交易原则和交易规则。

（一）“三公”原则

1. 公开原则

这一原则是要求证券市场具有充分的透明度，证券监管组织要通过制定制度和实施措施的办法实现市场信息的公开化。证券市场的信息是投资者作出合理预期的基础，对证券投资活动有决定性的影响。证券市场的各类参与主体在取得和占有信息的地位上往往是不对称的，证券发行人对自身经营信息的了解具有天然的优势，而投资者尤其是中小投资者则处于不利地位。要保护投资者利益，必须真正实现公开原则，必须要求信息披露应及时、完整、真实、准确。只有信息公开，投资者才能公平作出投资决策，才能防止各种证券欺诈和舞弊行为，保证市场公开。

2. 公平原则

这一原则要求证券监管措施的实施都以保证证券市场参与者的平等法律地位、维护交易双方的合法权益为目标。公平原则的核心目的是创造一个所有市场参与者进行公平竞争的环境。按照公平原则，证券市场的所有参与者，不论其身份、地位、经济实力等方面有何差异，只要是证券市场的主体，都应在禁入与退出市场、投资机会、享受服务、获取信息等方面享有完全平等的权利。

3. 公正原则

这一原则要求证券监管机构在公开、公平原则的基础上，对一切被监管对象给予公正待遇。公正原则是实现公开、公平原则的保障。根据公正原则，证券立法机构应当制定体现公平精神的法律、法规和政策；证券监管机构应当根据法律授予的权限履行监管职责，以法律为依据，对一切证券市场参与者给予公正的待遇；对证券违法行为的处罚及对证券纠纷事件和争议的处理，都应当公平进行。

（二）优先原则

证券交易通常必须遵循价格优先原则和时间优先原则。

1. 价格优先原则

价格较高的买入申报优先于价格较低的买入申报，价格较低的卖出申报优先于价格较高的卖出申报。

2. 时间优先原则

同价位申报，依照申报时序决定优先顺序，即买卖方向、价格相同的，先申报者优先于后申报者。先后顺序按证券交易所交易主机接受申报的时间确定。

（三）证券交易制度

证券交易制度的主要内容包括交易委托方式、价格形成机制、交易方式、指令撮合方式、交易信息披露、市场稳定措施等。

总结全球证券市场的情况，交易制度主要有三种——指令驱动型、报价驱动型和混合型。

指令驱动又可称为委托驱动或竞价驱动，有集合竞价和连续竞价两种形式，即在证券买卖双方的订单进入市场之后，以双方的报价为基准进行撮合，形成最后的交易价格。委托驱动交易比较直接，所花费的运行费用相对较低。但是在进行大宗交易的时候，指令驱动形成的价格不稳定，容易产生剧烈的波动，影响市场的稳定。并且，在信息不对称的情况下形成的交易价格会严重损害一部分投资者的利益，阻碍资本市场的健康发展。

报价驱动，指做市商制度下，最终的交易价格是由做市商提供的，证券投资各方看到报价之后再下订单，从做市商手中买卖证券。做市商制度通过做市商报价形成的交易价格相对比较稳定，在进行大宗交易的时候也不容易产生剧烈的波动。做市商制度又可分为垄断性做市商制度和竞争性做市商制度。每种证券只有一个做市商被称为垄断性做市商制度，这种做市商又可以称之为专营商（Specialist）；而每种证券可以有多个做市商进行报价的制度则是竞争性做市商制度。具体的交易制度介绍如下。

1. 集中竞价交易规则

（1）开设交易账户

依现行法规，每个投资人欲从事证券交易，须首先向证券登记公司申请开设证券账户，凭该证券账户可以从事二级市场证券交易，也可以从事一级市场网上认购；其次须向具体的证券公司（交易所会员）申请开设资金账户，存入交易资金，其限额由证券公司自行规定。依据上述开户合同，证券登记公司将为每一投资人提供证券托管、登记和交割服务；而证券公司将为投资人提供代理买卖、代理清算和资金出纳服务。

（2）委托买卖

依现行法规，每个投资人买卖证券均须委托具有会员资格的证券公司进行，即投资人（委托人）的交易指令先报送于证券公司（或交易系统），证券公司通过其场内交易员或交易系统将委托人的交易指令输入计算机终端；各证券公司计算机终端发出的交易指令将统一输入证券交易所的计算机主机，由其撮合成交；成交后由各证券公司代理委托人办理清算、交割、过户手续。

（3）场内竞价

委托人的交易指令通过证券商的代理按时间序号输入交易所计算机主机后，将通过场内竞价撮合成交。交易所场内竞价的方式分为集合竞价与连续竞价两种。

集合竞价主要适用于证券上市开盘价和每日开盘价。依此竞价方式，证券交易所在每一营业日正式开市前的规定时间内（9:10—9:25），计算机主机撮合系统将只存储交易指令而不撮合成交；在正式开市时，主机撮合系统将对所有输入的买卖盘价格和数量进行处理，以产生开盘价格。其撮合成交原则为：① 使高于开盘价的买单和低于开盘价的卖单能够全部成交；② 使开盘价下的买卖单成交量最大化；③ 如不能产生上述开盘参考价时，则以前一交易日的收盘价为当日开盘价。

集合竞价结束后，交易所将开始当日的正式交易，交易系统将进入连续竞价，直至当日收市。连续竞价是买卖双方按价格优先、时间优先的竞价原则连续报买报卖的过程。依此原则，每一时点的报买价如高于或等于报卖价时，即按价格顺序撮合成交；在每一同等成交价格点上，如买卖报单有时间差异的，即按时间顺序使先报者成交；凡不能成交者将等待机会成交，部分成交者将使剩余部分等待成交。

（4）清算与过户

证券交易清算是指证券买卖双方通过证券经纪商在证券交易所进行的证券买卖成交后，通过交易清算系统进行交易资金支付与收讫的过程，证券买卖的资金清算采取“T+0”规则。证券交易过户是指证券买卖双方通过证券经纪商在证券交易所进行的证券买卖成交后，再通过证券登记机构进行证券权利的移转与过户登记的过程，证券过户采取“T+1”规则。B 股买卖的资金清算采取“T+1”规则，交易的证券过户采取“T+3”规则。

2. 大宗交易制度

从世界各国的证券交易制度来看，不同交易所共同实施的交易制度有这样三种：一是直接竞价交易制度，二是大宗交易的制度，三是协议转让制度。我国目前沪深两地的证券交易所均规定有大宗交易制度，并且两地的证券交易所均设有大宗交易柜台。根据我国目前的证券交易规则，凡交易量达到或超过 50 万股的股票交易均可以向大宗交易柜台申请进行大宗交易，大宗交易柜台在接到申请后将储存其交易报单而不立即撮合，在交易所当日直接竞价交易结束时，再根据当日该股交易的平均交易价统一撮合成交。这就是说，我国目前对于大宗交易实际采取的是集合竞价制度。

3. 金融期货交易规则

根据我国的《期货交易管理条例》和我国目前期货市场的基本经验，我国对于即将推行的证券期货交易，将实行以下基本规则：

（1）保证金交易规则。依据该规则，我国目前对于证券期货交易实行 8% 的保证金交易规则，即证券期货交易者可以以面值 8% 的保证金买卖一面值的证券期货商品；法律允许期货经纪商在该 8% 的基础上另加收保证金，按照期货市场惯例，该保证金比例不应超过 15%。

（2）当日无负债结算规则。依据该规则，金融期货交易所应当在当日收市时，及时将结算结果通知其所有的期货交易会员并与之完成无负债结算，期货交易会员应当根据期货交易结算结果再与客户进行结算，并应当将结算结果按照与客户约定的方式及时通知客户。凡客户已经穿仓的，将按合同构成对期货交易会员的负债，期货交易会员有权要求该客户补充交易保证金，并以自有资金对交易所承担责任。

（3）强制平仓规则。依据该规则，期货交易所交易会员的保证金不足时，应当及时追加保证金或者自行平仓。会员未在期货交易所规定的时间内追加保证金或者自行平仓的，期货交易所应当将该会员的合约强行平仓，强行平仓的有关费用和发生的损失由该会员承担。

（4）逐日盯市规则。依此规则，期货经纪人有权要求其全部客户在其期货公司周边设有固定的办公场所、固定的办公人员、固定的联系电话；在每日结算时，只要该期货公司按照该固定的联系方式与客户进行了联系，即构成合法地通知；在合同约定的期限届满时，该期货公司有权按照合同的条款推定客户当事人的意思。

根据我国《期货交易管理条例》的规定，当我国期货市场出现异常情况时，期货交易所可以按照其章程规定的权限和程序，决定采取下列紧急措施，并应当立即报告国务院期货监督管理机构：① 提高保证金比例；② 调整涨跌停板幅度；③ 限制会员或者客户的最大持仓量；④ 暂时停止交易；⑤ 强制减仓；⑥ 采取其他紧急措施。

本章小结

1. 证券发行市场是发行人向投资者出售证券的市场。证券发行市场通常无固定场所，是一个无形的市场。证券发行市场的作用有：为资金需求者提供筹措资金的渠道；为资金供应者提供投资的机会，实现储蓄向投资转化；形成资金流动的收益导向机制，促进资源配置不断优化。

2. 证券发行市场由发行市场主体、发行中介及管理者和发行客体构成。发行主体包括证券发行人、证券投资人。证券发行人是资金的需求者和证券的供应者，证券投资人是资金的供应者和证券的需求者，证券中介机构则是联系发行人和投资者的专业性中介服务组织。证券发行客体是在市场上发行的有价证券。

3. 证券发行制度有注册制和核准制两种。我国股份公司首次公开发行股票和上市后向社会公开募集股份（公募增发）采取对公众投资者上网发行和对机构投资者配售相结合的发行方式。债券的发行方式有定向发行、承购包销、招标发行三种。发行人推销证券的方法有两种：一是自己销售，称为自销；二是委托他人代为销售，称为承销，承销方式有包销和代销两种。

4. 股票发行的定价方式，可以采取协商定价方式，也可以采取一般询价方式、累计投标询价方式、上网竞价方式等。首次公开发行股票以询价方式确定股票发行价格。上市公司发行证券，可以通过询价方式确定发行价格，也可以与主承销商协商确定发行价格。

5. 债券的发行价格可以分为：平价发行；折价发行；溢价发行。债券发行的定价方式以公开招标最为典型。按照招标标的分类，有价格招标和收益率招标；按价格决定方式分类，有美式招标和荷兰式招标。

6. 证券交易所是证券买卖双方公开交易的场所，是一个高度组织化、集中进行证券交易的市场，是整个证券市场的核心。证券交易市场通常分为证券交易所市场和场外交易市场。证券交易所是依据国家有关法律，经政府证券主管机关批准设立的集中进行证券交易的有形场所。证券交易所分为公司制和会员制两种组织形式。

7. 场外交易市场即业界所称的OTC市场，又称柜台交易市场或店头市场，是指在证券交易所外进行证券买卖的市场。场外交易市场主要由柜台交易市场、第三市场、第四市场组成。

8. 证券上市是指已公开发行的证券经过证券交易所批准在交易所内公开挂牌买卖，又称交易上市。

9. 证券交易通常必须遵循价格优先原则和时间优先原则。证券交易制度的主要内容包括交易委托方式、价格形成机制、交易方式、指令撮合方式、交易信息披露、市场稳定措施等内容。

重要概念

发行市场　注册制　核准制　定向发行　承购包销　招标发行　美式招标　荷兰式招标　公募发行　私募发行　证券交易所　OTC 市场　柜台市场　第三市场　第四市场　证券上市　价格优先　时间优先　“三公”原则

复习思考题

1. 证券发行制度的内容是什么？
2. 债券发行的方式有哪些？
3. 我国证券交易市场的构成情况是怎样的？
4. 场外市场的交易内容有哪些？

第九章

证券价格及决定

学习目的

通过本章的学习，学生能够做到：掌握证券价格指数，尤其是股票价格指数的概念和计算；了解主要的证券价格指数；理解股票的除权，正确计算股票的除权价格和复权价格；掌握主要的证券价格决定理论；理解证券价格的决定机理。

重点难点

1. 股票价格指数及计算；
2. 证券价格指数的分类；
3. 股票除权及计算；
4. 证券价格决定理论。

第一节 证券价格指数

一、证券价格指数概述

证券价格指数是指反映有价证券市场价格波动的相对数，是当代市场经济国家普遍编制的主要价格指数之一。

有价证券的主要形式是股票和债券，与此相对应，证券价格指数可分为股票价格指数和债券价格指数，其中普遍编制的是股票价格指数。股票价格指数分为定基指数和环比指数。计算定基指数时，首先要用简单算术平均法或加权算术平均法计算具有代表性的股票样本的平均价格，再根据各主要证券服务机构的公司股票计算股票价格指数；计算环比指数时，要根据一定的股票样本的牌价登记资料，采用加权算术平均公式计算，股票过去某一相近日期的市场价值为其可变权数。债券价格指数的计算方法与股票价格指数的计算方法基本相同。

二、股票价格指数的计算

（一）股价平均数

股价平均数是衡量股票市场总体价格水平及其变动趋势的尺度，也是反映一个国家或地区政治、经济发展状态的灵敏信号。

股价平均数采用股价平均法，用来度量所有样本股经调整后的价格水平的平均值，可分为简单算术股价平均数、修正股价平均数和加权股价平均数。

1. 简单算术股价平均数

简单算术股价平均数是以样本股收盘价之和除以样本股数。其计算公式为：

$$P = \frac{\sum_{i=1}^{n} P_i}{N} \qquad (9-1)$$

式中，P 为平均股价；P_i 为各样本股收盘价；N 为样本股票种数。

世界上第一个股票价格指数——道·琼斯股票价格平均指数在 1928 年 10 月 1 日以前采用的就是简单算术平均数法计算的。

【例 9-1】 假设某股市采样的股票为 A、B、C、D 四种，在某一交易日的收盘价格分别为 10 元、15 元、25 元、30 元，计算该市场股价平均数。

$$股价平均数 = \frac{10+15+25+30}{4} = 20\ （元）$$

简单算术股价平均数的优点是计算简便。但也存在两个缺点：第一，发生样本股送配股、拆股和增发时会使股价平均数失去真实性、连续性和时间数列上的可比性；第二，在计算时没有考虑权数，即忽略了发行量或成交量不同的股票对股票市场有不同影响这一重要因素。简单算术股价平均数的这两点不足，可以通过修正股价平均数和加权股价平均数来弥补。

2. 修正股价平均数

修正股价平均数是在简单算术股价平均数法的基础上，当发生送股、拆股、增发、配股时，通过变动除数，使股价平均数不受影响。修正除数的计算公式如下：

新的除数＝拆股后的总价格÷拆股前的平均数　　(9-2)

修正股价平均数＝拆股后的总股价÷新的除数　　(9-3)

【例 9-2】 比如上例中的 D 股票，拆股后变成 10 元，那么，

新除数＝(10+15+25+10)÷20＝3

修正股价平均数＝(10+15+25+10)÷3＝20(元)

这样计算出来的平均数与未拆股时的一样，股价水平也不会因拆股而变动。

目前在国际上影响最大、历史最悠久的道·琼斯股价平均数就采用修正股价平均数法来计算股价平均数，每当股票分割、送股或增发、配股数超过原股份 10% 时，就对

除数作相应的修正。

3. 加权股价平均数

加权股价平均数也称加权平均股价，是将各样本股票的发行量或成交量作为权数计算出来的股价平均数。其计算公式为：

$$加权平均股价\ P = \frac{\sum_{i=1}^{n} P_i \cdot w_i}{w} \tag{9-4}$$

式中，w_i为第 i 个样本股的发行量或成交量；w 为样本股发行总量或成交总额。

（二）股票价格指数

股价平均数是以具体的金额形式表示的，从中难以看出股票价格的波动情况。为了弥补股价平均数这个缺点，产生了股票价格指数。股票价格指数是国民经济的“晴雨表”，股市行情的“测量器”、“风向标”，是投资者制定投资策略的信息，也是证券监控部门实施宏观调控的依据。

股票价格指数（以下简称股价指数），是指由金融服务机构编制的，通过对股票市场上一些有代表性的公司发行的股票交易价格进行加权平均计算和动态对比后得出的数值，是股价波动状况和股市发展趋势的反映。

股票价格指数又称为样本股票，具有典型性、普遍性、特殊性的特征。作为对比基础的价格期间叫做基期，与之对比的价格期间叫做报告期。通常将报告期的股价与选定的基期的价格相比，并将二者的比值再乘以基期的指数值，即为报告期的股价指数。

$$股票价格指数 = \frac{报告期股价平均水平}{基期股价平均水平} \times 基期指数 \tag{9-5}$$

1. 简单算术股票价格指数

简单算术股票价格指数又有相对法和综合法之分。

（1）相对法。又称平均法，是先计算各个样本股的个别指数，再加总求出算术平均数。其计算公式为：

$$P = \frac{1}{N}\sum_{i=1}^{n}\frac{P_{1i}}{P_{0i}} \times 基期指数 \tag{9-6}$$

式中，P 为股票价格指数；P_{0i}为基期第 i 种股票价格；P_{1i}为报告期第 i 种股票价格；N 为样本数。

【例 9-3】 假定股市采样股票四只，其交易的相关资料如表 9-1 所示。求股票价格指数。（假设基期定为 100，以下例同。）

表 9-1 **采样股交易资料表**

项目 / 种类	股价（元）		交易量（万股）		发行量（万股）	
	基期	报告期	基期	报告期	基期	报告期
A	6	8	100	120	500	800

续表

项目 种类	股价（元）		交易量（万股）		发行量（万股）	
	基期	报告期	基期	报告期	基期	报告期
B	8	12	80	100	650	1 100
C	12	15	60	80	500	700
D	10	14	120	100	900	550

将数字代入公式，可得

$$P = \frac{1}{4}\left(\frac{8}{6} + \frac{12}{8} + \frac{15}{12} + \frac{14}{10}\right) \times 100 = 137.08$$

该计算结果说明报告期的股价比基期股价上升了 37.08 个百分点。

（2）综合法。是将样本股票基期价格和计算期价格分别加总，然后再用报告期的股价总额与基期的股价总额相比较，求出股价指数。其计算公式为：

$$p = \frac{\sum_{i=1}^{n} p_{1i}}{\sum_{i=1}^{n} p_{0i}} \times 基期指数 \tag{9-7}$$

代入表中数字可得

$$报告期的股价指数 = \frac{8 + 12 + 15 + 14}{6 + 8 + 12 + 10} \times 100 = 136.11$$

即报告期的股价比基期股价上涨了 36.11 个百分点。

平均法和加权法计算股票价格指数都未考虑到由于各种样本股票的发行量和成交量的不同，对整个股市价格的影响也不相同，因此这两种方法计算出的指数不够准确。

2. 加权综合法

加权综合法股票价格指数计算是以样本股票发行量或成交量为权数加以计算，又有基期加权、报告期加权和几何加权之分。以基期成交股数（或发行量）为权数的指数称为拉斯贝尔指数；以报告期成交股数（或发行量）为权数的指数称为派许指数。目前世界上大多数股票指数都是派许指数。

（1）基期加权股价指数。又称拉斯贝尔加权指数（Laspeyre Index），系采用基期发行量或成交量作为权数。其计算公式为：

$$P = \frac{\sum_{i=1}^{n} p_{1i} \cdot w_{0i}}{\sum_{i=1}^{n} p_{0i} \cdot w_{0i}} \times 基期指数 \tag{9-8}$$

式中，w_{0i}为基期采样股票交易量或发行量。

(2) 报告期加权股价指数。又称派许加权指数 (Paasche Index), 采用计算期发行量或成交量作为权数。其适用性较强, 使用较广泛, 很多著名股价指数, 如标准普尔指数等, 都使用这一方法。其计算公式为:

$$P = \frac{\sum_{i=1}^{n} p_{1i} \cdot w_{1i}}{\sum_{i=1}^{n} p_{0i} \cdot w_{1i}} \times \text{基期指数} \qquad (9-9)$$

式中, w_{1i} 为报告期采样股票交易量或发行量。

【例 9-4】 股市采样股票的数据同上例, 求派许指数 (以成交量为权重)。

$$\text{报告期股价指数} = \frac{8 \times 120 + 12 \times 100 + 15 \times 80 + 14 \times 100}{6 \times 120 + 8 \times 100 + 12 \times 80 + 10 \times 100} \times 100$$

$$= \frac{4\ 760}{3\ 480} \times 100 = 136.78$$

即报告期的股价比基期股价上涨了 36.78 个百分点。

(3) 几何加权股价指数。又称费雪理想式 (Fisher's Index Formula), 是对两种指数作几何平均, 由于计算复杂, 很少被实际应用。其计算公式为:

$$P = \sqrt{\frac{\sum_{i=1}^{n} p_{1i} \cdot w_{0i}}{\sum_{i=1}^{n} p_{0i} \cdot w_{0i}} \cdot \frac{\sum_{i=1}^{n} p_{1i} \cdot w_{1i}}{\sum_{i=1}^{n} p_{0i} \cdot w_{1i}}} \times \text{基期指数} \qquad (9-10)$$

三、我国主要的股票价格指数

(一) 中证指数有限公司及其指数

中证指数有限公司成立于 2005 年 8 月 25 日, 是由上海证券交易所和深圳证券交易所共同出资发起设立的一家专业从事证券指数及指数衍生产品开发服务的公司。

1. 沪深 300 指数

沪深 300 指数是沪、深证券交易所于 2005 年 4 月 8 日联合发布的反映 A 股市场整体走势的指数。沪深 300 指数编制目标是反映中国证券市场股票价格变动的概貌和运行状况, 并能够作为投资业绩的评价标准, 为指数化投资和指数衍生产品创新提供基础条件。中证指数有限公司成立后, 沪、深证券交易所将沪深 300 指数的经营管理及相关权益转移至中证指数有限公司。沪深 300 指数简称沪深 300, 成分股数量为 300 只, 指数基日为 2004 年 12 月 31 日, 基点为 1 000 点。

2. 中证规模指数

中证规模指数包括中证 100 指数、中证 200 指数、中证 500 指数、中证 700 指数、中证 800 指数。中证指数有限公司于 2006 年 5 月 29 日发布中证 100 指数。指数以沪深 300 指数样本股作为样本空间, 样本数量为 100 只, 选样方法是根据总市值对样本空间内股票进行排名，原则上挑选排名前100名的股票组成样本，但经专家委员会认定不宜作为样本的股票除外。指数以2005年12月30日为基日，基点为1 000点。

中证指数有限公司于2007年1月15日正式发布中证200指数、中证500指数、中证700指数、中证800指数。上述指数的基日为2004年12月31日，基点为1 000点。这些指数与沪深300指数、中证100指数共同构成中证规模指数体系。其中，中证100指数定位于大盘指数，中证200指数为中盘指数，沪深300指数为大中盘指数，中证500指数为小盘指数，中证700指数为中小盘指数，中证800指数则由大中小盘指数构成。

3. 沪深300行业指数

中证指数有限公司于2007年7月2日发布10只沪深300行业指数。行业指数分别是沪深300能源指数、沪深300原材料指数、沪深300工业指数、沪深300可选消费指数、沪深300主要消费指数、沪深300医药卫生指数、沪深300金融地产指数、沪深300信息技术指数、沪深300电信业务指数和沪深300公用事业指数。各行业指数的基日均为2004年12月31日，基点均为1 000点。

4. 沪深300风格指数系列

为综合反映沪、深证券市场不同风格特征股票的整体表现，中证指数有限公司于2008年1月21日正式发布沪深300风格指数系列，该指数系列共有4只指数，包括沪深300成长指数和沪深300价值指数、沪深300相对成长指数和沪深300相对价值指数。沪深300风格指数系列均以2004年12月31日为基期，基点为1 000点。

（二）上海证券交易所的股价指数

1. 样本指数类

（1）上证成分股指数。上证成分股指数简称上证180指数，是上海证券交易所对原上证30指数进行调整和更名产生的指数。上证成分股指数的样本股共有180只股票，选择样本股的标准是遵循规模（总市值、流通市值）、流动性（成交金额、换手率）、行业代表性3项指标，即选取规模较大、流动性较好且具有行业代表性的股票作为样本。上证180指数是1996年7月1日起正式发布的上证30指数的延续，2002年7月1日正式发布，基点为2002年6月28日上证30指数的收盘点数3 299.05点。

（2）上证50指数。2004年1月2日，上海证券交易所发布了上证50指数。50指数根据流通市值、成交金额对股票进行综合排名，从上证180指数样本中选择排名前50位的股票组成样本。指数以2003年12月31日为基日，以该日50只成分股的调整市值为基期，基数为1 000点。

（3）上证红利指数。上证红利指数简称红利指数，由上海证券交易所编制。上证红利指数挑选在上证所上市的现金股息率高、分红比较稳定、具有一定规模及流动性的50只股票作为样本，以反映上海证券市场高红利股票的整体状况和走势。上证红利指数以2004年12月31日为基日，基点为1 000点，于2005年首个交易日发布。

上证样本指数类还有上证180金融股指数、上证公司治理指数、上证180公司治理指数、上证180风格指数系列、上证行业指数系列、上证中型企业综合指数等。

2. 指数类

（1）上证综合指数。上海证券交易所从1991年7月15日起编制并公布上海证券交易所股价指数，它以 1990 年 12 月 19 日为基期，以全部上市股票为样本，以股票发行量为权数，按加权平均法计算。遇新股上市、退市或上市公司增资扩股时，采用除数修正法修正原固定除数，以保证指数的连续性。2007 年 1 月上海证券交易所宣布，新股于上市第 11 个交易日开始计入上证综指、新综指及相应上证 A 股、上证 B 股、上证分类指数，从而进一步完善指数编制规则，使指数更真实地反映市场的平均收益水平。

（2）新上证综合指数。新上证综合指数简称新综指，指数代码为 000017，于 2006 年 1 月 4 日首次发布。新综指选择已完成股权分置改革的沪市上市公司组成样本，实施股权分置改革的股票在方案实施后的第 2 个交易日纳入指数。新综指是一个全市场指数，它不仅包括 A 股市值，而且对于含 B 股的公司，其 B 股市值同样计算在内。新综指以 2005 年 12 月 30 日为基日，以该日所有样本股票的总市值为基期，基点为 1 000 点。

3. 分类指数类

上证分类指数有 A 股指数、B 股指数、工业类指数、商业类指数、地产类指数、公用事业类指数、综合类指数，共 7 类。

上证 A 股指数以 1990 年 12 月 19 日为基期，设基期指数为 100 点，以全部上市的 A 股为样本，以市价总值加权平均法编制。上证 B 股指数以 1992 年 2 月 21 日为基期，设基期指数为 100 点，以美元为计价单位，以全部上市的 B 股为样本，以市价总值加权平均法编制。

上海证券交易所按全部上市公司的主营范围、投资方向及产出分别计算工业类指数、商业类指数、地产类指数、公用事业类指数和综合类指数。上证工业类指数、商业类指数、地产类指数、公用事业类指数、综合类指数均以 1993 年 4 月 30 日为基期，基期指数设为 1 358.78 点，于 1993 年 6 月 1 日正式对外公布。以在上海证券交易所上市的全部工业类股票、商业类股票、地产类股票、公用事业类股票、综合类股票为样本，以全部发行股数为权数进行计算。

（三）深圳证券交易所的股价指数

1. 样本指数类

（1）深证成分股指数。深证成分股指数由深圳证券交易所编制，通过对所有在深圳证券交易所上市的公司进行考察，按一定标准选出 40 家有代表性的上市公司作为成分股，以成分股的可流通股数为权数，采用加权平均法编制而成。成分股指数以 1994 年 7 月 20 日为基日，基日指数为 1 000 点，起始计算日为 1995 年 1 月 23 日。

（2）深证 A 股指数。深证 A 股指数以成分 A 股为样本，以成分 A 股的可流通股数为权数，采用加权平均法编制而成。成分 A 股指数以 1994 年 7 月 20 日为基日，基日指数为 1 000 点，起始计算日为 1995 年 1 月 23 日。

（3）深证 B 股指数。深证 B 股指数以成分 B 股为样本，以成分 B 股的可流通股数为权数，采用加权平均法编制而成。成分 B 股指数以 1994 年 7 月 20 日为基日，基日指数为 1 000 点，起始计算日为 1995 年 1 月 23 日。

（4）深证 100 指数。深圳证券信息有限公司于 2003 年初发布深证 100 指数。深证 100 指数成分股的选取主要考察 A 股上市公司流通市值和成交金额两项指标，从在深交所上市的股票中选取100只A股作为成分股，以成分股的可流通A股数为权数，采用派许综合法编制。深证100指数以2002年12月31日为基准日，基准指数定为1 000点，从2003年1月2日开始编制和发布。

2. 综合指数类

（1）深证综合指数。深圳证券交易所综合指数包括：深证综合指数、深证A股指数和深证B股指数。它们分别以在深圳证券交易所上市的全部股票、全部A股、全部B股为样本股，以1991年4月3日为综合指数和A股指数的基期，以1992年2月28日为B股指数的基期，基期指数定为100。

（2）深证新指数。深圳证券交易所于2006年2月16日正式编制和发布深证新指数。该指数的样本股由在深圳证券交易所上市的、完成股权分置改革的、正常交易的各类行业的股票组成。深证新指数采取自由流通股数为加权权重，以2005年12月30日为基日，基点为1 107.23点。

（3）中小企业板指数。中小企业板指数简称“中小板指数”，由深圳证券交易所编制。中小企业板指数以全部在中小企业板上市后并正常交易的股票为样本，新股于上市次日起纳入指数计算。中小板指数以最新自由流通股本数为权重，即以扣除流通受限制的股份后的股本数量作为权重，以计算期加权法计算，并以逐日连锁计算的方法得出实时指数的综合指数。中小板指数以2005年6月7日为基日，设定基点为1 000点，于2005年12月1日起正式对外发布。

（4）创业板指数。为了更全面地反映创业板市场情况，向投资者提供更多的可交易的指数产品和金融衍生工具的标的物，推进指数基金产品以及丰富证券市场产品品种，深圳证券交易所于2010年6月1日起正式编制和发布创业板指数。该指数的编制参照深证成分指数和深证100指数的编制方法和国际惯例（包括全收益指数和纯价格指数）。至此，创业板指数、深证成指、中小板指数共同构成反映深交所上市股票运行情况的核心指数。创业板指数基日为2010年5月31日，基点为1 000点。

3. 分类指数类

深证分类指数包括农林牧渔指数、采掘业指数、制造业指数、水电煤气指数、建筑业指数、运输仓储指数、信息技术指数、批发零售指数、金融保险指数、房地产指数、社会服务指数、传播文化指数、综企类指数共13类。其中，制造业指数又分为食品饮料指数、纺织服装指数、木材家具指数、造纸印刷指数、石化塑胶指数、电子指数、金属非金属指数、机械设备指数、医药生物指数9类。深证分类指数以1991年4月3日为基期，基期指数设为1 000点，起始计算日为2001年7月2日。

（四）香港和台湾的主要股价指数

1. 恒生指数

恒生指数是由香港恒生银行于1969年11月24日起编制公布，系统反映香港股票市场行情变动最有代表性和影响最大的指数。

香港恒生指数成分股编制规则沿用了37年，于2006年2月提出改制，首次将H股纳入恒生指数成分股。除首度将H股纳入恒指成分股外，恒生指数的编算方法也将出现变动：由总市值加权法改为以流通市值调整计算，并为成分股设定15%的比重上限。

近年来，国企股占港股总市值和成交额的比重不断上升，变动后的恒生指数更能全面反映市况，更具市场代表性。

2. 恒生综合指数系列

恒生银行于 2001 年 10 月 3 日推出恒生综合指数系列。恒生综合指数包括 200 家市值最大的上市公司，并分为两个独立指数系列，即地域指数系列和行业指数系列。地域指数分为恒生香港综合指数和恒生中国内地指数。恒生综合行业指数分为资源矿产业指数、工业制造业指数、消费品制造业指数、服务业指数、公用事业指数、金融业指数、地产建筑业指数、咨询科技业指数、综合企业指数。

3. 台湾证券交易所发行量加权股价指数

我国台湾证券交易所目前发布的股价指数中，以发行股数加权计算的有 26 种，包括发行量加权股价指数（未含金融股发行量加权股价指数和电子股发行量加权股价指数），还有 22 种产业分类股价指数、与英国富时共同编制的台湾 50 指数以及以算术平均法计算的综合股价平均数和工业指数平均数。其中最有代表性的是我国台湾证券交易所发行量加权股价指数。

四、我国的其他证券指数

（一）我国主要的债券指数

1. 中证全债指数

中证指数有限公司于 2007 年 12 月 17 日发布中证全债指数。该指数的样本债券种类是在上海证券交易所、深圳证券交易所及银行间市场上市的国债、金融债及企业债。债券的信用级别为投资级以上，债券币种为人民币，债券的剩余期限为 1 年以上，付息方式为固定利率付息和一次还本付息。指数的基日为 2002 年 12 月 31 日，基点为 100 点。

中证指数有限公司于 2008 年 1 月 28 日正式发布中证国债指数、中证金融债指数、中证企业债指数等 3 只中证分类债券指数。3 只指数的基日均为 2002 年 12 月 31 日，基点均为 100 点。

2. 上证国债指数

上海证券交易所自 2003 年 1 月 2 日起发布上证国债指数。上证国债指数以在上海证券交易所上市的、剩余期限在 1 年以上的固定利率国债和一次还本付息国债为样本，按照国债发行量加权，基日为 2002 年 12 月 31 日，基点为 100 点。

3. 上证企业债指数

上海证券交易所于 2003 年 6 月 9 日起发布企业债指数。该指数以在沪、深证券交易所上市交易的固定利率付息和一次还本付息、剩余期限在 1 年以上（含 1 年）、信用评级为投资级（BBB）以上的非股权连接类企业债券为样本，以 2002 年 12 月 31 日为基准日，基日指数为 100 点，采用派许加权综合价格指数公式计算。

4. 中国债券指数

2002 年 12 月 31 日，中央登记公司开始发布中国债券指数系列，该指数体系包括国债指数、企业债指数、政策性银行金融债指数、银行间债券指数、交易所债券指数、中短期债券指数和长期国债指数等，覆盖了交易所市场和银行间市场所有发行额在50亿元人民币以上、待偿期限在1年以上的债券，指数样本债券每月末调整一次。该指数系列以2001年12月31日为基日，基期指数为100，每个工作日计算一次。

（二）我国主要的基金指数

我国主要的基金指数由中证基金指数系列、上证基金指数和深证基金指数组成。

1. 中证基金指数系列

中证指数有限公司于2008年2月4日正式发布中证基金指数系列。目前该指数系列有4只指数，包括中证开放式基金指数和3个分类指数（中证股票型基金指数、中证混合型基金指数和中证债券型基金指数）。中证基金指数系列均以2002年12月31日为基日，基点为1 000点。中证基金指数的样本空间为当前市场上的所有开放式基金（不包括货币型基金和保本型基金）。

2. 上证基金指数

上证基金指数的选样范围为在上海证券交易所上市的所有证券投资基金。上证基金指数以2000年5月8日为基日，以该日所有证券投资基金市价总值为基期，设基日指数为1 000点。

3. 深证基金指数

深证基金指数的样本包括已在深圳证券交易所上市的所有证券投资基金。新上市的基金自上市后第2个交易日起纳入指数计算范围。深证基金指数的编制采用派许加权综合指数法计算，权数为各证券投资基金的总发行规模，以2000年6月30日为基日，基日指数为1 000点，起始计算日为2000年7月3日。

五、国际主要股票市场及其价格指数

（一）道·琼斯工业股价平均数

道·琼斯工业股价平均数是世界上最早、最享盛誉和最有影响的股票价格平均数，由美国道·琼斯公司编制，并在《华尔街日报》上公布。早在1884年7月3日，道·琼斯公司的创始人查尔斯·亨利·道和爱德华·琼斯根据当时美国有代表性的11种股票编制股票价格平均数，并发表于该公司编辑出版的《每日通讯》（于1889年改为《华尔街日报》）上。后来，道·琼斯股价平均数的样本股逐渐扩大至65种，编制方法也由简单算术平均法改为除数修正的算数平均法，以1928年10月1日为基期，基期指数为100。

现在人们所说的道·琼斯指数实际上是一组股价平均数，包括5组指标：

（1）工业股价平均数。以美国埃克森石油公司、通用汽车公司和美国钢铁公司等30家著名大工商业公司股票为编制对象，能灵敏反映经济发展水平和变化趋势。平时所说的道·琼斯指数就是指道·琼斯工业股价平均数。

（2）运输业股价平均数。以美国泛美航空公司、环球航空公司、国际联运公司等20家具有代表性的运输业公司股票为编制对象。

（3）公用事业股价平均数。以美国电力公司、煤气公司等15种具有代表性的公用事业大公司股票为编制对象。

（4）股价综合平均数。以上述 65 家公司股票为编制对象。

（5）道·琼斯公正市价指数。以 700 种不同规模或实力的公司股票作为编制对象，于 1988 年 10 月首次发表。由于该指数所选的股票不但考虑了广泛的行业分布，而且兼顾了公司的不同规模和实力，因而具有相当的代表性。

（二）金融时报证券交易所指数

金融时报证券交易所指数（也译为“富时指数”）是英国最具权威性的股价指数，原由《金融时报》编制和公布，现由《金融时报》和伦敦证券交易所共同拥有的富时集团编制。这一指数包括 3 种：

（1）金融时报工业股票指数，又称 30 种股票指数。该指数包括 30 种最优良的工业股票价格，其中有烟草、食油、电子、化学药品、金属机械、原油等。由于这 30 家公司股票的市值在整个股市中所占的比重大，具有一定的代表性，因此，该指数是反映伦敦证券市场股票行情变化的重要尺度。它以 1935 年 7 月 1 日为基期，基期指数为 100。

（2）100 种股票交易指数，又称 FT—100 指数。该指数自 1984 年 1 月 3 日起编制并公布。这一指数挑选了 100 家有代表性的大公司股票，又因它通过伦敦股票市场自动报价电脑系统可随时得出股票市价，并每分钟计算一次，因此能迅速反映股市行情的每一变动，自公布以来受到人们的广泛重视。为了便于期货交易和期权交易，该指数基值定为 1 000。

（3）综合精算股票指数。该指数从伦敦股市上精选 700 多种股票作为样本股加以计算。它自 1962 年 4 月 10 日起编制和公布，并以这一天为基期，基数为 1 000。这一指数的特点是统计面宽、范围广，能较全面地反映整个股市状况。

（三）日经 225 股价指数

日经 225 股价指数是日本经济新闻社编制和公布的反映日本股票市场价格变动的股价指数。该指数从 1950 年 9 月开始编制，最初根据在东京证券交易所第一市场上市的 225 家公司的股票算出修正平均股价，称为东证修正平均股价。1975 年 5 月 1 日日本经济新闻社向道·琼斯公司买进商标，采用道·琼斯修正指数法计算，指数也改称为日经道式平均股价指标。1985 年 5 月合同期满，经协商，又将名称改为“日经股价指数”。现在日经股价指数分成两组：一是日经 225 种股价指数；二是日经 500 种股价指数。

（四）NASDAQ 市场综合指数

NASDAQ 的中文全称是全美证券交易商自动报价系统，于 1971 年正式启用。它利用现代电子计算机技术，将美国 6 000 多个证券商网点连接在一起，形成了一个全美统一的场外二级市场。1975 年又通过立法，确定这一系统在证券二级市场中的合法地位。目前有不少国家和地区模仿美国 NASDAQ，建立第二交易系统或二板市场，如欧洲的 EASDAQ 市场、日本的 JASDAQ 市场、新加坡的 SESDAQ 市场、马来西亚的 MESDAQ 市场、韩国的 KOSDAQ 市场、罗马尼亚的 RASDAQ 市场等。

NASDAQ 综合指数是以在 NASDAQ 市场上市的、所有本国和外国的上市公司的普通股为基础计算的。该指数按每个公司的市场价值来设权重，这意味着每个公司对指数的影响将由其市场价值决定。现在 NASDAQ 综合指数包括 5 000 多家公司，远远超过其他市场指数。正因为有如此大的计算范围，使得该指数成为 NASDAQ 的主要市场指数，也是最有影响力的证券指数之一。该指数是在 1971 年 2 月 8 日启用的，基准点为 100 点。

第二节　证券价格的分类

一、证券价格的种类

常见的证券价格种类有以下几种：

（一）票面价格

又称面值，即在证券上标明的价格。股票票面上标明的金额，用来表明每张股票所包含的资本数额；债券上标明的金额，用来表明每张债券所包含的债权数额。票面价格是确定发行价格的依据，通常票面价格的大小取决于筹资总规模、发行证券的份额以及市场的供求关系等因素。

（二）账面价格

发行股票的公司净资产即为公司股票的账面价值，也称为股票的净值，它的含义是指股东持有的每一股份在账面上所代表的公司财产价值。其计算公式为：

普通股账面价值=(公司资产净值-优先股总价值)÷普通股股数　　(9-11)

（三）清算价格

发行股票的公司发生兼并、破产、分立等进行清算时，每股股票所代表的实际价值。从理论上讲，股票的清算价格是公司清算时资产净值与公司股票股数的比值，但实际上由于存在清算费用、资产出售价格等原因，两者并不相等。清算价格的高低取决于股票的账面价值、资产出售损益、清算费用高低等因素。

（四）理论价格

又称内在价值。是证券未来收益的现值，决定证券市场价格的基础。计算内在价值一般采用折现法，即把证券未来所有的收益按照一定的折现率折成现值，与预期收益成正比，与市场利率成反比。其计算公式为：

$$PV = \sum_{t=1}^{n} \frac{I_t}{(1+i)^t} \tag{9-12}$$

式中，PV 为理论价格；I_t为第 t 期的收益；t 为期间数；i 为折现率（一般用同期市场利率替代）。

（五）发行价格

发行价格是指发行证券的主体在发行证券时确立的出售价格。根据不同的发行主体和发行当时的市场状况，发行价格也有所不同，有平价发行、溢价发行、折价发行等，股票不允许折价发行。发行时，一般只能采取一种价格，主要取决于发行主体的信用、经营业绩、市场行情等因素。

（六）市场价格

证券交易过程中买卖双方达成的成交价，即市价，也称证券行市。人们在日常谈到证券价格的时候，更多的是指市场价格。市场价格主要由供求决定，当供不应求时，价格上涨；供大于求时，价格下跌。影响市场价格的因素很多，一类是基本因素，一类是技术因素。

二、股票的发行价格

（一）股票发行的价格的种类

股票发行价格指股份有限公司将股票公开发售给特定或非特定投资者所采用的价格。根据我国《公司法》的规定，股票不得以低于股票票面金额的价格发行，所以股票发行价格可以分为面值发行与溢价发行。根据《证券法》的规定，股票发行采取溢价发行的，其发行价格由发行人与承销的证券公司协商确定，报国务院证券监督管理机构核准。

（二）影响发行价格的因素

（1）净资产。公司净资产是指总资产减去负债以后的净额。每股净资产即每股股票的账面价值，是影响发行价格的基础性因素。国有企业依法改组设立的公司，发行人改制当年经评估确认的净资产所折股数可作为定价的重要参考。

（2）盈利水平。公司的税后利润水平直接反映了一个公司的经营能力和上市时的价值，每股税后利润的高低直接关系着股票发行价格。

（3）发展潜力。公司经营的增长率（特别是盈利的增长率）和盈利预测是关系股票发行价格的又一重要因素。在总股本和税后利润既定的前提下，公司的发展潜力越大，未来盈利趋势越确定，市场所接受的发行市盈率也就越高，发行价格也就越高。

（4）发行数量。一般情况下，若股票发行的数量较大，为了能保证销售期内顺利地将股票全部出售，取得预定金额的资金，价格应适当定得低一些；若发行量小，考虑到供求关系，价格可定得高一些。

（5）行业前景。发行公司所处行业的发展前景会影响到公众对本公司发展前景的预期，同行业已经上市企业的股票价格水平，剔除不可比因素以后，也可以客观地反映本公司与其他公司相比的优劣程度。如果该公司各方面都优于已上市的同行业公司，其发行价可以定得高一些，反之则应该定得低一些。

（6）股市状况。二级市场的股票价格水平直接关系到一级市场的发行价格，在制定发行价格时，要考虑到二级市场股票价格水平在发行期内的变动情况。在牛市时期，发行价可以定得高一些，而在熊市时期，发行价应当定得低一些。同时，发行价格的确定要有一定的前瞻性，要给二级市场的运作留有适当的余地。

（三）确定发行价的方法

1. 市盈率法

市盈率又称本益比（P/E），是指股票市场价格与盈利的比率。计算公式为：

市盈率=股票市价÷每股收益

通过市盈率法确定股票发行价格，首先应根据注册会计师审核后的盈利预测计算出发行人的每股收益；然后可根据二级市场的平均市盈率、发行人的行业情况（同类行业公司股票的市盈率）、发行人的经营状况及其成长性等拟定发行市盈率；最后依发行市盈率与每股收益的乘积决定发行价。

发行价格＝每股收益×发行市盈率

每股收益＝税后利润÷股份总额

确定每股税后利润的方法有两种：一种为完全摊薄法，即用发行当年预测全部税后利润除以总股本，直接得出每股税后利润；另一种是加权平均法。加权平均法的计算公式为：

$$\text{股票发行价格}=\frac{\text{发行当年预测利润}}{\text{发行当年加权平均股本数}}\times\text{市盈率}$$

$$=\frac{\text{发行当年预测利润}}{\text{发行前总股本数}+\text{本次公开发行股本数}\times(12-\text{发行月份})\div 12}\times\text{市盈率} \tag{9-13}$$

不同的方法得到不同的发行价格，每股税后利润确定采用加权平均法较为合理。因股票发行的时间不同，资金实际到位的先后对企业效益影响较大，同时投资者在购股后才应享受应有的权益。

2. 竞价确定法

投资者在规定的发行期间，通过证券交易所的交易网络，以不低于发行底价的价格并按限购比例或数量进行认购委托，申购期满后，由交易系统主机将所有有效申购按照价格优先、同价位时间优先的顺序从高价位到低价位依次排列。当累计数量恰好等于或超过发行数量时的价格，即为发行价格。如果在发行底价上仍不能满足本次发行股票的数量，则底价为发行价。发行底价由发行人和主承销商根据发行人的经营业绩、盈利预测、项目投资的规模、市盈率、同类股票的价格及影响发行价格的其他因素共同研究协商确定。由于在此种方式下，机构大户易于操纵发行价格，因此，经试验后停止使用。

3. 净资产倍率法

净资产倍率法又称资产净值法，指通过资产评估（物业评估）和相关会计手段确定发行人拟募股资产的每股净资产值，然后根据证券市场的状况将每股净资产值乘以一定的倍率或一定的折扣，以此确定股票发行价格的方法。其计算公式是：

发行价格＝每股净资产值×溢价倍率（或折扣倍率）

净资产倍率法在国外常用于房地产公司或资产现值要重于商业利益的公司的股票发行，但在国内一直未曾采用。用这种方法确定发行价格不仅应考虑公平市值，还须考虑市场所能接收的溢价倍数。

4. 现金流量折现法

现金流量折现法通过预测公司未来盈利能力，据此计算出公司净现值，并按一定的折扣率折算，从而确定股票发行价格。该方法首先是用市场接受的会计手段预测公司每个项目未来若干年内每年的净现金流量，再按照市场公允的折现率，分别计算出每个项目未来的净现金流量的净现值。公司的净现值除以公司股份数，即为每股净现值。由于未来收益存在不确定性，发行价格通常要对上述每股净现值折让20%~30%。

国际主要股票市场对新上市公路、港口、桥梁、电厂等基建公司的估值和发行定价一般采用现金流量折现法。这类公司的特点是前期投资大，初期回报不高，上市时的利润一般偏低，如果采用市盈率法发行定价则会低估其真实价值，而对公司未来收益（现金流量）的分析和预测能比较准确地反映公司的整体和长远价值。

三、股票的除权（息）

（一）除权（息）的类型

广义的除权包含除息，也称息权同除。上市公司以股票股利分配给股东，也就是公司的盈余转为增资时，或进行配股时，就要对股价进行除权（XR），XR是EXCLUDE（除去）RIGHT（权利）的简写。上市公司将盈余以现金分配给股东，股价就要除息（XD），XD是EXCLUDE（除去）DIVIDEND（利息）的简写。除权除息日购入该公司股票的股东不可以享有本次分红派息或配股。狭义的除权则是单指由于公司股本增加，每股股票所代表的企业实际价值（每股净资产）有所减少，需要在发生该事实之后从股票市场价格中剔除这部分因素，而形成的剔除行为。

除权一方面可以更准确地反映上市公司股价对应的价值，另一方面也可以方便股东调整持股成本和分析盈亏变化。一般情况下，上市公司实施高比例的送股和转增，会使除权后的股价大打折扣，但实际上由于股数增多，投资者并未受到损失。所以除权对于股东而言影响是中性的。

（二）除权（息）的过程

股票除权的过程：当一家上市公司宣布分红、送股或配股时，在红利尚未分配，配股尚未配售之前，该股票被称为含权股票。要办理除权手续的股份公司先要报主管机关核定，在准予除权后，该公司即可确定股权登记基准日和除权基准日。凡在股权登记日拥有该股票的股东，就享有领取或认购股权的权利，即可参加分红或配股。

除权日（一般为股权登记日的次交易日）确定后，在除权当天，上海证券交易所会依据分红的不同在股票简称上进行提示，在股票名称前加XR为除权，XD为除息，DR为权息同除。除权日的开盘价不一定等于除权价，除权价仅是除权日开盘价的一个参考价格。当实际开盘价高于这一理论价格时，就称为填权，在册股东即可获利；反之实际开盘价低于这一理论价格时，就称为贴权。

在股权股息登记日之后，分红的公司要通过媒介公布领取红利的起止日期，称为红利挂牌时间。上海证券交易所参加分红的投资者必须在该股的红利挂牌期间在自己开户的营业厅将红利权卖出，才可以将红利划归自己的账户，在深圳证券交易所则不需投资者出卖红利权，而由证券公司直接将红利转到股东名下。

享有某种股票配股权的投资者，在规定期限内像购买一般股票一样在计算机自助终端输入该股票的代码、价格、配股数等信息，就可成交买入配股。经过一段时间即可上市交易的配股，叫做直接配股。还有一种准许上市日期未定的配股叫转配股。有些上市公司的配股同时包含直接配股和转配股，投资者可自行择定二者的比例。

上市公司所送红股则在股权登记日后直接划入股东账户。

（三）除权价格的计算

除权价计算分为送股除权和配股除权。

1. 送股除权计算办法

$$\text{送股除权价}=\text{股权登记日收盘价}\div(1+\text{送股比例}) \quad (9-14)$$

2. 配股除权价计算方法

$$\text{配股除权价}=(\text{股权登记日收盘价}+\text{配股价}\times\text{配股比例})\div(1+\text{配股比例}) \quad (9-15)$$

3. 除权价全面公式

除权当天会出现除权报价，除权报价的计算会因分红或有偿配股而不同，其全面的公式如下：

$$\text{除权价}=(\text{股权登记日收盘价}+\text{配股价}\times\text{配股比例}-\text{每股派息})\div(1+\text{送股比例}+\text{配股比例}) \quad (9-16)$$

注：除权价、除息价均由交易所在除权日当天公布。配股比例指每一股的配股数，送股比例指每一股的送股数。

【例 9-5】某上市公司每 10 股派发现金红利 1.50 元，同时按 10 配 5 的比例向现有股东配股，配股价格为 6.40 元。若该公司股票在除权除息日之前的收盘价为 11.05 元。则除权（息）报价应为：

$$(11.05-0.15+6.40\times0.5)\div(1+0.5)=9.40\ (\text{元})$$

除权的公式就是让除权前后的总市值相等。股票的除权除息参考价的计算方法，沪市、深市各不相同。

（1）沪市计算方法

$$\text{除权参考价}=(\text{股权登记日收盘价}+\text{配股价}\times\text{配股率}-\text{派息率})\div(1+\text{送股率}+\text{配股率})\ (\text{结果四舍五入至 0.01 元})$$

【例 9-6】某上市公司分配方案为每 10 股送 3 股，派 2 元现金，同时每 10 股配 2 股，配股价为 5 元，该股股权登记日收盘价为 12 元，则该股除权参考价为：

$(12+0.2\times5-0.2)\div(1+0.3+0.2)=8.53$（元）

（2）深市计算方法

与沪市有所不同，深市的计算方式以市值为依据，其计算公式为：

$$\text{除权参考价}=(\text{股权登记日总市值}+\text{配股总数}\times\text{配股价}-\text{派现金总额})\div\text{除权后总股本}\ (\text{结果四舍五入至 0.01 元})$$

式中，股权登记日总市值=股权登记日收盘价×除权前总股本

除权后总股本=除权前总股本+送股总数+配股总数

【例 9-7】 深市某上市公司总股本 10 000 万股，流通股 5 000 万股，股权登记日收盘价为 10 元，其分红配股方案为 10 送 3 股派 2 元配 2 股，共送出红股 3 000 万股，派现金 2 000 万元，由于国家股和法人股股东放弃配股，实际配股总数为 1 000 万股，配股价为 5 元，则其除权参考价为：

$$(10\times10\,000+1\,000\times5-2\,000)\div(10\,000+3\,000+1\,000)=7.36\text{（元）}$$

（四）复权

利用除权价格公式，不仅能够计算股票的除权价格，而且也可以在先知道除权之后的价格基础上，反推出该价格所对应的除权之前的价格。这种先知道除权后股票价格，后反推除权之前的股票价格的过程，称为对股票价格进行复权处理。经过复权处理，有助于投资者认清股票价格的真实水平。所谓复权就是对股价和成交量进行权息修复，按照股票的实际涨跌绘制股价走势图，并把成交量调整为相同的股本口径。

股票除权、除息之后，股价随之产生了变化，但实际成本并没有变化。如：原来 20 元的股票，10 送 10 之后为 10 元，但实际还是相当于 20 元。从 K 线图上看这个价位看似很低，但很可能就是一个历史高位。

如某股票除权前日流通盘为 5 000 万股，价格为 10 元，成交量为 500 万股，换手率为 10%，10 送 10 分配之后除权报价为 5 元，流通盘为 1 亿股，除权当日走出填权行情，收盘于 5.5 元，上涨 10%，成交量为 1 000 万股，换手率也是 10%（和前一交易日相比具有同样的成交量水平）。复权处理后股价为 11 元，相对于前一日的 10 元上涨了 10%，成交量为 500 万股，这样在股价走势图上真实反映了股价涨跌，同时成交量在除权前后也具有可比性。

复权的形式有以下两种：

1. 向前复权

就是保持现有价位不变，将以前的价格缩减，将除权前的 K 线向下平移，使图形吻合，保持股价走势的连续性。

$$\text{复权后价格}=[(\text{复权前价格}-\text{现金红利})+\text{配(新)股价格}\times\text{流通股份变动比例}]\div(1+\text{流通股份变动比例})\tag{9-17}$$

2. 向后复权

就是保持先前的价格不变，而将除权以后的价格增加，也可以使股价走势保持连续。

$$\text{复权后价格}=\text{复权前价格}\times(1+\text{流通股份变动比例})-\text{配(新)股价格}\times\text{流通股份变动比例}+\text{现金红利}\tag{9-18}$$

两者最明显的区别在于向前复权的当前周期报价和 K 线显示价格完全一致，而向后复权的报价大多高于 K 线显示价格。

虽然股票除权价格和复权价格的计算，在证券公司的各种炒股软件上都有自动的计算方法，不需要投资者自己计算，但弄清楚这种计算方法的原理，对理解除权和复权的含义很有好处。

四、股票价值的决定

（一）股利贴现模型

股利贴现模型（Dividend Discount Model，DDM），是其中一种最基本的股票内在价值评价模型。威廉姆斯（Williams）在1938年提出了公司（股票）价值评估的股利贴现模型（DDM），为定量分析虚拟资本、资产和公司价值奠定了理论基础，也为证券投资的基本分析提供了强有力的理论根据。股票的价值就是未来股息收入的现值和。

内在价值是指股票本身应该具有的价值，而不是它的市场价格。股票内在价值可以用股票每年股利收入的现值之和来评价；股利是发行股票的股份公司给予股东的回报，按股东的持股比例进行利润分配，每一股股票所分得的利润就是每股股票的股利。根据这个思想来评价股票的方法称为股利贴现模型。

股利贴现模型是研究股票内在价值的重要模型，其基本公式为：

$$P=\sum_{i=1}^{n}\frac{D_i}{(1+r)^i} \tag{9-19}$$

式中，P 为每股股票的内在价值；D_i 为第 i 年每股股票股利的期望值；r 为股票的期望收益率或贴现率（Discount Rate）。

公式表明，股票的内在价值是其逐年期望股利的现值之和。

（1）若考虑出售股票，P_n 为第 n 期的股票价格，则股票的价值为：

$$P=\sum_{i=1}^{n}\frac{D_i}{(1+r)^i}+\frac{P_n}{(1+r)^n} \tag{9-20}$$

（2）假定投资者无限期持有股票，即 $n\to\infty$，则股票价值为：

$$P=\sum_{i=1}^{n\to\infty}\frac{D_i}{(1+r)^i} \tag{9-21}$$

（二）不变增长模型

不变增长模型又叫“戈登模型（Gordon Model）”、“股利贴息不变增长模型”。在大多数理财学和投资学方面的教材中，戈登模型是一个被广泛接受和运用的股票估价模型，该模型通过计算公司预期未来支付给股东的股利现值，来确定股票的内在价值，它相当于未来股利的永续流入。戈登股利增长模型是股息贴现模型的第二种特殊形式，分两种情况：一是不变的增长率，二是不变的增长值。

1. 零增长模型

零增长模型假定股利增长率等于零，即 $G=0$，也就是说未来的股利按一个固定数量支付。假定将来的股息收入不变，即零增长，每年分配的股利恒为常数 D，当 $n\to\infty$ 时，因子 $P=\sum_{i=1}^{n\to\infty}\frac{D_i}{(1+r)^i}=\frac{D}{r}$ 收敛于 $1/r$，所以：

$$P = \sum_{i=1}^{n\to\infty} \frac{D_i}{(1+r)^i} = \frac{D}{r} \tag{9-22}$$

【例 9-8】 假定某公司在未来无限时期支付的每股股利为 8 元，必要收益率为 10%，运用零增长模型，可知该公司股票的价值等于 8÷10% = 80（元），而当时该股票市场价格为 65 元，每股股票净现值等于 80-65 = 15（元），说明该股票被低估 15 元，因此建议可以购买该种股票。

在运用公式（9-22）时应注意以下问题：

（1）D 为常数的假设，即是说公司没有成长性，这一假设不很合理。放弃这一假设，那么需要考察公司利润的增长率及持续时期。表 9-2 列示了不同增长率在 30 年后使单位投资额增长的倍数（复利计算）。

表 9-2 **复利增长倍数表**

增长率（%）	10	15	20	25	30	35	40	45
倍数	17	66	237	808	2 620	8 129	24 201	69 349

（2）在其他条件相同的情况下，现金股息支付的比例。

（3）利率水平。在公式 $P=D/r$ 中，r 的含义是什么？首先，r 可理解为贴现率；其次，r 可理解为机会成本；最后，r 可被认为是金融市场的平均收益率。

（4）其他市场风险的程度。

2. 不变增长模型

零增长实际上是不变增长模型的一个特例。

假定公司每年的股利为 D_1，D_2，D_3，…，D_n，并按固定增长率 g 增长，则：

$$D_2 = D_1(1+g), D_3 = D_2(1+g)^2, \cdots, D_n = (1+g)^{n-1} \tag{9-23}$$

把等式代入股利贴现模型，得：

$$P_0 = \frac{D_1}{(1+r)} + \frac{D_1(1+g)}{(1+r)^2} + \cdots + \frac{D_1(1+g)^{n-1}}{(1+r)^n} + \frac{P_n}{(1+r)^n}$$
$$= \sum_{i=1}^{n} \frac{D_1(1+g)^{i-1}}{(1+r)^i} + \frac{P_n}{(1+r)^n}$$

仍然假定持有期无限，即 $n\to\infty$，则：

$$P_0 = \sum_{i=1}^{n\to\infty} \frac{D_1(1+g)^{i-1}}{(1+r)^i} = D_1 \sum_{i=1}^{n\to\infty} \frac{(1+g)^{i-1}}{(1+r)^i} \tag{9-24}$$

在 $n\to\infty$ 时，假定 $r>g$，级数 $\sum_{i=1}^{n} \frac{(1+g)^{i-1}}{(1+r)^i}$ 收敛于 $1/r-g$。

所以：$P_0 = \frac{D_1}{r-g}$ (9-25)

上式表明，在假设条件成立的前提下，股价等于预期股息与贴现率和股息增长率差的商。把式（9-25）改写成：

$$r=\frac{D_1}{P_0}+g \tag{9-26}$$

上式的含义是，等式右端第一部分是投资者的股票的股息收益率，第二部分是股息增长率，这两者之和构成了投资者购买股票的内在收益率。

【例 9-9】 某公司股票市场价格为 15 元，其每股收益 0.60 元，股息支付比率为 70%。预期该股股息增长率在以后年度将保持为 10%，金融市场的一般收益率为 12%，试用不变增长率模型估计该公司股票的价格。

$$P=\frac{0.6\times 70\%}{12\%-10\%}=21\text{（元）}$$

若市场上的该股票价格为 26.35 元，则股价被高估 5.35 元，建议投资者应该出售该股票。

五、债券价格的决定

1962 年马奇尔（Burton G. Malkeil）在对债券价格、债券利息率、到期年限以及到期收益率之间进行了研究后，提出了债券定价的五个定理。至今，这五个定理仍被视为债券定价理论的经典。

定理一：债券的市场价格与到期收益率呈反比关系。即到期收益率上升时，债券价格会下降；反之，到期收益率下降时，债券价格会上升。

定理二：当债券的收益率不变，即债券的息票率与收益率之间的差额固定不变时，债券的到期时间与债券价格的波动幅度之间成正比关系。即到期时间越长，价格波动幅度越大；反之，到期时间越短，价格波动幅度越小。

定理三：随着债券到期时间的临近，债券价格的波动幅度减少，并且是以递增的速度减少；反之，到期时间越长，债券价格波动幅度增加，并且是以递减的速度增加。

定理四：对于期限既定的债券，由收益率下降导致的债券价格上升的幅度大于同等幅度的收益率上升导致的债券价格下降的幅度。

定理五：对于给定的收益率变动幅度，债券的息票率与债券价格的波动幅度之间成反比关系。即息票率越高，债券价格的波动幅度越小。

六、金融期权的价值分析

金融期权是指持有者能在规定的期限内按约定的价格购买或出售一定数量的某种金融工具的权利。在期权交易中，期权买方为获得期权合约所赋予的权利而向期权卖方支付费用。期权价格受多种因素影响，（理论上）由两个部分组成：内在价值、时间价值。

（一）内在价值

金融期权的内在价值（履约价值）即期权合约本身所具有的价值，也就是期权的买方如果立即执行该期权所能获得的收益。内在价值取决于协定价格与其标的物市场价格之间的关系。协定价格是买卖双方在期权成交时约定的、在期权合约被执行时交易双方实际买卖标的物的价格。根据协定价格与标的物市场价格的关系，可将期权分为实值期权、虚值期权和平价期权三种类型。

对看涨期权而言，市场价格高于协定价格为实值期权；市场价格低于协定价格为虚值期权。对看跌期权而言，市场价格低于协定价格为实值期权；市场价格高于协定价格为虚值期权。若市场价格等于协定价格，则看涨期权和看跌期权均为平价期权。

（二）时间价值

金融期权的时间价值（外在价值）在理论上讲等于期权的买方实际支付的价格减去内在价值。实值期权的内在价值为正，虚值期权的内在价值为负，平价期权的内在价值为零。

（三）影响期权价格的主要因素

（1）协定价格与市场价格。协定价格与市场价格的价格差距越大，时间价值越小（最主要的因素）。期权处于极度实值或极度虚值时，市场价格变动空间很小；只有在协定价格与市场价格非常接近或为平价期权时，市场价格变动才有可能增加期权内在价值，使时间价值随之增大。

（2）权利期间。条件不变的情况下，期权期间越长，期权价格越高。通常权利期间与时间价值存在同方向非线性的影响。

（3）利率变动。利率变动引起期权标的物市场价格变化，从而引起期权内在价值变化（尤其是短期利率）；利率变动引起期权价格机会成本变化；利率变动引起期权交易供求关系变化。利率提高，期权标的物（股票、债券）市场价格下降，看涨期权内在价值下降，看跌期权内在价值提高；利率提高，期权价格机会成本提高，有可能使资金从期权市场流向价格已下降的（股票、债券）现货市场，减少期权交易的需求，使期权价格下降。

（4）标的物价格的波动性：标的物价格的波动性越大，期权价格越高。

（5）标的资产的收益：期权有效期内标的资产产生收益将使看涨期权价格下降，看跌期权价格上升。

第三节 证券价格决定理论

证券定价理论是资本市场理论的核心内容。作为证券分析最重要和关键的环节，证券定价为公司股价提供了客观的基础，并据此做出投资决策。定价机制不合理容易造成价格扭曲，因此探索具备实用性和科学性的定价理论对证券市场健康发展尤为重要。

一、资本资产定价模型（CAPM）

资产定价理论源于马科维茨（Harry Markowitz）的资产组合理论的研究。1952 年，马科维茨在《金融杂志》上发表题为《投资组合的选择》的博士论文，是现代金融学的第一个突破。他在该文中确定了最小方差资产组合集合的思想和方法，分散投资与效率组合投资理论第一次以严谨的数理工具为手段向人们展示了一个风险厌恶的投资者在众多风险资产中如何构建最优资产组合的方法。同时开创了对投资进行整体管理的先河，奠定了投资理论发展的基石，这一理论的提出标志着现代投资分析理论的诞生。在实践中应用马科维茨的理论是一项烦琐、令人生厌的高难度工作，或者说，与投资的现实世界脱节得过于严重，进而很难完全被投资者采用。

正是由于这一问题的存在，从 20 世纪 60 年代初开始，以夏普（W. Sharpe，1964），林特纳（J. Lintner，1965）和莫辛（J. Mossin，1966）为代表的一些经济学家开始从实证的角度出发，探索证券投资的现实，这些学者的研究直接导致了资本资产定价模型（Capital Asset Pricing Model，CAPM）的产生。作为基于风险资产期望收益均衡基础上的预测模型之一，CAPM 阐述了在投资者都采用马科维茨的理论进行投资管理的条件下市场均衡状态的形成，把资产的预期收益与预期风险之间的理论关系用一个简单的线性关系表达出来了，即认为一个资产的预期收益率与衡量该资产风险的一个尺度 β 值之间存在正相关关系。

应该说，作为一种阐述风险资产均衡价格决定的理论，单一指数模型，或以之为基础的 CAPM 不仅大大简化了投资组合选择的运算过程，使马科维茨的投资组合选择理论朝现实世界的应用迈进了一大步，而且也使得证券理论从以往的定性分析转入定量分析，从规范性转入实证性，进而对证券投资的理论研究和实际操作，甚至整个金融理论与实践的发展都产生了巨大影响，成为现代金融学的理论基础。

（一）资本市场线（CAL）

马科维茨的“期望-方差模型”在引入无风险资产并且允许风险资产可以卖空的情况下，其新的有效边界是一条射线，即与有效组合边界相切的那一条线构成了无风险证券和有风险资产组合的有效边界，这条线被称为资本市场线（Capital Market Line，CAL）。

若不考虑无风险证券，符合正确投资策略的优化组合在有效组合边界上。加入无风险证券后，新的最优化组合的点一定落在连接 M 点和包含所有可能的有风险组合的双曲线所围区域及其边界的某一点的直线上。如图 9-1 所示，效用值最大的一定是和有效组合边界相切的那一条线。

资本市场线的方程为：

$$E(r_p)=r_f+\frac{E(r_m)-r_f}{\sigma_m}\sigma_p \tag{9-27}$$

资本市场线是指表明有效组合的期望收益率和标准差之间的一种简单的线性关系。资本市场线决定了证券的价格。因为资本市场线是证券有效组合条件下的风险与收益的均衡，如果脱离了这一均衡，则就会在资本市场线之外，形成另一种风险与收益的对应关系。这时，要么风险的报酬偏高，这类证券就会成为市场上的抢手货，造成该证券的价格上涨，投资于该证券的报酬最终会降低下来；要么会造成风险的报酬偏低，这类证券在市场上就会成为市场上投资者大量抛售的目标，造成该证券的价格下跌，投资于该证券的报酬最终会提高。经过一段时间后，所有证券的风险和收益最终会落到资本市场线上来，达到均衡状态。

因为有系统风险存在，最小方差组合 M 点不是无风险的，所以有以下结论：

（1）有效组合边界和代表预期收益率大小的纵坐标轴不接触；

（2）M 点的预期收益率高于无风险利率，即 M 点要高于代表无风险证券收益、落在纵轴上的坐标点。

在图 9-1 中，资本市场线与有风险资产的有效组合边界的切点 M 所代表的资产组合就是有风险资产的市场组合。而且，（1）任何市场上的资产都必然被包含在 M 点所代表的资产组合里；（2）当市场均衡时，对任何一种资产都不会有过度的需求和过度的供给。

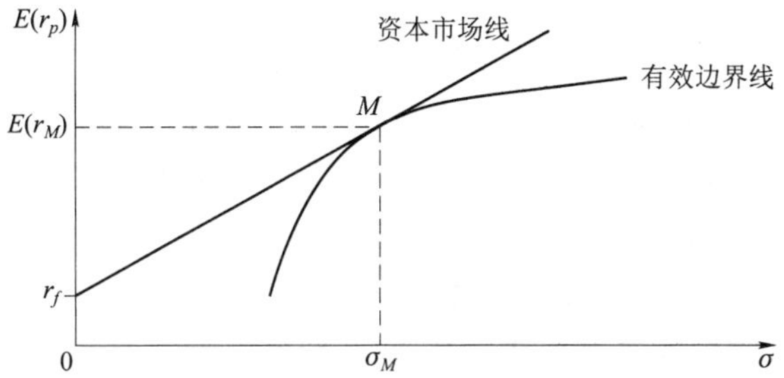

图 9-1 有效性边界和资本市场线

（二）证券市场线（SML）

任何单个风险证券都是非有效的证券，其总风险可以分解为系统风险（整个市场变动引起的资产变化的可能性）和非系统风险（单纯由某个资产本身的特点造成资产价格波动的可能性）。非系统风险可通过多样化投资来减少或消除，而系统风险难以通过分散投资的方法加以规避（见图 9-2）。

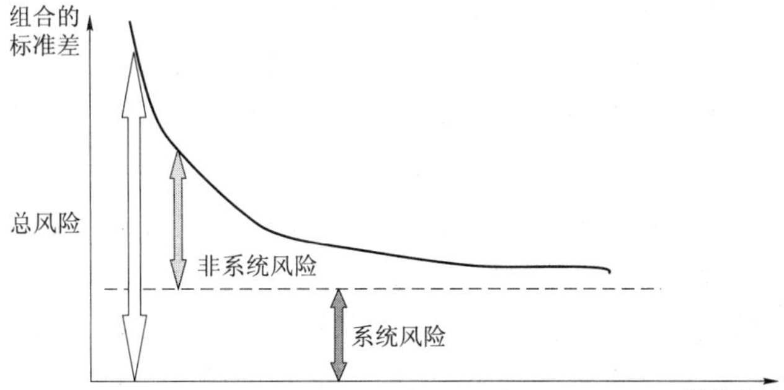

图 9-2 系统性风险与非系统性风险图示

若市场上共有 N 项有风险资产，市场组合的预期收益率为 $E(r)$，市场组合的方差为 σ_m^2，第 i 项资产与市场组合的协方差为 $Cov(r_i, r_m)$，则第 i 项资产的预期收益率为 $E(r_i)$。令 $\beta_i = Cov(r_i, r_m)Var(r_m) = \sigma_{im}/\sigma_m^2$，则 β_i 为第 i 项资产的 β 系数。在市场均衡的条件下，每项资产和投资组合都必定位于以预期收益率为纵轴，β 为横轴的一条向右上方倾斜的直线上，这条反映风险和收益关系的直线就是证券市场线（*Security Market Line*，SML）。即，

$$E(r_i)=r_f+[E(r_m)-r_f]\beta_i \tag{9-28}$$

$$\beta_i=Cov(r_i,r_m)/Var(r_m)=\sigma_{im}/\sigma_m^2$$

由于市场投资组合是有效率的，因而证券市场线必经过这样一点，其 β 值为 1，预期收益率为 $E(r_m)$，即证券市场线必经过［1，$E(r_m)$］，另外，它也经过点（0，r_f），两点相连即得到如图 9-3 所示的证券市场线。

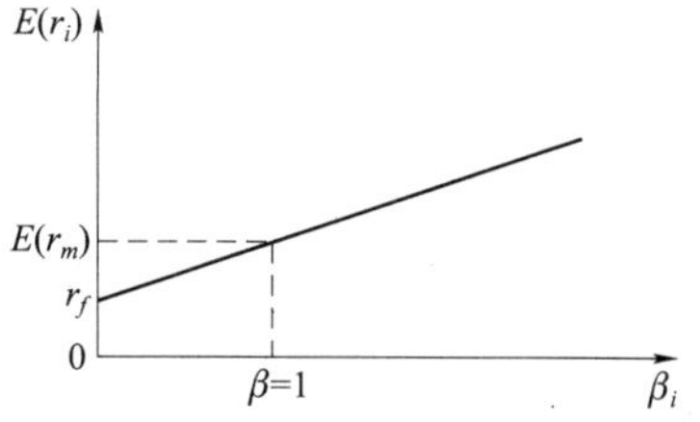

图 9-3　证券市场线

（三）资本市场线与证券市场线的区别

（1）图形横坐标不同。资本市场线的横坐标是投资组合的标准差，而证券市场线的横坐标是 β 系数。

（2）意义不同。资本市场线反映的是有效投资组合预期收益率与风险之间的均衡关系，风险溢价是组合标准差的函数；而证券市场线反映的是单个风险证券或证券组合预期收益率与风险衡量指标 β 系数之间的均衡关系。

（3）描述对象不同。资本市场线描述有效组合的收益与风险之间的关系；证券市场线描述的是单个证券或某个证券组合的收益与风险之间的关系，既包括有效组合也包括非有效组合。

（4）风险指标不同。资本市场线中采用标准差作为风险度量指标，是有效组合收益率的标准差；证券市场线中采用 β 系数作为风险度量指标，是单个证券或某个证券组合的 β 系数。

因此，对于有效组合来说，可以用两种指标来度量其风险，而对于非有效组合来说，只能用 β 系数来度量其风险。

资本市场线表示的是无风险资产与有效率风险资产再组合后的有效资产组合期望收益与总风险之间的关系，因此在资本市场线上的点就是有效组合；而证券市场线表明的是任何一种单个资产或者组合的期望收益与其系统风险之间的关系，因此在证券市场线上的点不一定在资本市场线上，即未必是有效组合。

证券市场线既然表明的是单个资产或组合的期望收益与其市场风险或系统风险之间的关系，因此在均衡情况下，所有证券的期望收益都将落在证券市场线上。资本市场线是证券市场线的一个特例，当一个证券或一个证券组合是有效率的，该证券或证券组合与市场组合的相关系数等于 1，此时，证券市场线与资本市场线是相同的，如图 9-4 所示。

（四）资本资产定价模型

资本资产定价模型是由证券市场线推导而来，由图 9-2 可知，单个资产的总风险可以分为两部分，一部分是因为市场组合收益变动而使资产收益发生的变动，即 β 值，这是系统风险；另一部分即剩余风险，被称为非系统风险。单个资产的价格只与该资产的系统风险大小有关，而与其非系统风险的大小无关。CAPM 的结论是建立在均衡市场

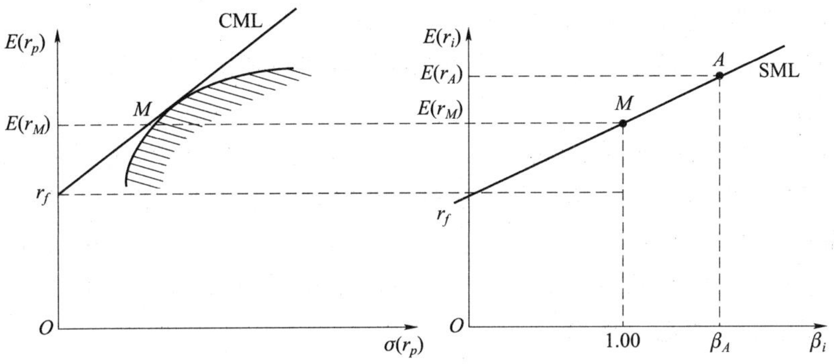

图 9-4 资本市场线和证券市场线的关系

基础上的，现实中单个证券或证券组合所代表的点并不严格地落在 SML 上，而是分布在它周围，这被认为是证券价格出现偏差的情况：位于 SML 上方的点，表示证券的价格被低估了，投资于这样的证券可获得额外的收益；位于 SML 下方的点，表示证券的价格被高估了，投资于这样的证券获得的收益率将低于预期收益率。

模型的基本假设有如下方面：

（1）资本市场不存在摩擦。即任何人可以无障碍地进入这个市场；市场上的税收和交易成本为零；投资者可以自由地买空卖空；投资者买卖证券的交易单位没有限制；信息和资金可以自由流动；每个投资者只能被动地接受价格。

（2）所有的投资者都是风险的厌恶者。所有的投资者都根据期望收益率和方差进行资产的选择；追求的是在同样期望收益率下的最小风险，在同样风险下的最大的期望收益率。

（3）投资者的预期相同。对期望收益率、标准差、协方差的预期是相同的。

（4）单个投资者对资本市场没有影响。单个投资者在证券市场上的各种投资行为不会对整个证券市场或证券市场上的某种证券的价格产生影响。

（5）存在无风险利率。投资者可以以同一利率借贷资金。

（6）投资期限是一致的。所有投资者在资本市场上对任何投资品种的投资期限是相同的。

模型公式为：$E(r_i)=r_f+[E(r_m)-r_f]\beta_i$　　(9-29)

式中，r_f为无风险收益率，常用国债收益率代替；$E(r_m)$为组合期望收益率；β_i为相关系数或风险系数。

【例 9-10】 短期国库券利率为 6%，市场期望收益率为 14%，某只股票β值为 1.2，市场上投资者对该股票的收益率估计为 17%。则该股票的均衡期望收益率为：

$$
\begin{aligned}
E(r) &= r_f+\beta[E(r_M)-r_f] \\
&= 6\%+1.2\times(14\%-6\%) \\
&= 15.6\%
\end{aligned}
$$

由上式可知，风险资产的收益由两部分构成：一是无风险资产的收益；二是市场风险溢价收益。它表明：

（1）风险资产的收益高于无风险资产的收益；

（2）只有系统性风险需要补偿，非系统性风险可以通过投资多样化减少甚至消除，因而不需要补偿；

（3）风险资产实际获得的市场风险溢价收益取决于β_i的大小，β_i值越大，则风险贴水就越大，反之，β_i越小，风险贴水就越小。依据β_i大于或小于1，可将证券或证券组合分为防御性（Defensive Securities）和进取性证券两类（Aggressive Securities）。β_i系数值小于1的证券或证券组合称为防御性证券或证券组合；β_i系数值大于1的证券或证券组合称为进取性证券或证券组合。

二、套利定价理论（APT）

由于资本资产定价模型（CAPM）非常直观地表达了投资风险收益的特征关系，对投资策略的选择有重要意义，但在实际应用中存在以下问题：要计算市场组合，计算量非常巨大；证券市场线实际上只考虑市场组合的预期收益率对证券或资产组合的预期收益率的影响，即把市场风险（系统风险）全部集中地表现在一个因素中，并没有把影响证券收益的宏观经济变量（如国民收入、利率、通货膨胀率、能源价格等）考虑在内。为解决这两个问题，一些学者开始转向研究其他的资产定价理论。

（一）单因素模型

1963年，夏普提出了单因素模型，以简化资产组合理论应用于大规模市场面临的复杂计算问题。单因素模型是描述证券收益率生成过程的一种模型，以证券关联性为基础，认为证券间的关联性是由于某种共同的因素造成的，不同的证券对这些共同的因素有不同的敏感度。这些共同因素就是系统性风险。该模型正是抓住了对这些系统影响证券收益率的因素，并用一种线性关系来表达这些共同因素与证券收益率之间的关系。这些共同因素常以指数形式出现，如GDP指数、物价指数、股价指数等，因此将这种证券收益与共同因素间的线性关系也称为指数模型。单因素模型认为收益形成过程只包括唯一的因素，即：

$$r_i = \alpha_i + \beta_i F + \varepsilon_i \tag{9-30}$$

式中，r_i为风险资产的收益率；F为决定r_i的唯一因素；α_i为截距项，即与F无关的因素的作用，又称为零因子；β_i为第i个证券对因素F的敏感性系数；ε_i为随机误差项。

由于单因素模型假定证券收益率只对一个共同因素进行反应，投资者只需要对α_i、β_i和ε_i进行估计就可以了，当然还必须知道共同因素的标准差就可以对资产组合总体估计和计算，大大简化了均值-方差分析中的估计量和计算量。

（二）多因素模型

在现实经济生活中，往往不是一种因素对证券收益率的形成产生影响，而是存在一些具有作用的共同影响力，如GDP，通货膨胀率，利率水平，汇率水平和能源价格等因素。因此有必要对单因素的证券收益率模型进行拓展，在单因素模型的基础上形成了双因素模型和多因素模型。

1. 双因素模型

与单因素模型不同，双因素的定价模型假定证券收益率的产生包含两个因素。双因素模型在 t 时期的定价方程式可表示为：

$$r_i = \alpha_i + \beta_{i1} F_1 + \beta_{i2} F_2 + \varepsilon_i \tag{9-31}$$

式中，F_1 和 F_2 为两个对证券 i 的收益率产生共同影响力的因素；β_{i1} 和 β_{i2} 为证券 i 对这两个因素的敏感程度；α_i 为截距项，表示零因子；ε_i 为残差项。

2. 多因素模型

同样，考虑到多种因素对证券收益率的影响，可以进一步将模型进行扩展，形成含有 k 种因素的多因素模型：

$$r_i = \alpha_i + \beta_{i1} F_1 + \beta_{i2} F_2 + \cdots + \beta_{ik} F_k + \varepsilon_i \tag{9-32}$$

（三）套利定理（APT）

史蒂芬·罗斯（1976）运用套利思想发展出了另外一种资产定价方法，即套利定价理论。该方法的应用已扩展到金融衍生产品的定价。

套利指的是，如果两只证券的风险水平相同，但期望收益率存在差异，那么，投资者就可以通过出售（卖空）低预期收益率的证券并将获得的资金用于购买高预期收益率的证券，从而能在不进行额外投资和承受额外风险的情况下赚取利润。可见，套利具有“免费午餐”的性质：零投资+无风险+正利润。

套利定价理论（Arbitrage Pricing Theory，APT）从一个更广泛的角度来研究和说明风险资产的均衡定价问题。与资本资产定价模型一样，套利定价理论以完全竞争和有效资本市场为前提，分析和探讨风险资产的收益发生过程；与资本资产定价模型不同之处在于，套利定价理论假定收益是由一个因素模型产生的，因而不用像资本资产定价模型那样对投资者偏好作出较强的假定，如将投资者假定为风险回避者，也用不着像资本资产定价模型那样依据预期收益率和标准差来寻找资产组合，仅仅要求投资者是一个偏好拥有财富多多益善者，对风险资产组合的选择也仅仅依据收益率，即使该收益率跟风险有关系，风险也不过是影响资产组合收益率的众多因素之一。APT 是以多因素模型为基础，建立在这样一个重要假设基础上的理论，即当市场达到均衡时，不存在套利机会。这一假设的一个等价规则是“一价法则”，即两种具有相同风险和收益的证券，其价格必然相同。

（四）APT 与 CAPM 比较

1. 两者的联系

APT 与 CAPM 在本质上是一致的，都是一个证券价格的均衡模型。在一定条件下，两者导出的风险收益关系结论完全一样。因此，CAPM 只是 APT 的一个特例而已。这也是 APT 比 CAPM 需要更少前提假设的主要原因。

2. 两者的区别

（1）套利定价理论对资产或资产组合收益生成的说明，比资本资产定价模型更具现实意义。收益实际上是一个内涵十分复杂而丰富的概念，而 CAPM 仅将收益限制在风险的回报上，显然与现实有所脱节，而 APT 对收益生产不作事先的规定和限制，因素可多可少，过程可繁可简，要求可高可低，非常富有弹性，可根据实际情况和自身需要进行灵活选择，因而较易接近现实。

（2）套利定价理论对投资者的效用函数没有严格的假定。CAPM 假定投资者的效用函数为风险回避型，尽管这一假定较为合理，但也增加了理论的复杂性和接受检验的难度。而 APT 没有这一假定，理论更为简洁明了，大大减少了该理论应用于实际的种种限制。

（3）APT 通过套利行为来说明资本市场的均衡。资本市场均衡是资本资产定价的前提。CAPM 认为资本市场的均衡是因为投资者都按照马科维茨的理论去行动，从而实现均衡，而 APT 则认为资本市场的均衡是由套利行为去实现的，比前者更为直观易懂，具有更强的解释说服力。

（4）APT 的参数 β 比 CAPM 的参数 β 更加灵活多变。CAPM 的 β 的含义非常明确和具体，即用来衡量资产、资本组合的风险，而 APT 的参数 β 可用来衡量资产、资产组合的风险，也可以用来作为对某一因素灵敏度和贡献率的度量，因而 APT 在实践中更易得到应用。

（5）APT 的单期模型可以很容易扩展为多期模型，比 CAPM 更容易实现动态化，对时间序列的实用性和解释能力更强。

三、期权定价理论（OPM）

期权定价模型（Option Pricing Model，OPM）由布莱克与斯科尔斯在 20 世纪 70 年代提出。该模型认为，只有股价的当前值与未来的预测有关；变量过去的历史与演变方式与未来的预测不相关。模型表明，期权价格的决定非常复杂，合约期限、股票现价、无风险资产的利率水平以及交割价格等都会影响期权价格。

期权是购买方支付一定的期权费后所获得的在将来允许的时间买或卖一定数量的基础商品（Underlying Assets）的选择权。期权价格是期权合约中唯一随市场供求变化而改变的变量，它的高低直接影响到买卖双方的盈亏状况，是期权交易的核心问题。期权定价是所有金融应用领域数学上最复杂的问题之一。早在 1900 年法国金融专家劳雷斯·巴舍利耶就发表了第一篇关于期权定价的文章。

斯科尔斯与他的同事、已故数学家费雪·布莱克（Fischer Black）在 20 世纪 70 年代初合作研究出了一个期权定价的复杂公式。与此同时，默顿也发现了同样的公式及许多其他有关期权的有用结论。两篇论文几乎同时在不同刊物上发表。所以，布莱克—斯科尔斯定价模型也可称为布莱克—斯科尔斯—默顿定价模型。默顿扩展了原模型的内涵，使之同样运用于许多其他形式的金融交易。瑞士皇家科学协会（The Royal Swedish Academy of Sciences）赞誉他们在期权定价方面的研究成果是今后 25 年经济科学中的最杰出贡献。此期权定价模型发表的时间和芝加哥期权交易所正式挂牌交易标准化期权合约几乎是同时。

1979 年，科克斯（Cox）、罗斯（Ross）和卢宾斯坦（Rubinsetein）的论文《期权定价：一种简化方法》提出了二项式模型（Binomial Model），该模型建立了期权定价数值法的基础，解决了美式期权定价的问题。

四、债券定价及久期

（一）影响债券价格的因素分析

债券的价格随时间的流逝而变化，总是向面值靠近。债券的价格还与利率呈反比变化关系，长期债券尤其如此。但是，债券价格对收益率变化的敏感度随期限的延长而减弱。债券的价格还与利息呈线性关系。债券息票率越高，它对收益率变化的敏感度就越低。

（1）债券价格与时间的关系。债券的价格随时间的变化而变化；随到期日的临近，溢价债券价格逐渐下跌，而折价债券价格逐渐上升。

（2）债券价格与到期收益率的关系。债券价格与到期收益率反向变动，随着到期收益率的增加，债券价格下降的幅度递减。

（3）债券价格对到期收益率变动的敏感性与期限的关系。期限越长，债券价格对到期收益率变动的敏感性就越高；当到期收益率变动幅度相同时，短期债券的价格波动小于长期债券；这种敏感性随期限的增加而下降。

（二）债券的期限结构

利率期限结构（Term Structure of Interest Rates）是指某个时点不同期限的即期利率与到期期限的关系及变化规律。

由于零息债券的到期收益率等于相同期限的市场即期利率，从对应关系上来说，任何时刻的利率期限结构是利率水平和期限相联系的函数。因此，利率的期限结构，即零息债券的到期收益率与期限的关系可以用一条曲线来表示，如水平线、向上倾斜和向下倾斜的曲线。甚至还可能出现更复杂的收益率曲线，即债券收益率曲线是上述部分或全部收益率曲线的组合。收益率曲线的变化本质上体现了债券的到期收益率与期限之间的关系，即债券的短期利率和长期利率表现的差异性。收益率曲线的类型如图 9-5 所示。

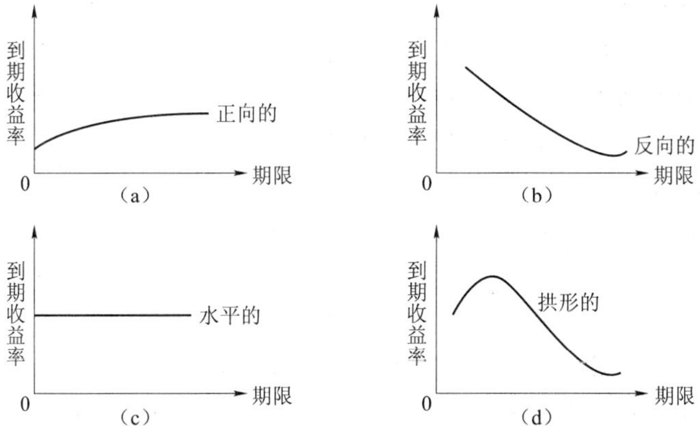

图 9-5 收益率曲线的基本类型

利率的期限结构理论说明为什么各种不同的国债即期利率会有差别，而且这种差别会随期限的长短而变化。影响期限结构的三个因素为：

（1）对未来利率变动方向的预期；

（2）债券预期收益中可能存在的流动性溢价；

（3）市场效率低下或者资金在长期和短期市场之间流动可能存在的障碍。

利率期限结构理论就是基于这三种因素分别建立起来的。

（三）债券的久期

由于决定债券价格利率风险大小的因素主要包括偿还期和息票利率，因此需要找到某种简单的方法，准确直观地反映出债券价格的利率风险程度。

经过长期研究，人们提出“久期”（Duration）的概念，把所有影响利率风险的因素全部考虑进去。这一概念最早是由经济学家麦考雷（F. R. Macaulay）于1938年提出的。他在研究债券与利率之间的关系时发现，在到期期限（或剩余期限）并不是影响利率风险的唯一因素，事实上票面利率、利息支付方式、市场利率等因素都会影响利率风险。基于这样的考虑，麦考雷提出了一个综合了以上四个因素的利率风险衡量指标，并称其为久期。

久期表示了债券或债券组合的平均还款期限，它是每次支付现金所用时间的加权平均值，权重为每次支付的现金流的现值占现金流现值总和的比率。久期用D表示。久期越短，债券对利率的敏感性越低，风险越低；反之，久期越长，债券对利率的敏感性越高，风险越高。

阅读材料

上市公司分红的形式与内容

在国外发达的证券市场中，上市公司分红大致可以分为4种形式。

1. 现金股利形式

即上市公司分红时向股东分派现金。这种分红方式可以使股东获得直接的现金收益，方法简便，是分红的主要形式。但是在确定分派现金比例时，往往存在公司与股东之间的矛盾。分派现金过多，受到股东的欢迎，但是公司用于扩大再生产的资金就会减少，不利于公司的长远发展；而分派现金过少，虽然公司扩大再生产的资金增加，但是股东的眼前利益受到影响，从而影响公司股票的价格。

2. 股票股利形式

即上市公司以本公司的股票代替现金作为股利向股东分红的一种形式。这种分红形式即送红股的形式。所送红股是由红利转增资本或盈余公积金转增资本形成的，属于无偿增资发行股票。由于所送股票是按股东所持股份的比例分派的，每位股东在公司拥有的权益不发生变化。同时，这种分红方式只是使公司账户上的一部分留存收益转化为股本，公司的资产及负债并未受到影响。送红股方式的好处在于，现金股利可保留在公司内部，防止其流出公司，既增加了公司的资本，又扩大了公司的生产经营活动。股东活动分派的股票不需支付现金，而且在一些发达国家，获得股票股利可以不缴纳所得税。

3. 财产股利形式

即公司以持有的财产代替现金作为股利向股东分红的一种形式。主要是以公司所持有的其他公司的有价证券作为股利发放。有时也可以用自己公司的产品等实物作为股利向股东分红，这样做既扩大了产品销路又保留了现金。

4. 负债股利形式

即公司用债券或应付票据代替现金作为股利向股东分红的一种形式。通过这种分红形式，股东虽然没有得到现金收益，但是通过股东对公司所享有的债权，可以获得利息，也可达到股东的投资目的。

在以上四种分红形式中，现金股利形式是西方最普遍的一种分红形式。目前，我国的上市公司主要采取现金股利和股票股利两种分红方式。股票股利形式在实践中存在一些问题，最主要的问题是股票股利应当包括哪些内容。在这一问题上曾经出现过两种错误做法。

一种做法是将配股作为股票股利分红。这种做法在前几年非常流行，而且一度成为上市公司分红的主要方式。配股实质上是一种有偿增资发行，是上市公司发行新股的一种方式。上市公司配股时，需要股东花钱认购，制定的配股价格虽然低于老股的价格，但实际上也是一种高溢价发行，远远高于面值。在市场低迷时，这种用配股代替分红的做法，不仅对投资者造成很大的伤害，而且也不利于上市公司自身的发展。随着市场的逐步规范化，目前已经将配股与分红区分开来。配股已经不能算作是分红的一种方式。但是有些公司采取先配股，然后再派现金或送股的办法。这样，不但是刚配的股票也参加送股使股本迅速扩大，而且是先拿股民的钱，再分给股民钱，上市公司等于没出钱。分红变成了一种游戏。因此有必要对配股的时间进行限制性规定，配股时间与分红时间保持一定间隔。

另一种做法是将公积金转增资送股与红利转增资送股混淆起来，均作为分红的内容。送股属于无偿增资，即上市公司扩充股本增发股票，股东在认购时不用花钱。由于送股的形成方式不同，因此上市公司向股民送股时，不一定都是分红。送股按照形成方式可以分为红利转增资形式的送股和公积金转增资送股，后者又分为盈余公积金转增资形式的送股以及资本公积金形式的送股。红利转增资是指上市公司分红时，不是将现金红利分给股东，而是将其留在公司内部，转为资本，相应地将一定比例的股票作为股利送给股东。红利转增资送股，属于上市公司分红的内容。盈余公积金是从公司税后利润中提取的一种公积金。由于盈余公积金的来源是公司的净利润，是通过分配形成的，因此盈余公积金与未分配利润在性质上可以认为是相同的。所不同的是，盈余公积金具有指定的用途。盈余公积金的用途是弥补公司亏损，扩大公司生产经营和增加公司注册资本及分派红利。我国《公司法》规定，股份有限公司用法定盈余公积金转为股份，所留存的该项公积金不得少于注册资本的25%。应当注意的是，有关文件还规定，公司无盈利时，一般不得分派股利。但当公司的法定盈余公积金超过全部注册资本的50%时，经批准，可以按不超过注册资本的一定比例（我国股份制企业规定6%）分派红利。资本公积金是指从公司的利润以外的收入中提取的一种公积金。其主要来源有股票溢价收入、财产重估增值以及接受捐赠资产等。资本公积金的来源不是公司的利润，因此资本公积金转增资本送股不能作为上市公司分红的一种内容（除了美国的少数州之外）。资本公积金的用途是扩大公司生产经营活动和增加公司注册资本，我国没有对资本公积金转增资本的数量进行规定。有些国家的公司法规定了在法定盈余公积金不足以弥补亏损的前提下，可以用资本公积金弥补亏损。

资料来源：找法网，http：//china. findlaw. cn/.

本章小结

1. 证券价格指数是指反映有价证券市场价格波动的相对数。有价证券的主要形式是股票和债券，与此相对应，证券价格指数可分为股票价格指数和债券价格指数，其中普遍编制的是股票价格指数。股票价格指数分为定基指数和环比指数。股票价格指数的计算方法有股价平均数法和股票价格指数法。简单算术股票价格指数有相对法和综合法之分；加权综合法股票价格指数有基期加权、报告期加权和几何加权之分。

2. 我国主要的股票价格指数有中证指数、上海证券交易所的股价指数、深圳证券交易所的股价指数等。我国的其他证券指数有债券指数、基金指数。国际主要价格指数主要有道·琼斯工业股价平均数、金融时报证券交易所指数、日经 225 股价指数、NASDAQ 市场综合指数等。

3. 常见的证券价格种类有：票面价格、账面价格、清算价格、理论价格、发行价格、市场价格。股票的发行价格受净资产、盈利水平、发展潜力、发行数量、行业前景、股市状况等因素影响。可以用市盈率法、竞价确定法、净资产倍率法、现金流量折现法来确定。

4. 除权是单指由于公司股本增加，每股股票所代表的企业实际价值（每股净资产）有所减少，需要在发生该事实之后从股票市场价格中剔除这部分因素而形成的剔除行为。除权价计算分为送股除权和配股除权。复权就是对股价和成交量进行权息修复，按照股票的实际涨跌绘制股价走势图，并把成交量调整为相同的股本口径。

5. 股票价值的决定理论有股利贴现模型、不变增长率模型，包括零增长模型和不变增长模型。

6. 资本资产定价模型（CAPM）阐述了在投资者都采用马科维茨的理论进行投资管理的条件下市场均衡状态的形成，把资产的预期收益与预期风险之间的理论关系用一个简单的线性关系表达出来了，即认为一个资产的预期收益率与衡量该资产风险的一个尺度 β 值之间存在正相关关系。

7. 套利定价理论（APT）假定收益是由一个因素模型所产生，仅仅要求投资者是一个偏好拥有财富多多益善者，对风险资产组合的选择也仅仅依据收益率，即使该收益率跟风险有关系，风险只是影响资产组合收益率的众多因素之一。

8. 期权定价模型（OPT）认为，只有股价的当前值与未来的预测有关；变量过去的历史与演变方式与未来的预测不相关。模型表明，期权价格的决定非常复杂，合约期限、股票现价、无风险资产的利率水平以及交割价格等都会影响期权价格。

9. 利率期限结构（Term Structure of Interest Rates）是指某个时点不同期限的即期利率与到期期限的关系及变化规律。久期表示了债券或债券组合的平均还款期限，它是每次支付现金所用时间的加权平均值，权重为每次支付的现金流的现值占现金流现值总和的比率。久期越短，债券对利率的敏感性越低，风险越低；反之，久期越长，债券对利率的敏感性越高，风险越高。

重要概念

证券价格指数 股票价格指数 拉斯贝尔指数 派许指数 加权综合法 票面价格 账面价格 清算价格 理论价格 发行价格 市场价格 市盈率 除权 复权

复习思考题

1. 股票价格指数的计算方法有哪些？
2. 常见的证券价格种类有哪些以及如何确定？
3. 证券除权的过程是怎样的？它和复权比较有什么区别？
4. 马奇尔债券定价原理的内容是什么？
5. 推导资本资产定价模型。
6. 套利定价理论和资本资产定价理论的区别有哪些？
7. 利率期限结构包含哪些假说？

计算题

1. 中小板上市公司英威腾 2010 年中期的分配方案是每 10 股送 9 股并派 3 元现金。公司股权登记日是 2010 年 9 月 15 日，登记日股票收盘价格是 99.97 元，试计算 2010 年 9 月 16 日该股票的除权价格。

2. 英威腾公司股票经过 2010 年中期送转股票除权后，2011 年 2 月 16 日的价格是 59.15 元，试计算该价格所对应的除权前的价格。

3. 去年某公司支付的每股股利为 1.80 元，预计在未来日子里该公司股票的股利按每年 5% 的速率增长。假定必要收益率是 11%，该公司的股票价值是多少？而当前每股股票价格是 40 元，投资建议是什么？

4. 某证券参考沪深 300 组合收益率 8.5%，和沪深 300 的相关系数 β 值为 1.2，无风险收益率参照 1 年期国债利率 3%，该证券的预期收益率为多少？

第三篇

证券投资分析篇

证券投资分析指以有价证券为分析对象，所进行的证券投资的可行性分析。通过对各类有价证券的对比分析，可以筛选和确定出证券投资的对象、数量、操作策略等。宏观经济状况和宏观经济政策分析、产业和行业分析以及对发行公司内在因素的剖析，可以为投资者选择可靠的投资对象提供依据。采用各种技术方法对证券价格变化趋势进行分析，可以为投资者观察、判断股市走向，作出证券买卖决策提供依据。

第十章

证券投资分析概述

学习目的

通过本章的学习，学生能够做到：理解证券投资分析的目标和意义；掌握证券投资分析的理论派系和具体的分析方法；了解理论的发展和演化过程。

重点难点

1. 证券投资分析的意义；
2. 证券投资分析的理论流派；
3. 证券投资分析的主要方法；
4. 有效市场假说。

第一节　证券投资分析的理论发展

证券投资分析是指人们通过各种专业性分析方法，对影响证券价值或价格的各种信息进行综合分析以判断证券价值或价格及其变动的行为，是证券投资过程中不可或缺的一个重要环节。

一、证券投资分析的含义及目标

（一）证券投资分析的含义

证券投资指的是投资者购买股票、债券、基金等有价证券以及这些有价证券的衍生品，以获取红利、利息及资本利得的投资行为和投资过程，是直接投资的重要形式。

证券投资分析是指通过各种专业分析，对影响证券价值或价格的各种信息进行综合分析，以判断证券价值或价格及其变动的行为，是证券投资过程中不可或缺的一个重要环节。

（二）证券投资分析的目标

在风险既定的条件下投资收益率最大化和在收益率既定的条件下风险最小化是证券投资的两大具体目标。

二、证券投资分析理论的发展与演化

证券投资分析理论是围绕证券价格变化特征、证券估值、证券投资收益预测和风险控制而发展起来的一套理论体系。

道氏理论是证券投资分析中最古老、最著名的股票价格分析理论之一，该理论的形成经历了几十年。查尔斯·道（Charles H. Dow）在1900—1902年担任《华尔街日报》总编辑期间，发表了许多关于股价变动情况的文章和评论，基本确立了技术分析的总体思路，奠定了技术分析理论的基础。《华尔街日报》记者在《投机入门》一书中率先提出了“道氏理论”这个名词。1902年，在查尔斯·道去世以后，威廉姆·彼得·汉密尔顿（William Peter Hamilton）和罗伯特·雷亚（Robert Rhea）继承了道氏理论，并在其后有关股市的评论写作过程中，加以组织与归纳而成为今天所见到的理论。他们所著的《股市晴雨表》、《道氏理论》成为后人研究道氏理论的经典著作。

威廉姆斯（John B. Williams）于1938年提出了公司（股票）价值评估的股利贴现模型（DDM），为定量分析虚拟资本、资产和公司价值奠定了理论基础，也为证券投资的基本分析提供了强有力的理论根据。威廉姆斯认为股东投资的目的就是以现金股利的形式从公司获得回报，所以股票价值就是现金股利的贴现价值。该理论最早可以追溯到费雪（Irving Fisher）的资本价值理论。费雪早在其1906年的著作《资本与收入的性质》中就完整地论述了资本与收入和价值的关系。他认为，资本能带来一系列的未来收入，因而，资本的价值实质上就是未来收入的贴现值。

随着证券市场的发展，在道氏理论和威廉姆斯公司（股票）价值评估理论的基础上，证券投资分析理论在人们的实践和理论探索中不断得到丰富和发展。1939年艾略特（R. N Elliott）在道氏理论的基础上，提出分析预测股价变化的波浪理论。在此后的实践中，人们相继提出股价波动的形态理论、切线理论和指标理论等，从而形成技术分析的理论框架体系。

在整个金融和证券分析的框架中，“不确定性”概念的引入具有重大作用。最早凯恩斯（John M. Keynes，1936）和希克斯（John R. Hicks，1939）提出了“风险补偿”的概念，认为由于金融产品中不确定性的存在，应该对不同金融产品在利率中附加一定的风险补偿。随后，NeumannVon（1947）应用预期效用的概念提出了解决在不确定性条件下决策选择的方法。在此基础上马科维茨发展出了证券组合理论，标志着现代组合投资理论的开端，解决了两个问题：第一，为何要进行组合投资；第二，投资者将如何根据有关信息进一步实现证券市场投资的最优选择。

1963年，夏普提出了单因素和多因素模型。同期，夏普、林特纳和莫辛同时提出资本资产定价模型（CAPM），罗斯提出了套利定价理论（APT），尤金·法玛提出关于市场效率问题的理论和“有效市场理论”，奥斯本提出随机漫步理论。

20世纪70年代，布莱克和斯科尔斯提出期权定价理论（OPM）。该理论的创建对期权、权证甚至公司估值具有重大意义。20世纪80年代，美国西北大学拉巴波特、哈佛的詹森提出自由现金流理论作为企业价值评估的新概念、理论和方法，比较综合地反映了企业的经营成效。自由现金流已经成为企业价值评估领域使用最广泛、理论最健全的指标。进入 20 世纪 80 年代，实证发现了与理性人假设不符的异常现象，从而形成了行为金融学。个体心理分析基于“人的生存欲望”、“人的权利欲望”、“人的存在价值欲望”三大心理分析理论进行分析，旨在解决投资者在投资过程中产生的心理障碍问题。群体心理分析基于群体心理理论与逆向思维理论，旨在解决投资者如何在研究投资市场过程中保证正确的观察视角问题。

第二节 证券投资分析的流派和方法

一、证券投资分析的流派

随着现代投资组合理论的诞生，证券投资分析开始形成了界限分明的四个分析流派，即基本分析流派、技术分析流派、心理分析流派和学术分析流派。

（一）基本分析流派（Fundamental Analysis）

基本分析流派是目前西方投资界的主流派别。该派别以宏观经济形势、行业特征及上市公司的基本财务数据作为投资分析对象与投资决策基础。以价值分析理论为基础、以统计方法和现值计算方法为主要分析手段，因此价值成为测量价格合理与否的尺度。基本分析流派认为价格和价值间偏离的调整是造成证券价格波动的原因。两个假设为“股票的价值决定其价格”、“股票的价格围绕价值波动”。

（二）技术分析流派（Technical Analysis）

技术分析流派是指以证券的市场价格、成交量、价和量的变化以及完成这些变化所经历的时间等市场行为作为投资分析对象与投资决策基础。该流派以价格判断为基础、以正确的投资时机抉择为依据。技术分析理论可以分为以下几类：K 线理论、切线理论、形态理论、技术指标理论、波浪理论和循环周期理论。技术分析流派认为市场供求均衡状态偏离会引起证券价格的波动。

（三）心理分析流派

心理分析流派以个体心理分析和群体心理分析为基础，比如通常所说的“羊群效应”、逆向思维方式等。心理分析流派认为市场心理平衡状态偏离会引起证券价格的波动。个体心理分析基于“人的生存欲望”、“人的权力欲望”和“人的价值欲望”三大心理分析理论进行分析，旨在解决投资者在投资决策过程中产生的心理障碍问题。群体心理分析基于群体心理理论与逆向思维理论，旨在解决投资者如何在研究投资市场过程中保证正确的观察视角问题。

（四）学术分析流派（组合证券投资分析）

学术分析流派是选择价值被低估的股票并长期持有，即在长期内不断吸纳、持有所选定的上市公司股票。其代表人物是格雷厄姆和巴菲特。学术分析流派“按投资风险水平选择投资对象”以“获取平均的长期收益率”为投资目标原则。这是与其他流派最重要的区别之一，其他流派大多以“战胜市场”为投资目标。学术分析流派认为价格与所反映信息内容的偏离会引起证券价格波动，哲学基础是“有效市场理论”。

二、证券投资分析的具体方法

证券投资的分析方法主要有如下三种：基本分析法、技术分析法、演化分析法。其中基本分析主要应用于投资标的物的选择上，技术分析和演化分析则主要应用于具体投资操作的时间和空间判断上，作为提高证券投资分析有效性和可靠性的有益补充。它们之间的关系是：技术分析要有基本分析的支持，才可避免缘木求鱼，而技术分析和基本分析要纳入演化分析的框架，才能真正提高可持续生存能力。

（一）基本分析法

基本分析法是以传统经济学理论为基础，以企业价值作为主要研究对象，通过对决定企业内在价值和影响股票价格的宏观经济形势、行业发展前景、企业经营状况等进行详尽分析，以大概测算上市公司的长期投资价值和安全边际，并与当前的股票价格进行比较，形成相应的投资建议。基本分析认为股价波动不可能被准确预测，而只能在有足够安全边际的情况下买入股票并长期持有。其理论基础为：

（1）任何一种投资对象都有一种可以称之为“内在价值”的固定基准，且这种“内在价值”可以通过对该种投资对象的现状和未来前景的分析而获得。

（2）市场价格和“内在价值”之间的差距最终会被市场所纠正，因此市场价格低于（或高于）内在价值之日，便是买（卖）机会到来之时。

主要包括宏观经济分析、行业和区域分析以及公司价值分析三大内容。

（二）技术分析法

技术分析法是以传统证券学理论为基础，以股票价格作为主要研究对象，以预测股价波动趋势为主要目的，从股价变化的历史图表入手，对股票市场波动规律进行分析的方法总和。

技术分析的理论基础建立在三个假设之上：（1）市场的行为包含一切信息；（2）价格沿趋势移动；（3）历史会重复。主要理论有道氏理论、波浪理论、江恩理论等。根据证券市场自身变化规律得出结果的分析方法分类有 K 线理论、切线理论、形态理论、技术指标理论、波浪理论和循环周期理论。

（三）演化分析法

演化分析法是以演化证券学理论为基础，将股市波动的生命运动特性作为主要研究对象，从股市的代谢性、趋利性、适应性、可塑性、应激性、变异性和节律性等方面入手，对市场波动方向与空间进行动态跟踪研究，为股票交易决策提供机会和风险评估的方法总和。演化分析认为股价波动无法准确预测，因此它属于模糊分析范畴，并不试图为股价波动轨迹提供定量描述和预测，而是着重为投资人建立一种科学观察和理解股市波动逻辑的全新的分析框架。

三、证券组合分析法与有效市场假说

（一）证券组合分析法

证券组合分析法是指根据投资者对收益率和风险的共同偏好以及投资者的个人偏好确定投资者的最优证券组合并进行组合管理的方法。以多元化证券组合来有效降低非系统性风险是该分析方法运用的出发点。

现代证券组合管理理论的主要框架为：马科维茨的均值方差模型是证券组合分析首要的理论基础，夏普的“单因素模型”、“多因素模型”和夏普、林特纳、莫辛的资本资产定价模型（CAPM）以及罗斯的套利定价模型（APT），又进一步扩充了该方法在实践运用中的理论基础。

（二）有效市场假说

有效市场假说（Efficient Markets Hypothesis，EMH）是由尤金·法玛（Eugene Fama）于1970年深化并提出的。“有效市场假说”的研究起源于路易斯·巴舍利耶（Bachelier，1900），他从随机过程角度研究了布朗运动以及股价变化的随机性，并且他认识到市场在信息方面的有效性：过去、现在的事件，甚至将来事件的贴现值反映在市场价格中。他提出的“基本原则”是股价遵循公平游戏（Fair Game）模型。

在总结了前人的理论和实证的基础上，借助萨缪尔森（1965）的分析方法和Roberts（1967）提出的证券市场的三种有效形式，法玛（1970）提出了有效市场假说。

1. “有效市场假说”包含的要点

（1）在市场上的每个人都是理性的经济人，金融市场上每只股票所代表的各家公司都处于这些理性人的严格监视之下，他们每天都在进行基本分析，以公司未来的获利性来评价公司的股票价格，把未来价值折算成今天的现值，并谨慎地在风险与收益之间进行权衡取舍。

（2）股票的价格反映了这些理性人的供求的平衡，想买的人正好等于想卖的人，即，认为股价被高估的人与认为股价被低估的人正好相等，假如有人发现这两者不等，即存在套利的可能性的话，他们立即会用买进或卖出股票的办法使股价迅速变动到能够使二者相等为止。

（3）股票的价格也能充分反映该资产的所有可获得的信息，即“信息有效”，当信息变动时，股票的价格就一定会随之变动。一个利好消息或利空消息刚刚传出时，股票的价格就开始异动，当它已经路人皆知时，股票的价格也已经涨或跌到适当的价位了。

“有效市场假说”实际上意味着“天下没有免费的午餐”，世上没有唾手可得之物。在一个正常的有效率的市场上，每个人都别指望发意外之财，所以花时间去看路上是否有钱好拣是不明智的，费心去分析股票的价值也是无益的。

当然，“有效市场假说”只是一种理论假说，实际上，并非每个人总是理性的，也并非在每一时点上的信息都是有效的。“这种理论也许并不完全正确”，曼昆说，“但是，有效市场假说作为一种对世界的描述，比你认为的要好得多。”

2. 关于有效的资本市场的两种定义

内部有效市场（Internally Efficient Markets）又称交易有效市场（Operationally Efficient Markets），它主要衡量投资者买卖证券时所支付交易费用的多少，如证券商索取的手续费、佣金与证券买卖的价差。

外部有效市场（Externally Efficient Markets）又称价格有效市场（Pricing Efficient Markets），它探讨证券的价格是否迅速地反映出所有与价格有关的信息，这些“信息”包括有关公司、行业、国内及世界经济的所有公开可用的信息，也包括个人、群体所能得到的所有的私人的、内部非公开的信息。成为有效市场的条件是：

（1）投资者都利用可获得的信息力图获得更高的报酬；

（2）证券市场对新的市场信息的反应迅速而准确，证券价格能完全反映全部信息；

（3）市场竞争使证券价格从旧的均衡过渡到新的均衡，而与新信息相应的价格变动是相互独立的或随机的。

3. 有效市场假说的三种形态

只要证券的市场价格充分及时地反映了全部有价值的信息、市场价格代表着证券的真实价值，那么这样的市场就被称为"有效市场"。根据市场对信息反映的强弱，将有效市场分为三种水平：弱式有效市场、半强式有效市场、强式有效市场。

（1）弱式有效市场（Weak-form Market Efficiency）

该假说认为在弱式有效的情况下，市场价格已充分反映出所有过去历史的证券价格信息，包括股票的成交价、成交量、卖空金额，融资金融等。

推论一：如果弱式有效市场假说成立，则股票价格的技术分析失去作用，基本分析还可能帮助投资者获得超额利润。

（2）半强式有效市场（Semi-strong-form Market Efficiency）

在半强式有效市场中，证券当前价格完全反映所有公开信息，不仅包括证券价格序列信息，还包括有关公司价值、宏观经济形势和政策方面的信息。如果市场是半强式有效的，那么仅仅以公开资料为基础的分析将不能提供任何帮助，因为针对当前已公开的资料信息，目前的价格是合适的，未来的价格变化依赖于新的公开信息。在这样的市场中，只有那些利用内幕信息者才能获得非正常的超额回报。

该假说认为价格已充分反映出所有已公开的有关公司营运前景的信息。这些信息有成交价、成交量、盈利资料、盈利预测值、公司管理状况及其他公开披露的财务信息等。假如投资者能迅速获得这些信息，股价应迅速作出反应。

推论二：如果半强式有效假说成立，则在市场中利用技术分析和基本分析都失去作用，内幕消息可能获得超额利润。

（3）强式有效市场（Strong-form Market Efficiency）

在强式有效市场中，证券价格总是能及时充分地反映所有相关信息，包括所有公开的信息和内幕信息，任何人都不可能通过对公开或内幕信息的分析来获取超额收益。证券价格反映了所有即时信息。

在这种市场中，任何企图寻找内部资料信息来打击市场的做法都是不明智的。强式有效市场假设下，任何专业投资者的边际市场价值为零，因为没有任何资料来源和加工方式能够稳定地增加收益。对于证券组合的管理者来说，如果市场是强式有效的，管理者会选择消极保守的态度，只求获得市场平均的收益水平。强式有效市场假说认为价格已充分地反映了所有关于公司营运的信息，这些信息包括已公开的或内部未公开的信息。

推论三：在强式有效市场中，没有任何方法能帮助投资者获得超额利润，即使基金和有内幕消息者也一样。

三种有效假说的检验就是建立在三个推论之上：强式有效假说成立时，半强式有效假说必须成立；半强式有效假说成立时，弱式有效假说也必须成立。所以，先检验弱式有效假说是否成立；若成立，再检验半强式有效假说；再成立，最后检验强式有效假说是否成立。顺序不可颠倒。

本章小结

1. 证券投资分析是指人们通过各种专业性分析方法，对影响证券价值或价格的各种信息进行综合分析以判断证券价值或价格及其变动的行为，是证券投资过程中不可或缺的一个重要环节。进行证券投资分析有利于提高投资决策的科学性；有利于正确评估证券的投资价值；有利于降低投资者的投资风险；科学的证券投资分析是投资者投资成功的关键。

2. 证券投资分析理论是围绕证券价格变化特征、证券估值、证券投资收益预测和风险控制而发展起来的一套理论体系。形成了界限分明的四个分析流派，即基本分析流派、技术分析流派、心理分析流派和学术分析流派。证券投资的分析方法主要有如下三种：基本分析法，技术分析法、演化分析法。

3. 证券组合分析法是根据投资者对收益率和风险的共同偏好以及投资者的个人偏好确定投资者的最优证券组合并进行组合管理的方法。只要证券的市场价格充分及时地反映了全部有价值的信息、市场价格代表着证券的真实价值，那么这样的市场就被称为“有效市场”。根据市场对信息反映的强弱将有效市场分为三种水平：弱式有效市场、半强式有效市场、强式有效市场。

重要概念

证券投资分析　基本分析　技术分析　心理分析　学术分析　基本分析法
技术分析法　演化分析法　有效市场　弱式有效市场　半强式有效市场　强式有效市场

复习思考题

1. 证券投资分析的意义有哪些？
2. 证券投资分析的理论流派有哪些？
3. 证券投资分析的主要方法有哪些？
4. 有效市场假说的主要内容有哪些？

第十一章

证券投资的宏观经济分析

学习目的

通过本章的学习，学生能够做到：熟悉宏观经济分析的指标与方法；理解国际经济环境对国内证券市场的影响；理解宏观经济运行与证券市场的关系；理解宏观经济政策对证券市场的影响。

重点难点

1. 国际经济环境对证券市场的影响；
2. 宏观经济运行与证券市场的关系；
3. 宏观经济政策对证券市场的影响。

宏观经济运行的状态和发展态势是决定证券市场周期变化的根本原因。宏观经济政策是政府调控经济的主要手段，它对宏观经济的增长速度、结构调整及行业和企业的增长速度、经济效益都有决定性的作用。对宏观经济进行宏观的分析，理解政府的宏观经济政策意图，把握经济发展的大方向和周期变化规律，关注经济运行有可能出现的转折点是做出正确的证券投资决策的先决条件。因此，宏观经济分析对证券投资分析尤为重要。

第一节　宏观经济分析概述

宏观经济因素从根本上制约着企业的发展环境。当一国经济处于萧条期，证券发行公司在没有特殊优势条件下，很难获得出众的业绩；当国际经济形势出现恶化，同样难以保证外贸出口企业能有迅猛增长。相反，当经济趋向繁荣，给企业发展提供的机会则会很多。因此，把握客观经济形势重在找出影响经济变动的因素，并掌握各种因素在不同时期、不同条件下对宏观经济，进而对证券发行公司的影响程度。宏观经济因素分析主要包括对经济周期、国际经济环境、国内经济形势以及国家经济政策等因素的分析。

一、宏观经济分析的意义与方法

（一）宏观经济分析的意义

证券市场与宏观经济密切相关，尤其是股票市场素有宏观经济晴雨表之称。所以，宏观经济分析对于证券投资来说是非常重要的，不仅投资对象要受到宏观经济形势的影响，而且证券业本身的生存、发展和繁荣也与宏观经济因素息息相关。证券投资活动效果的好坏、效率的高低，不仅要受国民经济基本单位的影响，更要受宏观经济形势的直接制约。因此，宏观经济分析无论是对投资者、投资对象，还是对证券业本身乃至整个国民经济的快速健康发展都具有非常重要的意义。

1. 把握证券市场的总体变动趋势

在证券投资领域中，宏观经济分析非常重要，只有把握住经济发展的大方向，才能把握证券市场的总体变动趋势，作出正确的长期决策；只有密切关注宏观经济因素的变化，尤其是货币政策和财政政策因素的变化，才能抓住证券投资的市场时机。

2. 判断整个证券市场的投资价值

证券市场的投资价值与国民经济整体素质、结构变动息息相关。这里的证券市场的投资价值是指整个市场的平均投资价值。从一定意义上说，整个证券市场的投资价值就是整个国民经济增长质量与速度的反映，因为不同部门、不同行业与成千上万的不同企业相互影响、互相制约，共同影响国民经济发展的速度和质量。宏观经济是个体经济的总和，因而企业的投资价值必然在宏观经济的总体中综合反映出来，所以，宏观经济分析是判断整个证券市场投资价值的关键。

3. 掌握宏观经济政策对证券市场的影响力度与方向

证券市场与国家宏观经济政策息息相关。在市场经济条件下，国家通过财政政策和货币政策来调节经济，或挤出泡沫，或促进经济增长，这些政策直接作用于企业，从而影响经济增长速度和企业效益，并进一步对证券市场产生影响。因此，证券投资必须认真分析宏观经济政策，掌握其对证券市场的影响力度与方向，以准确把握整个证券市场的运动趋势和各个证券品种的投资价值变动方向。这无论是对投资者、投资对象，还是对证券业本身乃至整个国民经济的快速健康发展都具有重要的意义。

（二）宏观经济分析的主要方法

1. 总量分析法

总量分析法是指对影响宏观经济运行总量指标的因素及其变动规律进行分析，如对国民生产总值、消费额、投资额、银行贷款总额及物价水平的变动规律的分析等，进而说明整个经济的状态和全貌。总量是反映整个社会经济活动状态的经济变量，包括两个方面：一是个量的总和；二是平均量或比例量。

2. 结构分析法

结构分析法是指对经济系统中各组成部分及其对比关系变动规律的分析。如国民生产总值中三大产业的结构分析、消费和投资的结构分析、经济增长中各因素作用的结构分析等。总量分析和结构分析是相互联系的。总量分析侧重于总量指标速度的考察，侧重分析经济运行的动态过程；结构分析侧重于对一定时期经济整体中各组成部分相互关系的研究，侧重分析经济现象的相对静止状态。

（三）宏观经济分析的工具

1. 经济指标

宏观经济分析可以通过一系列经济指标的计算、分析和对比来进行。经济指标是反映经济活动结果的一系列数据和比例关系。经济指标有三类：一是先行指标，这类指标可以对将来的经济状况提供预示性的信息；二是同步指标，通过这类指标算出的国民经济转折点大致与总的经济活动的转变时间同时发生；三是滞后指标，滞后指标主要有银行短期商业贷款利率、工商业未还贷款等。

2. 计量经济模型

所谓计量经济模型，就是表示经济现象及其主要因素之间数量关系的方程式。经济现象之间的关系大都属于相关或函数关系，建立计量经济模型并进行运算，就可以探寻经济变量间的平衡关系，分析影响平衡的各种因素。

3. 概率预测

概率预测的重要性是由客观经济环境和该方法自身的功能决定的。要了解经济活动的规律性，必须掌握它的过去，进而预计其未来。过去的经济活动都反映在大量的统计数字和资料上，根据这些数据，运用概率预测方法，就可以推算出以后若干时期各种相关的经济变量状况。

二、评价宏观经济形势的相关变量

（一）国民经济总体指标

1. 国内生产总值（GDP）

国内生产总值是指一个国家（或地区）所有常住居民在一定时期内（一般按年统计）生产的商品和劳务的总价值。只要长期在国内居住，不管是长期居住在中国境内的中国人还是外国人，其生产的产品和劳务都统计在中国的 GDP 内；国民生产总值（GNP）却是按照“国民原则”，无论居住在国内还是国外，只要具有中国国籍，其生产的劳务和产品都记入中国的 GNP。

2. 工业增加值

工业增加值是指工业行业在报告期内以货币表现的工业生产活动的最终成果。工业增加值是工业总产值与中间消耗的差额，是衡量国民经济的重要统计指标之一。工业增加值率则是指一定时期内工业增加值占工业总产值的比重，反映降低中间消耗的经济效益。

3. 失业率

失业率是指劳动人口中失业人数所占的百分比，劳动力人口是指年龄在 16 岁以上具有劳动能力的人的全体。我国公布的失业率是城镇登记失业率，即城镇登记失业人数占城镇就业人数与城镇登记失业人数之和的百分比。

4. 通货膨胀率

通货膨胀率是商品价格水平的上涨指标，一般采用居民消费品价格指数（CPI）、生产者物价指数（PPI）等测算通货膨胀率。

5. 国际收支

国际收支一般是一国居民在一定时期内与非本国居民在政治、经济、军事、文化及其他往来中所产生的全部交易的系统纪录。这里的“一国居民”是指在一个国家居住一年以上的自然人和法人。

（二）投资指标

投资指标主要指全社会固定资产投资额。

全社会固定资产投资额是衡量投资规模的主要变量，是以货币表示的建造和购置固定资产活动的工作量，是反映一定时期内固定资产投资规模、速度、比例关系和投资方向的综合性指标。依据投资主体的不同，全社会固定资产投资分为政府投资、企业投资和外商投资。按照管理渠道，全社会固定资产投资额分为基础建设投资、更新改造投资、房地产开发投资和其他固定资产投资四个部分。适度的投资规模是保证经济稳定增长的一个关键因素，投资规模过小，不利于经济的进一步发展；投资规模过大，超出了一定时期人力、物力和财力的可能，又会造成国民经济比例的失调，导致经济大起大落。

（三）消费指标

1. 社会消费品零售总额

社会消费品零售总额是指国民经济各行业通过多种商品流通渠道向城乡居民和社会集团供应的消费品总额。它的大小和增长速度反映了城乡居民与社会集团消费水平的高低、居民消费意愿的强弱，所以该指标是反映经济景气程度的重要指标。

2. 城乡居民储蓄存款余额

城乡居民储蓄存款余额是指某一时点城乡居民存入银行及农村信用社的储蓄金额。居民储蓄量的大小首先决定于可支配收入的多少，同时又受可支配收入中消费支出比例的限制。储蓄扩大的直接效果就是投资需求扩大和消费需求减小。

（四）金融指标

1. 货币供应量

货币供应量是单位和居民个人在银行的各项存款和手持现金之和。中央银行可以通过增加或减少货币供应量调节信贷供给和利率，从而影响货币需求并使其与货币供给相一致。我国现行货币统计制度将货币供应量划分为3个层次：

（1）流通现金（M0），指单位库存现金和居民手持现金之和。

（2）狭义货币供应量（M1），指M0加上单位在银行的可开支票进行支付的活期存款。

（3）广义货币供应量（M2），指M1加上单位在银行的定期存款和城乡居民个人在银行的各项储蓄存款以及证券公司的客户保证金。

2. 利率（利息率）

利率是指在借贷期内所形成的利息额与本金的比率。利率的波动反映出市场资金供求变动状况。在经济持续繁荣增长时期资金供不应求，利率上升；经济萧条市场疲软时，利率会随资金需求的减少而下降。利率也影响着人们的储蓄、投资和消费行为。利率有存款利率、贷款利率、国债利率、回购利率、贴现率等。

（1）贴现率与再贴现率。央行根据市场资金供求状况调整再贴现率，能影响商业银行资金借入的成本，进而影响商业银行对社会的信用量，从而调节货币供给总量。如果央行提高再贴现率，就意味着商业银行向央行再融资的成本提高，进而带动整个市场利率上涨，起到紧缩信用的作用，市场货币供应量减少。

（2）回购利率。国债回购是交易双方在全国统一拆借中心进行的以债券为权利质押的一种短期资金融通业务，其回购利率是一种无风险利率，可以准确反映市场资金成本和短期收益水平，比较真实地反映中国金融市场的资金供求情况，已成为央行制定货币政策、财政部和其他债券发行人制定发行策略、市场参与者进行资产管理的重要参考指标。

（3）各项存贷款利率。在其他条件不变时，由于利率水平上浮引起存款增加和贷款下降，一方面是居民消费支出减少，另一方面是企业的生产成本增加，它会同时抑制供给和需求。利率水平的降低则会引起需求和供给的双向扩大。

3. 汇率

汇率是一国货币与他国货币相互交换的比率。一般来说，国际金融市场上的外汇汇率是由一国货币所代表的实际社会购买力平价和自由市场对外汇的供求关系决定的。通常直接标价法下，汇率下降，本国货币升值不利于该国的商品出口和外汇收入，但有利于该国的商品进口。

4. 外汇储备

外汇储备是一国对外债权的总和，用于偿还外债和支付进口，是国际储备的一种。扩大外汇储备会相应增加国内需求。

我国货币运行有两个特点：一是央行不断以基础货币在外汇市场上大手购汇，稳定了汇率的同时增加了基础货币供应；二是超强的土地融资经商业银行放贷不断创造货币。与此对应，货币调控也形成了以央行发行多种短期央票以回收过量投放的基础货币和提升法定存款准备金率抑制商业银行创造货币两个主要手段。

三、宏观经济分析的内容

宏观经济分析是证券投资分析的关键，因为宏观经济决定了证券市场的基本走势，只有正确判断当前宏观经济形势才能做出正确的投资决策，一般来说，宏观经济分析的主要内容有以下方面。

（一）近阶段经济总体发展状况

经济外部环境对一个公司的盈利影响相当大，如果一个国家的经济环境不景气，由于各个行业之间的相互传导影响，大部分企业的盈利能力都将比较艰难，证券投资自然也应该谨慎，应降低投资规模，避免投资一些业绩下降较快的公司；相反，如果经济处于扩张状态，公司和行业的利好消息不断，自然在证券市场上会有更多更好的盈利机会，应该积极挖掘投资机会，加大投资力度，取得较丰厚的投资收益。

（二）近阶段通货膨胀预期

通货膨胀将直接地、较为深刻地影响到一些行业，如有色资源类企业将在通胀中获益；相比之下，原材料成本较高的制造企业则因为高成本而盈利利润微薄，所以通货膨胀将引起收入和财富的再分配，扭曲商品相对价格。同时，控制通货膨胀也是政府宏观调控的主要目标，通胀将会关系到政府宏观调控政策的取向，政府可能会采取收缩流动性，扩大 IPO 数量，减少财政支出等政策措施，从而影响证券市场上的资金量。

（三）国家的经济发展战略规划

国家发展规划将直接关系到我国未来经济的发展方向，包括哪些行业将会得到政策支持，政府的经济工作重点在哪些行业等。比如，在 2011 年 3 月 11 日日本大地震之前，我国在沿海一带大面积规划布局核电站建设项目，自然长期利好核电行业，一些核能源概念股都走出好几年的长牛行情。但是因为日本大地震造成福岛核辐射污染严重，国内一些未建的核电项目被全面停止，对核电概念的股票是绝对的利空，应该及时清盘该类股票，以观望为主。

（四）国际市场情况

一方面因为经济全球化，国际间经济往来密切相关，如果欧美国家经济繁荣，不仅有利于我国产品出口，而且也利好海运行业，并且通过产业链影响到其他行业。另一方面，国际资本市场也在相互联动，如果欧美及亚洲其他国家的股市不断上涨，我国的股票大盘指数也将随大势不断攀升。

所以，在实际操作中，宏观经济面的判断极其重要，应该更多地关注这些宏观经济面的变化。

第二节　国际经济环境与证券投资

在国际经济往来愈加频繁的今天，各国经济密切相连，一国的经济变化会对与其相关的国家产生影响。对外开放程度越高，对外依赖性越强，受这种影响也会越大。

一、国际贸易关系与证券投资

国际贸易关系的变动主要影响到产品市场和原材料供应依靠国外的公司。在分析国际贸易对证券价值的影响时，应重点关注这几个方面。

（一）世界经济形势

世界经济形势变化主要是通过贸易和直接投资渠道来影响我国经济继而传递到证券市场。进入 2013 年，世界经济低增长、高风险的态势没有根本改变。发达经济体复苏势头出现分化。美国房地产市场、就业市场、股票市场均有所改善，制造业的国际竞争力部分得以恢复，但自动减支机制在一定程度上拖累经济增长。欧洲金融市场稳定性增强，但经济陷入二次衰退，财政整固和一体化建设的阻力上升。日本政府推出财政刺激、量化宽松、经济增长战略组合的“安倍经济学”，提振了企业和消费者信心，但可持续性面临考验。新兴市场和发展中国家继续温和增长，一些新兴大国工业生产出现放缓势头。IMF 预计，2013 年全球经济增长 3.3%，其中发达经济体仍增长 1.2%，新兴市场和发展中经济体经济增速温和回升至 5.3%（见表 11-1）。

表 11-1 **2011—2014 年国际经济增长趋势** 单位:%

	2011	2012	2013	2014
世界经济	4.0	3.2	3.3	4.0
发达国家	1.6	1.2	1.2	2.2
美国	1.8	2.2	1.9	3.0
欧元区	1.4	-0.6	-0.3	1.1
日本	-0.6	2.0	1.6	1.4
新兴市场和发展中国家	6.4	5.1	5.3	5.7

注：2013 年和 2014 年数据为预测值。

资料来源：IMF，《世界经济展望》，2013 年 4 月。

在世界经济复苏乏力的形势下，2012 年全球贸易增速明显下降。特别是发达国家消费和投资需求低迷，进口萎缩，拖累全球贸易增长。世界贸易组织（WTO）发布的统计数据显示，2012 年全球货物贸易量增长 2%，增速远低于 2011 年的 5.2%。其中，发达经济体出口量增长 1%，进口量下降 0.1%；发展中国家出口量增长 3.3%，进口量增长 4.6%。受大宗商品价格下降影响，2012 年全球货物贸易出口额为 18.3 万亿美元，增长率仅为 0.2%，低于贸易量增速。2013 年，全球贸易弱势复苏局面难有大的改善。发达国家经济疲软将持续制约其进口能力；一些新兴经济体经济困难增多，将对贸易带来负面影响；贸易保护主义对国际贸易健康发展的威胁上升。WTO 预计，2013 年世界货物贸易量增长 3.3%，低于过去 20 年 5.3% 的平均水平。其中，发达经济体出口和进口均增长 1.4%，发展中国家出口增长 5.3%，进口增长 5.9%（见表 11-2）。

我国经济将面临着自 2008 年次贷危机以来最严峻的国际经济和贸易形势，受美国量化宽松的货币政策以及全球经济增长明显放慢的影响，加之人民币的持续升值使国际贸易增长也因此大幅回落。这在很大程度上将影响以进出口为主营业务的贸易类的上市公司的业绩。

表 11-2 **2009—2014 年世界货物贸易量增长率** 单位:%

	2009	2010	2011	2012	2013	2014
全球货物贸易量增长率	-12.5	13.9	5.2	2.0	3.3	5.0
出口						
发达经济体	-15.2	13.1	5.1	1.0	1.4	2.6
发展中经济体和独联体国家	-7.4	15.3	5.4	3.3	5.3	7.5
进口						
发达经济体	-14.3	10.7	3.1	-0.1	1.4	3.2
发展中经济体和独联体国家	-10.5	18.2	8.0	4.6	5.9	7.4

注：2013 年和 2014 年数据为预测值。

资料来源：WTO 秘书处，2013 年 4 月 11 日。

（二）贸易伙伴的状况

1. 美国

进入 2013 年，美国经济复苏势头进一步稳固。由于页岩气革命提升了竞争力，制造业活动加速，截至 2013 年 3 月制造业采购经理人指数已连续 4 个月位于荣枯线以上；出口小幅增长，前两个月出口额增长 2.2%；就业市场持续好转，3 月份失业率降至 7.6%，创 2009 年 1 月以来新低；金融市场环境改善，年初以来道·琼斯指数上涨幅度超过 10%；房地产市场向好势头更加明显，3 月份住房销量同比增长 18.5%。目前，困扰美国经济的首要问题仍是财政问题，尽管“财政悬崖”得以避免，但自动减支机制将拖累经济增长，债务上限问题也将带来新的不确定性。美联储公布的数据显示，2013 年全年，美国经济增长 1.9%，增速小于 2012 年的 2.8%。增幅下滑的主要原因在于非住宅固定投资和个人消费开支增速减弱，而联邦政府开支降幅更大。虽然美国经济数据较好，但是数据并不是能够表明美国的经济已经强劲到令美联储缩减购债规模的程度。

2. 欧盟

进入 2013 年，欧盟、IMF 与塞浦路斯达成救助协议，避免了塞浦路斯危机扩散，欧洲金融市场总体稳定，但欧元区经济衰退势头尚未得到遏制。截至一季度，欧元区 GDP 将连续六个季度环比下降，衰退持续时间超过 2008—2009 年国际金融危机时期，主要经济指标表明欧元区经济仍较困难。1 月—2 月，欧元区失业率达到 12%，其中西班牙、希腊超过 25%。4 月份制造业 PMI 从 3 月的 46.8 降至 46.5，为 2012 年 12 月份以来最低。欧盟委员会（European Commission）2014 年 1 月公布的数据显示，2013 年全年欧元区和欧盟经济增长分别为-0.5% 和 0.1%。欧元区 2013 年 12 月经济景气指数升至逾两年高位，表明欧元区的复苏开始起步。良好的景气数据以及此前强劲的零售销售数据和稳定的失业率，预示着欧元区的经济增长会加速。

3. 日本

进入 2013 年，受“安倍经济学”的刺激，日元大幅贬值，年初以来对美元已贬值 13.1%，日本股市急剧上涨，日经指数已上涨 30% 以上。社会各界信心明显增强，2 月份经济领先指标从 1 月的 95 升至 97.6，3 月份消费者信心指数从 2 月的 44.2 升至 44.8，创 2007 年 5 月以来新高。不少大企业表示，在日元贬值的推动下，2013 年有望实现大额盈利，这将对投资和工业生产起到积极的拉动作用。但日本政府债务占 GDP 比例已达 240% 左右，在此基础上进一步扩大财政刺激规模，势必加剧财政负担，威胁财政可持续性和未来经济增长。在安倍经济学量化宽松政策的刺激下，2013 年日本经济呈现出逐步复苏势头，前三季度 GDP 环比增长率分别为 1.1%、0.9% 和 0.5%，折年率分别为 4.1%、3.8% 和 1.9%，全年增长 2.8%。但是受新兴经济体增长减速等因素影响，未来日本对新兴经济体国家的出口将很难得到明显延伸，外需的低迷再加上消费税提高对内需的抑制作用，使得明后两年的 GDP 增长难有起色。

外部市场需求环境的变化已对我国长期依赖外需的贸易和经济结构产生了重要影响。随着我国劳动力、土地、资源能源等要素成本和资产价格的显著持续上升，以及人民币持续升值等，我国出口综合成本过快上涨并削弱了我国的出口竞争优势，同时针对我国的贸易摩擦持续增加。这些外部及内部的风险和压力都将影响上市公司的表现以及投资者对未来业绩的预期。

二、国际金融市场的动态与证券投资

国际金融市场按经营业务的种类划分，可以分为货币市场、证券市场、外汇市场、黄金市场和期权期货市场。这些市场是一个整体，各个市场相互影响。证券市场仅仅是国际金融市场的一部分。随着经济全球化和金融市场一体化进程的加快，一国经济形势和金融市场的动荡都会对相关国家产生直接或间接的影响。自 2007 年开始的美国次贷危机引发的金融危机，对全球经济和金融市场产生了巨大的冲击，而国际金融市场的剧烈动荡会通过各种途径影响一国的证券市场。

国际金融市场主要以美国道·琼斯指数为代表，美国、德国和法国的大盘指数基本同步，我国的证券市场与国际市场有时同步有时不同步。2008 年的美国证券市场和我国的 A 股市场基本同步，都有较深的跌幅，但是，2011 年美国道·琼斯指数的年线收涨，我国的 A 股却有 21% 左右的跌幅。这种现象的产生是因为我国证券市场的不完善，尤其是制度不完善导致的。国际金融市场对我国证券市场主要通过以下两种途径产生影响：

（1）国际金融市场相对于我国证券市场能较好反映宏观经济的变化，国际金融市场动荡将影响我国的出口经济，从而影响我国的证券市场。

（2）国际金融市场的变化将影响境外投资者如 QFII 等，尤其对 B 股市场产生影响。因为 B 股市场的投资者大部分是境外投资者，所以国际金融市场的动荡通过影响境外投资者的投资行为，如境外投资者调整原有投资组合、改变投资方向、套现资金等投资行为的改变，从而对我国 B 股证券市场产生影响。我国 A 股市场在 2011 年 12 月份下跌的一个主要原因是海外投资者做空中国概念股，引发 B 股市场带领整个市场下跌。

三、国际利率、汇率变动与证券投资

美国经济对世界经济具有举足轻重的影响，美联储的货币政策和本币对美元的汇率是投资者应该关心的事情。美联储的货币政策会影响美国经济的走向进而影响世界经济的走向、纽约股票市场的涨跌、美元对其他货币的汇率、其他国家的货币政策，而这些都是影响股票价格的因素。

（一）国际利率变动对证券市场的影响

国际金融市场的利率水准往往也能影响到国内利率水准的升降和股市行情的涨跌。在一个开放的市场体系中是没有国界的，如果海外利率水准低，一方面对国内的利率水准产生影响，另一方面，也会引致海外资金进入国内股市，拉动股票价格上扬。反之，如果海外的利率水准上升，则会发生与上述相反的情形。

（二）汇率变动对证券市场的影响

汇率变动通过三种途径影响证券市场。

1. 汇率变动对证券市场环境的影响

关于汇率与证券市场关系的理论可分为两大类：一种是利用传统的经济学分析方

法，得出汇率可以影响证券市场的结论，且这种影响是本币贬值将使得市场价格上升，这种分析方法的代表是商品市场分析法；另一种是在对有价证券分析的基础上，得出证券市场可以影响汇率并且这种影响为反向关系的结论，也即证券市场上升将使得本币升值，这种分析方法的代表是有价证券平衡论。

商品市场分析方法描述的汇率作用于证券市场的过程如下：汇率上升时，本币贬值，这将使得本国商品在国际市场上更有竞争力，进而促进出口的增加与进口的减少，这就意味着本国企业将有更多的国际市场与更好的盈利空间，从而使得上市公司的股价也随之向上。因此，从宏观角度来看，汇率波动对证券市场的影响主要取决于一国国际贸易在国民经济中的重要性与一国的进出口额的不平衡程度。同时，一国国际贸易的结构也将在很大程度上决定汇率变动对宏观经济乃至对股市的影响。

有价证券平衡论的作用过程如下：本国货币升值—热钱流入—股市上涨—吸引更多热钱流入—加大升值压力。如外汇市场对本国货币形成升值预期，将在短期内吸引国际资本流入，以获得以本币计值资产升值的收益，导致证券资产价格上涨，并吸引更多国际资本流入，进一步加大升值压力，推动证券价格上涨。加上证券市场助涨助跌的特点，极易形成市场泡沫。反之，如果外汇市场产生本币贬值预期，则资本大量流出，造成证券价格剧烈波动，并加剧货币贬值。如果市场的上述预期因汇率制度变革而实现，那么这种预期将得以强化，推动汇率水平进一步上涨或下跌。

2. 汇率变动对相关上市公司的影响

本币贬值短期内可刺激出口，限制进口。同时，为避免本币大幅贬值，政府则会提高利率以支持本币汇率水平，这样公司经营成本就会上升，利润将会减少，特别是进口型的公司受到的影响更大，其股价也会下跌；但对于出口型的公司反而构成利好。反之，升值则可提高本币购买力，降低进口成本，可以较低价格收购国外企业，扩大对外投资；同时，会抑制出口，造成通胀。那些拥有大量本币资产的公司也会收益，比如银行、房地产公司、商业公司等。总之，相关企业业绩将因此受较大影响，上市公司资产价值变化，促使国际投资者调整投资策略。

3. 通过公开市场、外汇市场等领域操作影响证券市场

一方面，本币贬值时，为稳定汇率水平，政府可动用国际储备，抛售外汇，减少本币供应量，导致证券价格下跌；另一方面，也可利用债市与股市的联动关系进行操作，如抛售外汇，同时回购国债，使国债市场价格上扬，这样既抑制本币升势，又不减少本币供应量。

第三节　宏观经济运行与证券投资

一、GDP 变动对证券市场的影响

国内生产总值（GDP）是一国经济成就的根本反映，从长期看，在上市公司的行业结构与该国产业结构基本一致的情况下，股票平均价格的变动与 GDP 的变化趋势是

吻合的。但不能简单地以为 GDP 增长，证券市场就必将伴之以上升的走势，实际上有时恰恰相反。我国现有上市公司 2 300 多家，大部分都是国内盈利能力比较强的优秀公司，GDP 的变动也是这些公司盈利状况发生变动的总体反映。一般地，在其他环境条件没有变化的情况下，上市公司盈利的增长幅度越大，该股票上涨势头越好，涨幅也会越大。如果其他环境条件发生变化，那么结论会有很多种可能情况。如：转折性的 GDP 变动，当 GDP 由低增长速度逐渐向高增长转变时，说明整个经济面发生转折性的向好，激发实体经济和证券市场的投资热情，证券市场走势将不断攀升；反之，证券指数将不断下跌。

持续、稳定、高速的 GDP 增长将会产生以下影响：

（1）伴随总体经济成长，上市公司利润持续上升，股息和红利不断增长，企业经营环境不断改善，产销两旺，投资风险也越来越小，从而公司的股票和债券得到全面升值，促使价格上扬。

（2）人们对经济形势形成了良好的预期，投资积极性得以提高，从而增加了对证券的需求，促使证券价格上涨。

（3）随着国内生产总值 GDP 的持续增长，国民收入和个人收入都不断得到提高，收入增加也将增加对证券投资的需求，从而使证券价格上涨。

高通胀下的 GDP 增长将导致证券价格下跌。宏观调控下的 GDP 减速增长，证券市场将反映这种好的态势而呈平稳渐升的态势。转折性的 GDP 变动，当 GDP 由负增长逐渐减缓并呈现向正增长转变的趋势时，证券市场走势将由下跌转为上升；当 GDP 由低速增长转向高速增长时，证券价格将伴之以快速上涨之势。GDP 变动与证券市场变动的具体关系见表 11-3。

表 11-3　　GDP 变动与证券市场变动的相关关系

GDP 变动	证券市场相应变动	GDP 变动对证券市场影响机制
持续、稳定、高速的 GDP 增长	证券价格上涨	公司经营效益上升；投资者信心上升；居民收入上升
高通胀下的 GDP 增长	证券价格下跌	企业经营困难，居民收入降低
宏观调控下的 GDP 减速增长	证券市场平稳渐升	经济矛盾得到缓解，为进一步增长创造了有利条件
转折性的由负增长向正增长转变	证券市场由下跌转为上升	恶化的经济环境逐步得到改善
GDP 由低速增长转向高速增长	证券价格快速上涨	新一轮经济高速增长已经来临

二、通货变动对证券市场的影响

通货膨胀率作为一个衡量宏观经济的重要指标，将对证券市场产生较大影响。一方面，在通货膨胀的情况下，经济的稳定增长受到威胁，企业利润变得不稳定，投资趋于茫然，投资者心态受到严重影响，政府采取的反通货膨胀政策，如紧缩的货币、财政政策会使股票市场上的货币供给受到不利的影响。这些都会使股价上升缺少实质性的支撑。另一方面，由于通货膨胀主要是因为货币供应量过多造成的，货币供应量增多，开始时一般能刺激生产，增加公司利润，引起股价上涨。在通胀后期，如果人们预期通货膨胀即将结束，通货膨胀使企业的产品销售价格高于工资和其他成本的增幅，通货膨胀也会促进投资和企业盈利的增加，这又会使股价上升。通货紧缩带来的经济负增长使得房地产等资产价格大幅下降，银行资产状况严重恶化，相比之下，又大大挫伤投资者对证券市场的信心，股票价格也将大幅下挫。

具体来说，不同的通货膨胀程度对证券市场的影响是不同的，具体关系见表 11-4。

（1）温和的、稳定的通货膨胀对股价的影响较小。通货膨胀提高了投资者对债券的收益率的要求，从而引起债券价格的下跌。

（2）如果通货膨胀在一定的可容忍范围内增长，而经济处于景气（扩张）阶段，产量和就业都持续增长，那么股价也将持续上升。

（3）严重的通货膨胀是很危险的，经济将被严重扭曲，货币每年以 50% 以至更快的速度贬值，这时人们将会囤积商品，购买房屋以期对资金保值。这可能从两个方面影响股价：其一，资金流出金融市场，引起股价下跌；其二，经济扭曲和失去效率，企业一方面筹集不到必需的生产资金，同时，原材料、劳务价格等成本飞涨，使企业经营严重受挫，盈利水平下降，甚至倒闭。

（4）通货膨胀时期并不是所有价格和工资都按同一比率变动，也就是相对价格发生变化。这种相对价格的变化会引致财富和收入的再分配，产量和就业的扭曲，使得某些公司可能从中获利，而另一些公司可能蒙受损失。与之相应的是获利公司的股票上涨；相反，受损失的公司股票下跌。

（5）通货膨胀使得各种商品的价格具有更大的不确定性，也使得企业未来经营状况具有更大的不确定性，进而影响市场对股息的预期，并增大获得预期股息的风险，从而导致股价下跌。

（6）通货膨胀之初“税收效应”、“负债效应”、“存货效应”、“波纹效应”有可能刺激股价上升。但长期的通货膨胀，必然恶化经济环境、社会环境，股价必受大环境的驱使下跌，短期效应的表现便不复存在。

注意，只要发生通货膨胀，就必然会提高债券的必要收益率水平，从而使债券价格下降。

表 11-4　　通货变动对股票价格的影响

通货变动	相应对股票价格的影响
初期的税收效应、负债效应、存货效应、波纹效应	刺激股价上涨
温和的稳定的通货膨胀	对股价影响较小
通货膨胀在可容忍范围内持续增长，经济处于景气阶段	股价将持续上升

续表

通货变动	相应对股票价格的影响
严重的通货膨胀	股票价格下跌
通货膨胀造成的相对价格变化	获利公司股票价格上涨，受损失公司股票价格下跌

三、经济周期与证券市场的关系

经济运行状态从来就不是静止不动的，会依次经历复苏、繁荣、衰退、萧条四个阶段，接下来又是经济重新复苏，进入一个新的经济周期。股票市场综合了人们对经济形势的预期，这种预期必然反映到投资者的投资行为中，从而影响股票市场的价格。股价反映的是对经济形势的预期，其表现领先于经济的实际表现。

经济发展一般会经历“复苏→发展→繁荣→衰退→再复苏”的循环过程。当经济萧条时，政府往往会采取措施刺激经济发展，进入经济复苏阶段；随着经济复苏，需求增长加快，产品供给大幅度递增；进入经济发展阶段，此间生产者利润大增，并进行技术开发、增加产品种类、开拓新市场，市场进入繁荣阶段；在繁荣阶段，大量资金进入生产领域，使能够带来利润增长的产品逐渐饱和，出现供过于求的情况，最终产品生产成本上升，企业被迫减产，设备闲置，直到企业倒闭，经济开始衰退；衰退期中政府再次刺激经济会带来新一轮的经济周期发展的开始。经济总是处于这种周期变动之中，证券价格因受市场价值的决定也呈这种周期性变化，但因证券市场较为敏感，往往提前于经济周期进行变动，因此证券素有“经济变动晴雨表”的称号。

经济周期对经济的影响是全面的，即所有行业均受经济周期的影响，但不同行业所受影响程度不同。一般而言，经济弹性大的行业（如能源、建材）对市场、政策反应敏感，受经济周期影响快且程度深；经济弹性小的行业（如日用消费品、公用事业等）则受影响慢且程度浅。周期各阶段时间的长短，往往受各阶段经济特征以及政府宏观调控能力的制约，可通过各阶段主要经济指标的变动分析判断。另外，一些行业、一些产品的发展变动同样具有经济周期的规律性。即：

（1）经济总是处在周期性运动中。股价伴随经济相应地波动，但股价的波动超前于经济运动，股市的低迷和高涨不是永恒的。

（2）不同行业受经济周期的影响程度是不一样的，对具体某种股票的行情分析，应深入细致地探究该波周期的起因，以及政府控制经济周期采取的政策措施，结合行业特征及上市公司的公司分析综合地进行。

（3）景气来临之时首当其冲上涨的股票往往在衰退之时首当其冲下跌。典型的情况是，能源、设备等股票在上涨初期将有优异表现，但其抗跌能力差；反之，公用事业股，消费弹性较小的日常消费品部门的股票则在下跌末期发挥较强的抗跌能力。

进行经济周期分析，首先要具有宏观资料和政策信息，正确判断当前经济发展处于经济周期的何种阶段，然后根据本阶段发展特点结合一些经济指标和国家宏观政策的导向对未来做出预测，确定自己的投资地位（买进或是卖出）。具体到行业、产品，也需判断其发展阶段，把握其经济周期。认清经济形势，了解宏观经济的发展前景，对于投资者保持投资理性至关重要。

从总体上讲，股价指数能反映宏观经济的运行状态，股票价格是经济的晴雨表。从股价与宏观经济的关系看，股票可分为三类：第一类是与宏观经济运行关系密切的股票，如建材行业、房地产行业、金融行业、基础原材料行业；第二类是与经济周期关系不很密切的行业，如日常生活用品行业、公用事业等；第三类是增长不受经济周期影响的行业，如高科技行业、新兴产业。

在分析经济运行状态与股价变动的关系时还应注意以下几点：

（1）股价指数有可能领先或滞后于经济运行的阶段。

（2）股价变动与经济周期的关系并非如影随形。

（3）在经济增长周期的不同阶段，不同行业的股票的表现会不尽相同。

第四节　宏观经济政策对证券市场的影响

宏观经济政策是政府根据本国经济发展情况及政府经济发展潜力而制定的经济政策，是引导经济发展的重要因素。直接或间接影响经济变动的主要政策是财政政策和货币政策。

一、财政政策对证券市场的影响

（一）财政政策的含义

财政政策是政府依据客观经济规律制定的指导财政工作和处理财政关系的一系列方针、准则和措施的总称。财政政策的实施主要通过政府支出和税收手段调节经济的总产出和总收入，以期控制通货膨胀或提高就业水平。

财政政策分为长期、中期、短期财政政策。财政政策的短期目标是促进经济稳定增长。财政政策的中长期目标，首先是资源的合理配置，其次是收入的公平分配。

（二）财政政策的手段

财政政策的手段主要包括国家预算、税收、国债、财政补贴、财政管理体制、转移支付制度等。

（1）国家预算。国家预算能够全面反映国家财力规模和平衡状态，是各种财政政策手段综合运用结果的反映，是财政政策的主要手段。国家预算收支的规模和收支平衡状态可以对社会供求的总量平衡发生影响。国家预算的支出方向可以调节社会总供求的结构平衡。政府支出影响与私人消费相对的公共消费的规模，是总消费的主要组成部分。当经济不景气时，需求不足，产出水平停滞，失业增加，这时政府通常以增加政府支出（包括政府购买和公共开支等）的方式增加社会需求来刺激经济发展；反之，则削减政府开支，降低社会需求。

（2）税收。它是国家凭借政治权力参与社会产品分配的重要形式，它既是筹集财政收入的主要工具，又是调节宏观经济的重要手段。税收可调节收入的分配和调节社会总供求的结构。税收取自收入并减少私人支出，直接影响生产积极性和私人消费规模。如果税收增加，一方面减少人们的收入，降低私人消费需求；另一方面，企业税收增加直接导致利润减少，投资萎缩，效益低下，因而失去生产积极性。因此国家在高速发展经济与调整经济结构时，常使用税收杠杆来调节利润在各时期和各行业间的分配，这也是投资者把握企业行业优势的重要参照指标。

（3）国债。国债是国家按照有偿信用原则筹集财政资金的一种形式，也是实现政府财政政策，进行宏观调控的重要工具。国债可以调节国民收入初次分配形成的格局，可以调节国民收入的使用结构和产业结构，还可以调节资金供求和货币流通量。国债的发行一方面增加了证券市场上的交易品种，另一方面也为央行实现特定的货币政策目标而开展的公开市场业务提供操作对象。

（4）财政补贴。它是国家为了某种特定需要，将一部分财政资金无偿补助给企业和居民的一种再分配形式。

（5）财政管理体制。它是中央与地方、地方各级政府之间以及国家与企事业单位之间资金管理权限和财力划分的一种制度，其主要功能是调节各地区、各部门之间的财力分配。

（6）转移支付制度。它是中央财政将集中的一部分财政资金，按一定的标准拨付给地方财政的一项制度。其主要功能是调整中央政府与地方政府之间的财政纵向不平衡。

（三）财政政策对证券市场的影响

财政政策分为松的财政政策、紧的财政政策和中性财政政策。总的来说，紧的财政政策使过热的经济受到控制，证券市场将走弱；而松的财政政策则刺激经济发展，证券市场将走强。

为了实现短期财政政策目标，财政政策的运作主要发挥“相机抉择”的作用，有以下几种情况：

（1）当社会总需求不足时，单纯使用松的财政政策，通过扩大支出，增加赤字，以扩大社会总需求，也可以采取扩大税收减免、增加财政补贴等政策，刺激微观经济主体的投资需求，这时证券价格将上涨。

（2）当社会总供给不足时，单纯使用紧缩性财政政策，通过减少赤字、增加公开市场上出售国债的数量，以及减少财政补贴等政策，压缩社会总需求，这时证券价格将下跌。

（3）当社会总供给大于社会总需求时，可以搭配运用“松”、“紧”政策，一方面通过增加赤字、扩大支出等政策刺激总需求增长；另一方面采取扩大税收、调高税率等措施抑制微观经济主体的供给。如果支出总量效应大于税收效应，那么，对证券价格的上扬将会起到推动作用。

（4）当社会总供给小于社会总需求时，可以搭配使用“松”、“紧”政策，一方面通过压缩支出、减少赤字等政策缩小社会总需求；另一方面采取扩大税收减免、减少税收等措施刺激微观经济主体增加供给。支出的压缩效应大于税收效应，证券价格将下跌。

二、货币政策对证券市场的影响

（一）货币政策的作用及目标

货币政策是指政府为实现一定的宏观经济目标而制定的关于货币供应和货币流通组织管理的基本方针和准则。

1. 货币政策的作用

（1）通过调控货币供应总量保持社会总供给与总需求的平衡。当总需求膨胀导致供求失衡时，可通过控制货币量达到对总需求的抑制；当总需求不足时，可通过增加货币供应量，提高社会总需求，使经济继续发展。同时，货币供给的增加有利于贷款利率的降低，可减少投资成本，刺激投资增长和生产扩大，从而增加社会总供给；反之，货币供给的减少将促使贷款利率上升，从而抑制社会总供给的增加。

（2）通过调控利率和货币总量控制通货膨胀，保持物价总水平的稳定。无论通货膨胀的形成原因多么复杂，从总量上看，都表现为流通中的货币超过社会在不变价格下所能提供的商品和劳务总量。提高利率可使现有货币购买力推迟，减少即期社会需求，同时也使银行贷款需求减少；降低利率的作用则相反。中央银行还可以通过金融市场直接调控货币供应量。

（3）调节国民收入中消费与储蓄的比例。货币政策通过对利率的调节影响人们的消费倾向和储蓄倾向。低利率鼓励消费，高利率则有利于吸收储蓄。

（4）引导储蓄向投资的转化并实现资源的合理配置。储蓄是投资的来源，但储蓄不能自动转化为投资，储蓄向投资的转化依赖于一定的市场条件。货币政策可以通过利率的变化影响投资成本和投资的边际效率，提高储蓄转化的比重，并通过金融市场有效运作实现资源的合理配置。

2. 货币政策的目标

货币政策的目标总体上包括稳定币值（物价）、充分就业、经济增长和国际收支平衡。货币政策的中介指标在市场经济比较发达的国家为利率、货币供应量、超额准备金和基础货币等。

我国的货币政策的目标定为“保持货币币值的稳定，并以此促进经济增长”；货币政策的中介指标为货币供应量、信用总量、同业拆借利率和银行超额储备率。

（二）货币政策的工具

货币政策工具又称货币政策手段，是指中央银行为调控中介指标，实现货币政策目标所采用的政策手段。货币政策工具可分为一般性政策工具和选择性政策工具。

1. 存款准备金政策

存款准备金政策是中央银行凭借法律授权规定，调整商业银行缴存中央银行的存款准备金比率以变动货币乘数，影响商业银行信贷规模、信贷结构，间接调控货币供给量的金融政策。

当中央银行提高法定存款准备金率时，商业银行可运用的资金减少，贷款能力下降，货币乘数变小，市场货币量便会相应减少，所以在通货膨胀时，中央银行可提高法定存款准备金率；反之，则降低法定存款准备金率。

2. 再贴现政策

再贴现政策是指中央银行对商业银行用持有的未到期票据向中央银行再贴现的政策规定。再贴现政策一般包括再贴现率的确定和再贴现的资格条件。

再贴现率主要着眼于短期。中央银行根据市场资金供求状况调整再贴现率，能够影响商业银行资金借入的成本，进而影响商业银行对社会的信用量，从而调节货币供给总量。中央银行对再贴现资格条件的规定则着眼于长期，可以起到抑制或扶持作用，并改变资金流向。

3. 公开市场业务

公开市场业务是指中央银行在金融市场上公开买卖有价证券，以此来调节市场货币量的政策行为。中央银行认为应该增加货币供给量时，就在金融市场上买进有价证券（主要是政府债券）；反之就出售所持有的有价证券。

4. 选择性货币政策工具

选择性货币政策工具主要有两类：直接信用控制和间接信用指导。

（1）直接信用控制。它是以行政命令或其他方式，直接对金融机构尤其是商业银行的信用活动进行控制。其具体手段包括规定利率限额、信用配额、信用条件限制、规定金融机构流动性比率和直接干预等。

（2）间接信用指导。是指中央银行通过道义劝告、窗口指导等办法来间接影响商业银行等金融机构行为的做法。

（三）货币政策对证券市场的影响

货币政策分为松的货币政策、紧的货币政策和中性货币政策。总的来说，紧的货币政策可以使过热的经济受到控制，证券市场将走弱，而松的货币政策则刺激经济发展，证券市场将走强。

1. 紧缩的货币政策

减少货币供应量，提高利率，加强信贷控制。如果市场物价上涨，需求过度，经济过度繁荣，秩序混乱，这时被认为社会总需求大于总供给，这时中央银行就会采取紧缩货币的政策以减少需求。

2. 宽松的货币政策

增加货币供应量，降低利率，放松信贷控制。如果市场产品销售不畅，经济运转困难，资金短缺，设备闲置，就被认为是社会总需求小于总供给，中央银行则会采取扩大货币供应的办法增加总需求。

（四）具体的指标和工具的影响

1. 利率（影响明显，反应迅速）

（1）利率是计算股票内在投资价值的重要依据之一。利率上升，同一股票的内在投资价值下降，股票价格下跌。相反，利率降低，股票价格上涨。

（2）利率水平的变动直接影响到公司的融资成本。利率降低，可以通过减少公司的利息负担以降低财务费用，直接增加公司盈利，这对于负债较多的公司尤为有利，因此促进股票价格上涨；而利率升高，公司筹资成本也高，利息负担重，增加财务费用，造成公司利润下降，从而使股价下跌。

（3）利率变化对于社会存量资金及其结构起到很强的调控作用。利率降低，资金储蓄意愿减弱，会使部分资金从储蓄转向证券市场，从而推高股票价格；反之，若利率上升，一部分资金将会从证券市场转向银行存款，致使股价下降。

但对一个完整利率变化周期进行分解，可以发现并不是每一次利率变化对证券市场的影响与理论分析都一致。原因是利率变化不仅仅对经济实体产生影响，同样对人们心理预期产生影响。当利率不断上升时，人们会认为是由于经济不断升温而导致中央银行采取降温措施，从而产生对上市公司更加强烈的业绩上升预期，因此追加股票投资。直到当利率上升到一定高度后，使投资者认识到公司业绩难以为继，而储蓄更有吸引力，从而使预期发生改变。反之亦然。

2. 中央银行的公开市场业务

当政府实行较为宽松的货币政策时，中央银行就会通过公开市场业务大量购进有价证券，从而使市场上货币供给量增加。这会推动市场利率下调，使机构投资者融资成本降低，从而使机构投资者的投资热情高涨，推动证券价格上涨；反之，证券价格将下跌。但是，由于公开市场业务每次操作的交易量对于证券市场而言显得微不足道，因此，短期内难以产生直接的影响，更多地起到了引导市场利率的作用。另外，公开市场业务对证券市场的影响，还在于中央银行的公开市场业务的运作是直接以国债为操作对象，从而直接关系到国债市场的供求变动，因此对于国债价格影响要比股票价格影响直接。

3. 存款准备金率

存款准备金率作为三大传统货币政策之一，通常被认为是比较猛烈的货币政策手段。中央银行可以通过调整法定存款准备金率政策调节货币供应量，从而影响货币市场和资本市场的资金供求，进而影响证券市场。如果中央银行提高法定存款准备金率，这在很大程度上限制了商业银行体系创造派生存款的能力，就等于冻结了一部分商业银行的超额准备。由于法定存款准备金率对应数额庞大的存款总量，并通过货币乘数的作用，使货币供应量更大幅度地减少，证券行情趋于下跌。

但是调整存款准备金率对货币量和信贷量的影响要通过商业银行的辗转存、贷，逐级递推而实现，成效较慢，时滞较长，对证券市场的短期影响较小。而从长期来看，存款准备金率对货币供应量的影响还是深远的。

三、收入政策对证券市场的影响

（一）收入政策的含义及目标

收入政策是国家为实现宏观调控总目标和总任务在分配方面制定的原则和方针。它规定着财政政策和货币政策的作用方向和作用力度，收入政策最终也要通过财政政策和货币政策来实现。

收入政策目标包括收入总量目标和收入结构目标。收入总量目标着眼于近期的宏观经济总量平衡，根据供求不均衡的两种状况分别选择紧分配政策和超分配政策。收入政策的结构目标着眼于中长期的产业结构优化和经济与社会协调发展，着重处理积累与消费、公共消费与个人消费、各种收入的比例、个人收入差距等关系。

（二）收入政策对证券市场的影响

收入总量调节政策有紧分配与超分配两种。紧分配政策导致社会可分配收入减少，除消费及实业投资外，可使证券投资比例降低，流入股市资金减少；同时企业居民收入增长率降低，使人们对未来经济预期不乐观，导致股价下跌。反之，实行超分配政策，可使企业居民收入增加，有更多的资金进入股市，推动股价上涨。但超分配超越了一定界限，会导致严重通货膨胀，又会对股市产生不利影响。

收入结构政策侧重对积累、消费、公共消费与个人消费以及各种收入比例进行调节。如财政收入、公共消费比例减少，企业居民可支配收入增加，将会有更多的资金流入股市；反之，则产生相反效应。收入拉开差距，使社会游资比重增大，会强化股市投机，有利于股市上涨；反之，收入过于平均化，分散资金入市，则使股价走势相对平稳。

本章小结

1. 宏观经济运行的状态和发展态势是决定证券市场周期变化的根本原因。宏观经济因素分析主要包括对经济周期、国际经济环境、国内经济形势以及国家经济政策等因素的分析。

2. 宏观经济分析的主要方法有总量分析法和结构分析法。具体的分析工具有经济指标、计量经济模型、概率预测。和宏观经济形势相关的变量有：国民经济总体指标[包括国内生产总值（GDP）、工业增加值、失业率、通货膨胀率、国际收支]；投资指标；消费指标；金融指标［包括货币供应量、利率（利息率）、汇率、外汇储备］。

3. 国际经济环境与证券投资的关系包括国际贸易和国际金融市场两个方面。在分析国际贸易对证券价值的影响时，应重点关注世界经济形势、贸易伙伴的状况。国际金融市场对证券市场的影响，一是通过影响我国的出口经济，从而影响我国的证券市场；二是国际金融市场的变化将影响境外投资者（如 QFII 等），尤其对 B 股市场产生影响。国际利率、汇率变动也会影响证券投资。

4. 宏观经济运行对证券市场的影响主要包括 GDP 变动对证券市场的影响、通货变动对证券市场的影响、经济周期与证券市场的关系三大方面。

5. 宏观经济政策是政府根据本国经济发展情况及政府经济发展潜力而制定的经济政策，是引导经济发展的重要因素。直接或间接影响经济变动的主要政策是财政政策和货币政策。财政政策的实施主要通过政府支出和税收手段调节经济的总产出和总收入，以期控制通货膨胀或提高就业水平。

6. 货币政策分为松的货币政策、紧的货币政策和中性货币政策。总的来说，紧的货币政策使过热的经济受到控制，证券市场将走弱，而松的货币政策则刺激经济发展，证券市场将走强。收入政策是国家为实现宏观调控总目标和总任务在分配方面制定的原则和方针，它规定着财政政策和货币政策的作用方向和作用力度，收入政策最终也要通过财政政策和货币政策来实现。

重要概念

经济周期　GDP　GNP　失业率　通货膨胀　总量分析　结构分析　财政政策　货币政策　收入政策

复习思考题

1. 宏观经济状况怎样影响证券市场？
2. 宏观经济政策对证券市场的影响有哪些方面？
3. 财政政策如何影响证券市场？
4. 货币政策如何影响证券市场？
5. 国际经济因素对我国证券市场的影响主要有哪些？

第十二章

证券投资的中观分析

学习目的

通过本章的学习，学生能够做到：了解行业分析的意义；熟悉行业市场的分类；掌握行业生命周期理论，理解行业与经济周期的关系；熟悉产业和区域经济对证券投资的影响。

重点难点

1. 行业生命周期理论；
2. 行业与经济周期的关系；
3. 影响行业业绩的因素；
4. 中观经济要素对证券市场的影响。

中观环境对证券投资的影响主要是指行业、产业经济结构和区域经济环境对证券资产投资的影响，这种影响与宏观经济环境的影响有很大的区别。行业状况变化对证券资产投资既有积极作用，也有负面作用，影响证券长期投资取向；行业规模变化也会造成证券资产价值变动。产业结构调整是通过产业政策对社会资源分配进行干预和调节，在技术、产业布局和社会组织各方面通过产业结构政策、企业组织政策、产业技术政策、产业区域政策和产业社会政策等几个方面调整产业行为。区域经济环境对投资的影响是多方面的，其中主要体现在区域经济政策、区域经济发展战略和区域优势等方面对投资者的吸引能力。

第一节　证券投资的行业分析概述

一、行业分析的重要性

与宏观经济分析重要性的原因一样，行业分析也是不可缺少的。正如当宏观经济处于萧条期时置于其中的行业不可能获得良好发展的道理一样，在某个行业陷入困境时，其中的一个公司也很难创出惊人的业绩。同时，不同行业的公司或企业的股票价格也不相同。

在宏观经济出现复苏、经济逐步走出通货紧缩阴影后，随着经济景气回升最明显的行业就是生产资料生产行业，这符合在经济周期中行业板块轮动的基本规律。可见，在有若干理由确认宏观经济出现拐点时，介入生产资料类公司或企业可以获得更好的收益，充分分享景气回升带来的好处。

行业分析的主要任务包括：解释行业本身所处的发展阶段及其在国民经济中的地位；分析影响行业发展的各种因素以及判断对行业影响的力度；预测并引导行业的未来发展趋势，判断行业投资价值，揭示行业投资风险，从而为政府部门、投资者及其他机构提供决策依据或投资依据。

二、行业市场类型

根据行业中企业数量、产品性质、价格的制定和其他因素，各行业基本上可分为如下四种市场类型。

（一）完全竞争市场

完全竞争市场是指许多企业生产同质产品的市场类型。完全竞争的特点是：(1) 生产者众多，各种生产要素可以完全流动；(2) 产品不论是有形或无形的，都是同质的，无差别的；(3) 没有一个企业能够影响产品的价格，企业永远是价格的接受者而不是价格的制定者；(4) 企业的盈利由市场对产品的需求决定；(5) 生产者和消费者对市场具有完全和充分的信息。

从上述特点可以看出，完全竞争产业其根本特点在于所有的企业都无法控制市场的价格和使产品差异化。在现实经济中，完全竞争的市场类型很少见，初级产品的市场类型近似于完全竞争市场。

（二）垄断竞争市场

垄断竞争市场是指许多生产者生产同种但不同质产品的市场类型。垄断竞争的特点是：(1) 生产者众多，各种生产要素可以自由流动；(2) 生产的产品同种但不同质，即产品之间存在着差异，它是垄断竞争与完全竞争的主要区别；(3) 由于产品差异性的存在，生产者可以树立自己产品的信誉，从而对其产品的价格有一定的控制能力。制成品的市场一般属于这种类型。

（三）寡头垄断市场

寡头垄断市场是指相对少量的生产者在某种产品的生产中占据很大市场份额的情形。在寡头垄断的市场上，寡头对市场的价格和交易具有一定的垄断能力。每个生产者的价格政策和经营方式及其变化都会对其他生产者形成重要影响。

在寡头垄断市场上，通常存在着一个起领导作用的企业，其他企业随该企业定价与经营方式的变化而相应地进行某些调整。资本密集型、技术密集型产品，如钢铁、汽车、彩电、冰箱、空调等，以及少数储量集中的矿产品如石油等的市场多属这种类型。

（四）完全垄断市场

完全垄断市场是指独家企业生产某种特质产品的情形，特质产品是指那些没有或缺少相近的替代品的产品。完全垄断市场类型的特点是：（1）由于市场被独家企业所控制，产品又没有或缺少合适的替代品，因此，垄断者能够根据市场的供需情况制定理想的价格和产量，在高价少销和低价多销之间进行选择，以获取最大的利润；（2）垄断者在制定产品的价格与生产数量方面的自由性是有限度的，它要受到反垄断法和政府管制的约束。公用事业和某些资本、技术高度密集型或稀有资源的开采等行业属于这种完全垄断的市场类型。

完全垄断可分为两种类型：（1）政府完全垄断，如铁路、邮递、彩票等部门；（2）私人完全垄断，如根据政府授予的特许专营权或根据专利形成的独家经营，以及由于资本雄厚、技术先进而建立的排他性的私人垄断经营，如微软对计算机操作系统的垄断。

三、行业分类

（一）道·琼斯分类法

道·琼斯分类法是在19世纪末为选取在纽约证券交易所上市的有代表性的股票而对各公司进行的分类，是证券指数统计中最常用的分类法之一。道·琼斯分类法将大多数股票分为三类：工业、运输业和公用事业，然后选取有代表性的股票。在道·琼斯指数中，工业类股票取自工业部门的30家公司，包括采掘业、制造业和商业；运输业类股票取自20家交通运输业公司，包括航空、铁路、汽车运输与航运业；公用事业类股票取自6家公用事业公司，主要包括电话公司、煤气公司和电力公司等。作为计算道·琼斯股价指数的股票类别，公用事业行业直到1929年才被确认添加进来。

（二）标准行业分类法

为便于汇总各国的统计资料并进行互相对比，联合国经济和社会事务统计局曾制定了一个《全部经济活动国际标准行业分类》（以下简称《国际标准行业分类》），建议各国采用。它把国民经济划分为以下10个门类：

（1）农业、畜牧狩猎业、林业和渔业；（2）采矿业及土、石采掘业；（3）制造业；（4）电、煤气和水；（5）建筑业；（6）批发和零售业、饮食和旅馆业；（7）运输、仓储和邮电通信业；（8）金融、保险、房地产和工商服务业；（9）政府、社会和个人服务业；（10）其他。

每个门类再划分大类、中类、小类。

（三）我国国民经济的行业分类

1985年，我国国家统计局明确划分三大产业。把农业（包括林业、牧业、渔业等）定义为第一产业；把工业（包括采掘业、制造业、自来水、电力、煤气）和建筑业定义为第二产业；把第一、二产业以外的各行业定义为第三产业，主要是指向全社会提供各种各样劳务的服务性行业，具体包括交通运输业、邮电通信业、仓储业、金融保险业、餐饮业、房地产业、社会服务业等。2002年，新《国民经济行业分类》国家标准（GB/T 4754—2002）推出，新标准共有行业门类20个、行业大类95个、行业中类396个、行业小类913个，基本反映出我国目前行业结构状况。其中，大的门类从A到T分别为：A. 农、林、牧、渔业；B. 采矿业；C. 制造业；D. 电力、燃气及水的生产和供应业；E. 建筑业；F. 交通运输、仓储和邮政业；G. 信息传输、计算机服务和软件业；H. 批发和零售业；I. 住宿和餐饮业；J. 金融业；K. 房地产业；L. 租赁和商务服务业；M. 科学研究、技术服务与地质勘查业；N. 水利、环境和公共设施管理业；O. 居民服务和其他服务业；P. 教育；Q. 卫生、社会保障和社会福利业；R. 文化、体育和娱乐业；S. 公共管理和社会组织；T. 国际组织。

（四）我国上市公司的行业分类

中国证监会于 2001 年 4 月 4 日公布了《上市公司行业分类指引》（以下简称《指引》）。《指引》是以中国国家统计局《国民经济行业分类与代码》（国家标准 GB/T 4754—94）为主要依据，借鉴联合国《国际标准行业分类》、北美行业分类体系的有关内容制定而成的。《指引》将上市公司分成 13 个门类，即农、林、牧、渔业，采掘业，制造业，电力、煤气及水的生产和供应业，建筑业，交通运输、仓储业，信息技术业，批发和零售贸易，金融、保险业，房地产业，社会服务业，传播与文化产业，综合类；以及 90 个大类和 288 个中类。

2012 年 10 月，中国证监会公布了《上市公司行业分类指引（2012 年修订）》。按照此次修订文件，每季度末中国上市公司协会将组织上市公司行业分类专家委员会，就上市公司行业分类结果进行专业判断并最终确定。中国证监会将按季度公布协会报送的上市公司行业分类结果。

第二节　行业生命周期理论

行业分析是对上市公司进行分析的前提，也是连接宏观经济分析和上市公司分析的桥梁，是基本分析的重要环节。行业有自己特定的生命周期。处在生命周期不同发展阶段的行业，其投资价值也不一样。在国民经济中具有不同地位的行业，其投资价值也不一样。公司的投资价值可能会由于所处行业不同而有明显差异。因此，行业是决定公司投资价值的重要因素之一。

一、经济周期与行业分析

各行业变动时，往往呈现出明显的、可测的增长或衰退的格局。这些变动与国民经济总体的周期变动是有关系的，但关系密切的程度又不一样。据此，可以将行业分为三类。

（一）增长型行业

增长型行业的运动状态与经济活动总水平的周期及其振幅并不紧密相关。这些行业收入增长的速率并不会总是随着经济周期的变动而出现同步变动，因为它们主要依靠技术的进步、新产品推出及更优质的服务使其经常呈现出增长形态。投资者对高增长的行业十分感兴趣，主要是因为这些行业对经济周期性波动来说，提供了一种财富套期保值的手段。

在经济高涨时，高增长行业的发展速度通常高于平均水平；在经济衰退时期，其所受影响较小甚至仍能保持一定的增长。然而，这种行业增长的形态却使得投资者难以把握精确的购买时机，因为这些行业的股票价格不会明显地随着经济周期的变化而变化。

在近几年，计算机软件、通信、电子元件和生物工程等产业表现出了这种形态，投资者对高增长的产业十分感兴趣，主要是因为这些行业的高成长性给投资者带来了股票价值的成倍增长。

（二）周期型行业

周期型行业的运动状态与经济周期紧密相关。当经济处于上升期时，这些行业会紧随其扩张；当经济衰退时，这些行业也相应衰落，且该类型行业收益的变化幅度往往会在一定程度上夸大经济的周期性。产生这种现象的原因是，当经济上升时，对这些行业相关产品的购买相应增加；当经济衰退时，这些行业相关产品的购买被延迟到经济改善之后。例如，消费品业、耐用品制造业、建材、房地产、金融、工程机械、酒店服务及其他需求收入弹性较高的行业，就属于典型的周期性行业。

（三）防守型行业

防守型行业的经营状况在经济周期的上升和下降阶段都很稳定。这种运动形态的存在是因为该类型行业的产品需求相对稳定，需求弹性小，经济周期处于衰退阶段对这种行业的影响也比较小，甚至有些防守型行业在经济衰退时期还会有一定的实际增长。正是因为这个原因，对其投资便属于收入投资，而非资本利得投资，该类型行业的产品往往是生活必需品或是必要的公共服务，公众对其产品有相对稳定的需求，因而行业中有代表性的公司盈利水平相对较稳定。例如，食品业和公用事业就属于防守型行业。

二、行业生命周期分析

通常，每个行业都要经历一个由成长到衰退的发展演变过程，这个过程便称为行业的生命周期。一般地，行业的生命周期可分为幼稚期、成长期、成熟期和衰退期。

（一）幼稚期

在这一阶段，由于新行业刚刚诞生或初建不久，只有为数不多的投资公司投资于这个新兴的行业。另外，创业公司的研究和开发费用较高，而大众对其产品尚缺乏全面了解，致使产品市场需求狭小，销售收入较低，因此这些创业公司财务上可能不但没有盈利，反而出现较大亏损。同时，较高的产品成本和价格与较小的市场需求之间的矛盾使得创业公司面临很大的市场风险，而且还可能因财务困难而引发破产风险。因此，这类企业更适合投机者和创业投资者。

在幼稚期后期，随着行业生产技术的成熟、生产成本的降低和市场需求的扩大，新行业便逐步由高风险、低收益的幼稚期迈入高风险、高收益的成长期。

（二）成长期

行业的成长实际上就是行业的扩大再生产。成长能力主要体现在生产能力和规模的扩张、区域的横向渗透能力以及自身组织结构的变革能力。

在成长期的初期，企业的生产技术逐渐成形，市场认可并接受该行业的产品，产品的销量迅速增长，市场逐步扩大，然而企业可能仍然处于亏损或者微利状态。进入加速成长期后，企业的产品和劳务已为广大消费者接受，销售收入和利润开始加速增长，新的机会不断出现，但企业仍然需要大量资金来实现高速成长。这个时期的行业增长非常迅猛，部分优势企业脱颖而出，投资于这些企业的投资者往往获得极高的投资回报，所以成长期阶段有时被称为投资机会时期。

进入成长期后期，生产厂商不仅依靠扩大产量和提高市场份额来获得竞争优势，同时还需不断提高生产技术水平，降低成本，研制和开发新产品，从而战胜或紧跟竞争对手、维持企业的生存。这一时期企业的利润虽然增长很快，但所面临的竞争风险也非常大，破产率与被兼并率相当高。由于市场竞争优胜劣汰规律的作用，生产厂商的数量会在一个阶段后出现大幅度减少，之后开始逐渐稳定下来。由于市场需求趋向饱和，产品的销售增长率减慢，迅速赚取利润的机会减少，整个行业便开始进入成熟期。

（三）成熟期

进入成熟期的行业市场已被少数资本雄厚、技术先进的大厂商控制，各厂商分别占有自己的市场份额，整个市场的生产布局和份额在相当长的时期内处于稳定状态。厂商之间的竞争手段逐渐从价格手段转向各种非价格手段，如提高质量、改善性能和加强售后服务等。行业的利润由于一定程度的垄断达到了较高的水平，而风险却因市场结构比较稳定、新企业难以进入而较低。

在行业成熟期，行业增长速度降到一个适度水平。在某些情况下，整个行业的增长可能会完全停止，其产出甚至下降。行业的发展很难较好地保持与国民生产总值同步增长。当然，由于技术创新、产业政策、经济全球化等各种原因，某些行业可能会在进入成熟期之后迎来新的增长。

（四）衰退期

衰退期出现在较长的稳定期之后。由于大量替代品的出现，原行业产品的市场需求开始逐渐减少，产品的销售量也开始下降，某些厂商开始向其他更有利可图的行业转移资金，因而原行业出现了厂商数目减少、利润水平停滞不前或不断下降的萧条景象。至此，整个行业便进入了衰退期。

但在很多情况下，行业的衰退期往往比行业生命周期的其他三个阶段的总和还要长，大量的行业都是衰而不亡，甚至会与人类社会长期共存。例如，钢铁业、纺织业在衰退，但是人们却看不到它们的消亡。烟草业更是如此，难有终期。投资者应当仔细研究公司所处的行业生命周期阶段，跟踪考察该行业的发展趋势，分析行业的投资价值和投资风险。一般应选择处于成长期或成熟期的行业，因为这些行业基础稳定，盈利丰厚，市场风险相对较小。

三、行业生命周期分析的注意事项

（1）上述行业生命周期四个阶段的说明只是一个总体状况的描述，它并不适用于所有行业的情况。行业的实际生命周期由于受行业性质、政府干预、国外竞争和能源结构的变化等许多因素的影响而复杂得多。

（2）研究行业生命周期的主要目的在于帮助人们选择较合理的行业进行投资，对投资者起到重要的指导作用。现举例说明：

① 网络行业正处于生命周期的初创阶段。由此便可以知道以下投资信息：如果打算对该行业进行投资的话，那么只有为数不多的几家企业可供选择；投资于该行业的风险较大；投资于该行业可能会获得很高的收益。

② 生物制药行业处于成长阶段的初期、通信行业处于成长阶段的中期、PC 计算机行业处于后期。由此可知生物制药行业将会以很快的速度增长，但企业所面临的竞争风险也将不断增长；而通信、PC 行业在增长速度上要低于生物制药行业，但竞争风险则相对较小。

③ 公路桥梁收费、超级市场和公用电力等行业已进入成熟期阶段。这些行业将会继续增长，但速度要比前面的各阶段的行业慢。成熟期的行业通常是盈利的，而且投资的风险相对较小，当然，一般来说盈利也不会太大。

④ 铁路、纺织、钢铁冶炼已进入衰退期中。由此可知，对这些行业投资的收益率较低，投资者要避免对进入衰退期行业的投资。

四、行业投资的选择

（一）投资目标的选择

从行业与经济周期的关系来说，投资者应选择增长性行业。增长性行业的增长速度快于整个国民经济的增长率，投资者可以享受行业快速增长带来的股价上涨收益和股息增加的收益。当然，如果增长性行业的股票价格已被炒得很高，那就不能追高买这种股票了。在这种情况下，可以选择增长速度与国民经济同步的行业，因为这种行业虽然投资回报不及增长性行业高，但这样的行业发展比较稳定，投资风险较小。

从行业生命周期的角度来说，投资者应首先选择处于成长期和稳定期的行业。因为这些行业的基础逐渐稳定，盈利逐年增加，投资收益比较丰厚和稳定。处于幼稚期的行业，如果投资者经过各方面分析后确认其前途光明，则可投资介入，如果对其前景难以把握，则应回避，因为投资风险太大。至于处于衰退期的行业，初入证券市场的投资者可以不选择这类行业作为主要投资对象。善于进行短期投资的投资者可以根据衰退期行业的股票价位、股票交易的活跃程度和公司资产重组信息，在低价区内“低买高卖”，赚取短期差价收益。

同一行业在不同的国家可能处在不同生命周期的运行阶段。从我国目前的情况看，遗传工程行业正处于行业生命周期的幼稚期阶段，而且被公认为行业发展前景看好，投资者可结合该行业的公司分析，选择优秀者作为投资目标。家用计算机行业处于成长阶段的初期，增长速度很快，但竞争风险也在加大，企业间的效益差距会越来越明显。医疗服务行业处于成长阶段的中期，大规模计算机行业和快餐服务行业处于成长阶段的后期，它们的增长速度虽然慢于家用计算机行业，但竞争风险相对较小，均可作为重点投资的行业。石油冶炼、超级市场和公用电力等行业已进入成熟期阶段，增长速度会慢一点，但风险小，一般也有盈利，稳健的投资者也可将这些行业作为投资对象。纺织和采矿业均出现衰退期的运行特征，但两者又有区别。采矿业要受自然条件的制约，长期投资的风险极大，但纺织业与人类的生活紧密相关，行业中的优质企业会长期生存下去，有的企业会开拓国内、国际市场，扩大销售额，因而对该行业可以有选择地进行适量投资。

（二）行业选择的方法

正处在成长阶段而且生产经营受经济周期影响较小的增长性行业是投资者首选的投资目标。但面对数量众多的行业，要准确判断哪个行业是属于成长阶段的增长性行业并非易事。以下两种方法可供参考。

1. 行业增长比较分析

首先要收集某行业历年的销售额或营业收入的可靠数据，以及同期国民生产总值或国内生产总值的数据，然后将行业的数据与国民生产总值或国内生产总值比较。如果行业的销售额或营业收入与国民生产总值或国内生产总值同步上升或同步下降，那么该行业就很可能是周期性行业；反之，就可能不是周期性行业。其次，计算出该行业历年销售额或营业额的年增长率，与同期国民生产总值或国内生产总值的年增长率进行比较。如果在大多数年份中该行业的年增长率都高于国民生产总值或国内生产总值的年增长率，就说明这一行业是增长性行业；如果该行业销售额或营业收入的年增长率大体等于或低于国民生产总值或国内生产总值的年增长率，则说明该行业与国民经济的增长保持同步或增长过缓。最后，计算该行业历年销售额在国民生产总值中所占的比重。如果这一比重呈上升趋势，就说明该行业的增长比国民经济的平均水平快；反之，增长较慢。

2. 行业未来增长率预测

具体可用两种方法：一种是将行业的历年销售额与同期国民生产总值标在坐标图上，用最小二乘法找出两者的关系曲线，将此曲线绘在坐标图上，就成了该行业的增长趋势线。这样，根据未来某年国民生产总值的计划指标或预计值，就可以通过行业增长趋势线所表明的关系，预测出行业未来同期相应的销售额。另一种方法是利用行业历年的增长率资料计算历史的平均增长率和标准差，据以预计行业未来的增长率。如果有其他指标与行业的销售额或营业收入关系更紧密，也可以选用其他指标代替国民生产总值，预测行业的未来增长率。

（三）预测行业业绩所需要考虑的因素

预测行业业绩所需考虑的因素应包括历史资料、技术因素、竞争因素、社会倾向、政府的影响和干预等。影响行业兴衰的主要因素有技术进步、产业政策、产业组织创新、社会习惯改变和经济全球化等。

第三节　产业和区域经济影响分析

一、产业和区域经济与宏观经济影响的区别

产业经济结构和区域经济环境会对证券资产投资产生影响，这种影响与宏观经济环境的影响有很大的区别。

首先，宏观经济环境影响的范围较广，不但包括国内经济环境，还包括国际经济环境，国际经济政治发展趋势将对证券投资产生影响。例如，国际上几大股市指数发生变化会影响我国上海证券交易所和深圳证券交易所股价，特别是道·琼斯指数、日经指数、伦敦金融时报指数、恒生指数、国企指数、红筹股指数等发生上升、下降变化时都会在一定程度上影响我国证券指数。而中观经济环境则指地区政治环境、经济环境以及行业、产业政策的影响，这些影响具有一定的地方特色，影响不具有普遍性，影响范围有限。

其次，宏观经济环境对中现环境产生重大影响。宏观环境一般指国家宏观经济体制、财政政策、货币政策等，这些政策对行业、产业结构调整、区域经济和地方经济政策的影响很大。很多地方政策都是依据国家相关政策制定的或对国家政策仅作一些补充和解释，因此制约性较强。

再次，宏观经济环境对证券投资的作用是深刻的，甚至涉及证券资产的本质特征，而中观环境则近乎表面化，即使有作用也在于原则、方法之类，不能动摇宏观经济环境的基础。然而不管怎样，中观经济环境对证券投资的影响仍然十分重要。

二、产业结构调整对证券投资的影响

产业结构调整在一定社会经济发展时期对投资产生重要影响。产业结构调整是国家宏观政策对投资活动的具体表现，产业结构调整过程实质上是国家利用宏观政策充分和合理配置资源、优化资源的过程，所以，会对投资过程产生重大影响，进而对证券资产投资产生影响。产业结构包括产品结构、资本结构、行业结构、就业结构、生产结构和产业的布局结构等，产品结构调整对证券投资影响主要表现在产业结构重点的转移影响证券资产价值的变化，从而影响投资者的投资集中度。

产业结构调整是通过产业政策对社会资源分配进行干预和调节，在技术、产业布局和社会组织各方面通过产业结构政策、企业组织政策、产业技术政策、产业区域政策和产业社会政策等几个方面调整产业行为。随着产业政策的改变，促进产业布局重点发生有效转移，从而促进资源优化和产业行为的进步。在粗放型经济时期，我国证券市场一般重视对传统行业的投资，一些传统制造企业发行的证券具有较强的升值能力。因此，企业投资者重点投资于传统制造业，例如，在一段时间内汽车制造业、农业产业等在我国股票市场上占据显著地位，上市公司股票成为投资者投资的热点。随着产业结构的调整，我国产业结构逐步向集约型经济模式转变，科技含量高的制造业，如电子行业、精密仪器制造业等成为人们追求的目标，高新技术行业成为投资首选，如网络概念股、航天概念股、通信导航股等上市公司的股价一度上升为天价，让人们目不暇接，投资选择随着产业结构变化而变化。

三、区域经济环境对证券资产投资的影响

区域经济环境对投资的影响是多方面的，其中最主要的是区域经济政策、区域经济发展战略和区域优势等方面对投资者的吸引能力。区域经济环境的优化标志着对区域经济活动的进一步推动，从而促进区域经济的发展。我国经济历来是以区域经济为突破口

来推动国民经济整体发展的。从新中国成立到20世纪60年代初，我国工业经济十分薄弱，以农业为主体的区域经济发展迅速。所以，长江中下游地区、东北三省、四川省成为我国区域经济发展最快的地区，农业生产成为主体。20世纪60年代初到20世纪70年代初，我国重化工业成为投资重点，因此，东北重工业区、三线军事工业带十分活跃，成为经济重心。改革开放以后，以沿海地区、长江中下游地区和京津唐地区的经济区划十分明显。经济发展十分迅速，这种区域优势和发展吸引了很多的投资者，证券投资也是如此，区域优势强的企业发行的证券往往具有强势的购买力。

证券市场，特别是股票市场，投资者除追逐行业板块、业绩板块以外，还有追逐区域板块的，如发展比较迅速的长江三角洲地区、珠江三角洲地区、京津唐地区的上市公司的股票一般在上市、交易、发行价等方面均具有区位优势。目前，西部地区和自贸区成为我国政府投资的重点，因此又成为人们炒作的热点。区域经济环境对证券资产投资的影响是无形的。人们是在分析国家区域政策变化、国家宏观区域战略趋势和区域优势的基础上，决定证券投资策略的。同时，投资者在对证券资产投资时往往寻求地区新的经济增长点和对地区可能形成辐射的经济增长要素，从而决定对该地区企业进行投资。

案例分析

上海自贸区或引发股市动荡

2013年8月23日，国务院正式批准设立中国（上海）自由贸易试验区的消息使得沉寂已久的A股市场再次看到了亮点。搭乘着自贸概念的东风，上海本地股无疑成为了8月份最热门的板块，上海物贸、华贸物流、浦东金桥、陆家嘴等多只个股实现翻倍。

一、上海自贸区辐射范围是前海两倍

上海自贸区前身即上海综合保税区的统管范围，其中包括1990年全国第一个封关运作的上海外高桥保税区、2004年4月设立的外高桥保税物流园区、2005年与浙江跨区域合作建设的洋山保税港区以及2010年9月启动运营的上海浦东机场综合保税区这4个海关特殊监管区域，总面积为28.78平方公里。

自由贸易区的含义为主权国内的贸易自由化，具体则是指在某一国家或地区所设立的特定区域内，实行优惠税收和特殊监管政策。与深圳前海相比，上海自贸区无论是面积还是影响范围都要更加广阔，其所辐射的长三角地区的GDP规模已经超过10万亿元，是前海腹地规模的两倍。

深圳前海一直将人民币资本项目可自由兑换作为其金融创新的重要目标，目前已经在试点的跨境贷款等均是人民币资本项目下开放的一种尝试。但截至目前，深圳前海未能实现人民币可自由兑换的完全突破。有专家表示，上海自贸区也很可能采取分步骤推进人民币可自由兑换的方式，比如先行推动境内资本的境外投资和境外融资。

上海自贸区的诞生也就意味着在这28.78平方公里的土地上即将发生金融创新与改革的重大突破。上海市金融办副主任徐权在今年陆家嘴论坛中表示，自贸区试点内容将涉及利率市场化、汇率自由汇兑、金融业的对外开放、产品创新以及一些离岸业务等多项创新，而上述创新也均需要突破现有的法律法规框架。

二、自贸区先行金融改革，银行业迎来好时机

目前上海自由贸易区建设总则与细则虽然还未披露，但业内人士纷纷猜测，自贸区建设将可能在金融改革与资本项目放开、税收与税制改革、监管与法律法规、国际航运中心建设等方面有重大突破。从中长期的角度看，自贸区的影响将不可低估。中信证券认为，自贸区将带动相关基建投资达 1 000 亿元以上，同时也必将对物流交通基础设施形成庞大的需求。

自贸区之所以备受关注，是因为投资者可以从中看出未来金融改革与创新的方向。金融行业的对外开放、允许外资设立中外合资银行、中资银行在自贸区实行离岸金融活动、放开外汇和金融管制都是市场聚焦的热点话题。近期苏宁云商正在申请成立苏宁银行，上海自贸区或可成为其首选的布点。自 1996 年民生银行成立起，中国已有 17 年没有批准新的民营银行。此次正值上海自贸区成立，银监会和上海市政府都相继发文鼓励成立民营银行，中国银行业将迎来改革的好机遇。

对于上海本地而言，自贸区将会带动本地现代金融服务、物流、商业贸易等行业发展。同时，自贸区的设立将会为上海相关产业带来更多的业务机会，此外还将可能间接带动上海乃至周边其他行业发展，包括房地产、旅游餐饮、建筑建材、文化娱乐等。

上海自由贸易区试验区的获批更重要的意义是在于可能引发全球贸易投资规则的重构。上海自由贸易区的设立，也是中国继加入 WTO 后又一次更高层级的开放，它将远远超越“特区”、“新区”所能争取到的优惠政策。此外在中国有可能启动加入 TPP 谈判的背景下，决策层已开始考虑将上海自由贸易区作为中国加入 TPP 后首个对外开放的窗口。

目前中国经济、体制改革步入深水区，自贸区概念虽仍属星星之火，但其蔓延之势不可忽视，开放自贸区不仅是免税消费和土地升值的问题，更是将上海打造成真正东北亚贸易和物流枢纽的历史契机，以开放倒逼改革并释放 30 年改革开放制度红利的历史意义，其重要性不亚于深圳、上海浦东新区的对外开放。

三、五大板块将分享自贸区盛宴

上海自贸区所释放的改革红利或将是空前的，随着政策的放权，此前一直被管控的行业将会明显受益。对于自贸区的投资逻辑，中信证券研究所认为应把握三条受益主线：一是贸易自由化有利于推动港口、机场的客运量和货运量的提升，利好区域性的港口、机场，如上港集团、上海机场等；二是可提升园区物业资产价值、推动区域物业投资进程，利好拥有园区资产和工程业务的房地产和工程类公司，如外高桥、浦东建设等；三是未来贸易区的金融自由化进程，有利于推动金融创新业务发展，利好区域业务相关度高的银行，如浦发银行。自贸区的意义也绝不仅仅局限于金融、地产、物流这三大行业，由于其辐射的范围广阔，以 4 个保税区为中心，或将形成一个庞大的产业链，餐饮旅游、零售等行业也将分享这场盛宴。

对于沉寂已久的零售行业而言，上海自贸区的设立无疑将为其带来摆脱困境的良好契机。申银万国证券认为，上海自由贸易区的批复将成为上海本地零售股的重估契机。自贸区的众多金融自由化、投融资开放、贸易物流辐射，将对上海地区的经济发展构成巨大的推动力，从而带动商业的繁荣及消费的再次升级，同时对本地的外贸股票构成强有力的上涨催化剂。因此尽管短期内很难从业绩层面上推进，但对上海整体的内外贸商

业将构成长期的利好，也为许久不涨的板块寻找到了上涨的催化剂。

资料来源：腾讯财经，http：//finance. qq. com/.

问题：上海自贸区的建设对中国资本市场有何重大意义？区域经济对证券市场的影响体现在哪些方面？

本章小结

1. 根据行业中企业数量、产品性质、价格的制定和其他一些因素，各行业基本上可分为完全竞争市场、垄断竞争市场、寡头垄断市场和完全垄断市场四类。

2. 行业分类法有道·琼斯分类法和标准行业分类法。我国国民经济的行业分类明确划分三大产业，共有行业门类 20 个、行业大类 95 个、行业中类 396 个、行业小类 913 个。我国上市公司的行业分类将上市公司分成 13 个门类，90 个大类和 288 个中类。

3. 各行业变动与国民经济总体的周期变动是有关系的，可以将行业分为三类：增长型行业、周期型行业和防守型行业。

4. 每个行业都要经历一个由成长到衰退的发展演变过程，这个过程便称为行业的生命周期。一般地，行业的生命周期可分为幼稚期、成长期、成熟期和衰退期。

5. 产业和区域经济也对证券投资产生影响，其作用和宏观经济存在一定的差异，主要表现在产业结构调整和区域经济环境对证券投资的影响方面。

重要概念

行业　生命周期　完全竞争　垄断竞争　寡头垄断　完全垄断　增长型行业　周期型行业　防守型行业　幼稚期　成长期　成熟期　衰退期

复习思考题

1. 行业生命周期理论的内容是什么？
2. 行业与经济周期的关系有哪些？
3. 影响行业业绩的因素有哪些？
4. 举例说明上市公司的行业特征，并对其进行分析。
5. 产业和区域经济对证券投资有哪些影响？

第十三章

证券投资的微观分析

学习目的

通过本章的学习，学生能够做到：掌握微观分析的主要内容；掌握各项财务指标以及判断标准，熟悉各类财务比率，会分析上市公司的基本财务状况；熟悉影响公司业绩的基本因素；了解财务报表分析方法。

重点难点

1. 财务分析报告；
2. 财务风险指标；
3. 财务报表分析方法；
4. 影响公司经营的其他因素。

第一节　公司总体状况分析

作为证券价格运行的微观基础，公司的总体状况分析主要针对上市公司的基本资料，综合考察公司的内部条件和外部环境，分析上市公司自身的优势和劣势、面临的挑战和机遇、发展的可行性和现实需要等。上市公司的基本资料信息，可以通过各种股票分析软件、各类网站、报刊、广播电视等媒体以及公司内部资料等渠道来搜集和整理。

一、公司分析的意义

在实际证券投资活动中，投资者对上市公司的了解十分必要。投资者关心的是证券的市场价格，而证券的市场价格在很大程度上取决于公司的盈利水平，公司的盈利水平是通过公司的财务、经营和技术状况来反映的。公司的经营管理状况是投资者把实物经济与虚拟经济连接起来的桥梁。

不了解上市公司的基本状况，其收益将面临很大的风险。公司分析中最重要的是财务状况分析。财务报表通常被认为是最能够获取有关公司信息的工具。在信息披露规范的前提下，已公布的财务报表是上市公司投资价值预测与证券定价的重要信息来源。

二、公司基本分析

（一）公司行业地位分析

整个经济的状况与构成经济总体的各个行业的状况并非完全吻合。当整个经济形势向好时，只能说明大部分行业的形势较好，而不是每个行业都好；反之，经济整体形势恶化，说明大多数行业面临困境，而某些行业的发展可能仍然较好。进行行业分析可以为更好地进行企业分析奠定基础。在高度竞争的现代经济中，行业内的横向比较是非常重要的。另外，行业所处生命周期的位置制约着或决定着企业的生存和发展。

行业地位分析的目的是判断公司在所处行业中的竞争地位，如是否为领导企业，在价格上是否具有影响力，是否有竞争优势等。内容包括行业的发展历史沿革与发展前景、影响行业增长和盈利能力的关键因素、行业进入壁垒、来自行业内外的竞争、政府的产业支持或管制政策、上下游产业的市场前景和供需状况、国民经济波动对行业发展的影响等。在大多数行业中，无论其行业平均盈利能力如何，总有一些企业比其他企业具有更强的获利能力。企业的行业地位决定了其盈利能力是高于还是低于行业平均水平，也决定了其在行业内的竞争地位。衡量公司行业竞争地位的主要指标是行业综合排序和产品的市场占有率。

（二）公司经济区位分析

区位，或者说经济区位，是指地理范畴上的经济增长点及其辐射范围。对上市公司进行区位分析，就是将上市公司的价值分析与区位经济的发展联系起来，以便分析上市公司未来发展的前景，确定上市公司的投资价值。具体来讲，可以从以下几个方面进行区位分析：

（1）区位内的自然条件与基础条件。自然条件与基础条件包括矿产资源、水资源、能源、交通、通信设施等。分析区位内的自然条件和基础条件，有利于分析该区位内上市公司的发展前景。如果上市公司所从事的行业与当地的自然和基础条件不符，那么公司的发展可能就会受到很大的制约。

（2）区位内政府的产业政策。为了促进区位经济的发展，当地政府一般都会相应地制定经济发展的战略规划，提出相应的产业政策，确定区位优先发展和扶植的产业，并给予相应的财政、信贷及税收等诸多方面的优惠措施。如果区位内上市公司的主营业务符合当地政府的产业政策，那么一般会获得诸多政策支持，这对上市公司的进一步发展十分有利。

（3）区位内的经济特色。所谓经济特色，是指区位内经济与区位外经济的联系和互补性、龙头作用及其发展活力与潜力的比较优势。特色在某种意义上意味着优势。比如，某区位在电脑软件或硬件方面，或在汽车工业方面已经形成了优势和特色，那么该区位内的相关上市公司，在同等条件下比其他区位主营业务相同的上市公司具有更大的竞争优势和发展空间。

阅读材料

中央气象台再发雾霾黄色预警 环保股有望突出重围

刚刚平静了几天的天气局面又将被雾霾打破。据中央气象局网站消息，天津、河北中南部和东部、山东、江苏、安徽、河南东部、浙江北部、上海等地出现霾天气。上述地区空气质量较差，能见度偏低。中央气象台于当日10时发布霾黄色预警。

预计今天夜间到明天白天，上述地区仍有霾。中央气象台18时继续发布霾黄色预警：预计，今天夜间到明天白天，江苏、安徽东部、上海、浙江东北部、河北中南部、天津、山东西北部等地空气污染气象条件达4到5级，局地可达6级，不利于空气中污染物扩散；上述大部分地区有中度霾，其中，江苏中南部、上海、河北中南部等地的部分地区有重度霾。

与此同时，我国南方大部地区还将遭受大雾天气的袭扰。预计未来24小时，我国黄淮以南大部地区有轻雾，其中，四川盆地、贵州大部、湖南西北部、云南中南部、江苏大部、上海、福建西北部等地有能见度不足1 000米的大雾，部分地区有能见度不足500米的浓雾。中央气象台沉寂一月有余的大雾黄色预警今日18时再度鸣响。

进入三季度以来，全国多地区均出现了较为严重的雾霾天气，引发广泛的关注。10月份，中央财政安排50亿资金用于清洁北京周边空气。北京市环保局副局长方力更是对外表示，北京《2013—2017年清洁空气行动计划》政府投入将达2 000亿至3 000亿元。

2013年9月，国务院公布了堪称我国环保史上“最严格”的行动计划，计划实施将使国家投入巨资进行大气污染治理，主要用于脱硫、脱硝、除尘等大气污染治理设备的建设，约占总投资的20%，其中工业企业污染治理投资比重最大，约占36%，其次为清洁能源替代约占28%。

工业企业对于节能环保设备的投入将会显著拉动脱硫、脱硝、除尘设备等的需求，节能方案提供和服务市场也将扩容，在巨大的市场蛋糕面前，环保类的上市公司将会充分受益。

近两年来，环保股一直是市场资金关注的焦点，尤其近阶段雾霾天气为相关股票带来持续炒作的机会。

十八届三中全会之后，市场对环保治理的关注度持续升温。继国务院8月份发布《大气污染防治行动计划》后，环境税又被提上日程。上周五，财政部财科所副所长苏明透露，环境税方案已上报至国务院，正在按程序审核中。业内人士指出，目前上报的环境税方案有望率先对废水和废气两个税目征税。而根据目前的排污费水平，环境税一旦开征，其规模很可能会超过千亿，预计环保类上市公司有望迎来一定的发展机会。

分析人士指出，恶劣天气或将引发投资者对PM2.5概念股的关注。对于PM2.5概念股的投资布局，投资者可以遵循以下主线：

首先是空气质量监测领域，所谓设备治理、监测先行，没有监测就无法对空气质量污染进行有效的判断和治理，要进行PM2.5等颗粒物的污染治理，首先受益的是检测仪器厂商，主要投资标的有先河环保、聚光科技、天瑞仪器、雪迪龙等；其次是除尘治理领域，从根源上杜绝颗粒物的排放是治理的本质，从事大气除尘、工业粉尘治理的有龙净环保、科林环保、三维丝、菲达环保等；再次是硫化物、氮氧化物治理领域，因为氮氧化物或硫化物在空气中可生成毒性更大的硝酸或硝酸盐气溶胶，形成酸雨，造成严重危害，涉及脱硫脱硝的主要上市公司有燃控科技、龙源技术、九龙电力 、国电清新、永清环保等。此外，空气净化设备类企业前景光明，尤其是提供工业企业空气净化的创元科技。

资料来源：证券时报网，2013-12-02.

案例分析

京能置业：有改革利好 有业绩支撑

自贸区试点和国企改革是新一轮改革开放的重头大戏。

十八届三中全会中央提出自贸区试点和国企改革两大改革措施，国企改革将对提高我国国有企业经营效率，提高我国社会资源利用的整体效率有着重要的意义，我们认为有大概率的可能是借鉴“淡马锡”模式。自贸区的试点和推广对中国经济、金融领域有着深远的影响，我们认为除了上海自贸区试点之外，其他地区自贸区试点或将陆续推进。

天津自贸区有望获批，意义重大。

2007 年 12 月，天津东疆保税港区一期封关后，天津政府就将自由贸易港区作为自己未来的发展方向，并提上议事日程。据媒体报道称，天津滨海新区自由贸易区方案已向国务院申报。我们认为天津自贸区获批的概率极大，这对天津的城市发展有着重大的意义。

上海经验表明，自贸区和国企改革对相关个股刺激明显。

从 2012 年 12 月 4 日算起至今，上海自贸区和国企改革概念各股涨幅远跑赢指数，中华企业、浦东金桥、陆家嘴、张江高科、市北高新等分别大幅跑赢沪深 300 指数 62.65、71.31、76.69、17.29、46.32 个百分点；而表现最为抢眼的是外高桥，累计涨幅高达 454.6%，大幅跑赢沪深 300 指数 440.2 个百分点。

京能置业目前土地储备主要分布在北京、天津、大连、银川等地，公司权益储备建筑面积超过 200 万方。值得注意的是，公司旗下海与城项目，权益 60%，总建筑面积约 80 万方，项目处于天津东疆港保税区中央，与其他天津自贸区概念股相比，公司才是天津自贸区的真正受益者。相比其他天津自贸区概念股，公司股价反映仍不够充分，预计后续有补涨的可能。首次覆盖，给予“谨慎推荐”评级。

京能置业直接受益于天津自贸区设立，由于公司实际控制人是北京国资委，还将受益于未来可以期待的国企改革，包括有望受益于“京七条”提出的“企业利用自有用地建设自住型商品房”的利好（因为大股东北京能源投资集团就有大量工业用地）。公司基本面相对于其他同类概念股，更为扎实。我们预计 2013—2015 年 EPS 分别为 0.55/0.63/0.81 元/股，NAVPS 为 11.5 元/股，股价折让近 50%，首次覆盖，给予“谨慎推荐”评级。

资料来源：新浪财经，http：//finance.sina.com.cn.

问题：根据以上材料，对自贸区的区位优势进行归纳，并分析其对区域内上市公司发展的影响。

第二节 公司价值和财务分析

一、基本的财务报表

最基本的财务报表，即公司的资产负债表、损益表和现金流量表。资产负债表是公司全部的资产负债的“清单”，通过它可以看到公司的净资产或股东权益的实际情况；损益表反映的是公司的盈利能力和实际的盈亏情况；而现金流量表反映了公司的投资、经营和所有其他财务活动所产生的现金流的情况，它是判断公司经营是否健康的一个重要指标。

公司基本财务信息可见图 13-1。

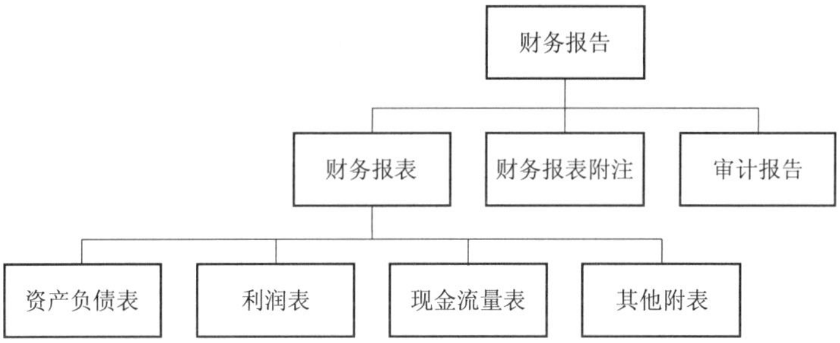

图 13-1 公司基本财务信息构成

（一）资产负债表

资产负债表是反映公司在某一特定日期（往往是年末或年中）财务状况的静态报告，反映公司资产负债之间的平衡关系。资产负债表由资产和负债两部分组成，每部分各项目的排列一般以流动性的高低为序。资产部分表示公司所拥有的或所掌握的，以及其他公司所欠的各种资源或财产；负债部分（广义负债）包括负债（狭义负债）和股东权益（所有者权益）两项。负债表示公司所应支付的所有债务，股东权益表示公司资产的净值。资产、负债和股东权益的关系用公式可表示为：

$$资产=负债(广义)=负债(狭义)+股东权益 \tag{13-1}$$

（二）损益表和利润分配表

损益表是公司最主要的财务报表之一，它反映的是公司在一段时期内（通常是1年）的盈利能力，是一种标准化的财务报表。损益表显示了在统计时段公司运营所获得的收入，主要是公司产品或服务的销售收入。它还显示了这一时段产生的各项费用，这些费用包括产品或服务的产生成本，也称作销售成本，包括公司经营的各种管理费用，譬如销售费用、行政管理费用和公司运营所需的其他成本；包括由公司债务产生的利息费用，以及公司应缴纳的各项税负。在损益表的基础上加上利润分配的内容就是利润及利润分配表。利润及利润分配表由四个主要部分构成：第一部分是营业收入；第二部分是与营业收入相关的生产性费用、销售费用和其他费用；第三部分是利润；第四个部分是公司利润的分配去向。收入、费用和利润的关系用公式可以表示为：

$$收入-费用=利润 \tag{13-2}$$

（三）现金流量表

以现金为基础编制的财务状况变动表，称为现金流量表。现金流量表是反映现金的来源及运用，以及不涉及现金的重大的投资和理财活动。它包括三个部分：一是经营活动产生的现金流量，二是投资活动产生的现金流量，三是筹资活动产生的现金流量。

（四）财务报表基本分析框架

1. 从资产负债表分析企业资产质量和财务结构

资产负债表所反映的资产价值是以历史成本为基础的，所以资产负债表上的资产账面价值并不能反映资产的真正价值。比如：短期投资可能存在市值变动；应收账款可能存在坏账损失；存货可能存在价值贬损与实物损失；待摊费用没有变现价值，而只是一种财务手段；无形资产支出的资本化或费用化、固定资产折旧、技术的更新等都会对资产价值带来影响。以上因素都可能导致资产的账面价值高于或者低于实际价值。

企业的负债和所有者权益反映了企业不同的资金来源方式，资本结构的差异将可能影响人们对企业财务政策稳健性的判断。

2. 从利润表分析企业盈利能力和成本控制能力

从盈利角度看，利润表的收入结构分析可以反映企业获得利润的来源与途径；收入趋势分析可以反映企业持续盈利的潜能或危机；投资报酬分析可以反映企业资本投资所创造出的价值和效用。

从成本费用角度看，营业成本分析可以说明企业成本计算是否真实、存货计价方法是否稳健、营业成本水平下降是否为暂时性或特殊性因素所致等；营业及管理费用分析可以说明折旧及其他摊销性费用是否得到正确处理、费用控制是否具有短期行为、非经营性费用是否能得到有效管理等；财务费用分析可以说明企业是否较少或过分地依赖于负债、企业是否依赖于短期负债来获取长期借款以及企业是否主要利用商业信用来筹措资金等问题。

3. 从现金流量表分析现金流量质量

分析现金流量表应重点关注经营活动产生的现金流量，注意企业在不同阶段现金流量的特点。分析投资活动产生的现金流量，若其小于零，意味着企业对外投资支大于收，这通常是正常现象，但必须关注投资支出的合理性和投资收益的实现状况；若其大于或等于零，这通常是非正常现象，因此必须关注长期资产处置或变现、投资收益实现以及投资支出减少等方面的因素。分析筹资活动产生的现金流量，如果筹资活动产生的现金流量小于零，则需关注企业是否面临偿债压力而又缺乏新的筹资能力，抑或企业是否有新的投资发展机会等问题。

二、财务报表分析指标

（一）公司偿债能力分析

1. 短期偿债能力分析

短期偿债能力是指公司偿付流动负债的能力。流动负债是一年内或超过一年的一个营业周期内需要偿付的债务。一般来说流动负债需以流动资产来偿付，通常需要以现金直接偿还。评价公司短期偿债能力的财务比率主要有流动比率、速动比率和现金比率。

（1）流动比率。流动比率是公司流动资产与流动负债的比率。计算公式为：

$$流动比率=流动资产/流动负债 \tag{13-3}$$

流动比率是衡量公司短期偿债能力的一个重要财务指标，这个比率越高，说明公司偿还流动负债的能力越强，流动负债得到偿还的保障越大。但是，过高的流动比率也可能是公司滞留在流动资产上的资金过多，会影响到公司的获利能力。

（2）速动比率。流动资产扣除存货后的资产称为速动资产。速动资产与流动负债的比率称为速动比率。其计算公式为：

$$速动比率 = 速动资产/流动负债=(流动资产-存货)/流动负债 \tag{13-4}$$

通过速动比率来判断公司短期偿债能力比用流动比率进了一步，因为它扣除了变现力较差的存货。速动比率越高，说明公司的短期偿债能力越强。根据经验，一般认为速动比率为 1∶1 时比较合适。

（3）现金比率。现金比率是公司的现金类资产与流动负债的比率。其计算公式为：

$$现金比率=现金类资产/流动负债 \tag{13-5}$$

现金比率反映公司的直接支付能力，现金比率高，说明公司有较好的支付能力。但是，如果这个比率过高，意味着公司拥有过多的获利能力较低的现金类资产，公司资产未能得到有效的运用。

2. 长期偿债能力分析

长期偿债能力是指公司偿还长期负债的能力。反映公司长期偿债能力的财务比率主要有：资产负债率和股东权益比率。

（1）资产负债率。资产负债率是公司负债总额与资产总额的比率，也称为负债比率或举债经营比率，它反映公司的资产总额中有多少是通过举债得到的。其计算公式为：

$$资产负债率=总负债/总资产 \tag{13-6}$$

资产负债率反映公司偿还债务的综合能力，这个比率越高，公司偿还债务的能力越差；反之，偿还债务的能力越强。

对于资产负债率，公司的债权人、股东和公司经营者往往从不同的角度来评价。首先，从债权人角度来看，他们最关心的是其贷给公司资金的安全性。债权人总是希望公司的负债比率低一些。其次，从公司股东的角度来看，其关心的主要是投资收益的高低。因此，股东所关心的往往是全部资产报酬率是否超过了借款的利息率。公司股东可以通过举债经营的方式，以有限的资本、付出有限的代价而取得对公司的控制权，并且可以得到举债经营的杠杆利益。最后，站在公司经营者的立场，他们既要考虑公司的盈利，也要顾及公司所承担的财务风险。资产负债率作为财务杠杆不仅反映了公司的长期财务状况，也反映了公司管理当局的进取精神。

至于资产负债率为多少才合理并没有一个确定的标准。一般而言，处于高速成长时期的公司，其负债比率可能会高一些，这样所有者会得到更多的杠杆利益。

（2）股东权益比率。股东权益比率是股东权益与资产总额的比率，该比率反映公司资产中有多少是所有者投入的。其计算公式为：

$$股东权益比率=股东权益/总资产 \tag{13-7}$$

股东权益比率与资产负债率相加等于1。因此，这两个比率是从不同的侧面来反映公司长期财务状况的。其计算公式为：

$$股东权益比率+资产负债率=1 \tag{13-8}$$

股东权益比率的倒数，称作权益乘数，即资产总额是股东权益的多少倍。该乘数越大，说明股东投入的资本在资产中所占比重越小。

3. 影响公司偿债能力的其他因素

（1）或有负债。或有负债是公司在经济活动中有可能会发生的债务。或有负债不作为负债在资产负债表的负债类项目中进行反映，除了已贴现未到期的商业承兑汇票在资产负债表的附注中列示外，其他的或有负债在会计报表中均未得到反映。这些或有负债在资产负债表编制日还不能确定未来的结果如何，一旦将来成为公司现实的负债，则会对公司的财务状况产生重大影响，尤其是金额巨大的或有负债项目。

（2）担保责任。在经济活动中，公司可能会发生以本公司的资产为其他公司提供法律担保的情形。这种担保责任，在被担保人没有履行合同时，有可能会成为公司的负债，但是，这种担保责任在会计报表中并未得到反映，因此在进行财务分析时，必须要考虑到公司是否有巨额的法律担保责任。

（3）租赁活动。公司在生产经营活动中，可以通过财产租赁的方式解决急需的设备。通常财产租赁有两种形式：融资租赁和经营租赁。采用融资租赁方式，租入的固定资产作为公司的固定资产入账，租赁费用作为公司的长期负债入账，这在计算前面有关的财务比率中都已经计算在内。但是，经营租赁的资产，其租赁费用并未包含在负债之中，如果经营租赁的业务量较大、期限较长或者具有经常性，则其租金虽然不包含在负债之中，但对公司的偿债能力也会产生较大的影响。

（二）公司营运能力分析

公司的营运能力反映了公司资金的周转状况，对此进行分析，可以了解公司的营业状况及经营管理水平。公司的资金周转状况与供、产、销各个经营环节密切相关，在供、产、销各环节中，销售有着特殊的意义。可以通过产品销售情况与公司资金占用量来分析公司的资金周转状况，评价公司的营运能力。评价公司营运能力常用的财务比率有：存货周转率、应收账款周转率、流动资产周转率、固定资产周转率、总资产周转率等。

1. 存货周转率

存货周转率也称存货利用率，是公司一定时期的销售成本与平均存货的比率。其计算公式是：

存货周转率(次数)= 销售成本/平均存货 (13-9)

平均存货=(期初存货+期末存货)/2

存货周转率说明了一定时期内公司存货周转的次数，可以用来测定公司存货的变现速度，衡量公司的销售能力及存货是否过量。在正常情况下，如果公司经营顺利，存货周转率越高，说明存货周转得越快，公司的销售能力越强，营运资金占用在存货上越少。但是，存货周转率过高，也可能说明公司管理方面存在一些问题，如存货水平低，甚至经常缺货，或者采购次数过于频繁，批量太小等。存货周转率过低，常常是库存管理不力，销售状况不好，造成存货积压，说明公司在产品销售方面存在一定的问题，但也可能是公司调整了经营方针，因某种原因增大库存的结果。

存货周转状况也可以用存货周转天数来表示。其计算公式为：

存货周转天数=360/存货周转次数 (13-10)

2. 应收账款周转率

应收账款周转率是公司一定时期赊销收入净额与应收账款平均余额的比率，它反映了公司应收账款的周转速度。其计算公式为：

应收账款周转率(次数)= 销售收入/平均应收账款 (13-11)

应收账款周转天数=360/应收账款周转率 (13-12)

应收账款周转率是评价应收账款流动性大小的一个重要财务比率，它反映了公司在一个会计年度内应收账款的周转次数，可以用来分析公司应收账款的变现速度和管理效率。这一比率越高，说明公司催收账款的速度越快，可以减少坏账损失，而且资产的流动性强，公司的短期偿债能力也会增强。但是，如果应收账款周转率过高，可能是因为公司奉行了比较严格的信用政策，以及信用标准和付款条件过于苛刻的结果。这样会限制公司销售量的扩大，从而影响公司的盈利水平。这种情况往往表现为存货周转率同时偏低。如果公司的应收账款周转率低，说明公司催收账款的效率太低，或者信用政策十分宽松，这样会影响公司资金利用率和资金的正常周转。

3. 营业周期

营业周期是指从取得存货开始到销售存货并收回现金为止的这一段时间。营业周期的长短取决于存贷周转天数和应收账款周转天数。

营业周期的计算公式为：

营业周期=存货周转天数+应收账款周转天数 (13-13)

一般情况下，营业周期短，说明资金周转速度快；营业周期长，说明资金周转速度慢。提高存贷周转率，缩短营业周期，可以提高企业的变现能力，同时也是提高经营效益的有效途径。

4. 流动资产周转率

流动资产周转率是销售收入与流动资产平均余额的比率，它反映的是全部流动资产的利用效率。其计算公式为：

流动资产周转率(次数)= 主营业务收入净额/平均流动资产总额 (13-14)

流动资产周转率表明在一个会计年度内公司流动资产周转的次数，它反映了流动资产周转的速度。该指标越高，说明公司流动资产的利用率越好。但是，究竟流动资产周转率为多少才算好，并没有一个确定的标准。通常分析流动资产周转率应比较公司历年的数据并结合行业特点。

5. 固定资产周转率

固定资产周转率也称固定资产利用率，是公司销售收入与固定资产平均净值的比率。其计算公式为：

固定资产周转率(次数)= 主营业务收入净额/固定资产平均净值 (13-15)

这项比率主要用于分析对厂房、设备等固定资产的利用效率，该比率越高，说明固定资产的利用率越高，管理水平越好。如果固定资产周转率与同行业平均水平相比偏低，说明公司的生产效率较低，可能会影响公司的获利能力。

6. 总资产周转率

总资产周转率也称总资产利用率，是公司销售收入与资产平均总额的比率。其计算公式为：

总资产周转率(次数)= 主营业务收入净额/平均资产总额 (13-16)

总资产周转率可用来分析公司全部资产的使用效率。如果这个比率低，说明公司利用资产进行经营的效率较差，会影响公司的获利能力，公司应该采取措施提高销售收入或处置资产，以提高总资产利用率。

(三) 公司获利能力分析

获利能力是指公司赚取利润的能力。获利能力分析是公司财务分析的重要组成部分，也是评价公司经营管理水平的重要依据。对公司获利能力进行分析，一般只分析公司正常经营活动的获利能力，不涉及非正常的经营活动。评价公司获利能力的财务比率主要有资产报酬率、股东权益报酬率、销售毛利率、销售净利率等，对于股份有限公司来说，还应分析每股利润、每股现金流量、每股股利、股利发放率、每股净资产、市盈率等。

1. 总体获利能力分析

(1) 总资产报酬率。总资产报酬率，是企业在一定时期内获得的报酬总额与平均资产总额的比率，反映了企业资产的综合利用效果。其计算公式为：

总资产报酬率=息税前利润总额/平均资产总额×100% (13-17)

式中，息税前利润总额=利润总额+利息支出一般情况下，总资产报酬率越高，表明企业的资产利用效益越好，整个企业盈利能力越强。

（2）净资产收益率。也称净值报酬率或所有者权益报酬率，是公司在一定时期内的净利润与资产平均净额的比率。其计算公式为：

$$净资产收益率=净利润/平均净资产\times 100\% \quad (13-18)$$

式中，平均净资产=(所有者权益年初数+所有者权益年末数)/2

净资产收益率主要用来衡量公司利用资产获取利润的能力，它反映了公司净资产的利用效率。一般认为，净资产收益率越高，企业自有资本获取收益的能力越强，运营效益越好，对企业投资人、债权人利益的保证程度越高。

（3）销售净利率。销售净利率是公司净利润与销售收入净额的比率。其计算公式为：

$$销售净利率=净利润/销售收入\times 100\% \quad (13-19)$$

销售净利率说明了公司净利润占销售收入的比例，它可以评价公司通过销售赚取利润的能力。销售净利率表明公司每元销售收入可实现的净利润是多少。该比率越高，说明公司通过扩大销售获取收益的能力越强。评价公司的销售净利率时，应比较公司历年的指标，从而判断公司销售净利率的变化趋势。但是，销售净利率受行业特点影响较大，因此，还应该结合不同行业的具体情况进行分析。

2. 单位获利能力分析

（1）每股利润。也称每股收益或每股盈余，是股份公司税后利润分析的一个重要指标。每股利润是税后净利润扣除优先股股利后的余额除以发行在外的普通股股数。其计算公式为：

$$每股利润(EPS)=(净利润-优先股股利)/发行在外普通股股数 \quad (13-20)$$

$$净利润=利润总额-企业所得税$$

每股利润反映股份公司获利能力的大小。每股利润越高，说明股份公司的获利能力越强。

（2）每股现金流量。每股现金流量是经营活动现金净流量扣除优先股股利后的余额除以发行在外的普通股股数。其计算公式为：

$$每股现金流量=(经营活动净现金流量-优先股股利)/发行在外的普通股股数 \quad (13-21)$$

每股现金流量越高，说明公司越有能力支付现金股利。

（3）每股股利。每股股利是普通股分配的现金股利总额除以发行在外的普通股股数，它反映了普通股获得现金股利的多少。其计算公式为：

$$每股股利=股利总额/普通股股数=(现金股利总额-优先股股利)/发行在外的普通股股数 \quad (13-22)$$

每股股利的高低，不仅取决于公司获利能力的强弱，还取决于公司的股利政策和现金是否充裕。

（4）股利发放率。也称股利支付率，是普通股每股股利与每股利润的比率。它表明股份公司的净收益中有多少用于股利的分派。其计算公式为：

股利发放率 = 普通股每股股利/每股净收益×100%　　（13-23）

股利发放率主要取决于公司的股利政策，一般而言，如果一个公司的现金量比较充裕，并且目前没有更好的投资项目，则可能倾向于发放现金股利；如果公司有投资项目，则可能会少发股利，而将资金用于投资。

（5）每股净资产。也称每股账面价值，是股东权益总额除以发行在外的股票数量。其计算公式为：

每股净资产 = 股东权益总额/发行在外的总股数　　（13-24）

每股净资产并没有一个确定的标准，但是，投资者可以比较分析公司历年的每股净资产的变动趋势，来了解公司的发展趋势和获利能力。

（6）市盈率。也称价值盈余比率或价值与收益比率，是指普通股每股市价与每股利润的比率。其计算公式为：

市盈率 = 每股市价/每股利润　　（13-25）

市盈率是反映股份公司获利能力的一个重要财务比率，这一比率是投资者作出投资决策的重要参考因素之一。一般来说，市盈率高，说明投资者对该公司的发展前景看好，愿意以比较高的价格购买该公司股票，所以一些成长性较好的高科技公司股票的市盈率通常要高一些。但是也应注意，如果某种股票的市盈率过高，则意味着这种股票具有较高的投资风险。

三、财务报表分析方法

财务报表分析的基本方法有两大类：比较分析法和因素分析法。其中，比较分析法最常用。

（一）比较分析法

比较分析法是指对财务报表中两个或两个以上的可比数据进行对比，解释财务指标的差异和变动关系，是财务报表分析的最基本方法。比较分析法具体有以下几种方法。

1. 按比较的标准可以分为历史分析、同业分析、预算差异分析

（1）历史分析也称趋势分析，是指将公司财务报表中连续两期或多期的项目金额或财务指标进行对比，确定其增减变化的方向、数额和幅度，揭示公司财务状况和经营状况变化的趋势。适用于对公司的财务状况进行纵向的发展趋势分析。

（2）同业分析，是指将公司的主要财务指标与同行业的平均指标或同行业中的先进企业的指标进行对比，判断企业在行业中所处的地位和水平。适用于做横向的同业比较，认识公司自身的优势和不足，确定公司的投资价值。

（3）预算差异分析是指对比公司期初预算和期末实际的会计项目数据和财务指标，

分析预算（计划）的完成情况。由于企业财务预算一般属于内部信息，所以这种预算差异分析仅适用于企业内部管理层使用，目的在于发现企业存在的问题，完善经营管理。

2. 按比较的指标可以分为总量指标分析、财务比率分析、结构百分比分析

（1）总量是指财务报表某个项目的金额总量，比如净利润、应收账款、存货等。由于不同企业的财务报表项目的金额之间不具有可比性，因此总量比较主要用于历史和预算比较。

（2）财务比率是用倍数或比例表示的分数式，它反映各会计要素的相互关系和内在联系，代表了企业某一方面的特征、属性或能力，比如流动比率、速动比率、资产负债率、产权比率等。财务比率以相对数的形式排除了规模的影响，使不同比较对象建立起可比性，因此广泛用于历史比较、同业比较和预算比较。

（3）结构百分比是用百分率表示某一报表项目的内部结构。它反映该项目内各组成部分的比例关系，代表了企业某一方面的特征、属性或能力。结构百分比排除了规模的影响，使不同比较对象建立起可比性，可以用于本企业历史比较、与其他企业比较和与预算比较。

（二）因素分析法

因素分析法是指把整体分解为若干个局部的分析方法，包括比率因素分解法和差异因素分解法。

1. 比率因素分解法

比率因素分解法，是指把一个财务比率分解为若干个影响因素的方法。企业的偿债能力、收益能力等是用财务比率评价的，对这些能力的分析必须通过财务比率的分解来完成。著名的杜邦财务分析模型就是采用比率因素分解法（见图13-2）。在实际的分析中，分解法和比较法是结合使用的。比较之后需要分解，以深入了解差异的原因；分解之后还需要比较，以进一步认识其特征。不断地比较和分解构成了财务报表分析的主要过程。

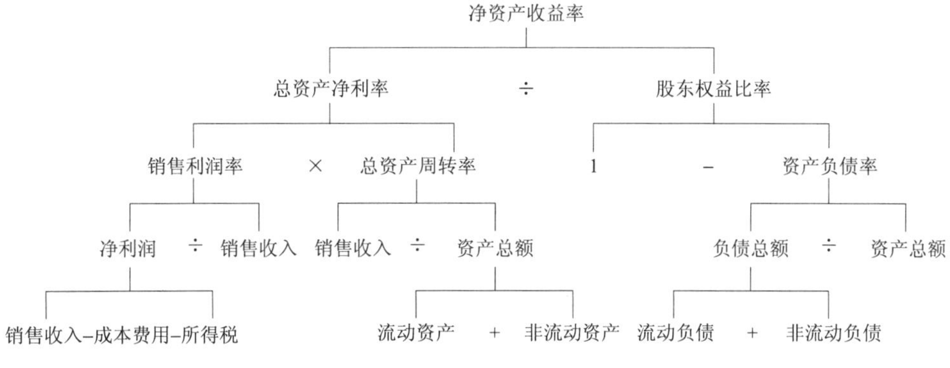

图13-2 杜邦财务分析体系指标分解图

2. 差异因素分解法

差异因素分解法又分为定基替代法和连环替代法两种。

定基替代法是测定比较差异成因的一种定量方法。按照这种方法，需要分别用实际值替代标准值，以测定各因素对财务指标的影响，其计算公式为：

数量变动影响金额=实际价格×实际数量-实际价格×预算数量

=实际价格×数量差异 (13-26)

价格变动影响金额=实际价格×实际数量-预算价格×实际数量

=价格差异×实际数量 (13-27)

连环替代法需要依次用实际值替代标准值，以测定各因素对财务指标的影响。其计算公式为：

数量变动影响金额=预算价格×实际数量-预算价格×预算数量

=预算价格×数量差异 (13-28)

价格变动影响金额=实际价格×实际数量-预算价格×实际数量

=价格差异×实际数量 (13-29)

在运用连环替代法进行因素分析时，一定要注意掌握好分解的关联性和因素替代的顺序性。

概念区分

市盈率与市净率

“市盈率”

市盈率是普通股每股市场价格与每股收益的比值。其计算公式为：

市盈率(倍)=每股市价/每股收益 (13-30)

该指标的表面含义是显示股价相当于每股净收益的倍数，深层含义是每股股票以现价购入收回投资的年限。它是投资者判断投资于某公司股票的重要参考依据。高市盈率的股票表明投资者预期公司收益会稳定增长，低市盈率的股票说明投资者对公司发展前景，尤其是公司的成长性不持乐观态度。使用该指标一定要注意分析公司的成长性，一般来讲，高成长性的企业其市盈率往往较高，成长性差的企业其市盈率往往较低。所以重视市盈率，更重视成长性，应成为投资者坚持的一个重要选股原则，但还应注意辩证地使用该指标。一般而言，市盈率越低越好。市盈率越低，表示公司股票的投资价值越高；反之，则投资价值越低。然而，也有一种观点认为，市盈率越高，意味着公司未来成长的潜力越大，即投资者对该股票的评价越高；反之，投资者对该股票评价越低。

影响公司股票市盈率的因素有以下几个方面：第一，上市公司盈利能力的成长性。如果上市公司预期盈利能力不断提高，说明公司具有较好的成长性，虽然目前市盈率较高，也值得投资者进行投资，因为上市公司的市盈率会随公司盈利能力的提高而不断下降。第二，投资者所获报酬率的稳定性。如果上市公司经营效益良好且相对稳定，则投资者获取的收益也较高且稳定，投资者就愿意持有该公司的股票，则该公司的股票市盈率会由于众多投资者的普遍看好而相应提高。第三，市盈率也受到利率水平变动的影响。当市场利率水平变化时，市盈率也应作相应的调整。在股票市场的实务操作中，利率与市盈率之间的关系常用如下公式表示：市场平均市盈率=1/市场利率。所以，上市公司的市盈率一直是广大股票投资者进行中长期投资的重要决策指标。

使用市盈率指标时要注意以下问题：（1）不同行业的公司的市盈率不具有可比性。成长性好的新兴行业的市盈率普遍较高，而传统行业的市盈率普遍较低，这并非说明后者的股票没有投资价值。（2）在每股收益很少或者亏损时由于市价不能降至为零，公司的市盈率也会很高，但它不能说明任何问题。（3）市盈率的高低受市价影响，而影响市价的因素很多，包括短线的投机炒作等，因此观察市盈率的长期趋势更重要。（4）市盈率的取值没有一个统一标准，投资者运用市盈率指标来判断股票的价值时，一般要结合其他相关信息，进行公司的历史分析和同业分析，才能有比较可靠的结果。

“市净率”

市净率是每股市价与每股净资产的比值，表明股价以每股净资产的若干倍在流通转让，用来评价股价相对于每股净资产而言是否被高估。其计算公式为：

市净率(倍)=每股市价/每股净资产　　(13-31)

市价低于每股净资产的股票，就像售价低于成本的商品一样，属于“处理品”。但是，“处理品”并不意味着没有投资价值。对于投资者来说，将市净率作为选股标准，市净率越低的股票，风险越小。熊市中投资者们乐于使用市净率指标，因为这种指标更能体现股票的安全边际。历史经验表明，一些跌破净资产的股票的投资风险往往会表现为较小，在行情启动之时，往往具有较好的价值回归动力。这种情况下分析重点在于该公司今后是否有转机，或者购入后经过资产重组能否提高获利能力。

市净率能够帮助投资者寻求哪个上市公司能以较少的投入得到较高的产出，对于大的投资机构，它能帮助其辨别投资风险。这里要指出的是：市净率不适用于短线炒作。

第三节　公司经营状况分析

一、公司产品分析

（一）产品品牌的知名度

有些产品以很高的质量、优良的服务和广泛的宣传而成为家喻户晓、众口皆碑的名牌产品，这种优势意味着生产这些商品的公司的销售优势，从而其利润额将会较快增长，公司股东的收益也会相应增加。

（二）产品的市场份额

在产品价格确定的情况下，销售数量的增加和产品需求的稳定性就显得非常重要，因为它们会直接影响到公司的利润和股东收益。产品的销售量一般和产品的知名度是一致的，但也有例外的情况，如由于市场管制、运输不便、产品价格过高，以及产品的用途比较专一（如某些医药品）等原因，商品的销售量与其知名度之间也会出现不一致的现象。

此外，商品的市场份额和商品销售的绝对量一样，对公司的市场竞争能力具有重要的影响，有时甚至比绝对量更为重要。市场份额指某公司的销售量占整个市场的百分比。市场份额的扩大通常意味着收益的增长和竞争实力的增强。但有时市场份额的扩大也会导致经营成本的提高，从而部分抵消收益的增长。

（三）产品的营销模式

不同的产品有不同的营销模式，有的公司的产品依赖于几个主要客户，那么，主要客户的生产规模、发展趋势、市场竞争力、反向依赖程度以及和所投资公司的关系都必须纳入分析的范围。特别要注意的是，有的公司的主要客户就是母公司，母公司与子公司间关联交易是否有操纵利润的嫌疑，投资者往往有一个误解，虚增利润对中小投资者有利，但要切记，天下没有免费的午餐；有的公司的产品是生活用品，面对千家万户，营销网点的分布和营销方式对公司产品的销量影响很大。

（四）产品市场的类型

公司产品的销售市场可划分为地区性市场、区域性市场、全国性市场和国际性市场四种。

（1）地区性市场。有些公司的产品市场为地区性质的，如水、电、煤气等公用事业和一些规模较小的公司。

（2）区域性市场。区域性市场是由几个不同的地区性市场组成的。因此，产品面向区域性市场的公司除了要受本地各种经济、非经济因素的影响，还要受到其他地区类似因素的影响和区域性市场内部同一行业公司相互竞争的挑战。

（3）全国性市场。产品面向全国的大公司受全国经济形势的影响要比受区域性或地区性因素的影响更大。这类公司由于市场广大，因此利润较高，但面临的市场竞争、成本费用、消费偏好等风险也比较大。

（4）国际性市场。面向国际市场的大公司或集团在经营活动中要遇到一系列国内行业所没有碰到过的问题，要承担汇率、市场竞争和政府管制，甚至国有化的风险。虽然这些国际性公司的利润要高于国内的同类企业，但其所面临的风险也比国内同类企业高。

（五）产品的生命周期

产品的生命周期分为以下四个阶段：

（1）产品介绍期。这一阶段的主要特点是：消费者对新产品不太了解；产品的销售量增加缓慢；产品品种较少和市场竞争较小；企业利润很少，一般有亏损。

（2）产品成长期。成长期的主要特点是：产品经介绍和宣传已为广大消费者所了解；产品的销售量开始逐渐增加，增长速度加快；新品种逐渐增加，市场竞争日趋加剧；利润逐渐增加。

（3）产品成熟期。成熟期的主要特点是：市场销售量已达到饱和，市场份额已分配完毕；产品品种增多，质量提高，仿制品和替代品不断出现；市场竞争激烈；预期利润开始下降。

（4）产品衰退期。衰退期的主要特点是：产品销售量由缓慢下降逐步过渡到迅速下降；消费者已在期待新产品；市场竞争较弱；许多企业开始转产；利润水平较低。

二、技术状况分析

（一）产品的技术水平分析

考察企业产品的技术水平主要关注这三个方面：一是产品是否具有其他公司难以企及的技术水平，在该行业具有无可争辩的领先地位；二是是否具有专利保护其垄断地位，其他公司不能模仿和假冒；三是技术的赢利前景，技术的先进性应体现在赢利能力上，企业的技术产品没有赢利前景，其股票就没有投资价值；四是产品市场的广度，企业的技术产品具有广阔的市场，才能形成大规模的赢利。

（二）企业的技术开发能力分析

企业的技术开发能力决定企业发展的潜力，股票价值取决于企业未来股利的现值，而能改变企业未来状况的最重要因素就是技术。考察企业技术开发能力应着重于以下方面：

（1）公司的股东背景。新技术的开发往往要耗费大量的财力和物力，并且风险极大，如果有一个研究实力非常强大的股东支持，那么公司的技术开发能力将大为提高。

（2）公司自身的技术开发能力。这主要考察公司的人员构成、科研机构设置等。公司通过独立研究、委托研究、合作研究等方式将经济资产与科技资产结合、重组，从而奠定公司技术创新的基础。但凡强势高科技企业都在研究开发中持续投入，如联想集团建立了国家级技术中心，成立了专业的软件开发生产机构，并在香港、深圳、美国硅谷设立研究开发中心；海尔与中国科学院化学所联合成立了国家工程研究中心；清华同方有国家工程研究中心做后盾。

（三）企业研发费用分析

美国《加州高科技股通讯报》创办人麦克·墨菲是世界著名的高科技投资专家，被誉为全美首席高科技分析师。墨菲在其所著的《高科技选股策略》一书中，曾提到高科技高成长公司所具备的四个要素：（1）研发费用至少占营业收入的7%；（2）营业额每年至少增长15%；（3）税前销售利润率（即毛利率）至少达到15%或更高；（4）股东权益报酬率（即净资产收益率）至少达到15%或更多。

墨菲认为，这四个条件中最重要的是研发费用，净资产收益率相对最不重要。墨菲推出了“成长流量”和“成长流量比”的概念。他提出，一家高科技股除了每股收益外，还必须计算每股研发费用，每股收益加上每股研发费用，就是公司的成长流量，用股价除以成长流量就是成长流量比。一般上市公司是以市盈率来衡量其股价高低的，高科技企业则应按成长流量比来衡量其投资价值。因为每股收益是过去已经拿到的利润，每股研发费用才能代表公司未来的获利能力。研发费用的主要开支就是用高薪吸引高智能人才。

三、公司经营管理能力分析

（一）上市公司主营业务状况

任何公司都有其特定的经营范围，公司在这一范围内通过组合生产经营要素来实现自己的盈利。上市公司也一定要有鲜明的主业才能在激烈的市场竞争中取胜。如果公司没有进行过根本性的产业转移和多种经营，主营业务状况在相当程度上决定着公司经营状况、盈利能力，进而决定着投资者的投资回报。投资者可以根据公司年报和中报的相关统计报表从以下几个方面分析上市公司的主营业务状况。

1. 公司的经营方式

经营方式分析主要考察公司是单一经营还是多元化经营。多元化经营的优点是风险相对分散，但容易导致公司经营管理缺乏针对性，造成主业不精，影响公司盈利增长。单一经营的缺点是风险相对集中，但如果其产品占有很大的市场份额，公司盈利也会很丰厚。

2. 主营业务的盈利能力和主营业务利润占净利润的比重

主营业务的盈利能力是指主营业务利润占主营业务收入的比重，主营业务盈利能力越高，说明公司为实现一定的主营收入而实际付出的物化劳动和活劳动相对较少，或者意味着公司付出一定的物质消耗和劳动消耗实现的主营产出相对较多。该指标可以综合反映公司主营产品的科技含量和附加价值的大小、主营产品的竞争力和市场销售情况。

主营业务利润占净利润的比重可以衡量企业净利润的可信度和企业可持续发展能力的强弱。一般而言，一个优秀的企业，其主营业务利润占净利润总额的比重要达到70%以上。而那些主业不精，利润的取得主要依赖于企业无法控制和具有较大偶然性的投资收益、财政补贴或者营业外净收入的企业，它们的经营业绩尽管也一时“惊人”，但因为基础不牢固，其业绩只能是昙花一现。

3. 主营业务规模的扩展情况

衡量一家上市公司主营业务规模的扩展情况，一方面要看该公司主营业务收入的增长情况，另一方面要看公司的主营利润的增长和主营收入的增长是否相适应。前者是从外延的角度对公司主营业务扩展的“量”的考察，后者是从内涵的角度对公司主营业务发展的“质”的考察。一个发展势头良好的企业，其主营业务的发展总是伴随着利润的相应增长。

（二）上市公司人才素质状况

企业竞争的焦点是人才的竞争。一个企业人才素质的好坏从根本上决定着企业的生存与竞争实力。对上市公司人才素质进行分析首先要考察公司管理层的素质，其次要看员工素质。

1. 公司管理层的素质

公司管理层人员包括公司的各级经理人员。公司管理层的素质状况在企业发展中起决定性作用，直接关系到公司的业绩表现。在我国，由于企业家的市场生成机制还不成熟，外部约束机制又很不健全，公司管理层的德才素质水平在企业的生存发展中就显得更为重要。一般而言，公司管理层应该具备以下良好素质：一是积极从事管理工作的意愿；二是较高的专业技术能力；三是良好的道德品质修养；四是较强的人际关系协调能力。

考察公司管理层素质可以通过以下途径：

第一，了解他们的社会与历史背景，包括学历、家庭环境、个人爱好等反映个人成长方面的内容。通过这些可以反映一个人的受教育程度、品格、专业知识水平、是否具有高瞻远瞩统率全军的能力等。

第二，调查以往的工作业绩。主要考察工作能力、工作阅历、组织才能、领导才能、活动能力、政策水平和业务实绩等，以及在本行业中经营管理的年限。若该领导人未担任过领导职务，则应考察他过去工作的性质、种类、工作魄力、是否已显示出具有领导才能等。

第三，利用相关数据指标。如平均受教育年限、不同学历领导人占领导总数的百分比、公司管理人员占企业总人数的百分比、管理费用占公司总支出的百分比、管理人员的平均年龄、不同年龄管理人员占管理人员总数的百分比等，这些指标可以反映公司领导人的平均业务水平和管理能力。一般而言，管理人员占企业总人数比重较少、管理费用占支出比重较低，说明该公司管理水平较高；若管理人员较多，管理费用占总支出比重较大，说明公司管理水平较低。平均受教育年限长，高学历人员所占企业总人数比重高，说明管理人员素质较高；反之说明管理人员素质较低。管理人员平均年龄较低，青年管理人员占企业总人数比重较大，说明公司比较有活力和朝气。

2. 公司员工的素质

上市公司员工是公司经营的主体，他们的文化和业务素质对公司的发展起着至关重要的作用。公司员工应该具有以下素质：专业技术能力、对企业的忠诚度、责任感、团队合作精神和创新能力等。反映劳动力素质的指标主要有劳动者平均受教育水平、高学历的人数构成、职工技术水平构成、劳动生产率等。

案例分析

某上市公司 2010 年财务分析报告见表 13-1、表 13-2、表 13-3，请根据这些数据分析该上市公司的财务状况。

某上市公司财务分析报告

表 13-1 **2010 年公司年度经营成果** 单位：万元,%

主营业务分行业情况						
分行业或产品	营业收入	营业成本	毛利率	营业收入比上年增减	营业成本比上年增减	毛利率比上年增减
化学药品原料药制造业	43 678.35	39 405.26	9.78%	26.74%	30.63%	下降 2.69 个百分点

续表

主营业务分行业情况						
分行业或产品	营业收入	营业成本	毛利率	营业收入比上年增减	营业成本比上年增减	毛利率比上年增减
化学药品制剂制造业	193 184.22	116 208.43	39.85%	22.67%	15.09%	上升 3.97 个百分点
中药材及中药加工业	82 040.35	54 892.24	33.09%	6.48%	17.72%	下降 6.39 个百分点
其他医药制造业	614.93	624.58	-1.57%	-12.17%	-31.42%	上升 28.51 个百分点
医药商品流通业	5 684.95	2 449.00	56.92%	5.29%	9.46%	下降 1.64 个百分点
合计	325 202.80	213 579.51	34.32%	18.22%	18.06%	上升 0.09 个百分点

表 13-2　　历年经营成果对比　　单位：元

	2010 年	2009 年	2008 年
营业总收入	3 316 861 029.18	2 795 105 546.58	2 635 870 540.72
利润总额	257 089 118.33	117 617 343.45	115 966 090.00
归属上市公司股东的净利润	204 736 590.14	107 765 675.43	76 407 343.62
归属上市公司股东的扣除非经常性损益的净利润	163 981 242.93	49 316 518.08	38 644 489 063.00
经营活动产生的现金流量净额	327 214 424.47	300 141 134.16	83 532 831.99
	2010 年末	2009 年末	2008 年末
总资产	3 055 310 511.65	2 945 054 275.46	2 814 309 427.45
归属上市公司股东的所以者权益	1 106 532 618.04	912 534 940.30	804 974 766.55
股本（股）	469 053 689.00	469 053 689.00	469 053 689.00

表 13-3　　相关比率比较

流动性	单位	2010 年	2009 年	2008 年
应收账款回收天数	天	54.73	71.68	94.94
应收账款周转率	次/年	13.34	10.18	7.69
应收账款周转天数	天数	27.36	35.84	47.47
存货周转天数	天数	101.57	93.74	95.99
商业存货周转率	次/年	3.59	3.89	3.80
存货周转率	天数	101.57	93.74	95.99
经营周期	天数	152.14	128.26	145.29
营运资本	人民币元	(209 326 944.93)	(371 935 725.92)	(500 657 936.26)
流动比率		0.88	0.79	0.72

续表

流动性	单位	2010 年	2009 年	2008 年
速动比率		0.46	0.54	0.45
现金比率		0.20	0.18	0.09
销售额与营运资本比率	次/年	-15.85	-7.52	-5.26
经营现金流量/本期到期的长期负债与本期应收票据之和	次/年	4.24	6.80	2.54

长期偿债能力	单位	2010 年	2009 年	2008 年
利息保障倍数	倍	5.92	2.84	2.22
负债比率	%	61.87	67.13	69.58
权益负债率	%	162.28	204.19	228.77
负债与有形资产净值比率	%	196.01	259.34	305.88
经营现金流量/负债总额	%	10.71	10.19	2.97

盈利能力	单位	2010 年	2009 年	2008 年
净利率	%	6.60	4.34	3.19
总资产周转率	次/年	1.11	0.97	0.95
资产报酬率	%	7.30	4.21	3.02
经营利润率	%	7.19	3.03	2.77
经营资产周转率	次/年	1.24	1.06	1.01
经营资产报酬率	%	8.94	3.21	2.79
销售额与固定资产比率	次/年	5.51	4.20	3.73
投资回报率	%	20.26	13.12	10.11
总权益报酬率	%	13.28	8.68	6.70
普通股权益报酬率	%	13.28	8.68	6.70
毛利率	%	35.00	34.59	32.60

投资者分析	单位	2010	2009	2008
财务杠杆系数		1.00	1.01	1.02
每股收益	人民币元	0.436 5	0.229 8	0.162 9
市盈率		39.22	58.31	30.13
留存收益率	%	94.46	91.88	91.63
股利支付率	%	7.39	19.95	24.36

续表

投资者分析	单位	2010 年	2009 年	2008 年
股息率	%	0.15	0.16	0.42
每股账面价值	人民币元	2.48	2.06	2.45
每股经营现金流量	人民币元	0.70	0.64	0.18
经营现金流量/现金股利	次/年	26.98	30.51	11.89
年末市价	人民币元	17.12	13.40	4.82

本章小结

1. 公司的总体状况分析主要针对上市公司的基本资料，综合考察公司的内部条件和外部环境，分析上市公司自身的优势和劣势、面临的挑战和机遇、发展的可行性和现实需要等。

2. 公司基本分析包括公司行业地位分析、公司经济区位分析。公司经济区位分析包括区位内的自然条件与基础条件、区位内政府的产业政策、区位内的经济特色等内容。

3. 基本的财务报表，即公司的资产负债表、损益表和现金流量表。资产负债表是公司全部资产负债的“清单”，通过它可以看到公司的净资产或股东权益的实际情况；损益表反映的是公司的盈利能力和实际的盈亏情况；而现金流量表反映了公司的投资、经营和所有其他财务活动所产生的现金流的情况，它是判断公司经营是否健康的一个重要指标。

4. 财务报表分析指标包括：(1) 公司偿债能力分析：短期偿债能力分析（流动比率、速动比率、现金比率）；长期偿债能力分析（资产负债率、股东权益比率）；(2) 公司营运能力分析，常用指标为：存货周转率、应收账款周转率、流动资产周转率、固定资产周转率、总资产周转率等；(3) 公司获利能力分析，常用指标为：资产报酬率、股东权益报酬率、销售毛利率、销售净利率等，对于股份有限公司，还应分析每股利润、每股现金流量、每股股利、股利发放率、每股净资产、市盈率等。

5. 财务报表分析的基本方法有两大类：比较分析法和因素分析法。其中，比较分析法最常用。比较分析法具体有以下几种方法：按比较的标准可以分为历史分析、同业分析、预算差异分析；按比较的指标可以分为总量指标分析、财务比率分析、结构百分比分析。因素分析法包括比率因素分解法和差异因素分解法。

6. 公司经营状况分析包括：公司产品分析（产品品牌的知名度、产品的市场份额、产品的营销模式、产品市场的类型、产品的生命周期）、技术状况分析（产品的技术水平分析、企业的技术开发能力分析、企业研发费用分析）、公司经营管理能力分析（上市公司主营业务状况、上市公司人才素质状况）等。

重要概念

资产负债表 利润表 现金流量表 流动比率 速动比率 资产负债率 存货周转率 应收账款周转率 资产周转率 总资产报酬率 净资产收益率 市盈率 市净率

复习思考题

1. 影响上市公司业绩的财务指标有哪些?
2. 如何对上市公司进行财务分析?
3. 公司经营状况包括哪些因素? 对业绩产生什么样的影响?
4. 能够阅读上市公司报表,并选择其中的几家公司进行比较。

第十四章

技术分析理论基础

学习目的

通过本章的学习，学生能够做到：掌握技术分析的基本概念以及其和基本分析的区别；掌握技术分析的基本要素及其相互关系；掌握主要的技术分析理论；理解理论的基本假设、基本原则、定理、图形以及应用。

重点难点

1. 技术分析和基本分析的区别；
2. 技术分析的基本要素；
3. 量价之间的关系；
4. 道氏理论的基本假设和定理；
5. 波浪理论的基本形态和市场表现。

第一节　技术分析概述

股票价格指数仅仅为人们提供了一种衡量股票价格变动历史的工具，然而，人们更关心的是如何预测股票价格的未来趋势，以及买卖股票的适当时机。多少年来，人们不断地对股价走势进行研究，产生了种种方法。了解技术分析这一工具，有助于增强对未来行情变化的预见能力，避免错误的判断。

一、技术分析的概念

（一）技术分析定义和作用

技术分析是指以市场行为为研究对象，以判断市场趋势并跟随趋势的周期性变化来进行交易决策的方法的总和。

技术分析的作用有以下方面：

1. 通过市场行为分析，回避投资风险

投资者选择股票投资，是为了获得预期收益，但这种收益是以承担一定的风险为代价的，而且风险与收益之间是正比例变化的。即预期收益越高，所承受的风险就越大；预期收益越低，所承受的风险就越小。不同的市场，不同的股票由于特性不同，风险与收益之比也有差别。因此，投资者首先要考虑的就是如何识别风险与收益的关系问题。采用技术分析，通过市场行为的研究和分析，可以确定风险与报酬的比例。尽可能寻找和选择那些风险相对较小，回报相对较大的市场和股票进行投资。

2. 技术分析是投资决策的依据和前提

市场中风险与收益之比不是固定不变的。市场环境的变化使风险与收益之比发生变化，如牛市期间投资风险小而回报率相对较高；熊市期间则相反，投资的风险大而回报低。具体到某一只股票，不同时期也会有所变化，某一时期可能风险较高，过一段时期可能风险有所下降。不同的投资者，由于其投资偏好不同，在对风险的选择上也有差异。

（二）技术分析和基本分析的区别

1. 分析侧重点不同

基本分析法着重于对一般经济情况以及各个公司的经营管理状况、行业动态等因素进行分析，以此来研究股票的价值，衡量股价的高低。而技术分析则是通过图表或技术指标的记录，研究市场过去及现在的行为反应，以推测未来价格的变动趋势。其依据的技术指标的主要内容是由股价、成交量或涨跌指数等数据计算而得的，也由此可知，技术分析只关心证券市场本身的变化，而不考虑会对其产生某种影响的经济方面、政治方面等各种外部的因素。

2. 分析目的不同

基本分析的目的是为了判断股票现行股价的价位是否合理并描绘出它长远的发展空间，而技术分析主要是预测短期内股价涨跌的趋势。通过基本分析可以了解应购买何种股票，而技术分析则能把握具体购买的时机。在时间上，技术分析法注重短期分析，在预测旧趋势结束和新趋势开始方面优于基本分析法，但在预测较长期趋势方面则不如后者。大多数成功的股票投资者都是把两种分析方法结合起来加以运用。他们用基本分析法估计较长期趋势，而用技术分析法判断短期走势和确定买卖的时机。

3. 对供求关系的着眼点不同

技术分析和基本分析都认为股价由供求关系决定。基本分析主要是根据对影响供需关系种种因素的分析来预测股价走势，而技术分析则是根据股价本身的变化来预测股价走势。技术分析的基本观点是：所有股票的实际供需量及其背后起引导作用的种种因素，包括股票市场上每个人对未来的希望、担心、恐惧等，都集中反映在股票的价格和交易量上。

（三）技术分析的理论基础

技术分析的理论基础是空中楼阁理论。空中楼阁理论是美国著名经济学家凯恩斯于1936年提出的，该理论完全抛开股票的内在价值，强调心理构造出来的空中楼阁。投资者之所以要以一定的价格购买某种股票，是因为他相信有人将以更高的价格向他购买这种股票。至于股价的高低，这并不重要，重要的是存在更大的“笨蛋”愿以更高的价格向你购买。精明的投资者无须去计算股票的内在价值，他所需做的只是抢在最大

“笨蛋”之前成交。

二、技术分析的基本假设

（一）市场行为包容消化一切

“市场行为包容消化一切”构成了技术分析的基础。技术分析者认为，能够影响某种证券价格的任何因素——基础的、政治的、心理的或任何其他方面的——实际上都反映在其价格之中。由此推论，必须做的事情就是研究价格变化。这个前提的实质含义其实就是价格变化必定反映供求关系，如果需求大于供给，价格必然上涨；如果供给大于需求，价格必然下跌。供求规律是所有经济预测方法的出发点。把它倒过来，那么，只要价格上涨，不论是因为什么具体的原因，需求一定超过供给，从经济基础上说必定看好；如果价格下跌，从经济基础上说必定看淡。归根结底，技术分析者不过是通过价格的变化间接地研究基本面。大多数技术派人士也同意，正是某种商品的供求关系，即基本面决定了该商品的看涨或者看跌。图表本身并不能导致市场的升跌，只是简明地显示了市场上流行的乐观或悲观的心态。

（二）价格以趋势方式演变

“趋势”概念是技术分析的核心。研究价格图表的全部意义就是要在一个趋势发生发展的早期，及时准确地把它揭示出来，从而达到顺着趋势交易的目的。事实上，技术分析在本质上就是顺应趋势，即以判定和追随既成趋势为目的。从“价格以趋势方式演变”可以自然而然地推断，对于一个既成的趋势来说，下一步常常是沿着现存趋势方向继续演变，而掉头反向的可能性要小得多。这当然也是牛顿惯性定律的应用。还可以换个说法：当前趋势将一直持续到掉头反向为止。虽然这句话差不多是同语反复，但这里要强调的是：坚定不移地顺应一个既成趋势，直至有反向的征兆为止。

（三）历史会重演

技术分析和市场行为学与人类心理学有着千丝万缕的联系。比如价格形态，它们通过一些特定的价格图表形状表现出来，而这些图形表示了人们对某市场看好或看淡的心理。其实这些图形在过去的几百年里早已广为人知、并被分门别类了。既然它们在过去很管用，就不妨认为它们在未来同样有效，因为它们是以人类心理为根据的，而人类心理从来就是“江山易改本性难移”。“历史会重演”说得具体点就是，打开未来之门的钥匙隐藏在历史里，或者说将来是过去的翻版。

三、市场行为的四个要素

证券市场中，价格、成交量、时间和空间是进行分析的要素，这几个要素的具体情况和相互关系是进行技术分析的基础。技术分析就是利用过去和现在的成交量、成交价资料，以图形分析和指标分析工具来分析、预测未来的市场走势。在某一时点上的价和量反映的是买卖双方在这一时点上共同的市场行为，是双方的暂时均势点。

（一）价和量是市场行为最基本的表现

价和量是技术分析的基本要素，一切技术分析方法都是以价、量关系为研究对象的，目的就是分析、预测未来价格趋势，为投资决策提供服务。成交量是股价的先行指标。关于价和量的趋势，一般来说，量是价的先行者，量先价后。如果量价背离，价涨量不增，价跌量不减；股价创新高而量未创新高，股价创新低而量未创新低。这意味着趋势即将逆转（见图 14-1）。

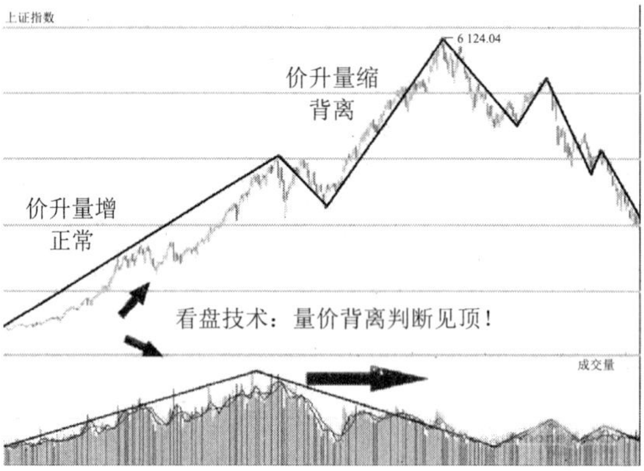

图 14-1　量价背离图示

成交量与价格趋势有以下一些关系：

（1）价涨量增。股价随着成交量的递增而上涨，为市场行情的正常特性，此种量增价涨关系，表示股价将继续上升。

（2）价涨量平。在一波段的涨势中，股价随着递增的成交量而上涨，突破前一波的高峰，创下新高后继续上涨，然而此波段股价上涨的整个成交量水准并没有显著扩大，继续上涨动力不足，股价或短时调整。或者在一波段的长期下跌，形成谷底后股价回升，成交量并没有因股价上涨而递增，股价上涨欲振乏力，然后再度跌落到先前谷底附近，或高于谷底。

（3）价涨量缩。股价随着成交量的递减而回升，股价上涨，成交量却逐渐萎缩，成交量是股价上涨的原动力，原动力不足显示股价趋势潜在反转的信号。

（4）价稳量增。有时股价随着缓慢递增的成交量而逐渐上涨，渐渐地走势突然成为垂直上升的喷发行情，成交量急剧增加，股价暴涨。当市场行情持续上涨很久，出现急剧增加的成交量，而股价却上涨乏力，在高档盘旋，无法再向上大幅上涨，显示股价在高档大幅震荡，抛压沉重，从而形成股价下跌的因素。

（5）价稳量缩。说明投资者仍在观望。若在涨势当中，成交量在价格上涨的同时却低于前一波段上涨的成交量水准，价格突破创新高，量却没突破创新，则此波段股价涨势令人怀疑，同时也是股价趋势潜在的反转信号；若在跌势中，表示在逐渐筑底，可逐步建仓。

（6）价稳量平。多空势均力敌，将继续呈盘整状态。

（7）价跌量增。反转所具有的意义将视前一波股价上涨幅度的大小及成交量扩增的程度而定。股价下跌，向下跌破股价形态趋势线或移动平均线，同时出现大成交量，是股价下跌的信号，强调趋势反转形成空头市场。在连跌一段后，价微跌量剧增，这可视为底部，可介入；若在跌势初期，则日后将形成跌势；在持续涨势中，则为反转为跌势的信号。股价连续下跌之后，在低档出现大成交量，股价却没有进一步下跌，价格仅小幅变动，是进货的信号。

（8）价跌量缩。紧随着此波走势，继之而来的是成交量大幅度萎缩，同时股价急速下跌。这种现象表示涨势已到末期，上升乏力，走势力竭，显示出趋势反转的现象。因为继恐慌性卖出之后，投资者预期股价可能上涨，同时恐慌性卖出所创的低价，将不可能在极短时间内跌破。恐慌性大量卖出之后，往往是空头的结束；若在跌势初期，表示跌势不改；若在长期下跌后，则表示行情可能将止跌回稳。

（9）价跌量平。股价跌一段相当长的时间，出现恐慌性卖出，随着日益扩大的成交量，股价大幅度下跌，但成交量没有继续放大；若已跌了一段时间，底部可能出现，应密切注意后市发展。

案例分析

量价关系的配合

请根据所学知识，对图 14-2 进行分析。

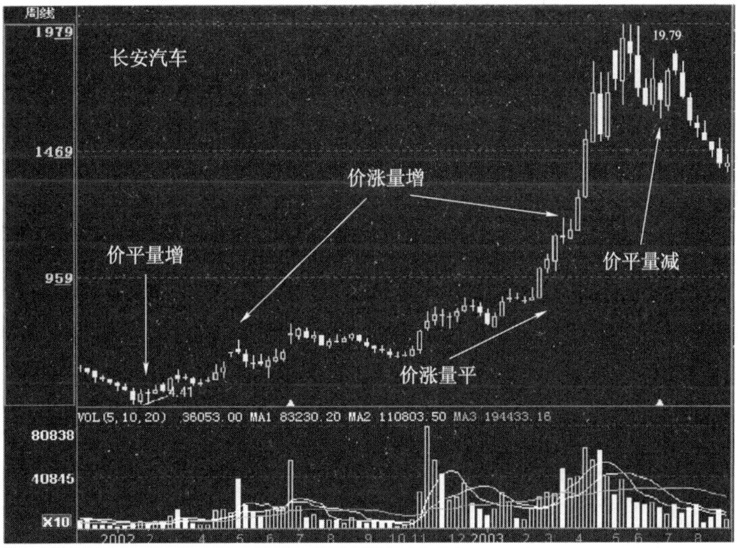

图 14-2 长安汽车股价走势

（二）时间和空间是市场潜在能量的表现

时间指出“价格有可能在何时出现上升或下降”，反映市场起伏的内在规律和事物发展的周而复始的特征，体现了市场潜在的能量由小变大再变小的过程；空间反映每次市场价格变动程度的大小，也体现市场潜在的上升或下降的能量的大小，上升或下降的程度越大，则潜在变动的能量越大。

时间在进行行情判断时有很重要的作用。一个已经形成的趋势在短时间内不会发生根本变化，中途出现的反方向波动对原来趋势不会产生大的影响。一个形成了的趋势又不可能永远不变，经过了一定时间又会有新的趋势出现。循环周期理论着重关心的就是时间因素，它强调了时间的重要性。

空间在某种意义上讲，可以认为是价格的一方面，指的是价格波动能够达到的极限。在调整中时间和空间可以互换，见图 14-3。

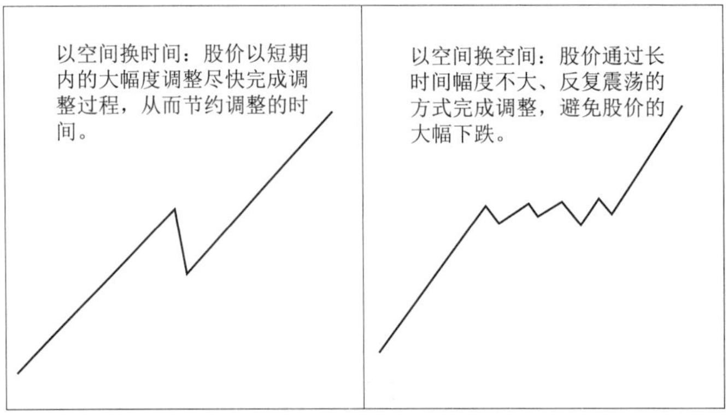

图 14-3　时间和空间互换图示

（三）时间、空间与价格趋势的一般关系

一般情况下，一个波段上涨或下跌的最终幅度与波段持续的时间是成正比的。涨跌越慢，涨跌幅度越大；涨跌越快，涨跌幅度越小。因此，快涨不可喜，快跌不可怕。时间、空间与价格趋势的关系，往往与股市大环境和市场主力的战略意图有关。

事物的发展有一个从小到大和从大到小的过程，这种循环发展的规律在证券市场上也存在。循环周期理论认为，价格的高点和低点的出现，在时间上存在一定的规律性。正如事物的发展兴衰有周期性一样，价格的上升和下降也存在某些周期的特征。无论什么样的价格活动，都不会向一个方向永远走下去。价格的波动过程必然产生局部的高点和低点，这些高低点的出现，在时间上有一定的规律，可以选择低点出现的时间入市，高点出现的时间离市。

四、技术分析的优缺点

（一）技术分析的优点

技术分析具备全面、直接、准确、可操作性强、适用范围广等显著特点。与基本分析相比，技术分析进行交易的见效快，获得利益的周期短。此外，技术分析对市场的反应比较直接，分析的结果也更接近实际市场的局部现象。通过市场分析得到的进出场位置相比基本分析而言，往往比较准确。

（二）技术分析的缺点

技术分析的缺点是考虑对象的范围相对较窄，对长远的市场趋势难以进行有效的判断。基本分析主要适用于周期相对比较长的市场预测以及预测精确度要求不高的领域。技术分析相对于基本分析更适用于短期的行情预测，要进行周期较长的分析则必须参考基本分析，这是应用技术分析最应该注意的问题。因为技术分析是经验的总结而非科学体系，所以通过技术分析所得到的结论并由此进行的交易操作需要以概率的形式为投资者带来收益。

1. 技术分析的先天缺憾

技术分析的基本要素是量、价、时、空四大要素，千变万化的排列组合形成了大盘和个股的特定的技术形态和趋势。换句话说，大盘和个股技术形态和趋势的形成过程是四大要素协同变化的结果，而绝不是单一要素或者一两个要素变化的结果。事实上，技术分析经典的技术形态，仅仅是 K 线的组合形状的描绘；技术分析经典的技术指标，或绘制成曲线，或绘制成柱状图，基本上也都是单一要素演变形成的。或许是为了技术上的简化处理，或许是四大要素同步描绘技术形态和技术指标还很复杂，因此，单一或单纯的技术形态和技术指标就不可避免地存在先天缺憾性。世界上没有完美无瑕的东西，技术分析也一样。应该正视各种技术分析方法的缺憾，知道如何规避和补遗。

2. 技术分析盲区与误区

应用技术分析研判走势应该注意规避技术分析的盲区与误区。所谓技术分析盲区，就是指技术指标无法预测或者预测失灵的区域，比如 KDJ 指标预测上升段和下跌段比较准确，但是出现高位钝化和低位钝化就使 KDJ 指标进入了技术分析盲区。又比如乖离率、布林线等技术指标做超跌反弹比较有效，但是，牛市末期反转的第一波下跌行情往往是惯性下跌行情，很多技术指标出现超跌反弹信号，结果都是失灵的，这也是技术分析盲区。所谓技术分析误区，就是指技术指标预测结果有时准确有时不准确的区域，比如说很多著名分析师和炒股高手总结捕捉黑马的技术指标和标准，在熊市末期和牛市初期是安全可靠的，如果在熊市初期和平衡市按图索骥就是技术分析误区。还有多数技术指标存在的滞后现象，也是技术分析的盲区与误区，应该注意。

第二节 道氏理论

道氏理论的形成经历了几十年。理论起初来源于新闻记者、首位华尔街日报的记者和道·琼斯公司的共同创立者查尔斯·亨利·道（1851—1902 年）的社论。在查尔斯·道去世以后，威廉姆·彼得·汉密尔顿（William Peter Hamilton）和罗伯特·雷亚（Robert Rhea）继承了道氏理论，并在其后有关股市的评论写作过程中，加以组织与归纳而成为今天所见到的理论。他们所著的《股市晴雨表》、《道氏理论》成为后人研究道氏理论的经典著作。

道氏理论是一种反映市场总体趋势的晴雨表。其最伟大之处在于其宝贵的哲学思想，这是技术分析理论的奠基石。雷亚在所有相关著述中都强调，“道氏理论”在设计上是一种提升投机者或投资者知识的配备或工具，并不是可以脱离经济基本条件与市场现况的一种全方位的严格技术理论。

道氏理论的核心内容包括三大假设、五个定理。

一、道氏理论的三个基本假设

道氏理论有极其重要的三个假设，与人们平常所看到的技术分析理论的三大假设有相似的地方，不过，在这里，道氏理论更侧重于其市场含义的理解。

假设 1：非人为操作——指数或证券每天、每星期的波动可能受到人为操作，次级折返走势也可能受到这方面有限的影响，比如常见的调整走势，但主要趋势不会受到人为的操作。

假设 2：市场指数会反映每一条信息——每一位对于金融事务有所了解的市场人士，他所有的希望、失望与知识，都会反映在市场指数每天的收盘价波动中；因此，市场指数永远会适当地预期未来事件的影响。如果发生火灾、地震、战争等灾难，市场指数也会迅速地加以评估。

假设 3：道氏理论是客观化的分析理论——成功利用它协助投机或投资行为，需要深入研究，并客观判断。当主观使用它时，就会不断犯错，不断亏损。

二、道氏理论的三个核心思想

道氏理论有三个核心思想，即三重运动原理、相互验证原则和投机原理。

（一）三重运动原理

三重运动原理是核心的核心。这个原理发源于自然法则，其中大级别的基本运动的规律能够为人们所把握，单次及运动带有一定的欺骗性，而日常波动这样小级别的运动具有很强的随机性，不能为人们所把握。这是由于它们的运作机理不同。这个原理告诉我们市场的主趋势是可以被预测的，但具体运动轨迹又是测不准的。

在三重运动原理中，道氏将市场的走势分为三种运动，即基本运动、次级运动以及日常波动。市场的基本运动是可以被预测的，预测次级运动很容易被欺骗，而日常运动是随机漫步的，是不可预测的，因此，市场的主体趋势是可以被预测的，而每一个价格的波动时间和位置又是测不准确的。必然当中有偶然，偶然中又有必然，这是一种辩证的思想方法。

（二）相互验证原则

验证原则是道氏理论的第二个核心，尽管基本运动能够为人们所把握，但是通过一种方式得出的结果，必须用另一种方式得出的结果来验证，这才是科学的态度。这个原则的思想是通过带有强相关（或品种）的相互背离，来否定错误的结论，并通过它们的一致性来验证正确的市场走势，只有被证明是正确的结论才是正确的。

相互验证原则，通过相关性来验证结论的正确性，通过认识市场以及再认识市场，不断重复理论与实践的循环来验证市场与预测之间的关系。用验证来说明预测的正确性，并非仅仅依靠一个指标或一个工具将市场的预测绝对化。

对于两个有较强相关性的品种或指数，当它们之间的走势一致的时候，其中一个品种或指数的走势可以得到另一个品种或指数的验证，这意味着趋势还将继续；当它们之间的走势背离的时候，则其中一个品种或指数的走势不能得到另一个品种或指数的验证，这意味着趋势难以继续。道氏所指的相互验证原理并非是现象间简单的验证，它既是指不同相关制约要素间的相互验证关系，也是指不同要素、不同指标间的相互验证。对此投资者应该进行准确的理解。两者的制约因素不同，但是又有较强的相关性，这是相互验证原则成立的必要条件。相互验证原则是十分重要的，它贯穿于市场分析的始终。两种市场指数必须相互验证——铁路与工业指数的走势永远应该一起考虑。一种指数的走势必须得到另一种指数的确认，如此才可以做有效的推论。仅根据一种指数的趋势判断，另一种指数并未确认，结论几乎是必然错误。

（三）投机原理

所谓投机也就是预期是否能够在市场中得到体现。可以说市场中已经包含了对于市场的预期，预期是市场中不可分割的组成部分，因此投机也是市场的成分之一。可以这样说，市场之所以可以被预测正是由于投资者在预测市场，所以预测就是投资者在预测投资群体的预测，以个体来对群体行为的预测。技术分析派人士提出的“市场行为包容并消化一切”，是技术分析的三大假设之一，这是进行一切技术分析的基础。其主要思想是认为影响价格的每一个因素（包括内在的和外在的）都反映在市场行为中，它所遵循的道氏理论的一个基本原则是：“任何人所了解、希望、相信和预期的任何事都可以在市场中得到体现。”因此，市场行为也必然包括投机行为。它是市场中最鲜活的因素，它为市场带来可以被预测的重要元素。不过，关于投机行为一直都没有一个严谨的定义，不妨给出一个能够表现投机行为本质特征的定义：投机行为就是采取积极的措施，希望将自己所预期、理想和相信的并带有很强随机性的和不确定性的事情得以实现的行为。

在投机的定义中表明，投机的本质特征是主体（投资者）愿望能在客体（市场）中得到反应。如果市场所反应的是广大投资者的愿望，那么这是真正意义上的市场投机行为；但如果投机行为反应的仅仅是政府或政策的愿望，这将可能反而给市场带来过度投机；而如果投机行为反应的是战争发动者的愿望，一定将会带来权限投机。因此，有必要分清市场投机行为与过度投机行为和权限投机行为的区别。

三、道氏理论的五个定理

道氏理论定理 1——道氏理论的三种走势

“道氏理论”的三种走势中，第一种走势最重要，它是主要趋势，即整体向上或向下的走势称为多头或空头市场，期间可能长达数年。第二种走势是次级的折返走势，是主要多头市场中的重要下跌走势，或是主要空头市场中的反弹，通常会持续数个月。第三种走势通常较不重要，它是每天波动的走势。见图 14-4。

长期趋势最为重要，也最容易被辨认、归类与了解。它是真正的长期投资者主要的参考，对于投机者较为次要。中期与短期趋势都附属于长期趋势之中。

中期趋势是专业投机者的主要考虑因素。它与长期趋势的方向可能相同，也可能相反。如果中期趋势严重背离长期趋势，则被视为是次级的折返走势或修正。次级折返走势必须谨慎评估，但不可将其误认为是长期趋势的改变。

短期趋势最难预测，它的出现是散乱无章的、无规律可循的。

将价格走势归类为三种趋势，并不是一种学术上的游戏。投资者如果了解这三种趋势而执着于长期趋势，也可以运用逆向的中期与短期趋势提升获利。自从 20 世纪 80 年代初期以来，由于信息科技的进步以及电脑程式交易的影响，市场中期趋势的波动程度已经明显加大。在修正走势中持有多头头寸，并看着多年来的利润逐渐消失，似乎是一种无谓的浪费与折磨。当然，大多数的情况下，经过数个月或数年以后，这些获利还是会再度出现。然而，如果你专注于中期趋势，这些损失大体都是可以避免的。

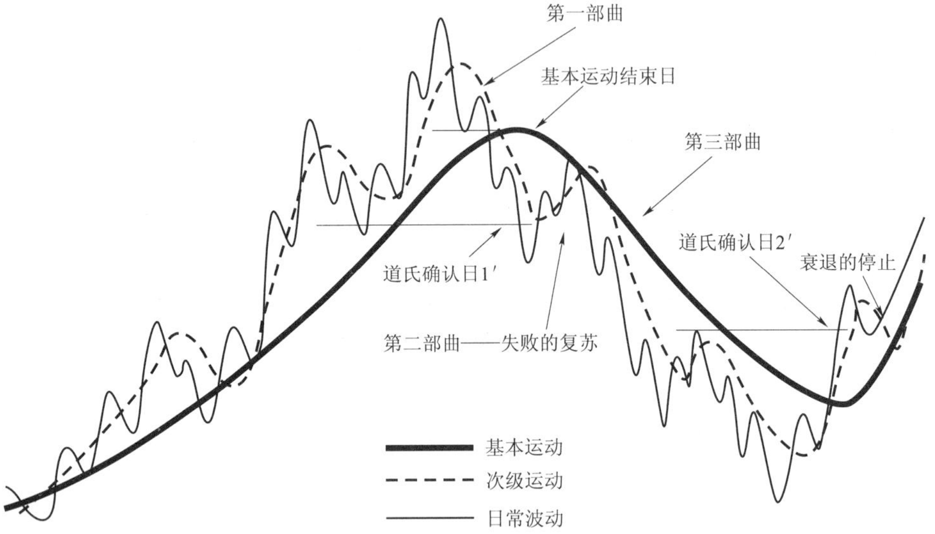

图 14-4　道氏理论的三种走势

道氏理论定理 2——主要走势（空头或者多头的市场）

主要走势代表整体的基本趋势，通常称为多头或空头市场，持续时间可能在一年以内，乃至于数年之久。正确判断主要走势的方向是投机行为成功与否的最重要因素。没有任何已知的方法可以预测主要走势的持续期限。

一位投机者如果对长期趋势有信心，只要在进场时机上有适当的判断，便可以赚取相当不错的获利。有关主要趋势的幅度大小与期限长度，虽然没有明确的预测方法，但可以利用历史上的价格走势资料，以统计方法归纳主要趋势与次级的折返走势。虽然近半个世纪以来的科技与知识有了突破性的发展，但驱动市场价格走势的心理性因素基本上仍相同。这对专业投机者来说具有重大的意义。

道氏理论定理 3——主要的空头市场（三个阶段）

主要的空头市场是长期向下的走势，其间夹杂着重要的反弹（见图 14-5）。它来自于各种不利的经济因素，唯有股票价格充分反映可能出现的最糟情况后，这种走势才会结束。空头市场会历经三个主要的阶段：第一阶段，市场参与者不再期待股票可以维持过度膨胀的价格；第二阶段的卖压是反映经济状况与企业盈余的衰退，“不利的经济因素”是指（几乎毫无例外）政府行为的结果，如干预性的立法，非常严肃的税务与贸易政策，不负责任的货币或财政政策以及重要战争；第三阶段是来自于股票的失望性卖压，不论价值如何，许多人急于套现至少一部分的股票。

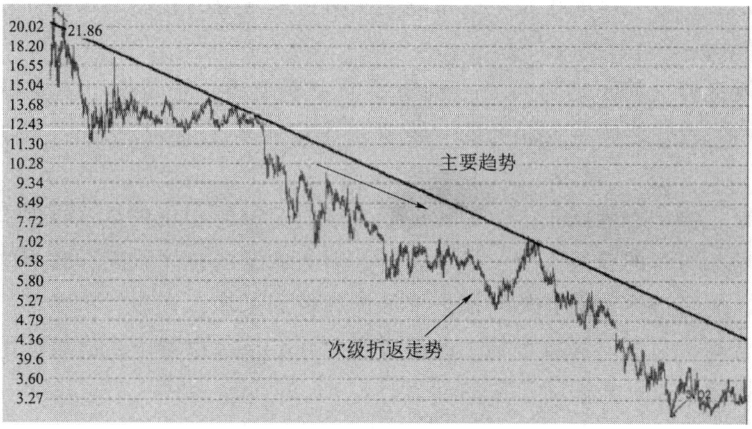

图 14-5 主要的空头市场

道氏理论定理 4——主要的多头市场（三个阶段）

主要的多头市场是一种整体性的上涨走势，其中夹杂次级的折返走势，平均的持续期间长于两年（见图 14-6）。在此期间，由于经济情况好转与投机活动转盛，所以投资性与投机性的需求增加，并因此推高股票价格。多头市场有三个阶段：第一阶段，人们对于未来的景气恢复信心；第二阶段，股票对已知的公司盈余改善产生反应；第三阶段，投机热潮转炽而股价明显膨胀，这阶段的股价上涨是基于期待与希望。

多头市场的特色是所有主要指数都持续联袂走高，回调走势不会跌破前一个次级折返走势的低点，然后再继续上涨而创新高价。在次级的折返走势中，指数不会同时跌破先前的重要低点。

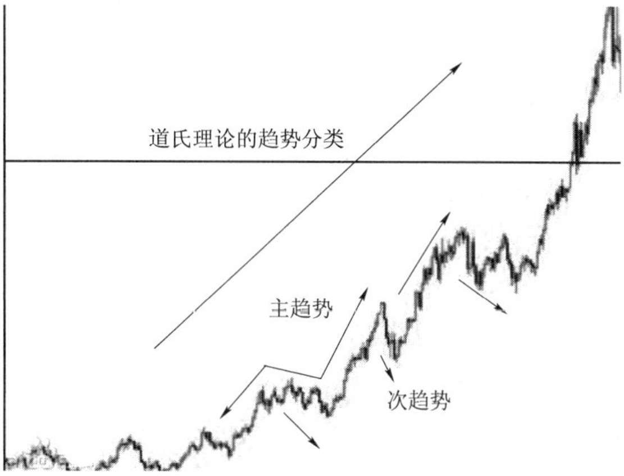

图 14-6 主要的多头市场

道氏理论定理 5——次级折返走势

次级折返走势是多头市场中重要的下跌走势，或空头市场中重要的上涨走势，持续的时间通常在三个星期至数个月。此期间内折返的幅度为前一次级折返走势结束之后主要走势幅度的 33% 至 66%。次级折返走势经常被误以为是主要走势的改变，因为多头市场的初期走势，显然可能仅是空头市场的次级折返走势，相反的情况则会发生在多头市场出现顶部后。

次级折返走势（修正走势）是一种重要的中期走势，它是逆于主要趋势的重大折返走势。判断何者是逆于主要趋势的“重要”中期走势是“道氏理论”中最微妙与困难的一环。

判断中期趋势是否为修正走势时，需要观察成交量的变化关系、修正走势的历史统计资料、市场参与者的普遍态度、各个企业的财务状况或整体状况、政府的政策以及其他许多因素。次级折返走势就如同锅炉中的压力控制系统。在多头市场中，次级折返走势相当于安全阀，它可以释放市场中的超买压力。在空头市场中，次级折返走势相当于为锅炉添加燃料，以补充超卖流失的动力。

四、道氏理论的缺陷

（一）道氏理论主要目标是探讨股市的基本趋势

一旦基本趋势确立，道氏理论假设这种趋势会一路持续，直到趋势遇到外来因素破坏而改变为止。好像物理学里牛顿定律所说，所有物体移动时都会以直线发展，除非有额外因素力量加诸其上。但有一点要注意的是，道氏理论只推断股市的大势所趋，却不能推动大趋势里面的升幅或者跌幅将会到哪种程度。

（二）“信号太迟”的指责

这是更为明显的不足。有时会有这样十分不节制的评论，“道氏理论是一个极为可靠的系统，因为它在每一个主要趋势中使交易者错过前三分之一阶段和后三分之一阶段，有的时候也没有任何中间的三分之一的阶段。”道氏理论对主要趋势走向的问题总会给出一个预测，而这一预测在新的主要趋势开始的短期之内是未必清楚和正确的。

（三）道氏理论并非不出错

批评者本身难以接受“股价指数包容了一切信息和数据”这一基本概念，同时也反映了一种急躁心理。道氏理论无法“说明”的阶段可能会持续数周或数月之久（例如：直线形成阶段），活跃的交易者往往本能地做出有悖于道氏理论的决策，但在股票市场中与其他情况一样，耐心同样是一种美德，实际上，如果要避免严重的错误，这是必需的。

（四）道氏理论对中期帮助甚少

道氏理论对于中期趋势的转变几乎不会给出任何信号。然而，如果选准了股票购买，那么交易者仅从主要趋势中就可获利颇丰了。一些交易者在道氏理论的基础上总结出一些额外的规则，运用于中期阶段，但结果却不尽如人意。

（五）指数无法买卖

这也完全正确，道氏理论只是以一种技术性的方式指示主要趋势的走向，这一点至关重要，大多数的个股票走势都与主要趋势一致。道氏理论不会、也不能告诉你该买进何种股票。

第三节 波浪理论

波浪理论（或说艾略特波浪理论）是由拉尔夫·纳尔逊·艾略特（Ralph Nelson Elliott）在20世纪30年代创立的。经由A·汉密尔顿·博尔顿（A Hamilton Bolton）在20世纪50—60年代的大力宣传和推广，才使其受到应有的重视。其后，波浪理论的追随者对波浪理论进行了不断地研究与完善，并形成了不同的分支，其中最著名的是普莱切特（Robert Rougelot Prechter）和弗罗斯特（Alfred John Frost）。

艾略特把波浪理论定义为：可识别的价格运动模式以及连接价格运动模式（或波浪），形成它们自身的更大的变体的原则和方法，波浪依次相连形成大一级的相同模式，依此类推，从而产生结构化的价格行进的原则和方法。艾略特认为，不管是股票还是商品价格的波动，都与大自然的潮汐、波浪一样，一浪跟着一浪，周而复始，具有相当程度的规律性，展现出周期循环的特点，任何波动均有迹可循。因此，投资者可以根据这些规律性的波动预测价格未来的走势，在买卖策略上实施适用。

一、波浪理论的基本思想

艾略特的波浪理论就是通过对外化的价格变动形态及变化规律的研究揭示人类群体行为所遵循的自然规律，并通过对自然界事物发展变化法则的研究，使用自然法则对形态的行进与比率进行度量和预测。

（一）艾略特波浪理论的基本思想

（1）证券价格的运动遵循经济周期的规律，比经济循环周期规律更具复杂性。

（2）每个大的周期都由若干个小的周期构成，每个小周期构成8浪结构，上升5浪，下跌3浪。

（二）波浪理论的理论支持

1. 道氏理论

道氏理论的主要思想是：任何一种价格都包括三种形式的运动——主要趋势、次级折返趋势和短期趋势。这三种运动形式构成了所有的价格移动。主要趋势决定的是大的方向，次级折返趋势决定的是在大趋势中的小趋势，短期趋势则是在小趋势中更小的趋势。

艾略特波浪理论的大部分理论是与道氏理论相吻合的。不过艾略特不仅找到了这些变化，而且还找到了这些变化发生的时间和位置。这是波浪理论较之于道氏理论更为优越的地方。道氏理论必须等到新的趋势确立以后才能发出行动的信号，而波浪理论可以明确地知道目前是处在上升（或下降）的尽头，还是处在上升（或下降）的中途，可以更明确地指导操作。

2. 弗波纳奇神奇数列和黄金分割率

艾略特波浪理论中所用到的数字都是来自弗波纳奇数列。这个数列是数学上很著名的数列，它有很多特殊的性质，对这个数列的实际使用已经相当广泛了。而黄金分割率在波浪理论中的应用在于浪的比例关系。即每一波之间的比例，包括波动幅度与时间长度比较，一般都符合“黄金分割”比例。

小知识

弗波纳奇数列和黄金分割

弗波纳奇数列又称为大自然的数字，是意大利数学家弗波纳奇在13世纪时所发现的，为波浪理论、黄金分割等技术分析的数字基础。其本身属于一个极为简单的数字系列，背后却隐藏着无穷的奥妙，具有许多神奇之处，如一个数字同其后一个数字的比值，大致接近于0.618的黄金分割率，因此又称为神奇数字。构成弗波纳奇神奇数字的基础非常简单，由1、2、3开始，产生无限数字系列，3为1与2之和，以后出现的一系列数字，全部依照上述简单的原则，两个连续出现的相邻数字相加，等于一个后面的数字。例如3加5等于8，5加8等于13，8加13等于21，……直至无限。因此神奇数字系列包括下列数字：1、2、3、5、8、13、21、34、55、89、144、233、377、610、987、1597……直至无限。

基本规律是：数列中某一位置的数字等于前两个数之和；除前四个数外，任一数与相邻后一个数之比均趋向于0.618，越往后越接近；任意一个数与相邻前一个数之比趋向于1.618（0.618的倒数）；任何相邻两数之比为2.618或0.382（2.618的倒数）；两个相隔数的平方差，必为另一个神奇数；任何三个连续的神奇数字，中间数字的平方，等于前后两个数字之积再加1或减1，并且加减交替进行。

黄金分割线是一种古老的数学方法。黄金分割的创始人是古希腊的毕达哥拉斯，他在当时十分有限的科学条件下大胆断言：一条线段的某一部分与另一部分之比，如果正好等于另一部分同整个线段的比即0.618，那么，这样比例会给人一种美感。黄金分割线的最基本公式是将1分割为0.618和0.382。后来，这一神奇的比例关系被古希腊著名哲学家、美学家柏拉图誉为“黄金分割律”。黄金分割线的神奇和魔力，在数学界上还没有明确定论，但它屡屡在实际中发挥着意想不到的作用。

资料来源：根据百度百科整理，http://baike.baidu.com/link? url = Ga4GAtHq79DBHfVfkgDc51Sd2_ gJVYA6dkMm7ltA-4NuEIsUwGNLTu2tVV0WmMce.

（三）波浪理论的三个要素

波浪理论考虑的因素主要有以下三个方面：

第一，价格走势所形成的形态。三个方面中，价格的形态是最重要的，它是指波浪的形状和构造，是波浪理论赖以生存的基础。当初艾略特就是从价格走势的形态中得到启发才发现了波浪理论的。

第二，价格走势图中各个高点和低点所处的相对位置。高点和低点所处的相对位置是波浪理论中各个浪的开始和结束位置。通过计算这些位置，可以弄清楚各个波浪之间的相互关系，确定价格的回撤点和将来价格可能达到的位置。

第三，完成某个形态所经历的时间长短。完成某个形态的时间可以让投资者预先知道某个大趋势即将来临。波浪理论中各个波浪之间在时间上是相互联系的，用时间可以验证某个波浪形态是否已经形成。

以上三个方面可以简单地概括为：形态、比例和时间。这三个方面是波浪理论首先应考虑的，其中，以形态最为重要。

二、波浪理论的具体内容

（一）波浪理论价格走势的基本形态结构

简单地说，波浪理论的基本形态就是 8 浪循环，如图 14-7 所示。

基本原则一：一个完整的循环包括八个波浪。它由两个截然不同的阶段组成：五浪驱动阶段（也称作一个五浪），其子浪用数字标示；三浪调整阶段（也称作一个三浪），其子浪用字母标示。

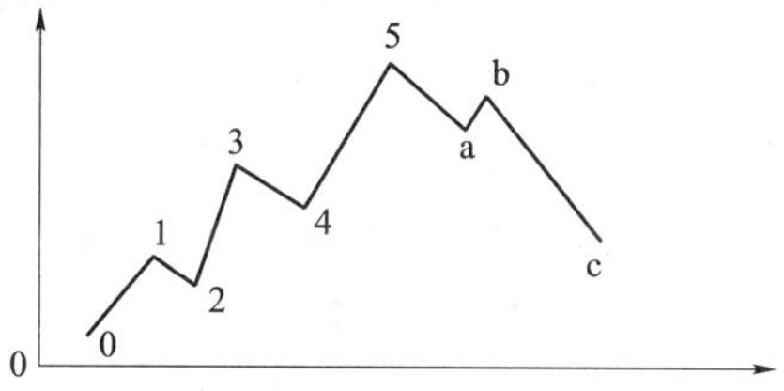

图 14-7　8 浪的基本形态图

第 1 浪：（1）几乎半数以上的第 1 浪，是属于营造底部形态的第一部分，第 1 浪是循环的开始，由于这段行情的上升出现在空头市场跌势后的反弹和反转，买方力量并不强大，加上空头继续存在卖压，因此，在此类第 1 浪上升之后出现第 2 浪调整回落时，其回档的幅度往往很深；（2）另外半数的第 1 浪，出现在长期盘整完成之后，在这类第 1 浪中，其行情上升幅度较大，经验看来，第 1 浪的涨幅通常是 5 浪中最短的行情。

第 2 浪：这一浪是下跌浪，由于市场人士误以为熊市尚未结束，其调整下跌的幅度相当大，几乎吃掉第 1 浪的升幅，当行情在此浪中跌至接近底部（第 1 浪起点）时，市场出现惜售心理，抛售压力逐渐衰竭，成交量也逐渐缩小时，第 2 浪调整才会宣告结束，在此浪中经常出现图表中的转向形态，如头底、双底等。

第 3 浪：第 3 浪的涨势往往是最大的、最有爆发力的上升浪，这段行情持续的时间与幅度，经常是最长的，市场投资者信心恢复，成交量大幅上升，常出现传统图表中的突破信号，例如裂口跳升等，这段行情走势非常激烈，一些图形上的关卡，非常轻易地被穿破，尤其在突破第 1 浪的高点时，是最强烈的买进信号，由于第 3 浪涨势激烈，经常出现“延长波浪”的现象。

第 4 浪：第 4 浪是行情大幅劲升后的调整浪，通常以较复杂的形态出现，经常出现“倾斜三角形”的走势，但第 4 浪的底点不会低于第 1 浪的顶点。

第 5 浪：在股市中第 5 浪的涨势通常小于第 3 浪，且经常出现失败的情况，在第 5 浪中，二、三类股票通常是市场内的主导力量，其涨幅常常大于一类股（绩优蓝筹股、大盘股），即投资人士常说的“鸡犬升天”，此期市场情绪表现相当乐观。

第 a 浪：在 a 浪中，大多数市场投资人士认为上升行情尚未逆转，此时仅为一个暂时的回档现象，实际上，a 浪的下跌，在第 5 浪中通常已有警告信号，如成交量与价格走势背离或技术指标上的背离等，但由于此时市场仍较为乐观，a 浪有时出现平势调整或者“之”字形态运行。

第 b 浪：b 浪表现经常是成交量不大，一般而言是多头的逃命线，然而由于是一段上升行情，很容易让投资者误以为是另一波段的涨势，形成“多头陷阱”，许多人士在此期惨遭套牢。

第 c 浪：这是一段破坏力较强的下跌浪，跌势较为强劲，跌幅大，持续的时间较长，而且出现全面性下跌。

从以上看来，波浪理论似乎颇为简单和容易运用，实际上，由于其每一个上升/下跌的完整过程中均包含有一个八浪循环，大循环中有小循环，小循环中有更小的循环，即大浪中有小浪，小浪中有细浪，因此，使数浪变得相当繁杂和难于把握，再加上其驱动浪和调整浪经常出现延伸浪等变化形态和复杂形态，使得对浪的准确划分更加难以界定，这两点构成了波浪理论实际运用的最大难点。

基本原则二：波浪的层次。所有的波浪不仅可以划分为更小的波浪，而且本身也是大浪中的小波浪。即，价格形态的跨度是可以随意而不受限制的，由于时间跨度的不同，波浪是分层的；所有的波浪，相对于层次高的浪来说，都是小浪，而相对于层次低的浪而言，就是大浪。层次低的几个小浪可以合并为一个层次高的大浪，而处于层次高的大浪又可以细分为几个层次较低的小浪，如图 14-8 所示。

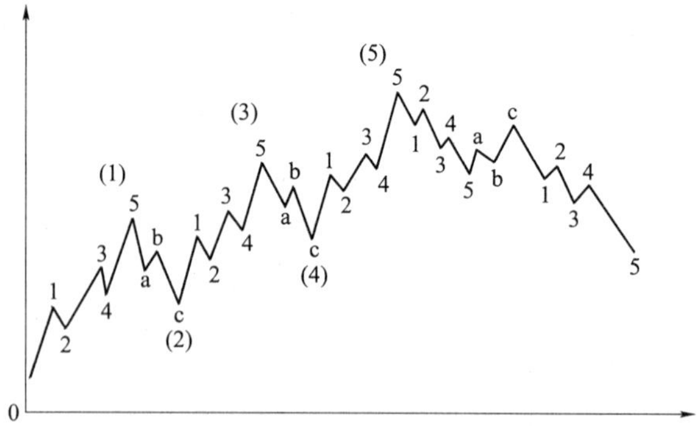

图 14-8　浪的合并与细分

基本原则三：波浪的方向性。在八浪循环周期中，驱动浪不一定总是向上，而调整浪不一定总是向下。波浪的发展方式，主要取决于它的相对方向，而不是它的绝对方向（除了四种特例外）。在任何浪级的趋势中，与大一级趋势同向的作用以五浪方式发展，而与大一级趋势逆向的反作用以三浪方式发展。

（二）波浪之间的比例

波浪理论推测股市的升幅和跌幅采取黄金分割率和神秘数字去计算。一个上升浪可以是上一次高点的1.618，另一个高点又再乘以1.618，以此类推。另外，下跌浪也是这样，一般常见的回吐幅度比率有0.238，0.382，0.5，0.618等。

1. 驱动浪的相互关系

具体来说，在波浪理论的八浪基本循环中，驱动阶段的五浪模式必须遵循以下的规则（也称数浪规则）。

规则1：在驱动浪中，浪2总是回撤不到浪1幅度的100%，即浪2永远不会运动到超过浪1的起点。

规则2：浪3总会超过浪1的终点，并且浪3永远不可以是三个作用浪（1、3、5）中最短的一个，它常常是最长的一个浪。

规则3：有两种类型的驱动浪：推动浪和倾斜三角形浪。最常见的驱动浪是推动浪，在推动浪中，浪4不会进入浪1的区域，即浪4的底不会低于浪1的顶。

此外，还有两个补充规则：

补充规则一：交替规则，如果在整个浪形循环中，第二个浪以简单的形态出现，则第四浪多数会以较为复杂的形态出现。

补充规则二：股市在上升一段后进入调整期，尤其是当调整浪属于第四浪的时候，多数会在较低一级的第四浪内完成。通常情况下，会在接近终点附近完结。

2. 调整浪的相互关系

调整浪反映了价格上升或下降过程中矛盾的力量，由于调整浪是与大一级趋势相反的运动，因此大趋势的力量会阻止调整浪发展成为完整的驱动浪的结构。这两种趋势运动的结果是使调整浪产生了比驱动浪更多的变体。由于调整浪的形态往往是在其完全形成后才能把其归纳为何种形态，所以事先较难预测。

与驱动浪相比，调整浪的终点不容易预测，因此在进行蜿蜒曲折的调整时，更应该谨慎小心地分析。艾略特通过分析研究得出了一条重要原则：调整浪绝不会是五浪结构，只有驱动浪才是五浪结构。因此，与大一级趋势反向运动的最初五浪绝不是调整浪的结束，而仅是调整浪的一部分。

调整浪有两种风格，一种是剧烈型，一种是盘整型。

调整浪的分类如图14-9所示。

（1）锯齿型（5-3-5）：单锯齿型、双锯齿型、三锯齿型；

（2）平台型（3-3-5）：普通平台型、顺势平台型、扩散平台型；

（3）三角型（3-3-3-3-3）：上升三角型、下降三角型、对称型、反对称型；

（4）联合型：双重三浪、三重三浪。

三、波浪理论的缺陷和注意事项

（1）波浪理论家对现象的看法并不统一。每一个波浪理论家，包括艾略特本人，很多时候都会受一个问题的困扰，就是一个浪是否已经完成而开始了另外一个浪呢。有时甲看是第一浪，乙看是第二浪。失之毫厘，谬以千里。看错的后果可能十分严重。一

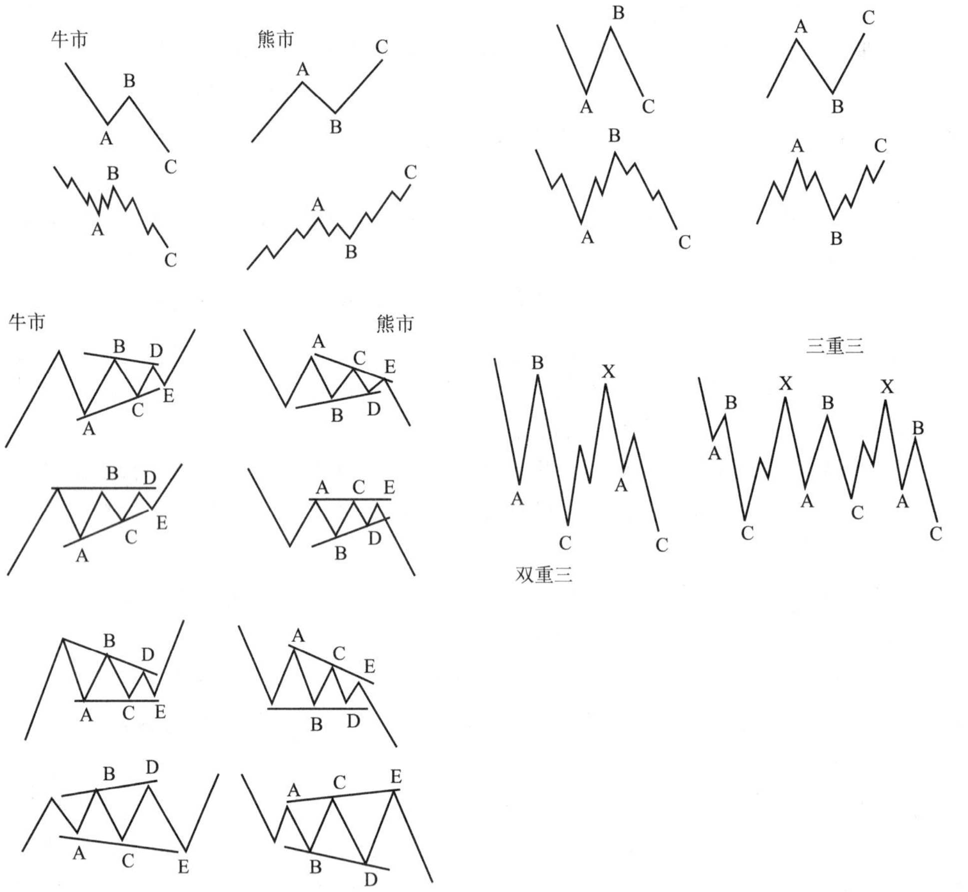

图 14-9 调整浪的分类

套不能确定的理论用在风险奇高的股票市场上，运作错误足以使人损失惨重。

（2）怎样才算是一个完整的浪，也无明确定义。在股票市场的升跌次数绝大多数不按五升三跌这个机械模式出现的。但波浪理论家却曲解说有些升跌不应该计算入浪里面。数浪（Wave Count）完全是随意主观的。在应用波浪理论时，会发现当事情过去以后，回过头来观测图形，用波浪理论的方法是可以很完美地将其划分出来的。但是，在形态形成过程中，进行波浪划分是一件很困难的事情。

（3）波浪理论有所谓伸展浪（Extension Waves），有时五个浪可以伸展成九个浪。但在什么时候或者在什么准则之下波浪可以伸展呢？艾略特却没有明言，使数浪这回事变成各自启发，自己去想。

（4）波浪理论的浪中有浪，可以无限延伸。升市时可以无限上升，都是在上升浪之中，一个巨型浪，一百几十年都可以；下跌浪也可以跌到无影无踪都仍然是在下跌浪。只要是升势未完就仍然是上升浪，跌势未完就仍然是下跌浪。这样的理论有什么作用？推测浪顶浪底的运行时间等于纯粹猜测。

（5）艾略特的波浪理论是一套主观分析工具，毫无客观准则。市场运行受情绪影响并非机械运行。波浪理论套用在变化万千的股市中会十分危险，出错机会较大。

（6）波浪理论不能运用于个股的选择上。

阅读材料

二十世纪最著名的投资家之一——威廉·江恩（Willian D. Gann）

威廉·江恩在股票和期货市场上的骄人成绩至今无人可比，他所创造的把时间与价格完美结合起来的理论，至今仍为投资界人士所津津乐道，倍加推崇。

江恩于 1878 年 6 月 6 日出生于美国德克萨斯州的路芙根市（Lufkin Texas），父母是爱尔兰裔移民。在其投资生涯中，成功率高达 80%~90%，他用小钱赚取了巨大的财富，在其五十三年的投资生涯中共从市场上取得过三亿五千万美元的纯利。1902 年，江恩在 24 岁时，第一次入市买卖棉花期货。1906 年，江恩到俄克拉荷马当经纪人，既为自己炒，也管理客户。在 1908 年，江恩 30 岁时移居纽约，成立了自己的经纪业务。同年 8 月 8 日，发展了他最重要的市场趋势预测方法，名为“控制时间因素”。经过多次准确预测后，江恩声名大噪。

最为人瞩目的是 1909 年 10 月美国“The Ticketr and Investment Digest”杂志编辑 Richard . Wyckoff 的一次实地访问。在杂志人员的监察下，江恩在十月份的二十五个市场交易日中共进行 286 次买卖，结果 264 获利，22 次损失，获利率竟达 92. 3%。

据江恩一位朋友基利的回述：“1909 年夏季，江恩预测 9 月小麦期权将会见 1. 20 美元。可是，到 9 月 30 日芝加哥时间十二时，该期权仍然在 1. 08 美元之下徘徊，江恩的预测眼看落空。江恩说：‘如果今日收市时不见 1. 20 美元，将表示我整套分析方法都有错误。不管现在是什么价，小麦一定要见 1. 20 美元。’结果，在收市前一小时，小麦冲上 1. 20 美元，震动整个市场，该合约不偏不倚，正好在 1. 20 美元收市。”

当江恩处于事业高峰期时，他共聘用了二十五个人，为他制作各种分析图表及进行各类市场走势研究，并成立了两间走势研究公司：江恩科学服务公司及江恩研究公司，出版多种投资通讯。在他每年出版的全年走势预测中，清楚地绘制在什么时间见什么价位的预测走势图，准确性甚高。

江恩相信股票、期货市场里也存在着宇宙中的自然规则，市场的价格运行趋势不是杂乱的，而是可通过数学方法预测的。江恩的数学方程并不复杂，实质就是价格运动必然遵守支持线和阻力线，也就是江恩线的规则。

资料来源：根据百度百科整理，http：//baike. baidu. com/link? url = NjK8kT64n1e - qObGKDbvH _ ComwzOtcJUzVgLpF1Th6 _ mwFYNTFbADC2CcCKIwyKd3NDd8Zq OaAfU Km4v7je_ cK.

本章小结

1. 技术分析是指以市场行为为研究对象，以判断市场趋势并跟随趋势的周期性变化来进行交易决策的方法的总和。技术分析通过市场行为分析，回避投资风险；技术分析是投资决策的依据和前提。技术分析和基本分析侧重点不同、分析目的不同、对供求关系的着眼点不同。

2. 技术分析的基本假设为：市场行为包容消化一切、价格以趋势方式演变、历史会重演。在证券市场中，价格、成交量、时间和空间是进行分析的要素，这几个要素的具体情况和相互关系是进行技术分析的基础。价和量是市场行为最基本的的表现，时间和空间是市场潜在能量的表现，时间、空间与价格趋势存在一般关系。

3. 道氏理论是一种反映市场总体趋势的晴雨表。核心内容包括三大假设、五个定理。道氏理论的三个基本假设为：人为操作、市场指数会反映每一条信息、客观化的分析理论。道氏理论有三个核心思想，即三重运动原理、相互验证原则和投机原理。道氏理论存在一定的缺陷。

4. 波浪理论可定义为：可识别的价格运动模式以及连接价格运动模式（或波浪），形成它们自身的更大的变体的原则和方法，波浪依次相连形成大一级的相同模式，依次类推，从而产生结构化的价格行进的原则和方法。波浪理论考虑的因素主要是三个方面：价格走势所形成的形态、价格走势图中各个高点和低点所处的相对位置、完成某个形态所经历的时间长短。即形态、比例和时间，以形态最为重要，典型的是8浪形态。

重要概念

技术分析　道氏理论　波浪理论　主要趋势　次级折返趋势　驱动浪　调整浪

复习思考题

1. 技术分析和基本分析的区别是什么？
2. 技术分析的基本假设是什么？
3. 量价之间的关系有哪些？
4. 技术分析的四个基本要素是什么？相互之间有怎样的关系？
5. 道氏理论的基本假设有什么意义？
6. 道氏理论的三种走势在市场上的表现如何？
7. 波浪理论的基本内容以及8浪的市场表现各是什么？

第十五章

技术分析方法

学习目的

通过本章的学习，学生能够做到：掌握 K 线的基本种类和含义；理解股价变动趋势的特征以及变动的规律性；了解有效突破的方法；熟悉典型形态的特征与含义。

重点难点

1. K 线的形态以及对行情的判断；
2. 趋势的变动特征与突破；
3. 主要形态的市场含义。

经过多年的发展，技术分析已形成了波浪分析、形态分析、K 线分析、指标分析和切线分析五类主要方法，具体方法曾有人统计不下 3 000 种。技术分析是通过对市场过去和现在的行为，运用一系列方法进行归纳和总结，概括出一些典型的行为，并据此预测证券市场的未来变化。

技术分析方法的特征表现为：（1）用历史资料进行分析，主要采用的数据是成交价和成交量。认为这些数据昭示了市场未来变化的某个方面。（2）大量采用统计指标和图形方法。历史资料毕竟是零乱的，并带有一定的随机成分，通过一定方法对历史资料进行加工，可使其中揭示未来的成分更加显著。（3）许多技术分析方法包含着对人们心理活动的定量分析。

第一节　技术分析方法概述

在价、量历史资料的基础上进行的统计、数学计算、绘制图表方法是技术分析方法的主要手段。从这个意义上讲，技术分析方法种类繁多，形式多样。一般来说，可以将技术分析方法分为如下常用的五类。

一、指标类

指标类是根据价、量的历史资料，通过建立一个数学模型，给出数学上的计算公式，得到一个体现金融市场的某个方面内在实质的指标值，指标反映的内容大多是无法从行情报表中直接看到的，它可为市场投资的操作行为提供指导方向，常见的指标有相对强弱指标（RSI）、随机指标（KDJ）、趋向指标（DMI）、平滑异同移动平均线（MACD）、能量潮（OBV）、心理线（PSY）、乖离率（BIAS）等。

二、切线类

切线类是按一定方法和原则，在根据价格数据所描绘的图表中画出一些直线，然后根据这些直线的情况推测价格的未来趋势，为操作行为提供参考，这些直线就叫切线。常见的切线有趋势线、轨道线、黄金分割线、甘氏线、角度线等。

三、形态类

形态类是根据价格图表中过去一段时间走过的轨迹形态来预测价格未来趋势的方法。价格走过的形态是市场行为的重要部分，从价格轨迹的形态中，可以推测出证券市场处在一个什么样的大环境之中，由此，对今后的投资给予一定的指导。主要的形态有M头、W底、头肩顶、头肩底等十几种。

四、K线类

K线类是根据若干天的K线组合情况，推测金融市场中多空双方力量的对比，进而判断证券市场行情的方法。常见的K线组合种类很多，如鲸吞、孕育、早晨之星、黄昏之星、三白兵、强弩之末等。

五、波浪类

波浪理论是把价格的上下变动和不同时期的持续上涨、下跌看成是波浪的上下起伏，认为价格运动遵循波浪起伏的规律，数清楚了各个浪就能准确地预见到跌势已接近尾声，牛市即将来临。波浪理论与别的技术分析流派最大的区别就是能提前很长时间预测到行情的底和顶，而别的流派往往要等到新的趋势已经确立之后才能看到。

第二节　K线分析

一、K线概述

K线也称日本线，据说起源于200年前的日本。一条K线记录的是某一种股票一天的价格变动情况。将每天的K线按时间顺序排列在一起，就组成反映这只股票每天价格变动情况的 K 线图，这就叫日 K 线图，将每周、每月的 K 线按时间顺序排列起来，就是周、月 K 线图。周 K 线和月 K 线的优点是反映趋势和周期比较清晰。

K 线是一条柱状的线条，由影线和实体组成。影线在实体上方的部分叫上影线，影线在实体下方的部分叫下影线。实体表示一日的开盘价和收盘价，上影线的上端顶点表示一日的最高价，下影线的下端顶点表示一日的最低价。根据开盘价和收盘价的关系，K 线又分为阳（红）线和阴（绿）线两种，收盘价高于开盘价时为阳线，收盘价低于开盘价时为阴线。见图 15-1。

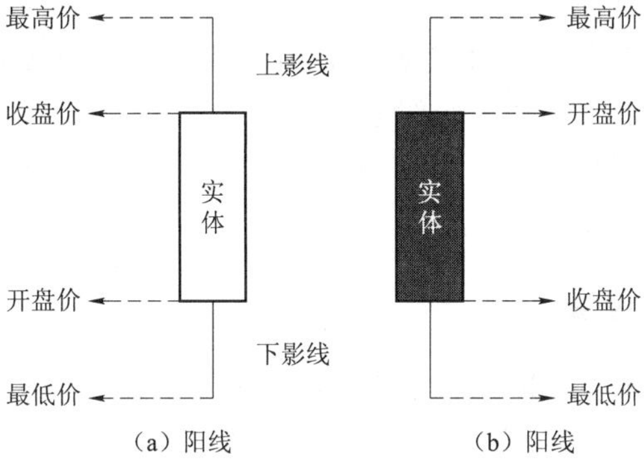

图 15-1　常见 K 线的形状（左为阳线，右为阴线）

开盘价是指每个交易日的第一笔成交价格，收盘价是指每个交易日的最后一笔成交价格，最高价和最低价是每个交易日成交股票的最高成交价格和最低成交价格。四个价格中，收盘价是最重要的，很多技术分析方法只关心收盘价，而不理会其余三个价格。人们在说到目前某只股票的价格时，说的往往是收盘价。

二、K 线的主要形状

除了图 15-1 所画 K 线的形状外，由于四个价格的不同取值，还会产生其他形状的 K 线，概括起来有下列 5 类，见图 15-2。

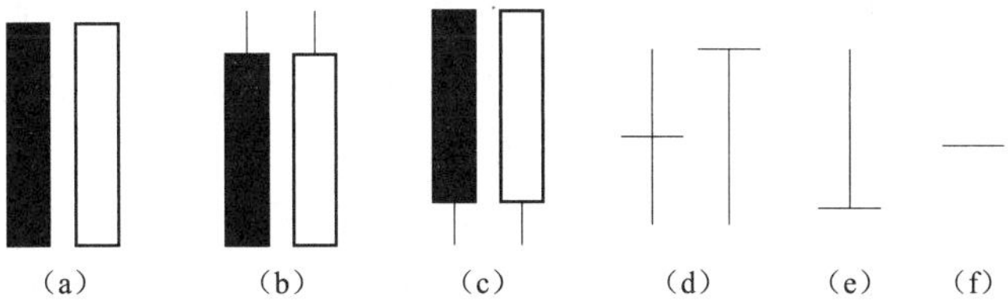

图 15-2　K 线的几种常见形状（从左到右分析）

（1）光头光脚的阳线和阴线。这种 K 线既没有上影线也没有下影线，当开盘价和收盘价分别与最高价和最低价相等时，就会出现这种 K 线（见图 15-2a）。

（2）光脚阳线和光脚阴线。这是没有下影线的 K 线，当收盘价或开盘价正好与最低价相等时，就会出现这种 K 线（见图 15-2b）。

（3）光头阳线和光头阴线。这是没有上影线的 K 线，当收盘价或开盘价正好与最高价相等时，就会出现这种 K 线（见图 15-2c）。

（4）十字星。当收盘价与开盘价相同时，就会出现这种 K 线，它的特点是没有实体（见图 15-2d）。

（5）T 字型和倒 T 字型。在十字星的基础上，如果再加上秃头和光脚的条件，就会出现这两种 K 线。它们没有实体，而且没有上影线或者没有下影线，形状像英文字母 T（见图 15-2e）。

（6）一字线。一字线是一种开盘价、收盘价、最高价、最低价都相同的 K 线（见图 15-2f）。

在 K 线图中，阳线实体的长短代表多方力量的强弱，阴线实体的长短代表空方力量的强弱，上影线表示上方抛压，影线的长短代表抛压的大小，下影线表示下方接盘，影线的长短代表承接力量的大小。用 K 线图反映股价变动情况，其目的是测量多空双方的力量对比，为做多或做空提供依据。

三、K 线组合的含义

K 线图反映的是一段时间以来买卖双方实际战斗的结果，从中可以看到买卖双方争斗中力量的增减、风向的转变等。因此，熟悉这些 K 线组合对市场走势的分析至关重要。

（一）单根 K 线的应用

应用单根 K 线研判行情，主要从实体的长短、阴阳，上下影线的长短以及实体的长短与上下影线长短之间的关系等几个方面进行。

上影线越长、下影线越短、阴线实体越长，越有利于空方占优，不利于多方占优；上影线越短、下影线越长、阳线实体越长，越有利于多方占优，不利于空方占优。上影线长于下影线，利于空方；反之，下影线长于上影线，利于多方。根据 K 线所处位置不同，上面的说法会有变化。

由于 K 线的类型很多，这里仅就几种具有典型意义的单根 K 线进行分析。

1. 长实体（大阳线和大阴线）

长实体的地位很重要。长实体表示当天的价格有大的移动，提供的信息量很大，多数组合形态中都含有长实体。判断实体的长短有量化的问题，何种程度实体才能算作是“长实体”，必须考虑该 K 线前后的情况。见图 15-3。

大阳线实体是大幅低开高收的阳线，实体很长，以至于可以忽略上下影线的存在。这种 K 线说明多方已经取得了决定性胜利，这是一种涨势的信号。如果这条长阳线出现在一段盘局的末端，它所包含的内容将更有说服力。

大阴线实体的含义正好同大阳线实体相反。这时，空方已取得优势地位，是一种跌势的信号。如果这条长阴线出现在一段上涨行情的末端，则行情下跌的可能性将更大。

长实体的极端情况是光头光脚的阴阳线。

2. 有影线的实体

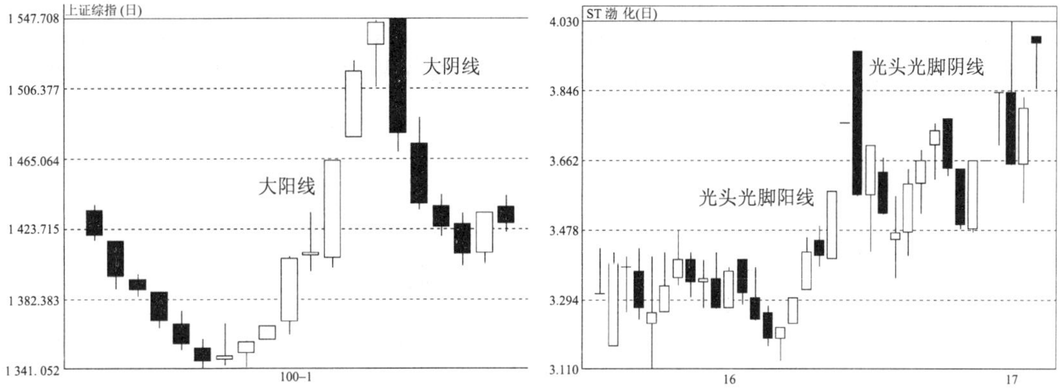

图 15-3　长实体示例

这是两种最为普遍的 K 线形状，说明多空双方争斗很激烈。双方一度都占据优势，把价格抬到最高价或压到最低价，但是，又都被对方顽强地拉回。阳线是到了收尾时多方才勉强占优势，阴线则是到收尾时空方才勉强占优势。对多方与空方优势的衡量，主要依靠上下影线和实体的长度来确定。一般来说，上影线越长，下影线越短，阳线实体越短或阴线实体越长，越有利于空方占优；上影线越短，下影线越长，阴线实体越短或阳线实体越长，越有利于多方占优。上影线和下影线相比的结果，可以判断多方和空方的努力对比。上影线长于下影线，利于空方；下影线长于上影线，则利于多方。比较典型的是开盘无影线和收盘无影线。见图 15-4。

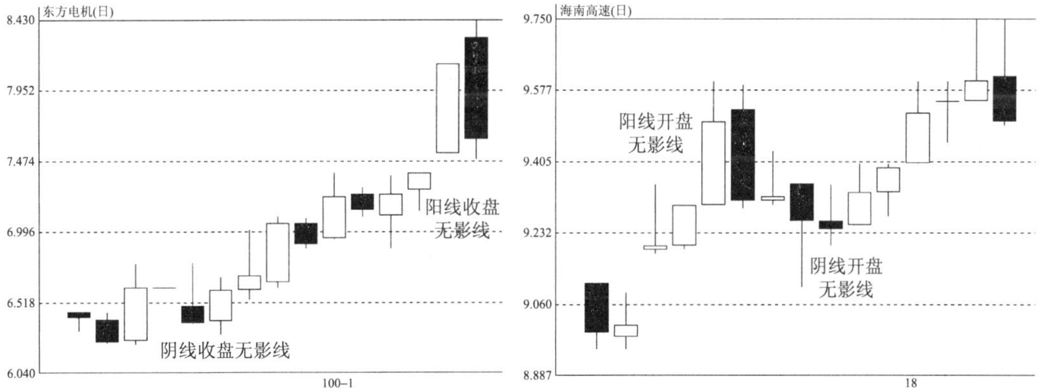

图 15-4　有影线的实体示例

3. 无实体线

无实体线是指开盘价和收盘价相等。该类 K 线开盘价和收盘价相差比较小，也可认为是无实体线。无实体单独出现是“不可靠因素出现”的信号，单独依靠无实体，不能预测价格趋势改变，仅仅是趋势改变的警告。大无实体上下影线长，反映了力量对比的不确定性和不稳定性，市场大起大落。完全的无实体线也称为十字星线。十字星的出现表明多空双方力量暂时平衡，使市势暂时失去方向，但却是一个值得警惕、随时可能改变趋势方向的 K 线图形。十字星分为两种：一种是大十字星，它有很长的上下影线，表明多空双方争斗激烈，最后回到原处，后市往往有变化；另一种为小十字星，它的上下影线较短，表明窄幅盘整，交易清淡。特殊的无实体线有蜻蜓线和墓碑线。墓碑线没有下影线，有强烈的下降含义，解释为反弹失败；蜻蜓线没有上影线，出现在市场的转折点。见图 15-5。

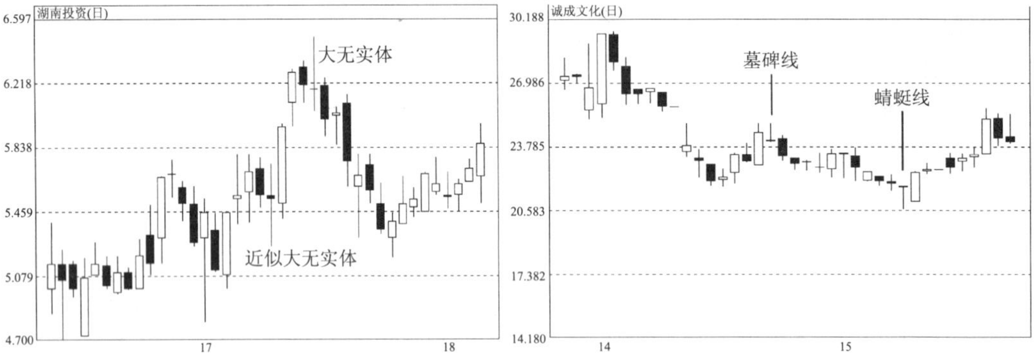

图 15-5　无实体线示例

（二）K 线的组合

K 线组合的情况非常多，要综合考虑各根 K 线的阴阳、高低、上下影线的长短等。无论是两根 K 线、三根 K 线乃至多根 K 线，都是以各根 K 线的相对位置和阴阳来推测行情的。在 K 线组合中，两根 K 线的组合情况非常多，只要掌握了几种特定的组合形态然后举一反三，就可得知别的组合的含义。

无论是两根 K 线还是多根 K 线，都是以两根 K 线的相对位置的高低和阴阳来推测行情的。将前两天的 K 线画出，然后，用数字将前天的 K 线划分成五个区域。前天的 K 线是判断行情的基础，第二天的 K 线是判断行情的关键。简单地说，第二天多空双方争斗的区域越高，越有利于上涨；越低，越有利于下降，也就是从区域 1 到区域 5 是多方力量减少、空方力量增加的过程。见图 15-6。

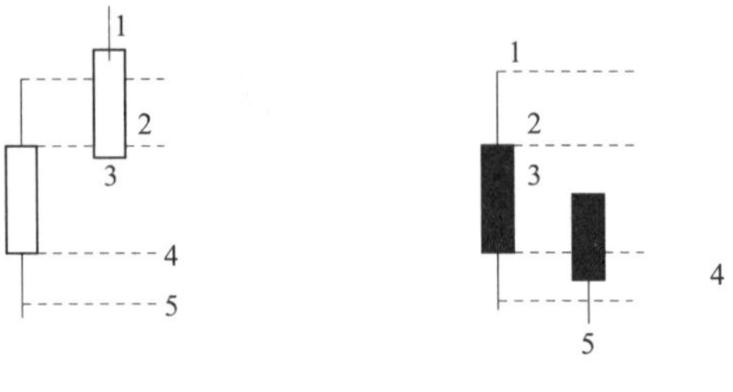

图 15-6　多空双方力量对比图

1. 曙光初现和乌云盖顶

曙光初现的第一根 K 线为阴线，第二根 K 线为跳低开盘，但收盘价切入第一根 K 线的实体部分，它表明空方的打压遭遇多方的顽强抵抗，若在股价运行的底部出现，则是见底回升的强烈信号。乌云盖顶正好相反。见图 15-7。

图 15-7　曙光初现和乌云盖顶

2. 阴包阳和阳包阴

阴包阳是第一根阳线的实体较长，但第二根阴线的实体更长，第二根阴线把第一根阳线完全覆盖，阴包阳显示多方的进攻在空方的反击下土崩瓦解，后市看跌。阳包阴情况完全相反。见图 15-8。

图 15-8　阴包阳和阳包阴

3. 早晨之星和黄昏之星

一根实体较长的阴线之后紧接着出现一根跳低开盘的小阳线，第三天又出现一根阳线，且收盘价切入第一根阴线的上半部分。这种组合若出现在股价运行的底位，则是见底反转的信号。黄昏之星情况完全相反。见图 15-9。

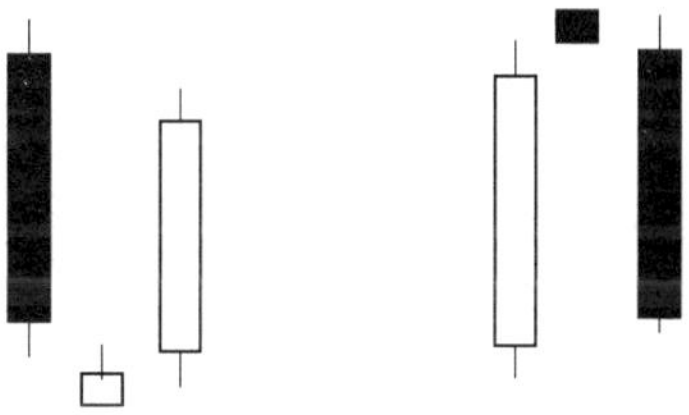

图 15-9　早晨之星和黄昏之星

4. 上升行情与下跌行情

上升行情的基本范式可分为阳线三根型、阳线阶段型、点升型、上升抵抗型、上升中继型和上升跳空型六种形态。与之相对应的是阴线三根型、阴线阶段型、点降型、下跌抵抗型、下跌中继型和下跌跳空型六种形态。

阳线三根型是一种典型的上升形态，由三根连续的阳线构成 K 线的基本范式，主要说明上涨行情之后，至少有三阶段的涨势，持股的多头不必急于出货，但一定要在上涨的高潮时获利了结。股市中很多专门作短线投机的投资者，经常在某种股价连续三天之后即赶紧卖出，空仓者则不敢抢进，就是深受这一基本范式的影响。阳线三根型大致有五种不同的组合，见图 15-10。

阴线三根型是由三根阴线组成，与阳线三根型正好相反，阴线三根型大致也有五种不同的组合，见图 15-11。

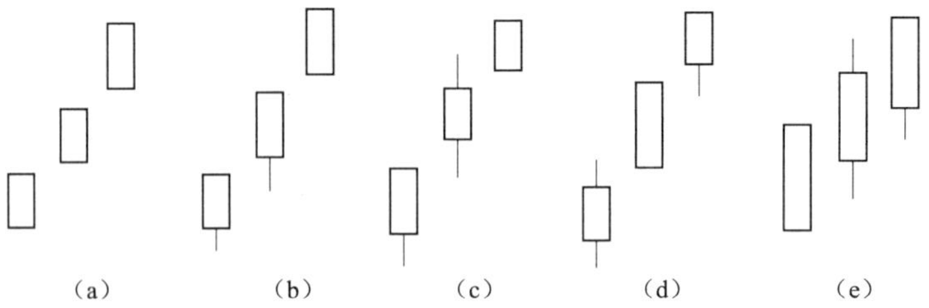

图 15-10　阳线三根型

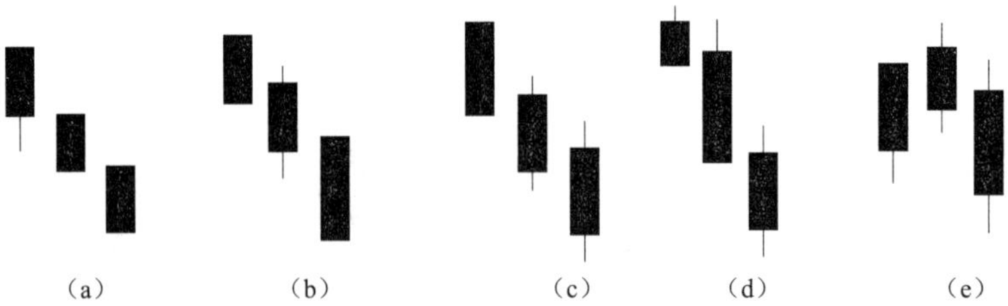

图 15-11　阴线三根型

阴线三根型由一波比一波低的三根大阴线组成，表明卖方力量极强，下跌幅度极深，但已近底价或即将反弹。买方只有招架之势，没有力量还击，卖方乘机大胆进攻，买方心虚，多头也忍不住抛售股票，一条长阴线由此而生。大量抛盘，引起抛压形成而杀跌。

四、K 线组合的应用

无论是一根 K 线，还是两根、三根以至更多根 K 线，都是对多空双方争斗作出的描述，由它们的组合得到的结论都是相对的，不是绝对的。对股票投资者而言，结论只是起建议作用。

在应用时，有时会发现运用不同种类的组合会得到不同的结论。有时应用一种组合得到明天会下跌的结论，但是次日股价没有下跌，反而上涨。这时的一个重要原则是尽量使用根数多的 K 线组合的结论，并将新的 K 线加进来重新进行分析判断。一般来说，多根 K 线组合得到的结果不大容易与事实相反。

同时，K 线分析方法也必须与其他方法结合使用才会更有效。在从其他途径已经作出了买或卖的决定之后，再用 K 线组合选择具体的采取行动的时间和价格，这样做的效果要好一些，例如，可以参考技术指标所发出的信号进行分析。

而且，组合形态只是总结经验的产物，实际生活中，完全满足我们所介绍的 K 线组合形态的情况是不多见的。因此还要学会根据实际情况适当修改组合理论。如果一点不变地照搬组合形态，有可能长时间都遇不到适当的机会。此外，在用 K 线组合得到结论后，还有一个正确运用结论的问题。应该注意的是，K 线得出的结果在时间上的影响是不长的，有时甚至只能说明下一个交易日的前一个小时，很短的时间过后，原来的结论就有可能没用了。如果忽视 K 线短暂的有用性就容易导致损失，当然这也并不意味着所有的 K 线组合的结论都是短命的。每一个明显的顶部和底部都能从 K 线理论中找到解释，换句话说，这些顶和底都满足 K 线理论中多空双方优势大小的判断。正因如此，在使用 K 线组合预测行情中，要重视 K 线的作用，同时也要看到它的不足，不要夸大它的作用。

第三节 切线分析

在投资者进行投资选择或确定上市公司发行时机的过程中，都要对股票市场的股票价格走势进行预测，但是由于影响股票价格的因素多种多样，股票的价格也千变万化，要准确地判断股票价格走势是趋于上升还是下降以及这种“势”的持久性如何，是很困难的。股票价格并非简单的上升或下降，而是在变动的过程中有许多曲折和反复，在分析这些问题时，利用一些技术分析手段可以给预测主体提供有效的预测工具。

一、趋势分析

趋势就是股票价格的波动方向。一般来说，市场价格变动不是朝一个方向直来直去，中间肯定有曲折，从图形上看就是一条蜿蜒的曲线，每个折点处形成一个峰或谷。由这些峰和谷的相对高度，可以看出趋势的方向。

（一）趋势的方向

趋势的方向有上升方向、下降方向和水平方向。如果图形中每个后面的峰和谷都高于前面的峰和谷，则趋势就是上升方向；如果图形中每个后面的峰和谷都低于前面的峰和谷，则趋势就是下降方向；如果图形中后面的峰和谷与前面的峰和谷相比，没有明显的高低之分，几乎呈水平延伸，则这时的趋势就是水平方向。水平方向趋势是被大多数人忽视的一种方向，这种方向在市场上出现的机会是相当多的。见图 15-12 和图 15-13。

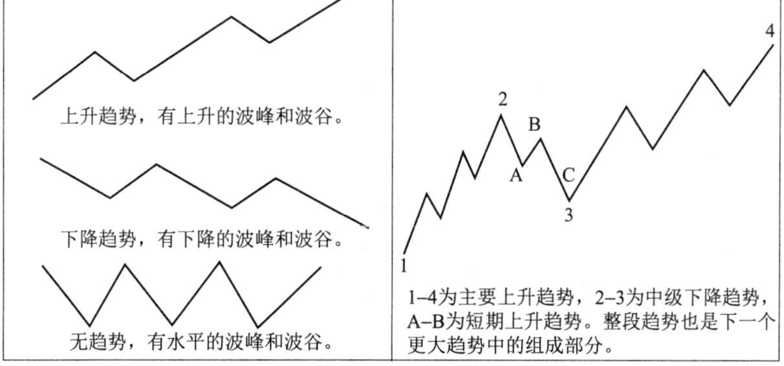

图 15-12 趋势的三种方向及实例（一）

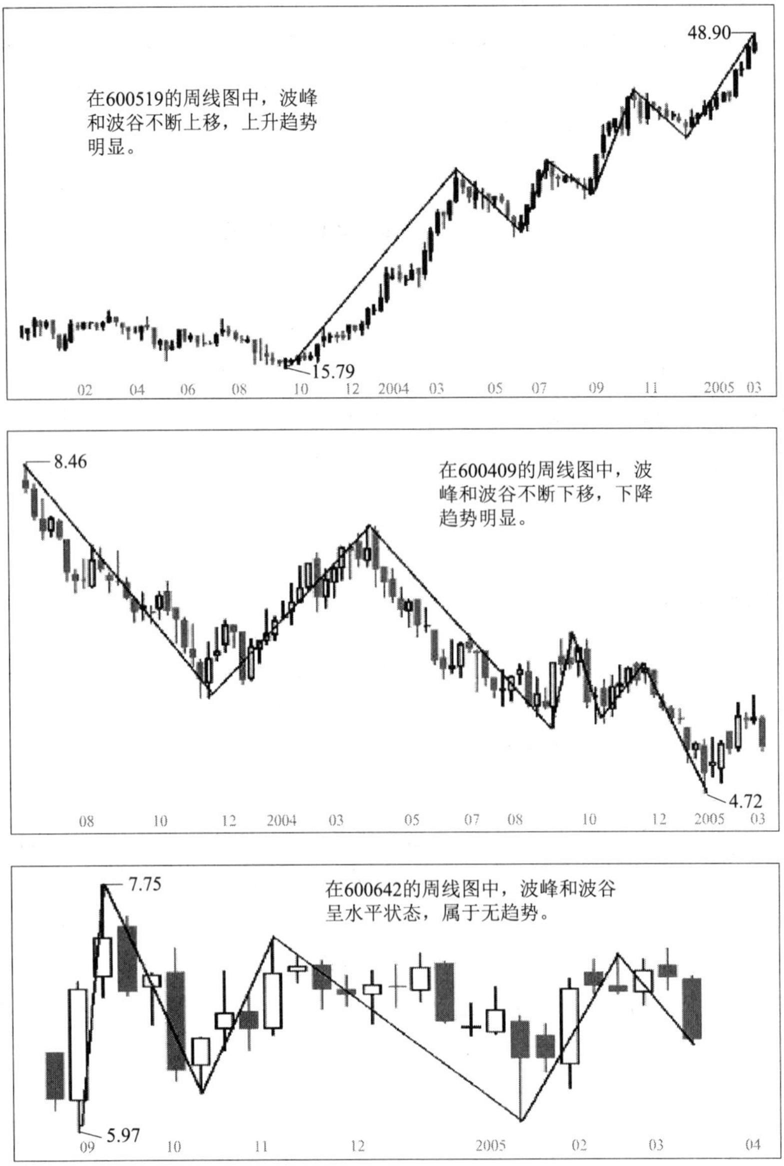

图 15-13　趋势的三种方向及实例（二）

（二）趋势的级别

趋势按时间长短、波动大小可分为不同级别的主要趋势、中级趋势和短期趋势，任何一个趋势都成了其下一个更大趋势的组成部分。

按道氏理论，趋势分为三种类型：

（1）主要趋势。主要趋势是股价波动的大方向，一般持续的时间比较长。

（2）次要趋势。次要趋势是在主要趋势中进行的调整。

（3）短暂趋势。短暂趋势是在次要趋势中进行的调整。

这三种类型的趋势的区别是时间的长短和波动幅度的大小。

二、支撑线与压力线

如果趋势已经确认了，比如认识到大牛市来临，那么自然打算入市，这时就有选择入市时机的问题。投资者总是希望在涨势回落的最低点买入，那么这个回落的低点在哪里呢？进行支撑线和压力线分析会有一定的帮助。

支撑线又称为抵抗线，当股价跌到某个价位附近时，股价停止下跌，甚至有可能回升，这是因为多方在此买入造成的。支撑线起阻止股价继续下跌的作用，该价位就是支撑线所在的位置。压力线又称为阻力线，当股价上涨到某价位附近时，股价会停止上涨，甚至回落，这是因为空方在此抛售造成的。压力线起阻止股价继续上升的作用。这个起着阻止或暂时阻止股价继续上升的价位就是压力线所在的位置。见图 15-14。

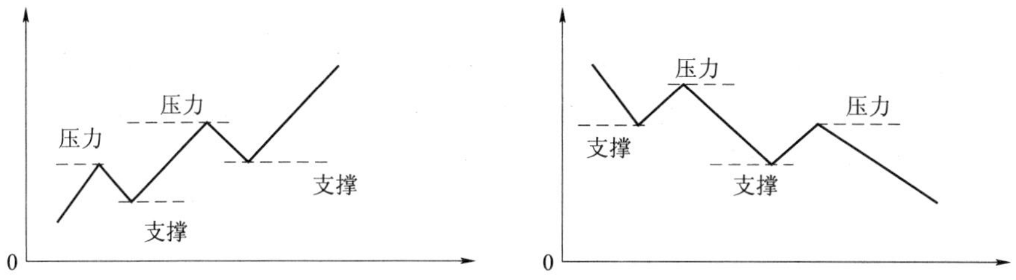

图 15-14 支撑线和压力线

（一）支撑线与压力线的确认

每一条支撑线和压力线的确认都是人为的，主要是根据股价变动所画出的图表。一般来说，支撑线或压力线的重要性由三个方面因素决定：一是股价在这个区域停留时间的长短；二是股价在这个区域伴随的成交量大小；三是这个支撑区域或压力区域发生的时间距离当前这个时期的远近。

有时，由于股价的变动，会发现原来确认的支撑或压力可能不真正具有支撑或压力的作用，比如说，不完全符合上面所述的三条。这时，就有一个对支撑线和压力线进行调整的问题，这就是支撑线和压力线的修正。

（二）支撑线与压力线的突破及相互转变

股价的变动是有趋势的，要维持这种趋势，保持原来的变动方向，就必须冲破阻止其继续向前的障碍。支撑线和压力线迟早会被突破。同时，支撑线和压力线又有彻底阻止股价按原方向变动的可能。支撑线和压力线之所以能起支撑和压力的作用，很大程度是由于心理方面的原因，历史会重复也是一个重要因素。

在上升趋势中，如果未创出新高，即未突破压力线，这个上升趋势就已处在很关键的位置了，如果其后股价又向下突破了这个上升趋势的支撑线，就发出了趋势有变的强烈信号，通常这意味着这一轮上升趋势已经结束，下一步的走向是下跌。同样，在下降趋势中未创新低，即未突破支撑线，这个下降趋势就已经处于很关键的位置，如果其后股价向上突破了这个下降趋势的压力线，这就发出了下降趋势将要结束的强烈信号。

支撑线和压力线也可能相互转变。一个支撑如果被跌破，那么这个支撑将成为压力；同理，一个压力被突破，这个压力将成为支撑。支撑和压力相互转化的重要依据是被突破，可以从三个方面判断是否被突破：幅度原则、时间原则和收盘价原则。见图 15-15。

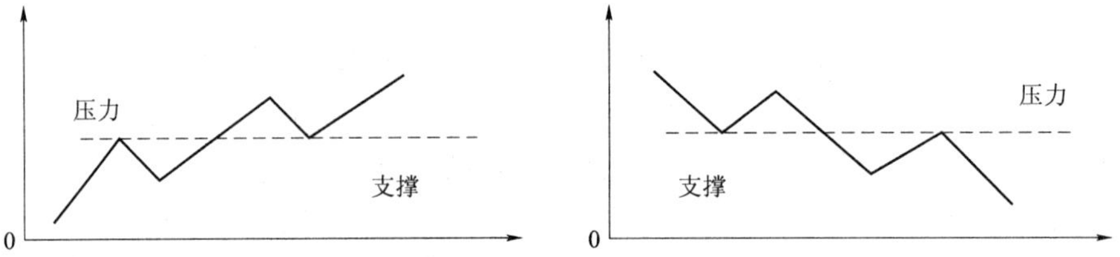

图 15-15　支撑线和压力线的相互转化

三、趋势线与轨道线

（一）趋势线

趋势线是衡量价格趋势的，由趋势线的方向可以明确地看出股价的运行趋势。在上升趋势中，将两个低点连成一条直线，就得到上升趋势线。在下降趋势中，将两个高点连成一条直线，就得到下降趋势线。见图 15-16。

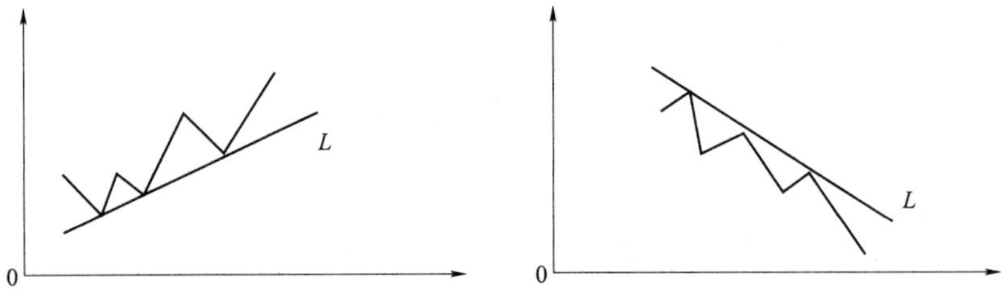

图 15-16　趋势线

上升趋势线是支撑线的一种，下降趋势线是压力线的一种。

在实际中，怎样对用各种方法画出的趋势线进行挑选评判，得到一条真正起作用的趋势线？首先，必须确定有趋势存在；其次，画出直线后，还应得到第三个点的验证才能确认这条趋势线是有效的；另外，这条直线延续的时间越长，就越具有有效性。

怎样用这条趋势线对股价进行预测？一般来说，趋势线有以下两种作用：

（1）对股价今后的变动起约束作用，就是起支撑和压力作用。

（2）趋势线被突破后，说明股价下一步的走势将要反转。越重要越有效的趋势线被突破，其转势的信号越强烈。即原来是支撑线的现在将起压力作用，原来是压力线的现在将起支撑作用。见图 15-17。

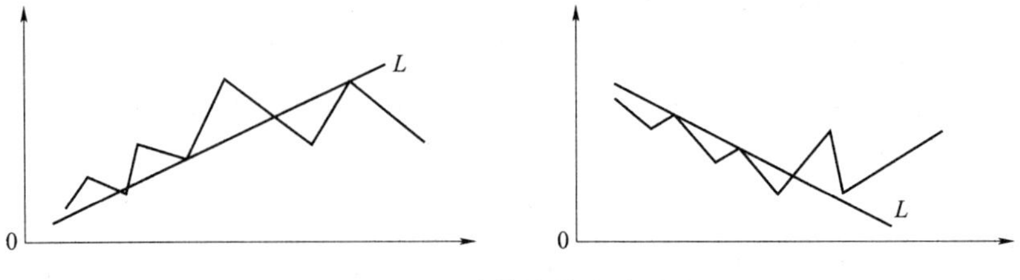

图 15-17　趋势线被突破以后

（二）轨道线

轨道线又称通道线或管道线。在已经得到了趋势线后，通过第一个峰和谷可作出这条趋势线的平行线，这条平行线就是轨道线，也就是常说的上升和下降轨道。轨道的作用是限制股价的变动范围。轨道一旦得到确认，那么价格将在这个通道里变动。轨道线的另一个作用是提供趋势转向的警报。如果在一次波动中未触及到轨道线，离得很远就开始掉头，这往往是趋势将要改变的信号。见图 15-18。

股价在 A 的位置如果的确受到压力而在此掉头，并一直走在趋势线上，那么这条轨道线就可以被认可了。轨道线被触及的次数越多，延续的时间越长，其被认可的程度和重要性就越高。

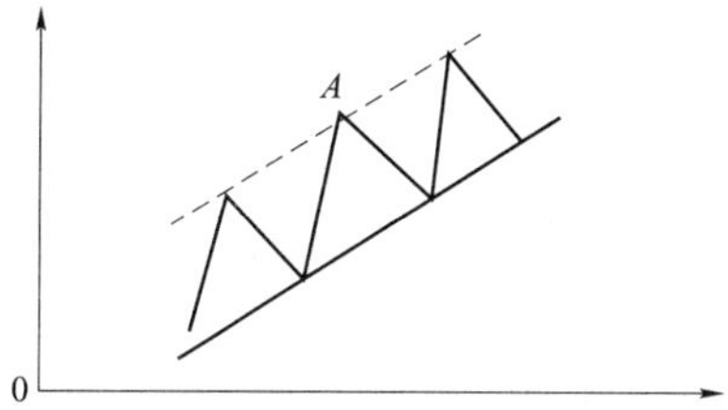

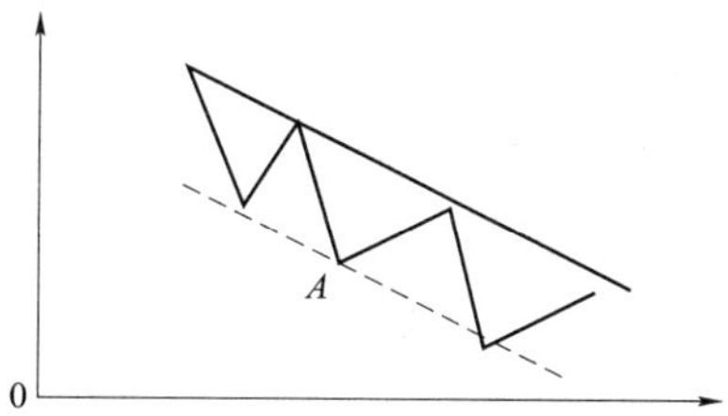

图 15-18 轨道线

与突破趋势线不同，对轨道线的突破并不是趋势反转的开始，而是趋势加速的开始，即原来的趋势线的斜率将会增加，趋势线将会更加陡峭。见图 15-19。

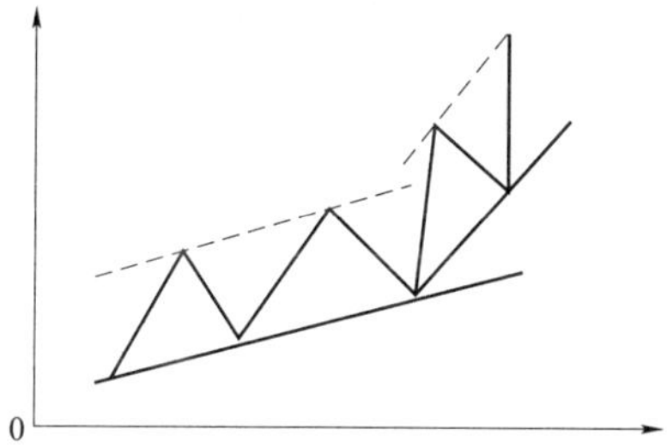

图 15-19 趋势的加强

四、黄金分割线和百分比线

趋势线和轨道线注重支撑线和压力线所在的价位，而对什么时间达到这个价位不过多关心。很显然，斜的支撑线和压力线随着时间的向后移动，支撑位和压力位也要不断地变化。向上斜的切线价位会变高，向下斜的切线价位会变低。对水平切线来说，每个支撑位或压力位相对来说较为固定。为了弥补它们的不足，往往在画水平切线时多画几条，也就是说，同时提供多条支撑线和压力线，并指望被提供的多条中最终确有一条能起到支撑和压力的作用。为此，在应用水平切线的时候，应注意它们同别的切线的不同。水平切线中最终只有一条被确认是支撑线或压力线，这样，其他被提供的切线就不是支撑线和压力线，它们应当被自动取消，或者说在图形上消失，只保留那条被认可的切线。这条保留下来的切线就具有一般的支撑线或压力线所具有的全部特性和作用。可作为股价变动的初始位置，在此基础上向上或向下延伸，经过一定的时间，达到一定的价格位置。而股价的位置确定常采用黄金分割线和百分比线。

（一）黄金分割线

黄金分割是一个古老的数学方法，对它的各种神奇的作用和魔力，数学上至今还没有明确的解释，只是发现它屡屡在实践中发挥我们意想不到的作用。在上升行情开始调头向下时，投资者极为关心这次下跌将在什么位置获得支撑。黄金分割提供了几个价位，它们是由这次上涨的顶点价位分别乘以特殊数字中的几个，作为可能获得支撑的参考价位。这些数字中，0.382、0.5、0.618 和 1.618 最为重要，股价极容易在由这四条黄金分割线处产生支撑和压力。

（二）百分比线

百分比线考虑问题的出发点是人们的心理因素和一些整数位的分界点。当股价持续向上涨到一定程度，肯定会遇到压力，遇到压力后，就要向下回撤，回撤的位置很重要。黄金分割提供了几个价位，百分比线也提供了几个价位。这里的百分比线中，1/2、1/3、2/3 这三条线最为重要。在很大程度上，1/2、1/3、2/3 是人们的一种心理倾向。如果没有回落到 1/3 以下，就好像没有回落够似的；如果已经回落了 2/3，人们自然会认为已经回落够了，因为传统的定胜负的方法就是三局两胜。

第四节　形 态 分 析

K 线组合形态解读了部分对今后股票价格运动方向进行判断的方法。K 线理论注重短线的炒作，它的预测结果只适用于以后的很短的时期，有时仅仅是一两天。为了弥补这种不足，将 K 线组合所包含的 K 线根数扩大到更多更远，组成了一条上下波动的曲线，这条曲线就是股票价格在这段时间移动的轨迹，形成价格的趋势。价格趋势的方向发生变化有一个发展的过程，是多空双方进行争斗的结果，不同时期多空双方力量对比的大小决定了曲线的方向。

形态理论正是通过研究价格所走过的轨迹来研究价格曲线的各种形态，分析和挖掘出曲线所反映的多空双方力量的对比结果，发现价格的运动方向，进而指导行动。其分析方法中很多是 K 线形态组合和切线理论的内容。

根据多空双方力量对比可能发生的变化，可以知道价格的移动应该遵循这样的规律：(1) 价格应在多空双方取得平衡的位置上下波动；(2) 原有的平衡被打破后，价格将寻找新的平衡位置。可以用下面的表示方法具体描述价格移动的规律：持续整理—保持平衡—打破平衡—平衡—新的平衡再打破—再找新的平衡。价格的移动就是按这个规律循环往复、不断进行的。成功的投资者往往是在原来的平衡快要打破之前或者是在打破的过程中采取行动而获得收益的。

价格的移动主要是保持平衡的持续整理和打破平衡的反转突破这两种过程。如果一方力量的增加是决定性的，股票价格走势将出现反转，这种价格走势称为反转突破形态；如果一方是暂时获得优势，多空双方将出现拉锯，则这种价格走势称为持续形态。

一、反转突破形态

反转突破形态是形态学技术研究的重点内容，使用时应当注意以下几点：(1) 必须确有趋势存在，才能谈得上趋势反转的问题；(2) 某一条重要的支撑线或压力线的被突破是反转形态突破的重要依据；(3) 某个形态形成的时间越长，规模越大，则反转后带来的市场波动也越大；(4) 交易量是向上突破的重要参考因素，向下突破时，交易量作用可能不大。

反转突破形态包括：(1) 双重顶和双重底；(2) 头肩顶和头肩底；(3) 三重顶（底）形态；(4) 圆弧形态等。

(一) 双重顶底

双重顶和双重底因形似英文字母 M 和 W，所以又称 M 头和 W 底。双重顶共有两个顶和一个底，也就是两个相同高度的高点和一个低点。

1. 双重顶底的形成过程

从图 15-20 中可看出，双重顶、双重底一共出现两个顶和底，也就是两个相同高度的高点和低点。下面以 M 头为例说明双重顶、双重底形成的过程。价格在上升趋势过程中，在 A 点建立了新高点。这是第一个高点，之后进行了正常的回落。受上升趋势线的支持，这次回落将在 B 点附近停止。然后继续上升，但是力量不够，上升高度不足，在 C 点（与 A 点等高）遇到压力，价格向下。这样就形成了 A 和 C 两个顶的双重顶。

M 头形成以后，有两种可能的前途：第一是未突破 B 点的支撑位置，价格在 A、B、C 三点形成的狭窄范围内上下波动，演变成今后要介绍的三角形或矩形；第二是突破 B 点的支撑位置，继续向下，这种情况才是双重顶反转突破形态的真正出现。前一种情况只能说是一个潜在的双重顶反转突破形态出现了。

过 B 点作平行于 A、C 连线的平行线（图 15-20 左图中中间一条线），就得到一条非常重要的直线——颈线（Neck Line）。A、C 连线是趋势线，颈线是与这条趋势线对应的轨道线，这条轨道线在这里起的是支撑作用。

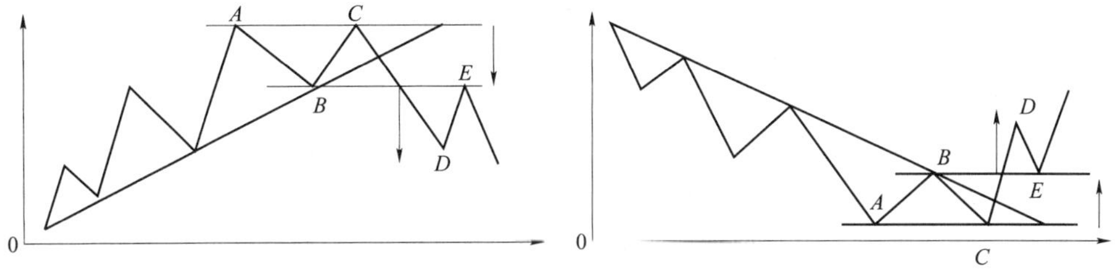

图 15-20 双重顶底示意图

一个真正的双重顶反转突破形态的出现，除了必要的两个相同高度的高点以外，还应该向下突破 B 点支撑，或者说是突破颈线。双重顶反转突破形态一旦得到确认，就可以用它进行对后市的预测了，它的主要功能就是测算功能。从突破点算起，价格至少要跌到与形态高度相等的距离。形态高度就是从 A 或 C 到 B 的垂直距离，即从顶点到颈线的垂直距离。图 15-20 中左面箭头所指将是价格至少要跌到的位置，价格必须在这条线之下才能找到像样的支撑，之前的支撑都不足取。

对于双重底（就是常说的 W 底），有完全相似或者完全相同的结果。只要将对双重顶的叙述反过来叙述就可以了。比如，向下说成向上，高点说成低点，支撑说成压力。见图 15-20 中的右图。

2. 应注意的事项

在应用双重顶底形态时，应注意以下几个方面：

（1）双重顶底的两个顶底在大多数情况下不完全相等，多少总有些差异。

（2）两个顶和底可能是复合的多个小顶底。

（3）在成交量方面，双重顶和双重底有些细小的不同。双重顶的两个顶的成交量都很大，但后面的顶比前面的顶成交量小。双重底的前一个底成交量最大，触底上升时成交量也不少，但到了后一个底时成交量则显著萎缩。除此之外，双重底向上突破颈线时，要求有大的成交量配合，而双重顶向下突破颈线时，成交量的配合则没有此要求。

（4）两个顶和两个底之间的距离越远，也就是形成两顶底所持续的时间越长，则将来双重顶底反转的潜力越大，波动越剧烈。

（5）颈线被突破后，价格通常会有回头的情况，这种情况被称为反扑。这时颈线就起着支撑和压力的作用，也就是说这种回头将受到颈线的阻挡。

3. 多重顶底

三重顶形态形成过程类似于 M 头的过程，特殊点是：形成于 M 头的两高点后，再下跌至颈线位又一次获得支撑，转向上行，但终因前面两个高点附近压力太大再次逆转向下突破颈线，形成三重顶。见图 15-21 中的左图。

三重底形态形成过程类似于 W 底形成的过程，特殊点是：形成于 W 底的两个低点后，再上涨至颈线位又一次受到阻击，转向下跌，但终因前两个低点附近支撑极强而向上反转突破颈线，形成三重底。见图 15-21 中的右图。

多重顶和多重底是比三重顶和三重底更罕见的图形，其形态形成过程和理论意义要点介于 M 头、W 底和矩形之间。从实战讲，多重顶是比三重顶（多方）更强的形态，多重底是比三重底（多方）更弱的形态。

（二）头肩顶底

头肩顶和头肩底是实际股价形态中出现得最多的形态，是最著名和最可靠的反转突破形态。头肩形形成的时间较长，少则三五个月，多则数年。

这种形态一共出现三个顶或底，也就是出现了三个局部的高点或局部的低点。中间的高点（或低点）比另外两个都高（低），称为头，左右两个相对较低（或高）的两个高点（低点）称为肩，这就是头肩形名称的来历。以下以头肩顶为例对头肩形进行介绍。

1. 对头肩形的分析

上升趋势中，不断升高的各个局部的高点和低点保持着上升的趋势，然后在某一个

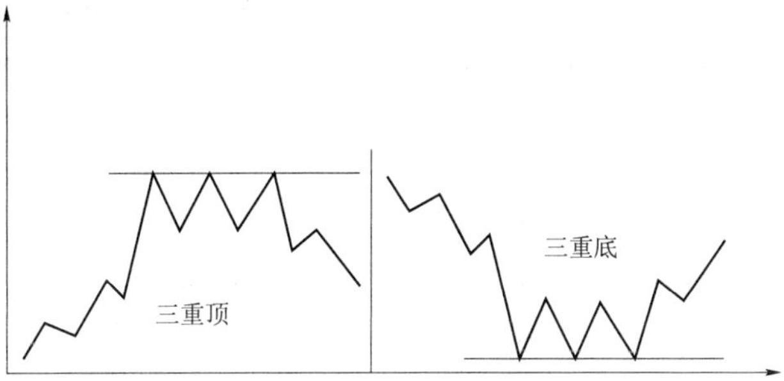

图 15-21 三重顶底示意图

地方，上涨势头将放慢。图 15-22 的左图中 A 点和 B 点还没有出现放慢的迹象，但在 C 点和 D 点已经有了势头受阻的信号，说明这一轮的上涨趋势可能已经出了问题。最后，价格走到了 E 点和 F 点，这时反转向下的趋势已势不可挡。

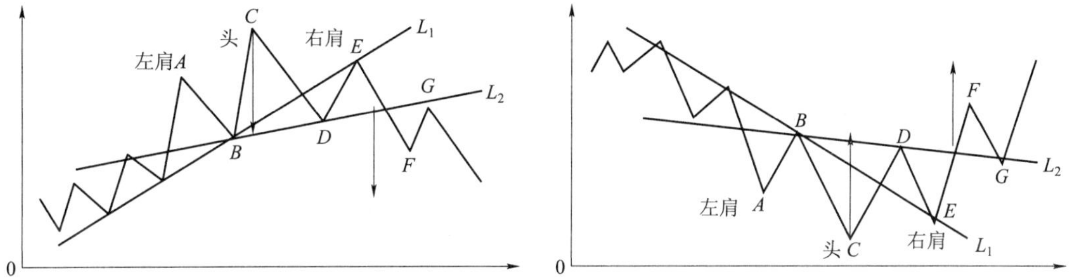

图 15-22 头肩顶底示意图

头肩顶反转向下的现象与支撑线和压力线的内容有密切关系。图 15-22 的左图中的直线 L_1 和直线 L_2 是两条明显的支撑线。在 C 点和 D 点之间突破了直线 L_1，说明上升的势头已经遇到了阻力，E 点和 F 点之间的突破则是趋势的转向。另外，E 点的反弹高度没有超过 C 点，F 点的回落高度已经低于 D 点，都是上升趋势出现问题的信号。

直线 L_2 是头肩顶形态中极为重要的直线——颈线，在头肩顶形态中，它是支撑线，起支撑作用。头肩顶形态走到了 E 点并调头向下，只能说是原有的上升趋势已经转化成了横向延伸，还不能说已经反转向下了。只有当图形走到了 F 点，即价格向下突破了颈线，才能说头肩顶反转形态已经形成。

同大多数的突破一样，这里颈线的被突破也有一个被认可的问题。百分比原则和时间原则在这里都适用。颈线被突破，反转确认之后，就知道价格下一步的大方向是下跌。可以借助头肩顶形态的测算功能度量下跌的深度。从突破点算起，价格至少要跌到与形态高度相等的距离。

形态高度是图 15-22 左图中从 C 点向下箭头的实线长度，这个长度就是头肩顶形态的形态高度。形态高度是价格下落的最起码的深度，是最近的目标。价格实际下落的位置要根据很多其他因素来确定。预计价格今后要跌到什么位置能止住，永远是进行股票买卖的人最关心的问题，也是最不容易回答的问题。

对于头肩底，除了在成交量方面与头肩顶有所区别外，其余可以说与头肩顶一样，只是方向正好相反。例如，上升改成下降，高点改成低点，支撑改成压力。见图 15-22 中的右图。

2. 应用的注意事项

在应用头肩形时，应注意以下几个方面：

（1）两个肩的高度可以不一样高。其实绝大多数情况下，两者都是不相等的，相等的情况只是偶然。同样，肩与头之间的两个低点或高点也通常是不相等的，这就是说，颈线多数情况下不是水平的，而是斜的直线。

（2）头肩形有很多变形体即复合头肩形。这种形态的肩和头有可能是两个高点或两个低点，局部形状很像双重顶和双重底。如果站在更广阔的地位看它，把相距较近的两个高点或低点看成是一个，就可以认为是局部的双重顶底大范围内的头肩形。对头肩形适用的规律同样适用于复合头肩形。

（3）在成交量方面，头肩顶和头肩底是有很大区别的。在头肩顶的各高点中，右肩的成交量一定是最少。头肩底突破颈线向上，要求大的成交量配合。

（4）颈线被突破后，价格往往有反扑，但是，这种反扑必然要遭到颈线的控制。反扑到颈线是逃命的时机。

（5）头肩形有时可能是持续整理形，而不是反转突破形。这主要发生在两种情况下：一是下降趋势中出现头肩顶，并且颈线是向上倾斜的；二是上升趋势中出现头肩底，并且颈线向下倾斜。这两种情况与后面要介绍的旗形有相似的特征。

（三）圆弧形顶底

考虑到价格在前一段时间的每一个局部高点，把它们用折线连起来，有时可能会得到一条类似于圆弧的弧线，像一个盖子一样盖在价格之上。将每个局部的低点连在一起也可能得到一条弧线，托在价格之下，如图 15-23 所示。

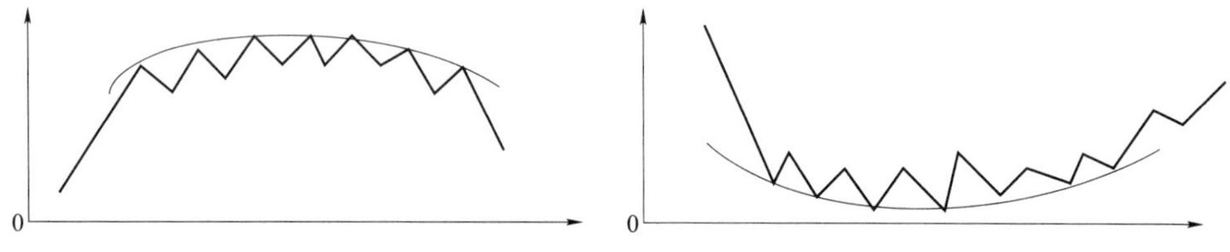

图 15-23 圆弧形顶底示意图

这样的价格形态就是圆弧形。圆弧形又称为碟形、圆形、碗形等，这些叫法都很形象。不过应该提醒的是，图中的曲线不是数学意义上的圆，仅仅是一条曲线。人们已经习惯于使用直线，在遇到图中这样复杂的顶和底时，用直线显然就不够了，因为顶底的变化太频繁了，一条直线应付不过来。圆弧形在实际情形中出现的机会较少，但是一旦出现则是绝好的机会，它的反转深度和高度是不可测的。这一点同前面几种形态有一定区别。圆弧的形成过程与头肩形中的复合头肩形有相似的地方，只是圆弧形的各种顶或底没有明显的头肩的感觉。这些顶部和底部的地位都差不多，没有明显的主次区分。

圆弧底说明事物缓慢发展变化的过程，一般被认为是庄家逐步建仓的过程。这些人手里持有足够的资金，如果一下吃得太多，价格上得太快，也不利于今后的买入，应一口一口地吃。价格一点一点地来回拉锯，往上接近圆弧边缘时，才会用少量的资金一举往上提拉一个很高的高度。因为这时的股票大部分在机构大户手中，别人无法打压。

圆弧顶是空方一点一点地往外抛压形成多个来回拉锯的结果，直到手中筹码接近抛空时，才会出现大幅度打压，使价格下到很深的位置。无论是圆弧顶还是圆弧底，在它们的形成过程中，成交量的过程都是两头多，中间少。越靠近顶或底，成交量越少，到达顶底时成交量达到最少。

圆弧形被突破的判断是极为困难的，它不像头肩形等还有颈线可以利用。由于这段走过的价格形状是曲线，所以，没有近期的支撑线和压力线可供使用，只有长期趋势线和原来的支撑线和压力线可供使用。圆弧一旦被突破，其上升（或下降）的空间有时是无法估量的，上升（或下降）的过程有时是近乎垂直的，事先根本无法想象。

二、持续整理形态

持续整理形态从图形上看是价格的横向运动，它仅仅是事先就有的价格运动趋势方向的暂时休止，时间一般不长。典型形态包括三角形态、矩形形态、旗形和楔形等。

（一）三角形态

三角形态属于持续整理形态，分为三种：对称三角形、上升三角形和下降三角形。第一种有时也称正三角形，后两种合称直角三角形。

1. 对称三角形

对称三角形大多发生在一个大趋势进行的途中，它表示原有的趋势暂时处于休整阶段，之后还要沿着原有趋势继续运行。见图 15-24。

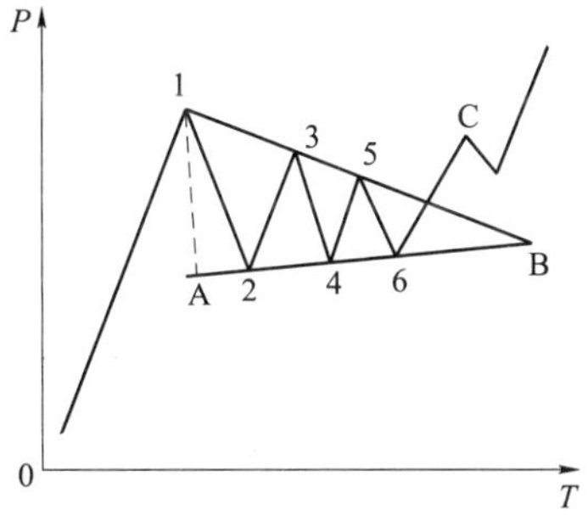

图 15-24 对称三角形示意图

图 15-24 是对称三角形的一个简化图形，这里的原有趋势是上升，所以，三角形态完成以后是突破向上。对称二角形有两条聚拢的直线，上面的向下倾斜，起压力作用；下面的向上倾斜，起支撑作用。两条直线的交点称为顶点。

根据多年的经验，突破的位置一般应在三角形的横向宽度的二分之一到四分之三的某个地点。如果股价不在预定的位置突破三角形，那么这个对称三角形态可能转化成别的形态。突破的确认可以采用百分比原则、时间原则或收盘价原则。三角形的横向宽度指的是图中顶点到虚线的距离。

对称三角形被突破后，有两种测算目标价位的方法。方法一：如图 15-25 所示，从 C 点向上的带箭头的直线高度是未来股价至少要达到的高度，箭头直线长度与 AB 连线长度相等。AB 连线的长度称为对称三角形形态的高度，从突破点算起，股价至少要运行到与形态高度相等的距离。方法二：如图 15-25 所示，过 A 作平行于下边直线的平行线，图中的斜虚线，是股价今后至少要达到的位置。

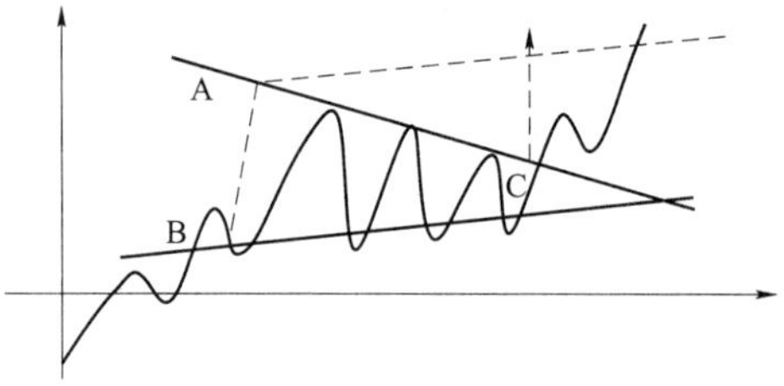

图 15-25　对称三角形的突破

2. 上升/下降三角形

上升三角形是对称三角形的变形。对称三角形有上下两条直线，将上面的直线由向下倾斜变成水平方向就得到上升三角形。见图 15-26。

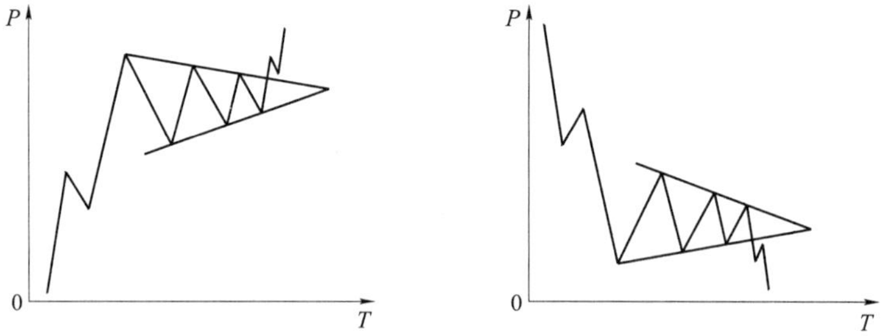

图 15-26　上升/下降三角形图示

在对称三角形中，压力和支撑都是逐步加强的。一方是越压越低；另一方是越撑越高，看不出谁强谁弱。在上升三角形中，压力是水平的，没有变化，而支撑都是越来越高。由此可见，上升三角形比对称三角形有更强烈的上升欲望，多方比空方更为积极，通常以三角形向上突破作为这个持续过程终止的标志。

下降三角形同上升三角形正好反向，是看跌的形态。情形完全相反，原理完全相同。

（二）矩形形态

矩形又叫箱形，也是一种典型的整理形态。股票价格在两条横着的水平直线之间上下波动，上也上不去，下也下不来，一直作横向延伸运动。矩形在形成之初，多、空双方全力投入，各不相让。空方在价格升上去后，在某个位置就抛出，多方在价格下跌后，到某个价位就买入，时间一长就形成两条明显的上下界线。随着时间的推移，双方的战斗热情会逐步减弱，市场趋于平淡。如果原来的趋势是上升，那么经过矩形整理后，会继续原来的趋势，多方会占优势并采取主动，使价格向上突破矩形的上界。如果原来是下降趋势，则空方会采取行动，突破矩形的下界。见图 15-27。

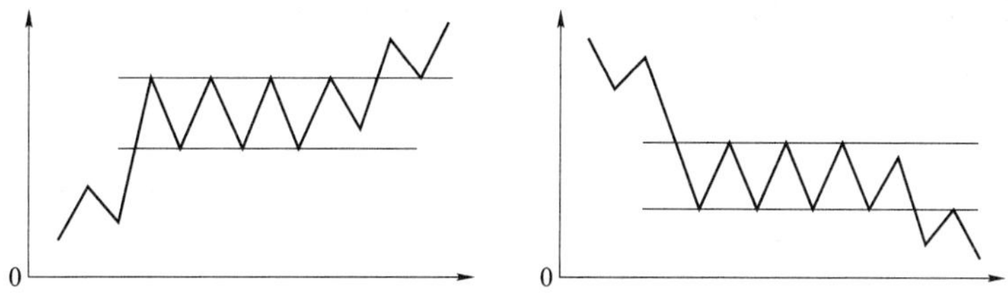

图 15-27 矩形图示

从图 15-27 中可以看出，矩形的形成过程中极可能演变成三重顶底形态，这是应该注意的。正是由于矩形的判断有这么一个容易出错的可能性，在对矩形和三重顶底进行操作时，一定要等到突破之后才能采取行动。因为这两个形态今后的走势方向完全相反，一个是反转突破形态，要改变原来的趋势；一个是持续整理形态，要维持原来的趋势。矩形被突破后，也具有测算意义，形态高度就是矩形的高度。面对突破后价格的反扑，矩形的上下界线同样具有阻止反扑的作用。如果矩形上下界限的距离比较大，就可能提供一些短线炒作的机会。

（三）旗形和楔形

旗形和楔形是两种常见的持续整理形态（见图 15-28）。在股票价格的曲线图上，这两种形态出现的频率最高，一段上升或下跌行情的中途可能出现好几次这样的图形。二者都是一个趋势的中途休整过程，休整之后，还要保持原来的趋势方向。这两个形态的特殊之处在于，它们都有明确的形态方向，如向上或向下，并且，形态方向与原有的趋势方向相反。

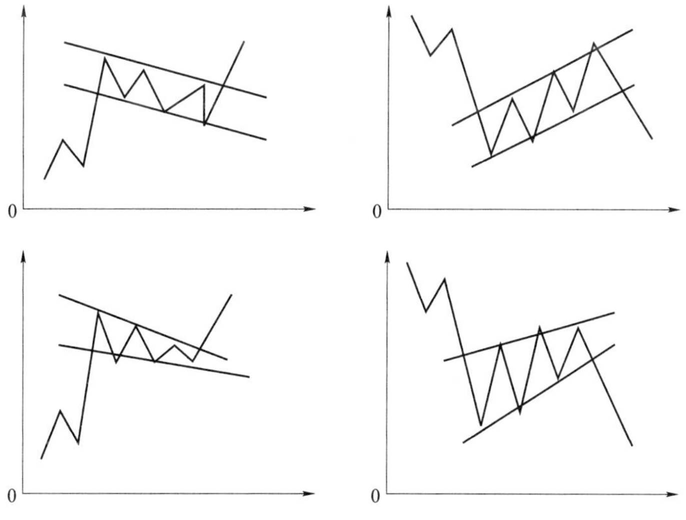

图 15-28 旗形与楔形图示

1. 旗形

从几何学的观点看，旗形似乎更应该叫平行四边形，它的形状是一向上倾斜或向下倾斜的平行四边形。旗形大多发生在市场极度活跃、价格运动剧烈、近乎于直线上升或下降的情况之后，这种剧烈波动的结果是产生旗形的条件。由于上升下降过于迅速，市场必然会有所休整，旗形就是完成这一休整过程的主要形式之一。

2. 楔形

楔形是另一种形式的旗形，可以当成旗形处理。实际上，如果将旗形中上倾或下倾的平行四边形变成上倾和下倾的三角形，就会得到楔形。

与旗形和三角形稍微不同的是，楔形偶尔也可能出现在顶部或底部而作为反转形态。这种情况一定是发生在一个趋势经过了很长时间接近尾声的时候。可以借助别的技术分析方法，从时间上判断趋势是否接近尾声。尽管如此，当看到一个楔形后，第一感觉肯定还是把它当成中途的持续形态。在形成楔形的过程中，成交量是逐渐减少的。形成之前和突破之后，成交量都很大。

三、缺口理论

（一）缺口的含义

缺口是指股价在上升或下跌过程中发生跳跃，在快速的大幅变动中有一段没有任何交易的价格区间。显示在股价趋势图上是一个真空区域，这个区域称之为“缺口”，通常又称为跳空。当股价出现缺口，经过几天，甚至更长时间的变动，然后反转过来，回到原来缺口的价位时，称为缺口的封闭，也称补空。见图 15-29。

（二）缺口的表现

缺口的出现是多空双方力量对比相差悬殊的表现，而缺口的封闭则是双方力量发生转化的结果。缺口是股价非常态的运动所形成的非稳定的图形。缺口分析就是根据股价变动形成缺口的位置及大小来预测股价走势的强弱，判断股价是整理，还是突破，或是已接近涨跌趋势的尽头。缺口分普通缺口、突破缺口、持续性缺口与消耗性缺口四种。

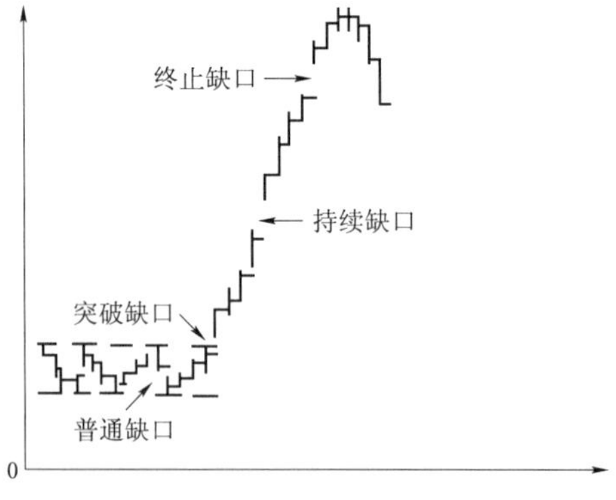

图 15-29　缺口图示

四、应用形态理论应该注意的问题

在技术分析理论中，形态理论是较早出现的方法，相对来说比较成熟。尽管如此，在实际应用的时候也有正确使用的问题。有三个方面的问题需要引起注意：(1) 面对同一个形态，如果我们所考虑的区间范围不同，有可能得到不同的形态划分，从而影响对行情的判断，对同一形态可能发生不同的解释。例如，头肩顶是公认的反转形态，但是如果从更大的范围看，它有可能是一个中途的持续形态。(2) 在进行实际操作中，形态理论要等到形态已经完全明朗后才采取行动，得到的利益不充分，从某种意义上讲，有损失机会的嫌疑。(3) 出现在实际市场中的形态是千姿百态的，其中的大多数形态是不能归入以上所介绍的形态中的，或者说，很难进行归类。应该记住，能够被归类的形态是少数。

第五节 指标分析

一、指标分析概述

指标分析是指按确定的方法对原始数据进行处理，制成图表，并用制成的图表对股市进行分析的方法。原始数据指的是开盘价、最高价、最低价、收盘价、成交量和成交金额，有时还包括成交笔数。

技术分析的应用主要通过以下几个方面进行：(1) 指标的背离；(2) 指标的交叉；(3) 指标的高位和低位；(4) 指标的徘徊；(5) 指标的转折；(6) 指标的盲点。

每一个技术指标都是从某一特定方面对股市进行观察。利用技术指标可以进行定量的分析。在进行技术指标的分析和判断时，也经常用到别的技术分析方法的基本结论。技术指标是一种分析工具，每种工具都有自己的适用范围。各个指标在预测大势方面有准确程度的区别，一般不可能考虑到每一个技术指标。通常是以四五个技术指标为主，别的指标为辅。

二、移动平均数（MA）和平滑异同移动平均数（MACD）

（一）移动平均数（MA）

1. MA 的计算

移动平均数是统计学用以研究事物发展变化趋势的方法，假设有一反映事物发展变化某一方面特征的数列 a：a_0，a_1，a_2，…，a_x。

假定数列 a 存在某种趋势，上升、下降或上下变动，数列的这个趋势是受到某种主要因素影响的结果。但一些次要的、偶然的因素也在影响这个数列，使其呈现出不规则变动，可用逐项移动平均的办法消除这些次要的、偶然的变动，使其主要趋势呈现出来。设移动项数是 3，移动项数常被称为移动平均数的参数，则移动平均数为：

$$b_0=\frac{a_0+a_1+a_2}{3},b_1=\frac{a_1+a_2+a_3}{3},\ \cdots,b_{n-2}=\frac{a_{n-2}+a_{n-1}+a_n}{3}$$

也可以把移动平均数的参数设定为 5、10、20 等，分别求 5、10、20 日移动平均数，如果把这些数值标在坐标系中，连结这些点得到一条曲线，称这些曲线为 5、10、20 日移动平均线，记为 MA（5）、MA（10）、MA（20）。

2. MA 的特点

（1）追踪趋势。注意价格的趋势，并追随这个趋势，不轻易放弃。如果从股价的图表中能够找出上升或下降趋势线，那么，MA 的曲线将保持与趋势线方向一致，能消除中间股价在这个过程中出现的起伏。原始数据的股价图表不具备这个保持追踪趋势的特性。

（2）滞后性。在股价原有趋势发生反转时，由于 MA 的追踪趋势的特性，MA 的行动往往过于迟缓，调头速度落后于大趋势。这是 MA 的一个极大的弱点。等 MA 发出反转信号时，股价调头的深度已经很大了。

（3）稳定性。由 MA 的计算方法就可知道，要比较大地改变 MA 的数值，无论是向上还是向下，都比较困难，必须是当天的股价有很大的变动。因为 MA 的变动不是一天的变动，而是几天的变动，一天的大变动被几天一分摊，变动就会变小而显不出来。这种稳定性有优点，也有缺点，在应用时应多加注意，掌握好分寸。

（4）助涨助跌性。当股价突破了 MA 时，无论是向上突破还是向下突破，股价有继续向突破方面再走一程的愿望，这就是 MA 的助涨助跌性。见图 15-30。

（5）支撑线和压力线的特性。由于 MA 的上述四个特性，使得它在股价走势中起支撑线和压力线的作用。

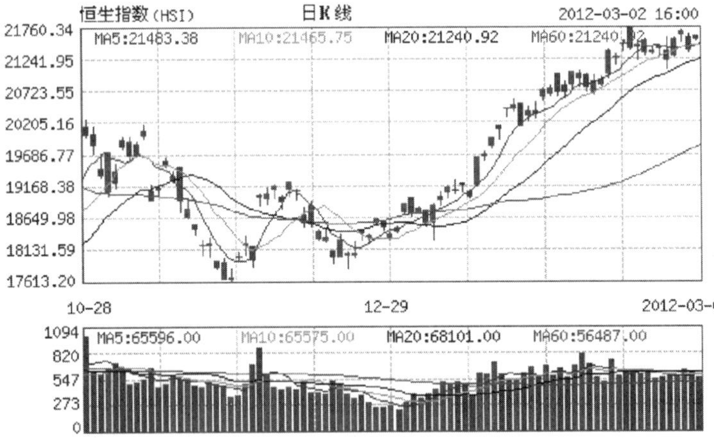

图 15-30　均线的助涨助跌性

MA 的参数强化了 MA 的特征，参数选择得越大，上述特征就越显著。使用 MA 时通常选择不同的参数，一般包括长期、中期和短期三类 MA。在我国，短期一般是指 MA（5），中期是指 MA（10），长期是指 MA（20）。移动平均指标有快指标和慢指标之分，快慢是相对于收盘价的敏感性而言，对收盘价较敏感的称为快指标，对收盘价较不敏感的称为慢指标。参数较大的移动平均数被称为慢指标，参数较小的移动平均数被称为快指标。其他技术指标也有类似的区分。

3. MA 的测市法——葛兰威尔（Joseph E. Granville）（或译为葛兰碧）法则

时至今日，无论是技术分析派，还是基本分析派，都把移动平均线当作判断趋势方向的重要参考工具。甚至，在很多时候，是移动平均线在主导着趋势的发展。移动平均线是极其重要的时空坐标。葛兰威尔法则见图 15-31（以下讲解序号与图上标示的数字相吻合）。

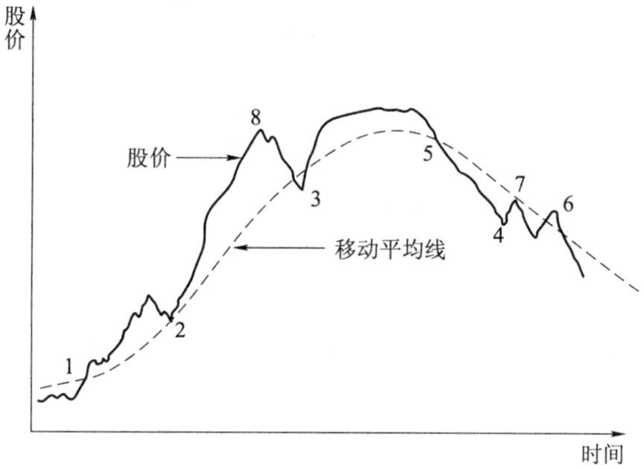

图 15-31 葛兰威尔法则图示

葛兰威尔的买入法则有以下方面：

（1）买 1，平均线经过一路下滑后，逐渐转为平滑，并有抬头向上的迹象。另外，股价线也转而上升，并自下方突破了移动平均线，这是第一个买进信号。

（2）买 2，股价线开始仍在移动平均线之上，但呈急剧下跌趋势，在跌破移动平均线后，忽而转头向上，并自下方突破了移动平均线，这是第二个买进信号。

（3）买 3，与买 2 类似，但股价线尚未跌破移动平均线，只要移动平均线依然呈上升趋势，前者也转跌为升，这是第三个买进信号。

（4）买 4，股价线与移动平均线都在下降，问题在于股价线狠狠下挫，远离了移动平均线，表明反弹指日可待，这是第 4 个买进信号，甚为许多短线客户喜爱（所谓抢谷底），但切忌不可恋战，因为大势依然不妙，久战势必套牢。

葛兰威尔的卖出法则有以下方面：

葛兰威尔的四条卖出法则，与买进的四条法则是一一对应的。

（5）卖 1，移动平均线从上升转为平缓，并有转下趋势，而股价线也从其上方下落，跌破了移动平均线，这是第一个卖出信号。

（6）卖 2，股价线和移动平均线均很令人失望地下滑，这时股价线自下方上升，并突破了仍在下落的移动平均线后，又掉头下落，这是第二个卖出信号。

（7）卖 3，类似卖 2，问题是稍现反弹的股价线更加软弱，刚想突破移动平均线却无力突破，这是第三个卖出信号。要注意的是卖 3 与买 1 不同，买 1 是移动平均线自跌转平，并有上升迹象，而卖 3，平均线尚处下滑之中。

（8）卖 4，若股价一路暴涨，远远超过了虽也在上升的移动平均线，暴涨之后必有暴跌，所以此处是第四个卖出信号，以防止暴跌带来的不必要的损失。

经过长期应用后，我们发现，平均线转跌为平，并有向上趋势，股价从平均线下方突破平均线，并始终大致保持在移动平均线上方，这一段是牛市；而反之，平均线转升为平，并随后下跌，股价线从平均线上方突破平均线下方，这一段便是熊市了。

小知识

黄金交叉与死亡交叉

一般情况下，投资者可利用短期和长期两种移动平均线的交叉情况来决定买进和卖出的时机。当现在价位站稳在长期与短期MA之上，短期MA又向上突破长期MA时，为买进信号，此种交叉称为“黄金交叉”；反之，若现在行情价位于长期与短期MA之下，短期MA又向下突破长期MA时，为卖出信号，此种交叉称为“死亡交叉”。

4. MA指标的组合应用及分析举例

运用葛兰威尔法则对图15-32进行分析。

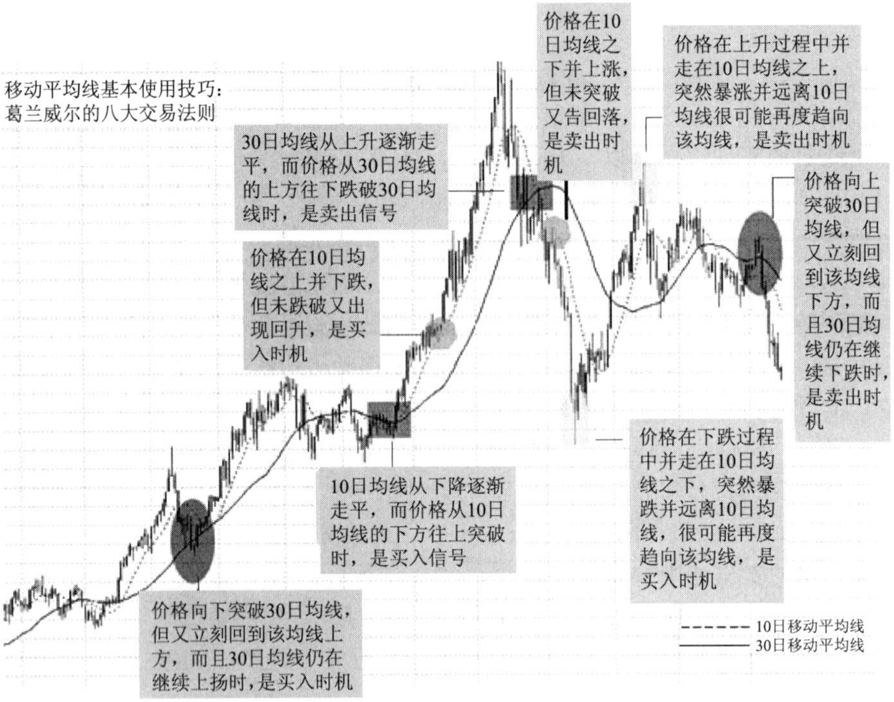

图15-32 葛兰威尔法则应用图示

（二）平滑异同移动平均数（MACD）

1. MACD的计算

MACD由正负差（DIF）和异同平均数（DEA）两部分组成，DIF是核心，DEA是辅助。DIF是快速平滑移动平均数与慢速平滑移动平均数之差，快速是短期的EMA，慢速是长期的EMA。以最常用的参数12和26为例，DIF的计算过程是：

$$当日\ EMA(12)=\frac{2}{12+1}\times 当日收盘价+\frac{11}{12+1}\times 昨日\ EMA(12)$$

$$当日\ EMA(26)=\frac{2}{26+1}\times 当日收盘价+\frac{25}{26+1}\times 昨日\ EMA(26)$$

$DIF=EMA(12)-EMA(26)$，得到 DIF 后，对连续数日的 DIF 进行算术平均就得到 DEA。

2. MACD 的测市法则

利用 MACD 进行行情预测，主要是从两个方面进行。

（1）从 DIF 和 DEA 的取值和这两者之间的相对取值对行情进行预测。其应用法则如下：DIF 和 DEA 均为正值时，属多头市场。DIF 向上突破 DEA 是买入信号；DIF 向下跌破 DEA 只能认为是回档；DIF 和 DEA 均为负值时，属空头市场。DIF 向下突破 DEA 是卖出信号；DIF 向上穿破 DEA 只能认为是反弹，作暂时补空。

（2）利用 DIF 的形态进行行情分析，主要是采用指标背离原则。如果 DIF 的走向与股价走向相背离，则此时是采取行动的信号，至于是卖出还是买入要依 DIF 的上升和下降而定。

MACD 的优点是除掉了 MA 频繁出现的买入卖出信号，使发出信号的要求和限制增加，避免假信号的出现。MACD 的缺点同 MA 一样，在股市没有明显趋势而进入盘整时，失误的时候极多。

3. MACD 指标的分析举例

运用 MACD 法则对图 15-33 进行分析。

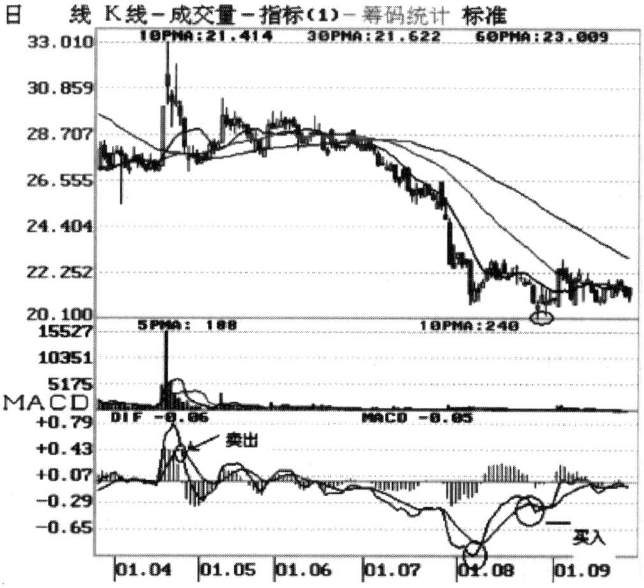

图 15-33　MACD 法则应用图示

三、威廉指标和 KD 指标

（一）威廉指标（WMS%）

1. WMS%的计算

这个指标由 Larry · Williams 于 1973 年首创，最初用在期货市场上。WMS%表示的是市场处于超买还是超卖状态。WMS%的计算公式为：

$$WMS\% \ (N) = \frac{C_N - L_N}{H_N - L_N} \times 100$$

式中，C_N 为当日收盘价；H_N 和 L_N 为 N 日内的最高价和最低价。

由 WMS%的计算公式可知，WMS%的参数是天数 N，WMS%的参数习惯上是取 10 或 20。WMS%指标表示的含义是当日收盘价在 N 日内所处的相对位置。若 $C_N = H_N$，则 WMS% = 100，表明收盘价格处在最高位置；若 $C_N = L_N$，则 WMS% = 0，表明收盘价格处在最低位置；若 $C_N = L_N + \frac{H_N - L_N}{2}$，则 WMS% = 50，表明收盘价格处在中间位置。

2. WMS%的测市法则

WMS%的运用包括两个方面：一是 WMS%的数值；二是 WMS%曲线的形状。

（1）WMS%的取值。WMS%的值介于 0 到 100 之间，以 50 为中轴将其分为上下两个区域。当 WMS%高于 80 时处于超买状态，行情即将见顶，应当考虑卖出。当 WMS%低于 20 时处于超卖状态，行情即将见底，应当考虑买入。80 和 20 只是一个经验数字，不是绝对的，投资者可以根据各自的风险偏好选择不同的数值。

（2）WMS%曲线的形状。WMS%进入高位后一般要回头，如果这时股价继续上升，这就是顶背离，是卖出的信号；WMS%进入低位后一般要反弹，如果这时股价继续下跌，这就是底背离，是买进的信号。

（二）KD 指标

1. KD 指标的计算

KD 指标又称随机指数，KD 指标的计算分为三步，先计算未成熟随机值 RSV，计算公式为：

$$RSV \ (N) = \frac{C_N - L_N}{H_N - L_N} \times 100$$

RSV 实际上就是 WMS%，只是名称不同。对 RSV（WMS%）进行指数平滑，就得到 K 指标：

$$当日 K 值 = \frac{2}{3} \times 昨日 K 值 + \frac{1}{3} \times 当日 RSV$$

上式中 1/3 是平滑因子，也可以选择别的数字，不过目前已经约定俗成。对 K 值进行指数平滑，就得到 D 值：

$$当日 D 值 = \frac{2}{3} \times 昨日 D 值 + \frac{1}{3} \times 当日 K 值$$

KD 指标是在 WMS%指标基础上发展起来的，所以 KD 具有 WMS%的一些特性。在反映股票价格变化时，WMS%最快，K其次，D最慢。在使用KD指标时，往往称K指标为快指标，D指标为慢指标。

2. KD指标的测市法则

KD指标是两条曲线，应用时主要从四个方面进行考虑。

（1）KD的数值。KD的取值范围是0~100，可将其划分为三个区域：超买区、超卖区、徘徊区。按一般的划分法，80以上为超买区，20以下为超卖区，其余为徘徊区。KD超过80就应该考虑卖出，低于20就应该考虑买入。

（2）KD曲线的形态。当KD指标在较高或较低位置形成了头肩形和多重顶底时，是采取行动的信号。这些形态一定要在较高位置或较低位置出现，位置越高或越低，结论越可靠。

（3）KD指标的交叉。K上穿D是金叉，为买入信号，但出现金叉是否就应该买入，还要看别的条件。第一个条件是金叉的位置，应该是在超卖区的位置，越低越好。第二个条件是金叉的次数，有时在低位，K、D要来回交叉几次，交叉的次数以两次为最少，越多越好。第三个条件是金叉的方向，即常说的“右侧相交”原则。

（4）KD指标的背离。背离就是指标与价格走势不一致。当KD处在高位，并形成两个依次向下的峰，而此时股价还在一个劲地上涨，这叫顶背离，是卖出的信号；与之相反，KD处在低位，并形成一底比一底高，而股价还在继续下跌，这叫底背离，是买入的信号。

3. KD指标应用案例

运用KD指标对图15-34进行分析。

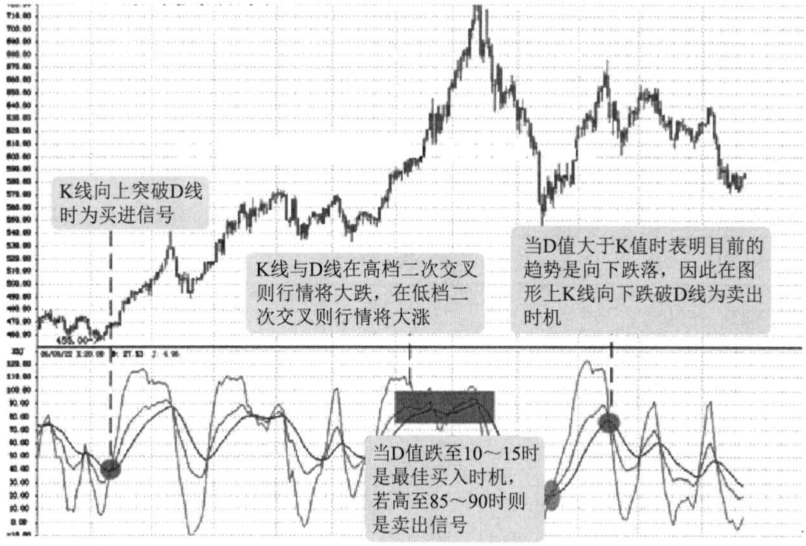

图15-34 KD指标应用图示

四、相对强弱指标（RSI）

相对强弱指标（Relative Strength Index，RSI）是与 KD 指标齐名的常用技术指标。RSI 以一特定时期内股价的变动情况推测价格未来的变动方向，并根据股价涨跌幅度显示市场的强弱。

（一）RSI 的计算公式

RSI 的参数是天数，即考虑的时间长度一般有 5 日、9 日、14 日等。这里的 5 日与 MA 中的 5 日线是截然不同的。下面以 14 日为例具体介绍 RSI（14）的计算方法，其余参数的计算方法与此相同。

先找到包括当天在内的连续 15 天的收盘价，用每一天的收盘价减去上一天的收盘价，得到 14 个数字。这 14 个数字中有正（比上一天高）有负（比上一天低），假设，A＝14 个数字中正数之和；B＝14 个数字中负数之和×（－1）。

此时，A 和 B 都是正数。这样，就可以算出 $RSI(14)=A/(A+B)\times 100$。从数学上看，A 表示 14 天中股价向上波动的大小，B 表示向下波动的大小，（A+B）表示股价总的波动大小。RSI 实际上是表示向上波动的幅度占总的波动的百分比，如果占的比例大就是强市，否则就是弱市。

很显然，RSI 的计算只涉及收盘价，并且可以选择不同的参数。RSI 的取值介于 0 到 100 之间。

（二）RSI 的行市判断

将 100 分成四个区域，根据 RSI 的取值落入的区域进行操作，分划区域的方法如表 15-1 所示。

表 15-1　　RSI 的区域分析

RSI 值	市场特征	投资操作
80～100	极强	卖出
50～80	强	买入
20～50	弱	卖出
0～20	极弱	买入

使用 RSI 时应注意以下方面：

1. 掌握 RSI 的指标值

RSI>80，股价已经超买，随时可能下跌，为卖出信号；RSI<20，股价已经超卖，随时可能上涨，为买入信号。

2. 掌握快速 RSI 的突破方向

上涨行情中快速 RSI 向上突破慢速 RSI 线，股价上涨；下跌行情中快速 RSI 向下突破慢速 RSI 线，股价下跌。

3. 掌握 RSI 回调反弹防线

弱势市场中 RSI 向上回调不能调整到 70 以上；强势市场中 RSI 向下回调不能调整

到 30 以下。

（三）RSI 应用实例

运用 RSI 指标对图 15-35 进行分析。

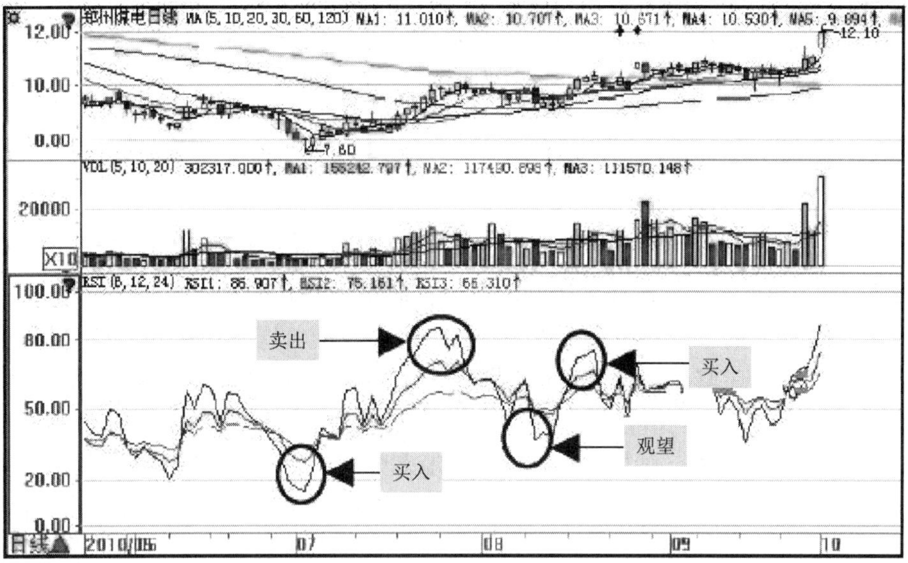

图 15-35　RSI 指标应用图示

五、能量潮（OBV）

能量潮的英文全称是 On Balance Volume，中文名称直译是平衡交易量。有些人把每一天的成交量看作海的潮汐，形象地称 OBV 为能量潮。OBV 是由葛兰威尔于 20 世纪 60 年代提出并广泛流行的。可以利用 OBV 验证当前股价走势的可靠性，并可以由 OBV 得到趋势可能反转的信号，这对于准确预测未来是很有用的。比起单独使用成交量来预测股价走势，OBV 比成交量看得更清楚。

（一）OBV 的计算公式

OBV 的计算公式很简单，首先假设已经知道了上一个交易日的 OBV，就可以根据今天的成交量以及今天的收盘价与上一个交易日的收盘价的比较计算出今天的 OBV。用数学公式表示如下：

$$今日\ OBV = 昨日\ OBV + sgn \times 今天的成交量$$

式中，sgn 是符号的意思，sgn 可能是+1，也可能是-1，这由下式决定：

sgn = +1　今收盘价≥昨收盘价

　　　-1　今收盘价<昨收盘价

成交量指的是成交股票的手数，不是成交金额。

（二）OBV 的构造原理

OBV 的构造原理是根据潮涨潮落的原理，把证券市场比喻成一个潮水的涨落过程，如果多方力量大，则向上的潮水就大，中途回落的潮水就小。衡量潮大小的标准是成交量。成交量大，则潮水的力量就大；成交量小，则潮水的力量就小。每一天的成交量可以理解成潮水，但这股潮水是向上还是向下，是保持原来的大方向，还是中途的回落，这个问题就由当天收盘价与昨天收盘价的大小比较而决定。

（1）今收盘价≥ 昨收盘价，则这一潮属于多方的潮水。

（2）今收盘价< 昨收盘价，则这一潮属于空方的潮水。

潮涨潮落反映多空双方力量对比的变化和最终大潮将向何处去。这就是 OBV 的基本原理，也是 OBV 叫能量潮的原因。

（三）OBV 的应用法则和注意事项

（1）OBV 不能单独使用，必须与股价曲线结合使用才能发挥作用。

（2）计算 OBV 有一个选择最初值的问题，最初值可由使用的人自行确定。

（3）OBV 曲线的上升和下降对进一步确认当前股价的趋势有着很重要的作用：

① 股价上升（下降），OBV 也相应地上升（下降），则更可以确认当前的上升（下降）趋势。

② 股价上升（下降），但 OBV 并未相应地上升（下降），则对目前的上升（下降）趋势的认定程度就要大打折扣，这就是背离现象。OBV 已经提前告知趋势的后劲不足，有反转的可能。

（4）对其他技术指标适用的形态学和切线理论的内容也同样适用于 OBV 曲线，W 底和 M 头等著名的形态学结果也适用于 OBV。

（5）在股价进入盘整区后，OBV 曲线会率先显露出脱离盘整的信号，向上或向下突破，且成功率较大。

本章小结

1. 技术分析方法种类繁多，形式多样。一般来说，可以将技术分析方法分为如下常用的五类：指标类、切线类、形态类、K 线类、波浪类。

2. K 线是一条柱状的线条，由影线和实体组成。影线在实体上方的部分叫上影线，影线在实体下方的部分叫下影线。实体表示一日的开盘价和收盘价，上影线的上端顶点表示一日的最高价，下影线的下端顶点表示一日的最低价。收盘价高于开盘价时为阳线，收盘价低于开盘价时为阴线。K 线组合的情况非常多，要综合考虑各根 K 线的阴阳、高低、上下影线的长短等。

3. 对市场的股票价格走势进行预测的工具有：趋势分析（趋势的方向有上升方向、下降方向和水平方向）、支撑线与压力线、趋势线与轨道线、黄金分割线和百分比线。

4. 形态理论正是通过研究价格所走过的轨迹来研究价格曲线的各种形态，分析和挖掘出曲线所反映的多、空双方力量的对比结果，发现价格的运动方向，进而指导行动。价格的移动主要是保持平衡的持续整理和打破平衡的反转突破这两种过程。反转突破形态包括：（1）双重顶和双重底；（2）头肩顶和头肩底；（3）三重顶（底）形态；

(4) 圆弧形态等。持续整理形态包括：(1) 三角形态；(2) 矩形形态；(3) 旗形；(4) 楔形等。

5. 缺口是指股价在上升或下跌过程中发生跳跃，在快速的大幅变动中有一段没有任何交易的价格区间。显示在股价趋势图上是一个真空区域，这个区域称之为“缺口”，通常又称为跳空。

6. 指标分析是指按确定的方法对原始数据进行处理，制成图表，并用制成的图表对股市进行分析的方法。常用的指标有：移动平均数（MA）和平滑异同移动平均数（MACD）、威廉指标和 KD 指标、相对强弱指标（RSI）、能量潮（OBV）等。

重要概念

技术分析　价格趋势　K 线图　十字线　支撑线　压力线　头肩底　头肩顶　三角形　颈线　死亡交叉　黄金交叉　超买　超卖

复习思考题

1. 常见的 K 线及组合的市场含义是什么？
2. 绘图示意头肩顶的形态要素并说明其市场意义。
3. 简述葛兰威尔法则的内容及应用。
4. 试述 MACD 的应用法则。
5. 应用 KD 指标应当注意哪些方面？
6. 绘图示意并简要说明支撑线与阻力线的转化。

第四篇

证券投资组合与风险管理

收益和风险密切相关，收益与风险及其两者关系是证券投资活动中涉及最广的内容。为了改善证券投资活动中的收益—风险关系，帮助投资者在风险水平一定的条件下尽可能增大收益，或在收益水平一定的状态下最小化风险，证券投资家们提出了一系列分散投资的思路，证券投资组合理论应运而生。

第十六章

证券收益与组合管理

学习目的

通过本章的学习，学生能够做到：理解并掌握证券组合的风险和收益的度量；理解两种证券的组合线及有效的证券组合；掌握投资者的无差异曲线和最优证券组合的含义以及怎样确定最优证券组合；了解行为金融理论。

重点难点

1. 单一证券的风险和收益的度量；
2. 证券组合的风险和收益的度量；
3. 各种情况下两种证券的组合线；
4. 无差异曲线与投资者偏好；
5. 最优证券组合的确定。

第一节　证券收益概述

一、证券收益的分类

人们投资于证券是为了获得投资收益。投资收益是未来的，而且一般情况下事先难以确定。未来收益的不确定性就是证券投资的风险。投资者总是既希望回避风险，又希望获得较高的收益。但是，收益和风险是并存的，通常收益越高，风险越大。投资者只能在收益和风险之间加以权衡，即在风险相同的证券中选择收益较高的，或在收益相同的证券中选择风险较小的进行投资。

（一）股票收益

股票投资的收益是指投资者从购入股票开始到出售股票为止整个持有期间的收入，它由股息收入、资本利得和公积金转增收益组成。

1. 股息

股息是指股票持有者依据所持股票从发行公司分取的盈利。通常，股份有限公司在会计年度结算后，将一部分净利润作为股息分配给股东。其中，优先股股东按照规定的固定股息率优先取得固定股息，普通股票股东则根据余下的利润分取股息。股东在取得固定的股息以后又从股份有限公司领取的收益，称为红利。由此可见，红利是股东在公司按规定股息率分派后所取得的剩余利润。但在概念的使用上，人们对股息和红利并未予以严格的区分。

股息的来源是公司的税后利润。公司从营业收入中扣减各项成本和费用支出、应偿还的债务及应缴纳的税金后，余下的即为税后利润。通常，税后利润按以下程序分配：如果有未弥补亏损，首先用于弥补亏损；按《公司法》规定提取法定公积金；如果有优先股，按固定股息率对优先股股东分配；经股东大会同意，提取任意公积金；剩余部分按股东持有的股份比例对普通股票股东分配。可见，税后净利润是公司分配股息的基础和最高限额，但因要作必要的公积金的扣除，公司实际分配的股息总是少于税后净利润。

股息作为股东的投资收益，用以股份为单位的货币金额表示，但股息的具体形式可以有多种。

（1）现金股息。现金股息是以货币形式支付的股息和红利，是最普通、最基本的股息形式。分派现金股息，既可以满足股东预期的现金收益目的，又有助于提高股票的市场价格，以吸引更多的投资者。在公司留存收益和现金足够的情况下，现金股息分发的多少取决于董事会对影响公司发展的诸多因素的权衡，并要兼顾公司和股东二者的利益。一般来说，股东更偏重于目前利益，希望得到比其他投资形式更高的投资收益；董事会更偏重于公司的财务状况和长远发展，希望保留足够的现金扩大投资或用于其他用途。但是由于股息的高低会直接影响公司股票的市价，而股价的涨跌又关系到公司本身信誉的高低及筹资能力的大小，因此董事会在权衡公司的长远利益和股东的近期利益后，会制定出较为合理的现金股息发放政策。

（2）股票股息。股票股息是以股票的方式派发的股息，通常由公司用新增发的股票或一部分库存股票作为股息代替现金分派给股东。股票股息原则上是按公司现有股东持有股份的比例进行分配的，采用增发普通股票并发放给普通股票股东的形式，实际上是将当年的留存收益资本化。也就是说，股票股息是股东权益账户中不同项目之间的转移，对公司的资产、负债、股东权益总额毫无影响，对得到股票股息的股东在公司中所占权益的份额也不会产生影响，仅仅是股东持有的股票数比原来多了。发放股票股息既可以使公司保留现金，解决公司发展对现金的需要，又可以使公司股票数量增加，股价下降，有利于股票的流通。股东持有股票股息在大多数西方国家可免征所得税，出售增加的股票又可转化为现实的货币，有利于股东实现投资收益，因而是兼顾公司利益和股东利益的两全之策。

（3）财产股息。财产股息是公司用现金以外的其他财产向股东分派股息。最常见的是公司持有的其他公司或子公司的股票、债券，也可以是实物。分派财产股息，可减少现金支出，满足公司对现金的需要，有利于公司的发展。在现金不足时，用公司产品“优惠价格”充作股息，可扩大其产品销路。当公司需要对其他公司控股时，可有意将持有的其他公司的股票作为股息，采用内部转移方式分派给股东，以继续维持控股公司的地位。

（4）负债股息。负债股息是公司通过建立一种负债，用债券或应付票据作为股息分派给股东。这些债券或应付票据是公司支付的股息，可满足股东的获利需要。负债股息一般是在已宣布发放股息，但又面临现金不足、难以支付的情况下，不得已采取的权宜之计，董事会往往更愿意推迟股息发放日期。

（5）建业股息。建业股息又称建设股息，是指经营铁路、港口、水电、机场等业务的股份公司，由于其建设周期长，不可能在短期内开展业务并获得盈利，为了筹集所需资金，在公司章程中明确规定并获得批准后，公司可以将一部分股本作为股息派发给股东。建业股息不同于其他股息，它不是来自公司的盈利，而是对公司未来盈利的预分，实质上是一种负债分配，也是无盈利无股息原则的一个例外。建业股息的发放有严格的法律限制，在公司开业后，应在分配盈余前抵扣或逐年抵扣冲销，以补足资本金。

2. 资本利得

上市股票具有流动性，投资者可以在股票交易市场上出售持有的股票收回投资，赚取盈利，也可以利用股票价格的波动低买高卖来赚取差价收入。股票买入价与卖出价之间的差额就是资本利得，或称资本损益。资本利得可正可负，当股票卖出价大于买入价时，资本利得为正，此时可称为资本收益；当股票卖出价小于买入价时，资本利得为负，此时可称为资本损失。由于上市公司的经营业绩是决定股票价格的重要因素，因此资本损益的取得主要取决于股份公司的经营业绩和股票市场的价格变化，同时与投资者的投资心态、投资经验及投资技巧也有很大关系。

3. 公积金转增股本

公积金转增股本也采取送股的形式，但送股的资金不是来自当年可分配盈利，而是公司提取的公积金。公司的公积金来源有以下几项：一是股票溢价发行时，超过股票面值的溢价部分列入公司的资本公积金；二是依据我国《公司法》的规定，每年从税后利润中按比例提存部分法定公积金；三是股东大会决议后提取的任意公积金；四是公司经过若干年经营以后资产重估增值部分；五是公司从外部取得的赠与资产，如从政府部门、国外部门及其他公司等处得到的赠与资产。我国《公司法》规定，公司分配当年税后利润时，应当提取利润的 10% 列入公司法定公积金。公司法定公积金累计额为公司注册资本 50% 以上的，可以不再提取。公司的法定公积金不足以弥补以前年度亏损的，在提取法定公积金之前，应当先用当年利润弥补亏损。公司从税后利润中提取法定公积金后，经股东大会决议，可以从税后利润中提取任意公积金。股份有限公司以超过股票票面金额的发行价格发行股份所得的溢价款以及国务院财政部门规定列入资本公积金的其他收入，应当列为资本公积金。公司的公积金用于弥补公司亏损、扩大公司生产经营或者转为公司资本，但是资本公积金不得用于弥补公司亏损。股东大会决议将公积金转为资本时，按股东原有股份比例派送红股或增加每股面值，但法定公积金转为资本时，所留成的该项公积金不得少于转增前公司注册资本的 25%。

（二）债券收益

债券的投资收益来自三个方面：一是债券的利息收益，这是债券发行时就决定的，除了保值贴补债券和浮动利率债券，债券的利息收入不会改变，投资者在购买债券前就可得知；二是资本利得，资本利得受债券市场价格变动的影响；三是再投资收益，再投资收益受以周期性利息收入作再投资时市场收益率变化的影响。由于资本利得和再投资收益具有不确定性，投资者在作投资决策时计算的到期收益和到期收益率只是预期的收益和收益率，只有当投资期结束时才能计算实际收益和实际到期收益率。

1. 债息

债券的利息收益取决于债券的票面利率和付息方式。债券的票面利率是指 1 年的利息占票面金额的比率。票面利率的高低直接影响着债券发行人的筹资成本和投资者的投资收益，一般是由债券发行人根据债券本身的性质和对市场条件的分析决定的。首先，要考虑投资者的接受程度。发行人往往是参照了其他相似条件债券的利率水平后，在多数投资者能够接受的限度内，以最低利率来发行债券。其次，债券的信用级别是影响债券票面利率的重要因素。再次，利息的支付方式和计息方式也是决定票面利率要考虑的因素。最后，还要考虑证券主管部门的管理和指导。一旦债券的票面利率确定后，在债券的有效期限内，无论市场上发生什么变化，发行人都必须按确定的票面利率向债券持有人支付利息。

债券的付息方式是指发行人在债券的有效期间内，何时或分几次向债券持有者支付利息。付息方式既影响债券发行人的筹资成本，又影响投资者的投资收益。一般把债券利息的支付分为一次性付息和分期付息两大类。分期付息债券又称附息债券或息票债券，是在债券到期以前按约定的日期分次按票面利率支付利息，到期再偿还债券本金。分次付息一般分按年付息、半年付息和按季付息三种方式。对投资者来说，在票面利率相同的条件下，分次付息可获取利息再投资收益，或享有每年获得现金利息便于支配的流动性好处。

2. 资本利得

债券投资的资本利得是指债券买入价与卖出价或买入价与到期偿还额之间的差额。同股票的资本利得一样，债券的资本利得可正可负：当卖出价或偿还额大于买入价时，资本利得为正，此时可称为资本收益；当卖出价或偿还额小于买入价时，资本利得为负，此时可称为资本损失。投资者可以在债券到期时将持有的债券兑现，或是利用债券市场价格的变动低买高卖，从中取得资本收益，当然，也有可能遭受资本损失。

3. 再投资收益

再投资收益是投资债券所获现金流量再投资的利息收入。对于附息债券而言，投资期间的现金流是定期支付的利息，再投资收益是将定期所获得的利息进行再投资而得到的利息收入。

对于投资于附息债券的投资者来说，只有将债券持有至到期日，并且到期利息都能按照到期收益率进行再投资，才能实现投资债券时预期的收益率；反之，如果未来的再投资收益率低于购买债券时预期的到期收益率，那么投资者将面临再投资风险。

决定再投资收益的主要因素是债券的偿还期限、息票收入和市场利率的变化。在给定债券息票利率和到期收益率的情况下，债券的期限越长，再投资收益对债券总收益的影响越大，再投资风险也就越大。在给定偿还期限和到期收益率的情况下，债券的息票利率越高，再投资收益对债券总收益的影响越大。当市场利率变化时，再投资收益率可能大于或小于到期收益率，使投资总收益发生相应变化。但是，对于无息票债券而言，由于投资期间并无利息收入，因而也不存在再投资风险，持有无息票债券直至到期所得到的收益就等于预期的到期收益。

二、证券收益的度量

收益是投资者放弃当前消费和承担风险的补偿，投资者在处理收益率与风险的关系时，总是希望在风险既定的情况下，获得最大的收益率；或在收益率既定的条件下，使风险最小。任何一项投资的结果都可用收益率来衡量，通常收益率的计算公式为：

收益率(%)=(收入-支出)/支出×100%

投资期限一般用年来表示；如果不是按年划分的转换为年，得到年化收益率。

债券相关收益率的计算在此前已经讨论过，这里不再赘述。在股票投资中，投资收益等于期内股票红利收益和价差收益之和，其收益率的计算公式为：

收益率(%)=(红利+期末市价总值—期初市价总值)/期初市价总值×100%

（一）收益的度量

在通常情况下，收益率受许多不确定因素的影响，因而是一个随机变量。可以假定收益率服从某种概率分布，即已知每一收益率出现的概率，见表 16-1。

表 16-1　　收益率及其概率

收益率 r_i（%）	r_1	r_2	r_3	r_4	…	r_n
概率 p_i	p_1	p_2	p_3	p_4	…	p_n

数学中求期望收益率或收益率平均数的公式如下：

$$E(r) = \sum_{i=1}^{n} r_i \times P_i \qquad (16-1)$$

式中，$E(r)$ 为预期收益率，r_i 为各种可能的预期收益率，P_i 为各预期收益发生的概率，且满足 $\sum_{i=1}^{n} P_i = 1$。

【**例 16-1**】假定证券 A 在各种可能情况下的收益率分布如表 16-2 所示。

表 16-2　　证券 A 的收益率分布

收益率	-40%	-10%	0	15%	30%	40%	50%
概率	0.03	0.07	0.3	0.1	0.05	0.2	0.25

那么，该证券的期望收益率为：

$$E(r)=[(-0.4)\times0.03+(-0.1)\times0.07+0\times0.30+0.15\times0.10+0.3\times0.05+0.4\times0.20+0.5\times0.25]\times100\% =21.60\%$$

（二）风险的度量

如果投资者以期望收益率为依据进行决策，那么他必须意识到他正冒着得不到期望收益率的风险。实际收益率与期望收益率会有偏差，期望收益率是使可能的实际值与预测值的平均偏差达到最小（最优）的点估计值。可能的收益率越分散，它们与期望收益率的偏离程度就越大，投资者承担的风险也就越大。风险的大小由未来可能收益率与期望收益率的偏离程度来反映。

在数学上，这种偏离程度由收益率的方差来度量。如果偏离程度用 $[r_i-E(r)]^2$ 来度量，那么平均偏离程度被称为方差，记为 σ^2。其平方根称为标准差，记为 σ。

$$\sigma^2(r)=\sum_{i=1}^{n}P_i[r_i-E(r)]^2$$
$$\sigma(r)=\sqrt{\sigma^2} \tag{16-2}$$

可以从收益率的历史数据得到二者的估计——样本均值和样本方差。假设证券的月或年实际收益率为 r_t（$t=1$，2，…，n），通常称之为收益率时间序列的一段样本，则样本均值为：

$$r_t=\frac{1}{n}\sum_{t=1}^{n}r_t \tag{16-3}$$

样本方差为：$S^2=\frac{1}{n-1}\sum_{t=1}^{n}(r_t-\bar{r})^2$ （16-4）

【例 16-2】假定证券 A 的收益率（r_i）的概率分布如表 16-3 所示。

表 16-3 证券 A 收益率分布

收益率	-2%	-1%	1%	3%
概率	0.2	0.3	0.1	0.4

那么，该证券的期望收益率为：

$$E(r)=[(-0.02)\times0.20+(-0.01)\times0.30+0.01\times0.10+0.03\times0.40]\times100\%$$
$$=0.60\%$$

该证券的方差为：

$$\sigma^2(r)=(-0.02-0.006)^2\times0.20+(-0.01-0.006)^2\times0.30+(0.01-0.006)^2\times0.10+(0.03-0.006)^2\times0.40=0.000\,444$$

标准差 $\sigma(r)=0.021$

第二节 证券投资组合收益和风险

证券组合管理理论最早由美国著名经济学家哈理·马科维茨于 1952 年系统提出。在此之前，偶尔有人也曾在论文中提出过组合的概念，但经济学家和投资管理者一般仅致力于对个别投资对象的研究和管理。自此以后，经济学家们一直在利用数量化方法不断丰富和完善组合管理的理论和实际投资管理方法，并使之成为投资学中的主流理论之一。

一、证券投资组合概述

（一）证券组合的含义和类型

投资学中的“组合”一词通常是指个人或机构投资者所拥有的各种资产的总称。如果没有特别的说明，则证券组合是指个人投资者或机构投资者所持有的各种有价证券的总称，通常包括各种类型的债券、股票及存款单等。

证券组合按不同的投资目标可以分为避税型、收入型、增长型、收入和增长混合型、货币市场型、国际型及指数化型等。

避税型证券组合通常投资于政府债券，这种债券免交所得税。

收入型证券组合追求基本收益（即利息、股息收益）的最大化。能够带来基本收益的证券有附息债券、优先股及一些避税债券。

增长型证券组合以资本升值（即未来价格上升带来的价差收益）为目标。投资于此类证券组合的投资者往往愿意通过延迟获得基本收益来求得未来收益的增长。这类投资者很少会购买分红的普通股，投资风险较大。

收入和增长混合型证券组合试图在基本收入与资本增长之间达到某种均衡，因此也称为均衡组合。两者的均衡可以通过两种组合方式获得：一种是使组合中的收入型证券和增长型证券达到均衡；另一种是选择那些既能带来收益，又具有增长潜力的证券进行组合。

货币市场型证券组合是由各种货币市场工具构成，如国库券、高信用等级的商业票据等，安全性很强。

国际型证券组合投资于海外不同国家，是组合管理的时代潮流。实证研究结果表明，这种证券组合的业绩总体上强于只在本土投资的组合。

指数化型证券组合模拟某种市场指数。信奉有效市场理论的机构投资者通常会倾向于这种组合，以求获得市场平均的收益水平。根据模拟指数的不同，指数化型证券组合可以分为两类：一类是模拟内涵广大的市场指数，如沪深 300 指数；另一类是模拟某种专业化的指数，如道·琼斯公用事业指数。

（二）证券组合管理的意义和特点

证券组合管理的意义在于采用适当的方法选择多种证券作为投资对象，以达到在一定预期收益的前提下投资风险最小或在控制风险的前提下投资收益最大化的目标，避免投资过程的随意性。

证券组合管理的特点主要表现为以下两个方面：

1. 投资的分散性

证券组合理论认为，证券组合的风险随着组合所包含证券数量的增加而降低，尤其是证券间关联性极低的多元化证券组合可以有效地降低非系统风险，使证券组合的投资风险趋向于市场平均风险水平。因此，组合管理强调构成组合的证券应多元化。

2. 风险与收益的匹配性

证券组合理论认为，投资收益是对承担风险的补偿。承担风险越大，收益越高；承担风险越小，收益越低。因此，组合管理强调投资的收益目标应与风险的承受能力相适应。

二、两种证券组合的收益率和方差

设有两种证券 A 和 B，某投资者将一笔资金以 x_A 的比例投资于证券 A，以 x_B 的比例投资于证券 B，且 $x_A+x_B=1$，则称该投资者拥有一个证券组合 P。证券组合中的权数可以为负，比如 $x_A<0$，则表示该组合卖空了证券 A，并将所得的资金连同自有资金买入证券 B，因为 $x_A+x_B=1$，故有 $x_A=1-x_B>1$。

如果到期时，证券 A 的收益率为 r_A，证券 B 的收益率为 r_B，则证券组合 P 的收益率为：$r_p=x_A r_A+x_B r_B$ (16-5)

r_A、r_B 应为随机变量，对其分布的简化描述是它们的期望值和协方差。

$$E(r_p)=x_A E(r_A)+x_B E(r_B) \tag{16-6}$$

$$\sigma_P^2=x_A^2\sigma_A^2+x_B^2\sigma_B^2+2x_A x_B\sigma_A\sigma_B\rho_{AB} \tag{16-7}$$

式中，ρ_{AB}为相关系数；$\sigma_A\sigma_B\rho_{AB}$为协方差，记为 cov（r_A，r_B）。

协方差只是说明了资产之间的关系，但不能说明这种关系的密切程度，相关系数则进一步刻画了两个随机变量之间相互影响的密切程度，是衡量两种资产之间相互关系的密切程度的指标。

两种资产的相关系数等于它们的协方差除以标准差，用公式表示就是：

$$\rho_{AB}=\frac{cov(r_A,r_B)}{\sigma_A\cdot\sigma_B} \tag{16-8}$$

表示 A、B 两种资产的相关系数，相关系数的取值范围介于-1（完全负相关）和+1（完全正相关）之间，相关系数的绝对值越接近 1，说明两种资产之间的相关程度越大。当相关系数的绝对值等于 1 时，两种资产之间的关系是一种确定性的、一一对应的关系，这时两种资产之间的关系称为完全相关。当相关系数为 0 时，两种资产之间不存在任何关系，称为完全不相关或零相关。一般情况下，相关系数的绝对值在 0 和 1 之间，说明两种资产之间存在一定的相关关系。

【例 16-3】已知证券组合 P 是由证券 A 和 B 构成，证券 A 和 B 的期望收益率、标准差以及相关系数如表 16-4 所示。

表 16-4　证券 A 和 B 的期望收益率、标准差及相关系数

证券名称	期望收益率	标准差	相关系数	投资比重
A	10%	6%	0.12	30%
B	5%	2%		70%

那么，组合 P 的期望收益为：

$$E(r_P)=(0.10\times0.30+0.05\times0.70)\times100\%=6.5\%$$

组合 P 的方差为：

$$\sigma_p^2=0.30^2\times0.06^2+0.70^2\times0.02^2+2\times0.30\times0.70\times0.06\times0.02\times0.12$$
$$=0.0327$$

选择不同的组合权数，可以得到包含证券 A 和证券 B 的不同的证券组合，从而得到不同的期望收益率和方差。投资者可以根据自己对收益率和方差（风险）的偏好，选择自己最满意的组合。

三、两种证券组合的图形

如果用前述两个数字特征——期望收益率和标准差来描述一种证券，那么任意一种证券可用在以期望收益率为纵坐标和标准差为横坐标的坐标系中的一点来表示，相应地，任何一个证券组合也可以由组合的期望收益率和标准差确定出坐标系中的一点，这一点将随着组合的权数变化而变化，其轨迹将是经过 A 和 B 的一条连续曲线，这条曲线称为证券 A 和证券 B 的组合线。可见组合线实际上在期望收益率和标准差的坐标系中描述了证券 A 和证券 B 所有可能的组合。

根据式（16-6）和（16-7）及 $x_A+x_B=1$，A、B 的证券组合 P 的组合线由下述方程所确定：

$$E(r_p)=x_AE(r_A)+[(1-x_A)]E(r_B) \tag{16-9}$$

$$\sigma_P^2=x_A^2\sigma_A^2+(1-x_A)^2\sigma_B^2+2x_A(1-x_A)\sigma_A\sigma_B\rho_{AB} \tag{16-10}$$

（一）完全正相关下的组合线

在完全正相关下，$\rho_{AB}=1$，方程（16-9）和方程（16-10）变为：

$$E(r_P)=x_AE(r_A)+(1-x_A)E(r_B)$$
$$\sigma_P=|x_A\sigma_A+(1-x_A)\sigma_B|$$

假定不允许卖空，即 $x_A\geqslant0$，$x_B\leqslant1$，则：

$$\begin{aligned}E(r_P)&=x_AE(r_A)+(1-x_A)E(r_B)\\ \sigma_P&=|x_A\sigma_A+(1-x_A)\sigma_B|\end{aligned} \tag{16-11}$$

因为，$E(r_P)$ 与 x_A 是线性关系，而 σ_p 与 x_A 是线性关系，所以，σ_p 与 $E(r_p)$ 之间也是线性关系。为了得到该直线，令 $x_A=1$，则 $x_B=0$，$E(r_p)=E(r_A)$，$\sigma_p=\sigma_A$，得到直线上的一点；令 $x_A=0$，则 $x_B=1$，$E(r_p)=E(r_B)$，$\sigma_p=\sigma_B$，得到直线上的另一点，连接这两点得一直线，见图 16-1。

假设证券 A 与 B 风险状况不同，即 $\sigma_p\neq\sigma_B$（此时 A、B 不会落在一条垂直于横坐标的直线上），由式（16-11），令 $\sigma_p=0$ 解得：

$$x_A=\frac{\sigma_B}{\sigma_B-\sigma_A},x_B=1-x_A=\frac{-\sigma_A}{\sigma_B-\sigma_A} \tag{16-12}$$

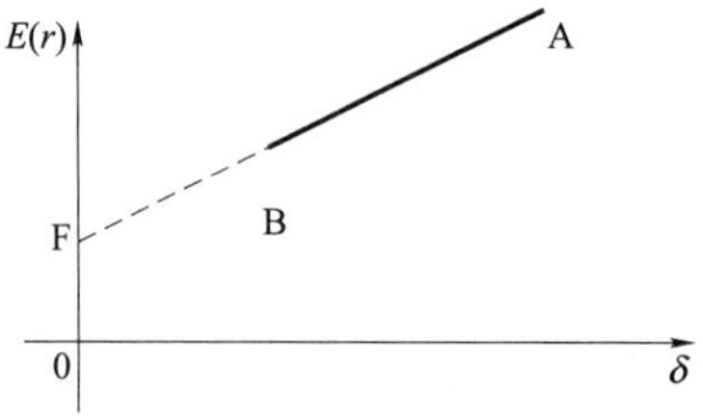

图 16-1　完全正相关下的组合线

在图 16-1 中，$\sigma_B<\sigma_A$，故 $x_A<0$，为得到无风险组合，需卖空证券 A，卖空占自有资金的比例是 $x_A=\frac{\sigma_B}{\sigma_B-\sigma_A}$，无风险组合将落在自 A 到 B 连线的延长线的 F 点上。将式（16-12）代入式（16-9）得无风险收益率为：

$$E(r_p)=\frac{\sigma_B E(r_A)-\sigma_A E(r_B)}{\sigma_B-\sigma_A}$$

所以图 16-1 中，无风险组合的坐标为$\left[0,\ \frac{\sigma_B E(r_A)-\sigma_A E(r_B)}{\sigma_B-\sigma_A}\right]$。

综上所述，在 A、B 完全正相关的情形下，只要 $\sigma_A\neq\sigma_B$，无论将来证券 A 和证券 B 的收益率状况如何，总可以选择组合得到一个恒定的无风险收益率，称该组合为一个无风险组合或 0 方差组合。为了得到这个无风险组合，要卖空方差较大的证券。因为证券 A 与 B 完全正相关时，它们完全同向变化，通过卖空一种证券，使得它们成为完全反向的证券，从而可以通过组合抵消风险。

（二）完全负相关下的组合线

在完全负相关情况下，$\rho_{AB}=-1$，方程（16-9）和方程（16-10）变为：

$$E(r_P)=x_A E(r_A)+(1-x_A)E(r_B)$$
$$\sigma_P^2=x_A^2\sigma_A^2+(1-x_A)^2\sigma_B^2-2x_A(1-x_A)\sigma_A\sigma_B \qquad (16-13)$$
$$\sigma_P=|x_A\sigma_A-(1-x_A)\sigma_B|$$

这时，σ_p 与 $E(r_p)$ 是分段线性关系，其结合线如图 16-2 所示。

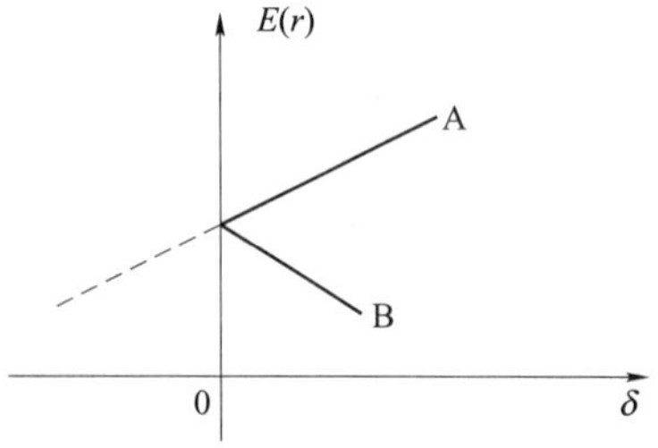

图 16-2　完全负相关下的组合线

从图 16-2 可以看出，在完全负相关的情况下，按适当比例买入证券 A 和证券 B 可以形成一个无风险组合，得到一个稳定的收益率。这个适当比例通过令式（16-11）中 $\sigma_p=0$ 得到：

$$x_A=\frac{\sigma_B}{\sigma_B+\sigma_A},x_B=\frac{\sigma_A}{\sigma_B+\sigma_A} \tag{16-14}$$

因为 r 均大于 0，所以必须同时买入证券 A 和 B，这一点很容易理解，因为证券 A 和证券 B 完全负相关，两者完全反向变化，因而同时买入两种证券可抵消风险。所能得到的无风险收益率为：

$$E(r_p)=\frac{\sigma_B E(r_A)+\sigma_A E(r_B)}{\sigma_B+\sigma_A} \tag{16-15}$$

（三）不相关情形下的结合线

当证券 A 与证券 B 的收益率不相关时，$\rho_{AB}=0$，方程（16-9）和方程（16-10）变为：

$$\sigma_p^2=x_A^2\sigma_A^2+(1-x_A)^2\sigma_B^2 \tag{16-16}$$

该方程确定的 σ_p 与 E（r_p）的曲线是一条经过 A 和 B 的双曲线，如图 16-3 所示。

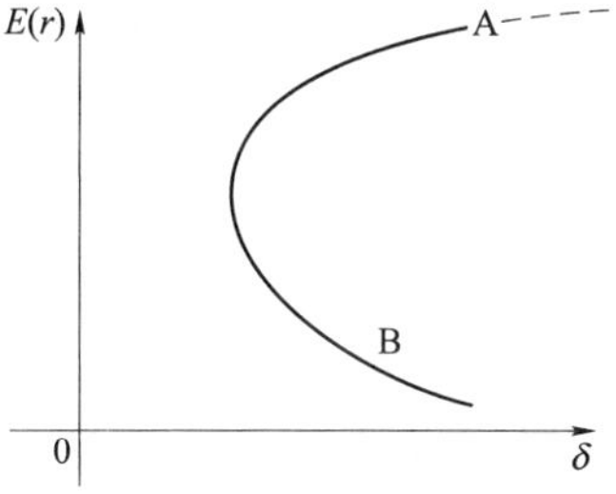

图 16-3　完全不相关下的组合线

图 16-3 中，组合线上介于 A 与 B 之间的点代表的组合由同时买入证券 A 和 B 构成，越靠近 A，买入 A 越多，买入 B 越少。而 A 点的东北部曲线上的点代表的组合由卖空 B，买入 A 形成，越向东北部移动，组合中卖空 B 越多；反之，B 的东南部曲线上的点代表的组合由卖空 A，买入 B 形成，越向东南部移动，组合中卖空 A 越多。

四、组合线的一般情形及性质

现在讨论一般的情况，在不完全相关的情形下，由于 $0\leqslant|\rho_{AB}|\leqslant 1$，方程（16-9）、方程（16-10）不会有任何简化，在一般情形下所确定的曲线是一条双曲线。相关系数决定结合线在 A 与 B 之间的弯曲程度，随着 ρ_{AB} 的增大，弯曲程度将降低。当 $\rho_{AB}=1$ 时，弯曲程度最小，呈直线；当 $\rho_{AB}=-1$ 时，弯曲程度最大，呈折线；不相关是一种中间状态，比完全正相关弯曲程度大，比完全负相关弯曲程度小，如图 16-4 所示。

从组合线的形状来看，相关系数越小，在不卖空的情况下，证券组合可获得越小的

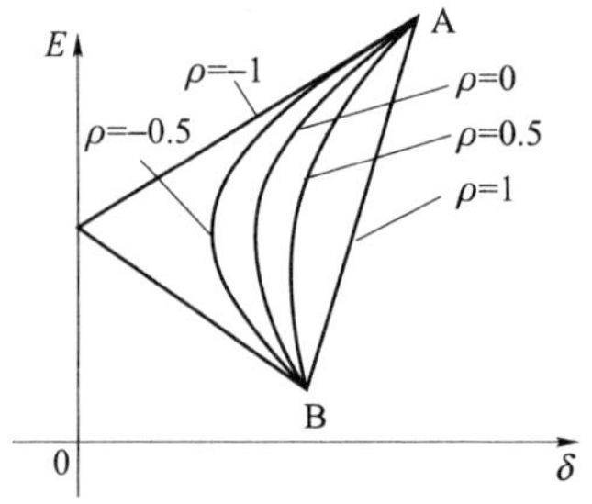

图 16-4 相关系数不同的证券组合

风险，特别是负完全相关的情况下，可获得无风险组合。在不相关的情况下，虽然得不到一个无风险组合，但可得到一个组合，其风险小于 A、B 中任何一个单个证券的风险。当 A 与 B 的收益率不完全负相关时，组合线在 A、B 之间比不相关时更弯曲，因而能找到一些组合（不卖空）使得风险小于 A 和 B 的风险，比如图 16-4 中 $\rho_{AB}=-0.5$的情形。但图中 $\rho_{AB}=0.5$ 时，则得不到一个不卖空的组合使得风险小于单个证券的风险。可见不卖空的情况下，组合降低风险的程度由证券间的关联程度决定。

第三节　证券组合的可行域及有效域

一、证券组合的可行域

在允许卖空的情况下，如果只考虑投资于两种证券 A 和 B，投资者可以在组合线上找到自己满意的任意位置，即组合线上的组合均是可行的（合法的）。如果不允许卖空，则投资者只能在组合线上介于 A、B 之间（包括 A 和 B）获得一个组合，因而投资组合的可行域就是图 16-4 组合线上的 AB 曲线段。

现在假设可供选择的证券有三种：A、B 和 C，这时，可能的投资组合便不再局限于一条曲线上，而是坐标系中的一个区域，如图 16-5 所示。在不允许卖空的情况下，A、B、C 三种证券所能得到的所有合法组合将落入并填满坐标系中结合线 AB、BC、AC 围成的区域，该区域称为不允许卖空时证券 A、B 和 C 的证券组合可行域。每一个合法的组合称为一个可行组合。为什么说图 16-5 中的区域都是可行组合呢？进入区域内的每一点可以通过三种证券组合得到，比如区域内的 F 点可以通过证券 C 与某个 A 与 B 的组合 D 的再组合得到。

如果允许卖空，三种证券组合的可行域不再是如图 16-5 的有限区域，而是包含该有限区域的一个无限区域（见图 16-6）。

可行域满足一个共同的特点：左边缘必然向外凸或呈线性，也就是说不会出现凹陷。图 16-7 中，左边缘自 W 到 V 之间出现凹陷，由于 W、V 是可行组合，W 与 V 的组合也是可行的，而 W、V 的结合线是连接 W、V 的直线段，或者是向外弯曲的曲线，

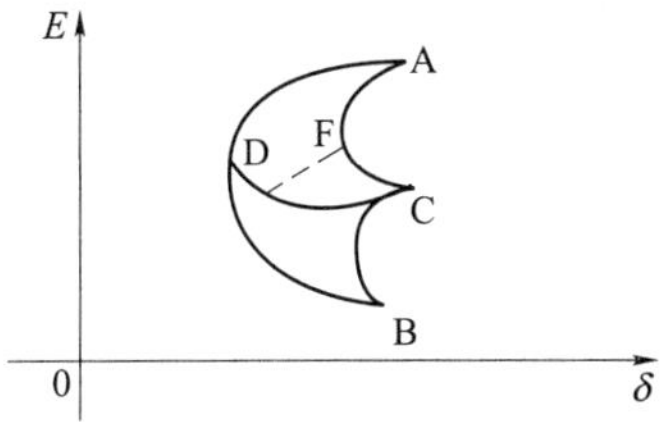

图 16-5 不允许卖空时三种证券组合的可行域

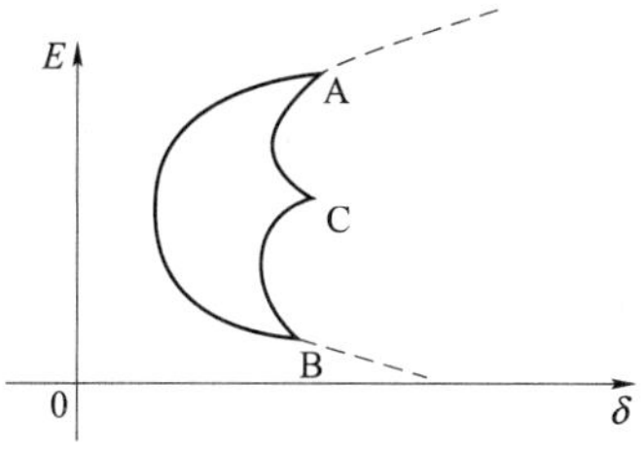

图 16-6 允许卖空时三种证券组合的可行域

W、V 的组合作为一个可行组合却落在图中区域的右面，因而该区域不可能是一个可行域。

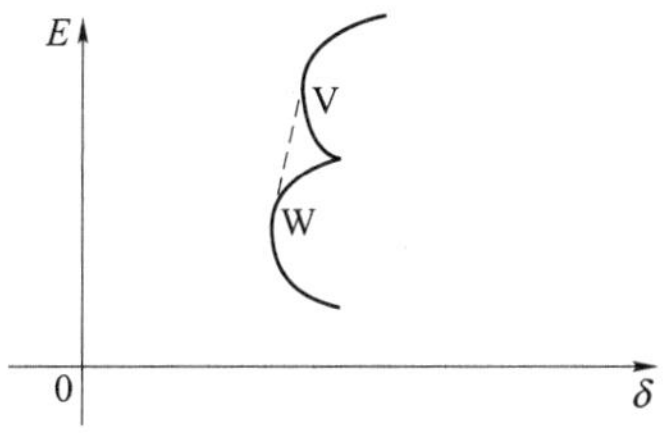

图 16-7 可行域外凸或线性的验证

二、投资者偏好与有效组合

证券组合的可行域表示了所有可能的证券组合，它为投资者提供了一切可行的组合投资机会，投资者需要做的是在其中选择自己最满意的证券组合进行投资。不同的投资者对期望收益率和风险的偏好有所区别，因而他们所选择的最佳组合将有所不同。但投资者的偏好具有某种共性，在这个共性下，某些证券组合将被所有投资者视为差的，因为按照偏好的共性，总存在比它更好的证券组合，就需要把公认为差的证券组合剔除掉。

大量事实表明，投资者普遍喜好期望收益率而厌恶风险，因而人们在投资决策时希望期望收益率越大越好，风险越小越好。这种态度反映在证券组合的选择上可由下述规则来描述：

（1）如果两种证券组合具有相同的收益率方差和不同的期望收益率，即 $\sigma_A^2 \neq \sigma_B^2$，而 $E(r_A) \neq E(r_B)$，且 $E(r_A) > E(r_B)$，那么投资者选择期望收益率高的组合，即 A。

（2）如果两种证券组合具有相同的期望收益率和不同的收益率方差，即 $E(r_A) = E(r_B)$，而 $\sigma_A^2 \neq \sigma_B^2$，且 $\sigma_A^2 < \sigma_B^2$，那么选择方差较小的组合，即 A。马科维茨把它称为"风险厌恶假设"。这种选择原则，称为投资者的共同偏好规则。

人们在所有可行的投资组合中进行选择，如果证券组合的特征由期望收益率和收益率标准差来表示，则投资者需要在 $E-\sigma$ 坐标系的可行域中寻找最好的点，但不可能在可行域中找到一点被所有投资者都认为是最好的。按照投资者的共同偏好规则，可以排除那些被所有投资者都认为差的组合，把排除后余下的这些组合称为有效证券组合。根据有效组合的定义，有效组合不止 1 个，描绘在可行域的图形中，如图 16-8 的粗实线部分，它是可行域的上边界部分，称为有效边界。

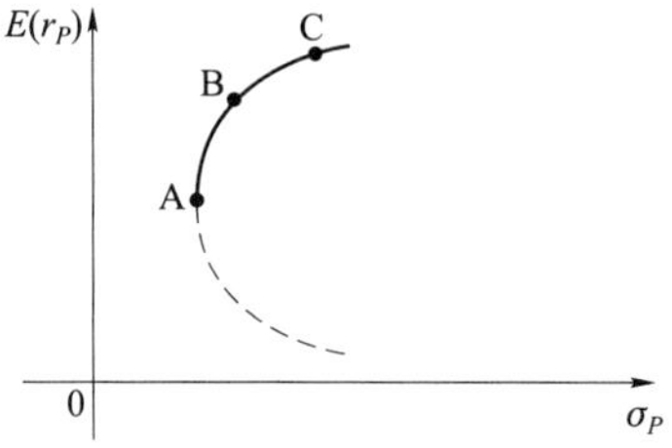

图 16-8　有效边界

对于可行域内部及下边界上的任意可行组合，均可以在有效边界上找到一个有效组合比它好。但有效边界上的不同组合，比如 B 和 C，按共同偏好规则不能区分优劣。因而有效组合相当于有可能被某位投资者选作最佳组合的候选组合，不同投资者可以在有效边界上获得任一位置。一个厌恶风险的理性投资者，不会选择有效边界以外的点。此外，A 点是一个特殊的位置，它是上边界和下边界的交汇点，这一点所代表的组合在所有可行组合中方差最小，因而被称作最小方差组合。

三、最优证券组合

（一）投资者的个人偏好与无差异曲线

按照投资者的共同偏好规则，有些证券组合不能区分优劣，其根源在于投资者个人除遵循共同的偏好规则外，还有其特殊的偏好。那些不能被共同偏好规则区分的组合，不同投资者可能得出完全不同的比较结果。共同规则不能区分的是这样的两种证券组合 A 和 B：$\sigma_B^2<\sigma_A^2$ 且 $E(r_B)<E(r_A)$。

1. 投资者偏好

证券组合 A 虽然比 B 承担更大的风险，但它同时带来更高的期望收益率，这种期望收益率的增量可认为是对增加的风险的补偿。由于不同投资者对期望收益率和风险的偏好不同，当风险从 σ_B^2 增加到 σ_A^2 时，期望收益率将得到补偿 $[E(r_A)-E(r_B)]$。这是否满足投资者个人的风险补偿要求因人而异，从而投资者将按照各自不同的偏好对两种组合作出不同的比较结果。

2. 无差异曲线

一个特定的投资者，任意给定一个证券组合，根据他对风险的态度，可以得到一系列满意程度相同（无差异）的证券组合，这些组合恰好在 E-σ 坐标系上形成一条曲线，称这条曲线为该投资者的一条无差异曲线。

不言而喻，偏好不同的投资者，他们的无差异曲线的形状也不同。尽管如此，对于追求收益又厌恶风险的投资者而言，他们的无差异曲线都具有如下六个特点：

（1）无差异曲线是由左至右向上弯曲的曲线。

（2）每个投资者的无差异曲线形成密布整个平面又互不相交的曲线簇。

（3）同一条无差异曲线上的组合给投资者带来的满意程度相同。

(4) 不同无差异曲线上的组合给投资者带来的满意程度不同。

(5) 无差异曲线的位置越高，其上的投资组合给投资者带来的满意程度越高。

(6) 无差异曲线向上弯曲的程度大小反映投资者承受风险的能力强弱。

在图 16-9 中，某投资者认为经过 A 的那一条曲线上的所有证券组合给他的满意程度均相同，因而组合 B 与 A 无差异；组合 C 比 A、B、D 所在无差异曲线上的任何组合都好，因为 C 所在的无差异曲线的位置高于 A、B、D 所在的无差异曲线。

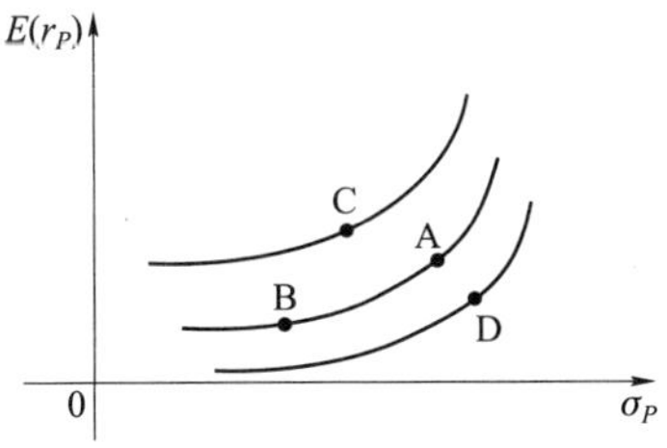

图 16-9 投资者的无差异曲线

在图 16-10 中，图（A）的投资者对风险毫不在意，只关心期望收益率；图（B）的投资者只关心风险，风险越小越好，对期望收益率毫不在意；图（C）和图（D）表明一般的风险态度，图（C）的投资者比图（D）的投资者相对保守一些，相同的风险状态下，前者对风险的增加要求更多的风险补偿，反映在无差异曲线上，前者的无差异曲线更陡峭一些。

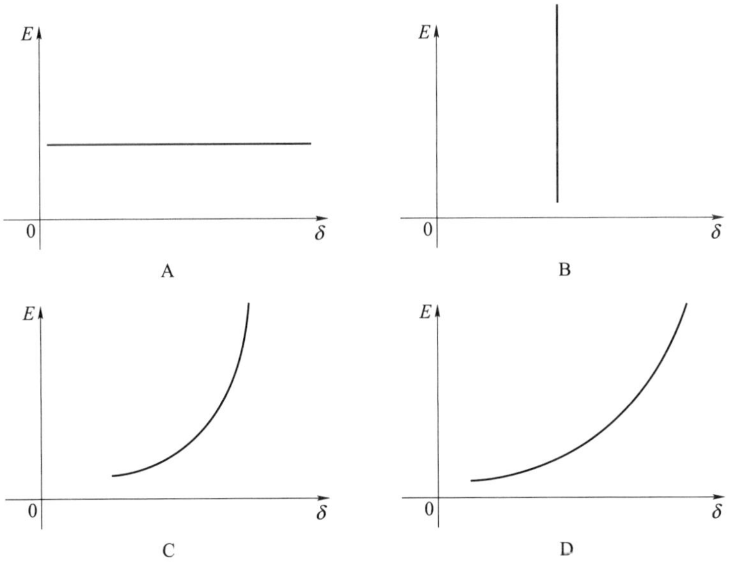

图 16-10 不同投资者的风险偏好

（二）最优证券组合的选择

投资者共同偏好规则可以确定哪些组合是有效的（即投资价值相对较高），哪些是无效的（即投资价值相对较低）。特定投资者可以在有效组合中选择他自己最满意的组合，这种选择依赖于他的偏好，投资者的偏好通过他的无差异曲线来反映。无差异曲线位置越靠上，其满意程度越高，因而投资者需要在有效边界上找到一个具有下述特征的有效组合：相对于其他有效组合，该组合所在的无差异曲线的位置最高。这样的有效组合便是使他最满意的有效组合，它恰恰是无差异曲线簇与有效边界的切点所表示的组合。

如图 16-11 所示，投资者按照他的无差异曲线簇将选择有效边界上 B 点所代表的证券组合作为他的最佳组合，因为 B 点使其在所有有效组合中获得的满意程度最大，其他有效边界上的点都落在 B 下方的无差异曲线上。不同投资者的无差异曲线簇可获得各自的最佳证券组合，一个只关心风险的投资者将选取最小方差组合作为最佳组合，即投资者效用无差异曲线与有效组合边界的切点。

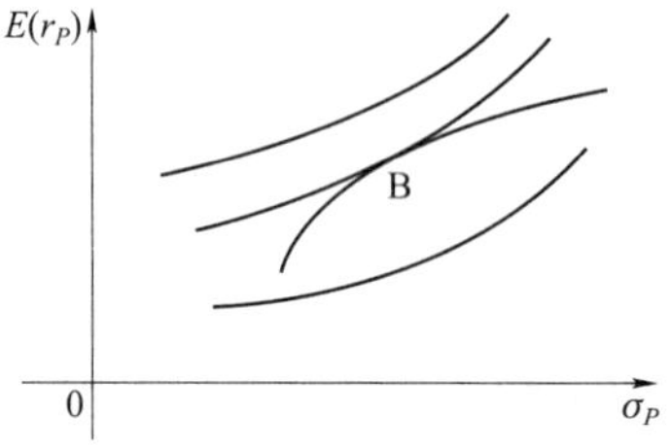

图 16-11　投资者的最优证券组合

本章小结

1. 未来收益的不确定性就是证券投资的风险。投资者总是既希望回避风险，又希望获得较高的收益。收益和风险是并存的，通常收益越高，风险越大。投资者只能在收益和风险之间加以权衡，即在风险相同的证券中选择收益较高的，或在收益相同的证券中选择风险较小的进行投资。

2. 股票投资的收益是指投资者从购入股票开始到出售股票为止整个持有期间的收入，它由股息收入、资本利得和公积金转增收益组成。债券的投资收益来自债券的利息收益、资本利得和再投资收益。

3. 证券组合按不同的投资目标可以分为避税型、收入型、增长型、收入和增长混合型、货币市场型、国际型及指数化型等。

4. 选择不同的组合权数，可以得到包含证券 A 和证券 B 的不同的证券组合，从而得到不同的期望收益率和方差。投资者可以根据自己对收益率和方差（风险）的偏好，选择自己最满意的组合。完全正相关下的组合线，可以选择组合得到一个恒定的无风险收益率；完全负相关的情况下，按适当比例买入证券 A 和证券 B 可以形成一个无风险组合，得到一个稳定的收益率。在一般情形下所确定的曲线是一条双曲线。相关系数决定结合线在 A 与 B 之间的弯曲程度，随着相关系数的增大，弯曲程度将降低。

5. 证券组合的可行域表示了所有可能的证券组合，它为投资者提供了一切可行的组合投资机会，不同的投资者对期望收益率和风险的偏好有所区别，因而他们所选择的最佳组合将有所不同。按照投资者的共同偏好规则，可以排除那些被所有投资者都认为差的组合，把排除后余下的这些组合称为有效证券组合，它是可行域的上边界部分，称为有效边界。

6. 一个特定的投资者，任意给定一个证券组合，根据他对风险的态度，可以得到一系列满意程度相同（无差异）的证券组合，这些组合恰好在 E-σ 坐标系上形成一条曲线，称这条曲线为该投资者的一条无差异曲线。偏好不同的投资者，他们的无差异曲线的形状也不同。

7. 特定投资者可以在有效组合中选择他自己最满意的组合，这种选择依赖于他的偏好，投资者的偏好通过他的无差异曲线来反映。无差异曲线位置越靠上，其满意程度越高，相对于其他有效组合，该组合所在的无差异曲线的位置最高，恰恰是无差异曲线簇与有效边界的切点所表示的组合。

重要概念

期望收益　方差　标准差　组合收益　相关系数　协方差　无差异曲线　投资者偏好　有效边界　有效组合　最优组合

复习思考题

1. 单一证券的风险和收益如何度量？
2. 证券组合的风险和收益如何度量？
3. 用图示和公式分别说明两种证券的组合线如何确定。
4. 无差异曲线与投资者偏好的关系是什么？
5. 有效证券组合与最优证券组合的确定有何不同？

计算题

表 16-5 列出了对证券 S 的未来收益率状况的估计。计算 S 的期望收益率 E_S 和标准差 σ_S。

表 16-5　　证券 S 的未来收益率及其概率

收益率（r）	30%	24%	15%	8%
概率（p）	0.20	0.35	0.30	0.15

第十七章

证券投资监督管理

学习目的

通过本章的学习，学生能够做到：掌握证券市场监管的目标与原则；掌握证券市场监管的对象与监管的主要内容；熟悉证券市场监管体系的模式及我国证券市场监管的法律体系。

重点难点

1. 证券市场监管的目标与原则；
2. 证券市场监管的对象与监管的主要内容；
3. 证券市场监管体系的模式；
4. 我国证券市场监管的法律体系。

第一节　证券市场监督管理

证券市场处于金融市场的核心地位，能够保持其稳健、高效、安全的运行，对于整个金融体系乃至整个国民经济的发展至关重要。在整个投资市场中，证券市场是最具有广泛性和复杂性的市场，是一个极其活跃的市场。然而，由于在证券市场交易过程中所存在的信息不对称和市场主体的非理性行为等因素，也使得证券市场成为最具有潜在风险的市场。因此，为了保护投资者的利益，提高证券市场的效率，有效防范和化解证券市场风险，促进证券市场的健康发展，一国的证券监管主体有必要建立完善的证券市场监管体制，通过法律、经济和行政等手段对证券市场进行监管，致力于营造公开、公平、公正的市场环境，全面保障证券市场的正常运作。

一、证券市场监管的概念

证券市场监管是指证券市场监管组织通过设定一定的行为标准或准则，运用法律手段、经济手段及必要的行政手段，对证券的募集、发行、交易等行为以及证券投资中介机构的行为实施监督、控制和管理。这种监管是一种对证券市场的规范手段，更是一种对证券市场保护和促进的有效方式。建立完善的证券市场监管体系是一国宏观经济监管体系中不可缺少的组成部分，对证券市场的健康发展意义重大。

二、证券市场监管的必要性

证券市场是集投资主体的广泛性、投资客体的多样性、投资活动的风险性等特性于一体的金融市场，它既有促进国民经济发展的积极作用，同时也容易出现欺诈、操纵、过度投机等不良行为，一旦证券市场出现这些不良行为，就容易使其陷于混乱，对社会经济影响极大。因此，证券市场的特殊性决定了必须加强对证券市场的严格管理，以保障证券市场的健康发展。

（一）加强证券市场监管是保障广大投资者合法权益的需要

证券市场上的各种欺诈、内幕交易和操纵市场等行为都会给投资者带来投资资产的损失，影响投资者对市场的信心，造成投资交易活动的萎缩，从而影响证券市场的发展。因此，为保护投资者的合法权益，必须加强对证券市场的监管，遏制交易过程中违规行为的发生，减少投资者不必要的损失。同时提高证券市场的信息透明度，使投资者充分了解证券发行人的资信、证券的价值和风险状况，从而使投资者能够比较正确地选择投资对象。

（二）加强证券市场监管是有效控制风险，维护市场良好秩序的需要

证券市场参与者多、投机性强、敏感度高，是一个高风险的市场，而证券市场的风险又具有突发性强、影响面广、传播速度快的特点。同时，在现有的经济基础和市场条件下，难免存在蓄意欺诈、垄断行市、内幕交易、操纵股价的不法行为。这些违法、违规行为必然会引起证券市场的混乱，破坏证券市场交易的秩序，不仅影响了投资者参与市场交易的积极性，也影响了筹资者通过证券市场进行正常的融资活动，从而影响了证券市场的运作效率。因此，为保护证券发行和交易的顺利进行，必须对证券市场活动进行检查监督，以便及时发现和处理各种异常情况，有效防范和化解市场风险，并严厉查处非法的证券活动，以保护正当交易，维护证券市场的正常秩序。

（三）加强证券市场监管是发展和完善证券市场体系的需要

完善的市场体系能促进证券市场筹资和投资功能的发挥，有利于稳定证券市场，增强社会投资信心，促进资本合理流动，从而推动金融业、商业和其他行业以及社会福利事业的顺利发展。

（四）加强证券市场管理是提高证券市场效率的需要

及时、准确和全面的信息是证券市场参与者进行发行和交易决策的重要依据。一个发达、高效的证券市场也必定是一个信息灵敏的市场，它既要有现代化的信息通信设备系统，又必须有组织严密的科学的信息网络机构；既要有收集、分析、预测和交换信息的制度与技术，又要有与之相适应的、高质量的信息、管理人才。这些都只有通过相关的统一组织管理才能实现。

三、证券市场监管的目标

国际证监会组织公布了证券监管的三个目标：一是保护投资者；二是保证证券市场

的公平、效率和透明；三是降低系统性风险。

我国政府及证券监管机构在借鉴国际标准的同时，根据我国证券市场实际的发展状况，确定的具体目标是：运用和发挥证券市场机制的积极作用，限制其消极作用；保护投资者利益，保障合法的证券交易活动，监督证券中介机构依法经营；防止人为操纵、欺诈等不法行为，维持证券市场的正常秩序；根据国家宏观经济管理的需要，运用灵活多样的方式，调控证券市场与证券交易规模，引导投资方向，使之与经济发展相适应。

为了达到上述目标，政府及其证券监管部门应当规范证券发行和交易行为，并保证其正常的运行，依法对违法、违规行为进行严肃处理，降低投资的风险，确保投资活动顺利进行，从而保护证券市场参与主体的合法权益，并最终营造一个健康、稳定、有序和高效的证券市场。

四、证券市场监管的原则

证券市场监管的原则是建立监管体系的基本指导思想。各国在确定证券市场监管制度，实施监管措施过程中，都会要求遵循以下几项基本监管原则。

（一）依法监管原则

依法监管是指证券市场监管部门必须加强法制建设，必须依法办事，明确划分各方面的权利和义务，保护市场参与者的合法权益，在对证券市场监管的过程中必须做到有法可依、有法必依、执法必严以及违法必究。依法监管原则首先要求有法可依，证券市场管理必须要有充分的法律依据和法律保障，要不断地加强对证券市场的法律、法规体系的建立和完善，从而进一步制定相关细则；有法必依，加强对证券市场违法违规行为的查处力度，维护证券市场的正常秩序；执法必严是指要在整个监管过程中严格按法定程序管理，不断增强整个市场的法制意识，并建立有效的控制机制，确保证券市场的各项法律法规能够得到全面的贯彻制定；违法必究是指当证券市场出现违法操作的行为时，必须及时采取必要和果断的手段，制止这种行为的继续发展，并对违法者进行惩罚，直至追究其法律责任。因此，证券市场的监管必须建立和健全强有力的法律体系，明确各种权利和义务，使其各项监管措施都具有充分的法律依据和保障。

（二）保护投资者利益原则

投资者是证券市场重要主体，是证券市场的支柱，是证券市场存在和发展的保证，保护投资者利益是证券市场监管的核心任务。对证券市场投资者利益的保护，不仅关系到资本市场的规范和发展，而且也关系到整个经济的稳定增长。从证券市场的发展历程来看，保护投资者利益，让投资者树立信心，是培育和发展市场的重要环节，是证券监管机构的首要任务和宗旨。投资者的合法权益得到切实的保护，投资者对市场有充分信心，证券市场才能得以正常运行。因此，保护投资者合法利益不受侵犯，是证券市场监管的基本原则，也是证券市场规范化的基本要求。

（三）“三公”原则

在整个证券市场的运行过程中，应该始终坚持“公开、公平、公正”的原则。

1. 公开原则

这一原则要求证券监管组织要通过制定制度和实施措施的办法实现市场信息的公开化。证券市场的信息是投资者作出合理预期的基础，对证券投资活动有决定性的影响。要保护投资者利益，必须要求信息披露应及时、完整、真实、准确，防止各种证券欺诈和舞弊行为，保证市场公开。

2. 公平原则

这一原则要求证券监管措施的实施都以保证证券市场参与者的平等法律地位、维护交易双方的合法权益为目标。公平原则的核心目的是创造一个所有市场参与者进行公平竞争的环境。按照公平原则，证券市场的所有参与者，不论其身份、地位、经济实力等方面有何差异，只要是证券市场的主体，就在进入与退出市场、投资机会、享受服务、获取信息等方面都享有完全平等的权利。

3. 公正原则

这一原则要求证券监管机构在公开、公平原则的基础上，对一切被监管对象给予公正待遇。公正原则是实现公开、公平原则的保障。根据公正原则，证券立法机构应当制定体现公平精神的法律、法规和政策；证券监管机构应当根据法律授予的权限履行监管职责，以法律为依据，对一切证券市场参与者给予公正的待遇；对证券违法行为的处罚及对证券纠纷事件和争议的处理，都应当公平进行。

（四）政府监管与自我管理相结合的原则

监管和自律相结合的原则是指在政府证券监管机构加强对证券市场监管的同时，也要加强从业者的自我约束、自我教育和自我管理，这是证券市场监管的总体原则，是世界各国共同奉行的原则。国家对证券市场的监管是证券市场健康发展的保证，而证券从业者的自我管理是证券市场正常运行的基础。两者紧密结合，有主有辅，各自发挥职能，才能建立起一个有效的证券市场监管体系。

五、证券市场监管的手段

（一）法律手段

法律手段即国家通过立法和执法，以证券法律法规的形式将证券市场运行中的各种行为纳入法制轨道，证券发行与交易过程中的各参与主体按法律要求规范其行为。这是证券市场监管部门的主要手段，具有较强的威慑力和约束力。涉及证券市场管理的法律、法规范围很广，大致可分为两类：一类是与证券市场监管直接相关的法律法规，除了《证券法》这一基本法律之外，还包括了规定证券市场某一方面的各类专门法规，几乎遍及证券市场的所有领域；另一类是与证券市场密切相关的其他法律法规，如《公司法》、《税法》等。

（二）经济手段

经济手段即政府以管理和调控证券市场为主要目的，通过运用利率政策、公开市场业务、信贷政策、税收政策等经济手段，对证券市场进行干预。这种手段相对比较灵活，是采用间接调控方式影响证券市场运行和参与主体的行为，调节过程可能较慢，存在一定的时滞。在证券市场监管实践中，主要有以下两种经济调控手段：一是货币政策方面所采取的手段，这一方面的手段对证券市场的影响是颇为显著的，主要是利用再贴现率、存款准备金率以及公开市场业务等手段调节货币供应量，进而影响证券的供求与价格；二是财政政策方面所采取的手段，这一方面的手段主要是税收政策，调整证券所得税和证券交易税（即印花税）可以直接增减证券交易的成本，从而可产生刺激市场的效应并为监管者所利用。

（三）行政手段

行政手段即政府监管部门采取强制性的行政命令、指示、规定等措施，对证券市场进行干预的手段。与经济手段相比较，运用行政手段对证券市场的监管具有强制性和直接性的特点。但由于行政手段的效果是比较直接、快速的，运用时必须遵循客观经济规律，从实际出发。一般多在证券市场发展初期，法制尚不健全、市场机制尚未理顺或遇突发性事件时使用。行政手段涉及的范围较广，如在证券发行方面采取核准制，行政控制上市种类和市场规模，对证券交易所、证券经营机构、证券咨询机构、证券清算和存管机构等实行严格的市场准入和许可制度等。

第二节 证券市场监管的对象和内容

证券市场监管对象是指参与证券市场活动的机构与个人及其相关行为。证券市场监管涉及的对象广泛，主要包含以下两个方面：一是证券市场参与者，包括证券发行人、证券投资者（个人或机构）、证券从业人员、证券交易所、证券公司、证券登记结算机构、证券交易服务机构以及为证券的发行、上市或交易提供服务的会计师事务所、律师事务所和资产评估机构等；二是证券市场上发生的行为和活动，包括证券发行、上市、交易，公司退市以及信息披露等。

一、证券投资主体的监管

（一）对个人投资者的监管

个人投资者是证券市场最广泛的投资者，个人进行证券投资应具备一些基本条件，包括国家有关法律、法规关于个人投资者投资资格的规定和个人投资者必须具备一定的经济实力等，主要是证券市场监管体系要对其进行资格审核。我国《证券法》中就明确规定，证券交易所、证券公司、证券登记结算机构的从业人员，证券监督管理机构的工作人员和法律、行政法规禁止参与股票交易的其他人员，在任期或法定期限内，不得直接或以化名，借他人名义持有、买卖股票，也不能收受他人赠送的股票，原已持有的股票必须依法转让。对个人投资者进行必要的资格审定，有利于保证证券市场的公平和公正，避免发生可能出现的内幕交易。

（二）对机构投资者的监管

对机构投资者的监管应该比对个人投资者的监管更严格，主要包括以下两个方面：

1. 对机构投资者资金来源进行必要的监督

不能随意改变专项资金的资金用途，否则可能会对国家利益、股东利益和债权人利益造成较大的伤害。因此，机构投资者用于证券投资的资金必须是其有权支配的各类资金，如资本金、企业专用基金等。对国际法人机构的投资资金来源有严格的规定，对用于证券等风险性较大的投资资金来源应进行重点监管。

2. 对机构投资者投资行为的监管

首先，要对机构投资者是否具备投资资格进行审查；其次，要对机构投资者的投资方式、投资方向、投资渠道、投资途径等方面进行审查；最后，要对机构投资者的投资手续是否完备进行审查。

二、证券发行市场的监管

证券发行市场监管是证券监管部门对新证券发行的审查、核准和监督。加强证券发行的监督和管理，是证券市场监管的重要环节，对证券市场的稳定、健康发展具有重要意义。

对证券发行的管理，首要的是对证券发行资格的审核，只有具备了证券发行条件，才能进入市场发行证券。世界各国对证券发行的审核方式主要有两种：注册制和核准制。我国《证券法》确立了证券发行实行核准制。推行核准制的重要基础是中介机构尽职尽责。实行强制性信息披露和合规性审核，需要证券专营机构、律师事务所和会计师事务所等中介机构加强自律性约束，强化市场主体的诚信责任。证券发行监管以强制性信息披露为中心，完善“事前问责、依法披露和事后追究”的监管制度，增强信息披露的准确性和完整性，同时加大对证券发行和持续信息披露中违法违规行为的打击力度。

三、证券交易市场的监管

证券交易市场是证券市场的二级市场，是对已经发行的证券进行买卖、转让、流通的市场。各类证券在交易市场上顺利流通，实现了货币资本与证券资本的相互转换。因此，证券交易市场的稳定与否关系到广大投资者的切身利益，关系到资本市场的发展状况，是证券市场监管的重要组成部分。

（一）对操纵市场的监管

证券市场中的操纵市场是指某一组织或个人以获取利益或者减少损失为目的，利用其资金、信息等优势，或者滥用职权，影响证券市场价格，制造证券市场假象，诱导或者致使投资者在不了解事实真相的情况下作出证券投资决定，扰乱证券市场秩序的行为。

对操纵市场行为的监管包括事前监管与事后处理。事前监管是指在发生操纵行为前，证券管理机构采取必要手段以防止损害发生。为实现这一目的，各国证券立法和证券管理机构都在寻求有效的约束机制。事后处理是指证券管理机构对市场操纵行为者的处理及操纵者对受损当事人的损害赔偿，主要包括两个方面：一是对操纵行为的处罚，二是操纵行为受害者可以通过民事诉讼获得损害赔偿。

案例分析 17-1

证券市场操纵——百科药业案件

2008 年 11 月 3 日，名噪一时的“黑庄”朱某因为涉嫌操纵证券交易价格罪，在上海市第二中级人民法院接受了开庭审理。朱某曾经是江苏、浙江、上海证券界赫赫有名的“大户”，入市后起步于打新股，经过 5 年的钻营，身家从千万变成数亿。根据公诉机关提供的证据材料，朱某于 1999 年初，为获取非法利益，起意操纵湖北百科药业股份有限公司（以下简称“百科药业”，现更名为天茂实业集团股份有限公司）在深圳证券交易所上市的股票交易价格。1999 年 1 月 19 日至 2003 年 6 月 23 日间，朱某组织和指挥浦某等 22 人，以自有资金或采用向证券公司质押融资、委托理财、骗取银行贷款等方式，累计集中资金人民币 48.86 亿余元，在上海、重庆等 10 余省、直辖市的 48 家证券营业部，以他人或单位名义，设立资金账户 273 个，并在上述资金账户累计下挂 6 509 个深圳股票账户（其中无重复的股票账户为 4 822 个），在其实际控制的百科药业股票账户间采用不转移所有权的自买自卖等方式，从而操纵股票交易价格。在 1999 年 5 月至 1999 年 7 月间，朱某指挥上述人员坐庄操盘，致使百科药业股价从 9.44 元上涨至 21 元，涨幅达 122.46%。

公诉机关指控，朱某的上述行为严重影响了“百科药业”的交易价格及交易量，致使该股票交易价格和交易量异常波动。公诉机关认为，其行为已构成操纵证券交易价格罪。对于上述指控，朱某全部承认。

2008 年 11 月 28 日，朱某坐庄百科药业股价案一审判决，朱某因操纵证券交易价格罪获刑两年零六个月，并处罚金 10 万元；与此前宣判的两起贷款案数罪并罚，合并执行刑期 16 年，罚金 80 万元。

资料来源：国际金融报，http：//www.jrj.com，2008-12-3.

问题：面对证券市场上存在的操纵，监管的要点在哪里？

（二）对欺诈客户行为的监管

证券欺诈行为是指以获取非法利益为目的，违反证券管理法规，在证券发行、交易及相关活动中从事欺诈客户、虚假陈述等行为。

我国于 1993 年 9 月 2 日发布了《禁止证券欺诈行为暂行办法》，禁止任何单位或者个人在证券发行、交易及其相关活动中欺诈客户。对欺诈客户行为实施监管，禁止任何单位或个人在证券发行、交易及其相关活动中欺诈客户。证券经营机构、证券登记或清算机构以及其他各类从事证券业的机构有欺诈客户行为的，将根据不同情况，限制或者暂停证券业务及其他处罚。因欺诈客户行为给投资者造成损失的，应当依法承担赔偿责任。

案例分析 17-2

网络证券交易欺诈案

广州股民C在网上看到了网址为 www.gp3333.com 的上海天成股票资讯有限公司的网页，网页上表示：加入该公司 VIP 会员每月提供10只黑马，获利50%，2月29日前入会享受买一个月送一个月的优惠，收费3 800元。网上每天免费送2只黑马验证。C一下子就动了心。C股民通过农行柜员机给户名为徐某的农行卡账号汇去3 800元，对方确认收到后打电话要C再汇两万元股票操作保密的保证金，以防止C向其他人泄露黑马秘密，并说保证金是C的财产，服务期满后将还给他。C于是再从农行汇去两万元。C在该公司网页上看有代客小资金理财，盈利后利润提成30%的说法。于是，C又汇去5万元，然后满怀希望地等待着新股上市操作的通知。之后对方又以新股发行上市等理由，前后让C汇款，共计203 800元。之后C上网突然发现上海天成股票资讯有限公司的网页打不开了，从此后C天天打电话，不是说打错了就是无人接听或根本打不通。C在网上查到其他受害股民的留言，说世纪之星股票研究所更名为上海天成股票资讯有限公司，继续诈骗，并曾使用过其他的免费热线。绝望中的C向上海证券监管部门进行了举报。

据分析，这是一起比较典型的网络证券诈骗案。这类非法证券活动中的犯罪主体往往未经工商登记，无固定场所，犯罪成本极低且手法容易复制，虚假注册地在上海等金融中心城市，但犯罪人与受害人“两头在外”，给有关部门的监管和调查带来难度，破案成本较高。有关部门提醒投资者，从事证券期货投资必须买卖经国家有关部门核准的品种，必须通过合法的机构或渠道，需要进行咨询也必须去合法的机构。只有遵守法律法规，提高风险意识，坚决不参加各类非法证券期货活动，才能真正保护自己。

资料来源：博时基金，http：//www.bosera.com/.

（三）对内幕交易的监管

所谓内幕交易，又被称为知内情者交易，是指公司董事、监事、经理、职员、主要股东、证券市场内部人员或市场管理人员，以获取利益或减少经济损失为目的，利用地位、职务等便利，获取发行人未公开的、可以影响证券价格的重要信息，进行有价证券交易，或泄露该信息的行为。

1. 内幕交易的行为主体

我国《证券法》第七十四条规定证券交易内幕信息的知情人包括：发行人的董事、监事、高级管理人员；公司的实际控制人和持有公司5%以上股份的股东及其董事、监事、高级管理人员，发行人控股的公司及其董事、监事、高级管理人员；由于所任公司职务可以获取公司有关内幕信息的人员；证券监督管理机构工作人员以及由于法定职责对证券的发行、交易进行管理的其他人员；保荐人、承销的证券公司、证券交易所、证券登记结算机构、证券服务机构的有关人员；国务院证券监督管理机构规定的其他人。

2. 内幕信息的界定

我国《证券法》第七十五条规定的内幕信息是指证券交易活动中，涉及公司的经营、财务或者对该公司证券的市场价格有重大影响的尚未公开的信息。

3. 对内幕交易的监管

我国《证券法》第七十六条规定：“证券交易内幕信息的知情人和非法获取内幕信息的人，在内幕信息公开前，不得买卖该公司的证券，或者泄露该信息，或者建议他人买卖该证券。持有或者通过协议、其他安排与他人共同持有公司5%以上股份的自然人、法人、其他组织收购上市公司的股份，本法另有规定的，适用其规定。内幕交易行为给投资者造成损失的，行为人应当依法承担赔偿责任。”

案例分析 17-3

中山公用内幕交易案

2007年8月20日，公用科技发布关于换股吸收合并中山公用事业集团有限公司及定向增发收购乡镇供水资产的预案公告，并于当日停牌。停牌前，上市公司所在地中山市部分具有明显关联特征的机构和个人账户大量买入，涉嫌内幕交易。2008年7月，证监会决定对上述情况立案稽查。

经调查，原中山市市长李某、原中山公用总经理郑某、原公用集团企管部经理周某具有重大内幕交易嫌疑，案件被移送给司法机关。李某及其亲属利用从中山公用集团董事长谭某处所获得的该集团资产重组的内幕信息炒股，账面收益高达上千万元。

中山公用内幕交易案涉案人员级别高、层次广，且大都存在亲属、朋友、同学等密切关系，涉案账户涉及众多人头账户，构成了极为复杂的资金关系，给案件的调查和取证带来了很大困难。

此案的处理结果如下：2011年4月，李某等涉嫌内幕交易一案在广州市中级人民法院开庭，其被控内幕交易罪、泄露内幕信息罪和受贿罪三项罪名。2011年10月27日，广州市中级人民法院以涉嫌内幕交易、泄露内幕信息罪、受贿罪判处李启红有期徒刑11年，并处罚金人民币两千万元、没收财产人民币十万元。

资料来源：人民网，http：//www. sina. com. cn，2011-12-4.

问题：面临诸多的内幕交易，监管主体应如何规制信息不对称？

四、证券经营机构的监管

证券经营机构主要是指专营证券业务的金融机构，如证券经纪商、证券自营商。证券经营机构是证券市场的重要桥梁，在证券市场中起到了重要的核心作用，直接关系到证券市场能否健康发展。因此，不断加强对证券经营机构的监管，促使证券经营机构正常、有序地运行，是保证证券市场良性运作的重要前提。对证券经营机构的监管，主要包括以下几个方面。

（一）证券经营机构的市场准入监管

证券中介机构的设立，在国际上一般有两种管理方式：以日本为代表的“特许制”

和以美国为代表的“注册制”。我国《证券法》第一百二十八条规定了证券公司设立的行政许可程序，即证券中介机构的设立必须向政府部门提出申请，经查验符合条件并批准后方可设立和营业。我国《证券法》第一百二十二条规定，设立证券公司，必须经国务院证券监督管理机构审查批准，任何单位和个人未经国务院证券监督管理机构批准，均不得经营证券业务。

（二）对证券公司业务的核准

按照《证券法》，符合条件的证券公司可以经营证券经纪业务、证券自营业务、证券投资咨询业务、证券承销与保荐业务、证券投资咨询业务、证券资产管理业务及政府证券监督管理机构核定的其他证券业务。证券公司的业务范围必须在申请后经国务院证券监督管理机构核定，并且不得超出核定的业务范围经营其他业务。对证券公司从事的创新业务，监管部门依据审慎监管的原则予以核准。我国《证券法》第一百二十五条规定了按照业务类型对证券公司进行管理。

（三）对证券公司的日常监管制度及监管形式

目前，我国证券公司的监管制度包括：以诚信与资质为标准的市场准入制度、以净资本为核心的经营风险控制制度、合规管理制度、客户交易结算资金第三方存管制度、信息报送与披露制度等。

证券监管机构对证券公司的日常监管可以采取现场监管和非现场监管两种方式。现场监管是证券监管机构的工作人员直接到证券公司的经营场所，通过现场检查方式检查证券公司经营的合规性、正常性和安全性情况，并采取相应监管措施的监管方式。非现场监管主要是证券监管机构对证券公司及其股东、实际控制人报送的信息和资料进行统计分析，并采取相应监管措施的监管方式。

五、证券从业人员的监管

证券从业人员是指证券中介机构（包括证券公司、证券清算登记机构、证券投资咨询机构以及其他可经营证券相关业务的机构）中一些特定岗位的人员，可分为管理人员和专业人员两类。对证券从业人员的监管主要包括证券从业人员资格考试和注册认证制度，并规定其日常业务行为规范和禁止行为的范围。我国主要通过一系列监督管理的法律法规对证券从业人员进行监管。

六、对上市公司的监管

对上市公司的监管包括信息披露的监管、公司治理监管和并购重组的监管等，其中信息披露的监管是对上市公司日常监管的主要内容。各国的证券法规均以强制方式要求上市公司披露信息，其目的是通过充分和公开的制度来保护公众投资者，使其免受欺诈和不法操纵的损害。

信息披露制度也被称为公示制度、公开披露制度，是上市公司及其信息披露义务人依照法律规定必须将其自身的财务变化、经营状况等信息和资料向社会公开或公告，以便使投资者充分了解情况的制度。世界各国证券立法莫不将上市公司的各种信息披露作为法律法规的重要内容，公开原则成为各国证券法律制度的重要原则，信息披露制度在各国证券法律制度体系中均占有重要地位。

我国《证券法》明确规定发行人、上市公司依法披露的信息必须符合真实、准确、完整、及时原则，不得有虚假记载、误导性陈述或者重大遗漏。信息披露制度保障了交易的安全，维护着投资者的信心，也维持着证券市场的稳定秩序。

上市公司、信息披露义务人违反有关规定的，中国证券监督管理委员会（简称中国证监会）按照《证券法》予以处罚。上市公司及其他信息披露义务人违反有关规定，情节严重的，中国证监会可以对有关责任人员采取证券市场禁入的措施；涉嫌犯罪的，依法移送司法机关，追究刑事责任。

案例分析 17-4

证监会查处江苏三友信息披露违法行为

2011 年 12 月，证监会对江苏三友集团股份有限公司（下称“江苏三友”）信息披露违法违规案作出行政处罚决定，对江苏三友和相关责任人员依法惩处，时任江苏三友董事长、实际控制人张某被认定为市场禁入者，5 年内不得从事证券业务或担任上市公司的董事、监事、高级经理等职务。

经查，江苏三友在 2005 年的招股说明书、2005 年至 2008 年年报和 2009 年中报中未如实披露公司的实际控制人。2004 年 9 月 30 日，张某成为友谊实业的第一大股东，为江苏三友的实际控制人。但江苏三友在 2005 年 4 月 21 日披露的招股说明书中、2005 年至 2008 年的年报以及 2009 年中报中，一直披露纺织工业联社是公司实际控制人。直到 2010 年 3 月 27 日，江苏三友发布详细权益变动报告书才披露张某对上市公司的控制关系，公司 2009 年年报披露实际控制人为张某。

证监会认定，江苏三友的上述行为违反了《证券法》有关规定，构成信息披露违法行为。监管部门对江苏三友给予警告，并处以 30 万元罚款；对时任董事长、实际控制人张某给予警告，并处以 20 万元罚款；对葛某、盛某等其他 7 名责任人分别给予警告，并处以 5 至 10 万元罚款。

证监会有关部门负责人指出，该案属于典型的上市公司未能及时披露实际控制人信息的违法违规案。江苏三友董事长张某身为实际控制人却长期隐瞒的行为违背了市场公开原则，不适宜担任上市公司高管；担任江苏三友董事、监事等职务的其他人员在集体受让友谊实业股权后，明知实际控制人变更，却在招股说明书、定期报告等对外披露信息的文件上签字同意，属于明显违背上市公司董事、监事、高级管理人员对信息披露真实性、准确性、完整性所负保证义务的行为。

资料来源：上海证券报，http：//www.sina.com.cn，2011-12-12.

问题：如何对上市公司披露的信息进行有效监管？

七、证券服务机构监管

证券服务机构是指依法设立的从事证券服务业务的法人机构。证券服务机构包括投资咨询机构、财务顾问机构、资信评级机构、资产评估机构、会计师事务所等从事证券服务业务的机构。根据我国有关法规的规定，证券服务机构的设立需要按照工商管理法规的要求办理注册，从事证券服务业务必须得到中国证监会和有关主管部门批准。投资咨询机构、财务顾问机构、资信评级机构从事证券服务业务的人员必须具备证券专业知识和从事证券业务或者证券服务业务两年以上的经验。

第三节 证券市场监管模式

证券市场监管是国家金融监管的重要组成部分。西方发达国家的证券市场起源比较早，经历了长期的发展过程，其管理体制也比较成熟。然而，由于各国的经济状况和政体环境不同，证券市场的发育程度、政府宏观调控的手段也不同，因此逐步形成了各具鲜明特色的监管模式。

从世界主要发达国家的监管模式来看，根据监管体系中政府监管与自我管理的主辅关系，大致可以分为三种类型：一是集中型监管模式，在这种模式下以政府监管为主，以自律性组织的自我管理为辅，如美国、日本、法国、巴西等国家采用此种监管模式；二是自律型监管模式，这种模式以证券业机构和人员的自我管理为主，辅以政府监督管理，如英国、意大利、荷兰等国是自律型监管模式的代表；三是中间型监管模式，这种模式既强调立法管理又强调自律管理，是集中型管理模式和自律型管理模式的融合，最早实行此种模式的国家有德国、泰国等，现在大多数国家都实行这种管理模式。

一、集中型监管模式

（一）集中型监管模式的概念

集中型监管模式也称集中立法型监管模式，是指政府通过制定专门的证券法规，并设立全国性的证券监督管理机构来统一管理全国证券市场的一种模式。在这种模式下政府积极参与证券市场管理，并且在证券市场监管中占主导地位，而各种自律性组织，如证券业协会等则起协助政府监管的作用。

美国的证券监管模式是集中型监管模式的典型代表。美国的证券市场监管模式是以政府监管为主的，但并不是仅由政府职能管理部门（如联邦证券交易委员会）管理，严格和系统化的自我管理机制同样是十分有效的。因此，形成了以集中统一管理为主，辅以市场自律的较为完整的证券管理体制。

（二）集中型监管模式的特点

1. 证券市场监管法规十分完备

以美国为例，除有《公司法》对组建公司行为进行规范外，还有证券管理的专门立法。例如，《1933 年证券法》、《1934 年证券交易法》、《1935 年公共事业持股公司法》、《1940 年投资咨询法》、《1970 年证券投资保护法》等。此外，各州也制定了相关的证券交易制度与之配套，从而构成了一个有效的全美证券市场的监管网络。

2. 设有全国性的管理机构负责管理、监督证券市场这种管理机构有的是专职管理机构，有的是政府的一个职能部门，因此按管理者划分，集中型监管模式又可以分为三类。

(1) 以独立监管机构为主体。美国根据《1934年证券交易法》，设立了专门管理机构——证券交易委员会（SEC），它由总统任命、参议院批准的五名委员组成，有权制定为贯彻执行证券市场相关法律的各种行政法规，并予以监督其实施。同时，对全国的证券发行、证券交易所、证券商、投资公司等实施统一监管，是全国证券活动的最高监管机构。SEC所具有的地位和权力成为各国证券管理机构的楷模，大多数拉美国家都实行这种管理体制。

(2) 以中央银行为主体。巴西证券市场的监督机构是证券委员会，它根据巴西国家货币委员会（巴西中央银行的最高决策机构）的决定，行使对证券市场的监管权力。这种体制使一国宏观金融的监督管理权高度集中于中央银行，便于决策和行动的协调和统一，有利于提高管理效率。不足之处是过分集权将导致过多的行政干预，以致忽视不同意见的吸取和缺乏有针对性的管理。

(3) 以财政部为主体。日本的证券管理机构是大藏省的证券局，日本的《证券交易法》规定，证券发行人在发行有价证券前必须向大藏省登记，证券交易的争端由大藏大臣调解。除日本外，如韩国、印度尼西亚等国家均由财政部为监管主体或完全由财政部直接建立监管机关对证券市场实施监督管理。

（三）集中型监管模式的优点

(1) 具有超脱于证券市场参与者之外的统一管理机构，能较公平、公正、客观、有效、严格地发挥其监督作用，并能起到协调全国各证券市场的作用，防止出现过度竞争的混乱局面。

(2) 具有专门的证券法规，使证券行为有法可依，提高证券市场监管的权威性。

(3) 由于管理者的超脱地位，较注重保护投资者的利益。

(4) 自律性作用得以发挥。

（四）集中型监管模式的缺点

(1) 证券法规的制定者和监管者远离市场，缺乏市场一线监管实践经验，从而使市场监管可能脱离实际，缺乏效率。

(2) 容易产生对证券市场过多的行政干预。

(3) 在监管证券市场的过程中，自律组织与政府主管机构的配合有时难以完全协调。

(4) 当市场行为发生变化时，有时不能做出迅速反应并采取有效措施。

二、自律型监管模式

（一）自律型监管模式的概念

自律型监管模式是指政府除了一些必要的国家立法之外，很少干预证券市场，对证券市场的监管主要由证券交易所、证券商协会等自律性组织进行监管，强调证券业者自我约束、自我管理的作用，一般不设专门的证券市场监管机构。在很长一段时间内，自律型监管模式的典型代表是英国。此外，荷兰、新加坡、马来西亚、挪威等国家也实行自律管理。

（二）自律型监管模式的特点

1. 证券监管法规缺乏独立性

自律型监管模式通常没有制定单行的证券市场管理法规，而是通过一些间接的法规来制约证券市场的活动。以英国为例，它没有证券法或证券交易法，但有一些间接的法规，如《1958年防止欺诈（投资）法》、《1976年公平交易法》、《1976年限制性交易实践法》、《1984年证券交易所（上市）条例》、《1985年公司法》等，以此作为证券管理和制约证券市场活动的法规。

2. 没有设立全国性的证券管理机构，而是依靠证券市场的参与者进行自我管理

例如，英国虽然设有专门的证券管理机构，但既不属于立法机关，也不属于政府法定的监管机构，证券市场的实际监管工作主要依靠自律监管。其自律管理体系主要由三个机构组成：（1）证券业理事会，是1978年根据英格兰银行提议的自律管理机构，主要职责是制订和执行有关证券交易的各项规章制度，如《证券交易商行动准则》、《基金经理个人交易准则》、《大规模收购股权准则》等；（2）证券交易所协会，由在交易所内从事营业的证券经纪商和自营商组成，该协会管理着伦敦及其他6个地方性证券交易所的业务，实际上监管着全国的证券交易活动；（3）企业收购和合并问题专门小组，是于1978年由参加"伦敦城工作小组"的9个专业协会发起组成，负责解释和执行《伦敦城关于收购和合并准则》，并进行咨询和发布消息等活动。

（三）自律型监管模式的优点

（1）它既可提供比较充分的投资保护，又能充分发挥市场的创新和竞争意识，从而有利于市场的活跃。

（2）它允许证券商参与制订证券市场管理条例，而且鼓励它们模范地遵守这些条例，从而使市场管理更切合实际。

（3）由市场参与者制订和修订证券管理条例比由议会制定证券法具有更大的灵活性和更高的效率。

（4）对随时出现的违法、违规行为能做出迅速的反应和有效的判断。

（四）自律型监管模式的缺点

（1）自律型管理模式通常把重点放在市场的有效运转和保护证券交易所会员的利益上，对投资者的利益没有提供充分的保障。

（2）由于没有专门、独立的监管机构，难以协调全国证券市场的发展，容易造成混乱状态。

（3）由于没有立法做后盾保障，监管手段比较软弱。

（4）管理者的非超脱性难以保障监管工作的公正。

由于自律管理模式具有诸多的缺陷，因此实行自律型管理的国家纷纷仿效集中型监管模式的某些做法，朝着政府管制与市场自律相结合的方向发展。例如，英国于1997年12月28日成立了英国金融服务管理局（Financial Service Authority，FSA），该局由1985年成立的证券投资委员会改组而成，作为独立的非政府组织，成为英国金融市场统一的监管机构，行使法定职责，统一负责监管银行、保险及投资事业，与中央银行

（BOE）同隶属于英国财政部，从而使英国投资业管理得到了相当程度的加强和完善。

三、中间型监管模式

中间型监管模式是指既强调集中立法管理又强调自律管理，是集中型管理体制模式和自律型管理体制模式的互相结合、互相渗透的产物。中间型监管模式又可称为分级管理型模式，包括二级监管和三级监管两种模式。二级监管是中央政府和自律型机构相结合的监管，三级监管是指中央、地方两级政府和自律机构相结合的监管。

在欧陆体系各国中多数采取此种证券市场监管体系，德国是该模式的典型代表。在这种模式下，不设立专门的、独立的监管机构，而是由官方的、自律型的多个监管主体共同管理市场。同时，证券法规是多层次的，有关公司上市股票发行和证券交易等方面的具体规章和程序，在“证券交易法”、“证券交易条例”、“银行法”、“投资公司法”等投资性法规中都明确地进行规定。欧陆体系各国的证券市场监管体系，在法律规程上比英美国家更为严格，属于一种严格的实质性管理的证券市场监管体系。目前，由于集中型和自律型两种监管体制模式都存在一定的缺陷，因此有些以前实行集中型或自律型监管模式的国家开始向中间型监管模式过渡。

其实，世界各国的证券市场监管体系是各有其特点的。它们都是根据其不同的经济环境和历史发展而逐步形成的。它们具有一个共同的特点——都是由政府监控与自律性管理相结合而构成的，只是其重心有所不同，有主有辅，综合协调，最终形成了一个完整和实际有效的证券市场监管体系。

四、我国证券监管模式

改革开放以来，我国证券监管体制经历了无实体监管部门阶段（1981—1985 年）、监管体系形成阶段（1986—1992 年）、监管体制的发展阶段（1992—1998 年）、集中统一型监管体制阶段（1998 年至今）。

通过多年来证券监管法律制度的建设、监管组织体系的调整、证券行业自律组织的发展，我国已初步形成了具有中国特色的证券市场监管体系。我国的证券监管体系充分体现了以国家立法与政府监控为主、以市场自我管理为辅的基本原则，并且在该体系的运作过程中，努力促进政府监控与市场自我管理的有机结合，不断增强证券从业人员和投资者的法制意识，逐步完善相关法律和制度建设，不断提高我国的证券投资监管水平。

（一）法律体系

自证券市场建立以来，我国就高度重视证券市场法律法规的建设，目前已初步建立以《证券法》、《公司法》为核心，包括与证券相关的行政法规、部门规章和规范性文件在内的证券市场监管的法律法规体系。该体系的建立与完善，对规范证券市场主体的行为，保护投资者的利益以及维护证券市场正常运行具有十分重要的作用。一般而言，我国证券市场的法律、法规具体可以分为四个层次：第一个层次是指由全国人民代表大会或全国人民代表大会常务委员会制定并颁布的法律；第二个层次是指由国务院制定并颁布的行政法规；第三个层次是指由证券监管部门和相关部门制定的部门规章及规范性文件；第四个层次是指由证券交易所、中国证券业协会及中国证券登记结算有限公司制定的自律性规则。

（二）组织体系

我国证券市场经过近 20 年的发展，逐步形成了以国务院证券监督管理机构、国务院证券监督管理机构的派出机构、证券交易所、行业协会和证券投资者保护基金公司为一体的监管体系和自律管理体系。

1. 国务院证券监督管理机构

我国证券市场监管机构是国务院证券监督管理机构，作为中国证券市场唯一的最高监管部门，依法对证券市场实行监督管理，维护证券市场秩序，保障其合法运行。国务院证券监督管理机构由中国证券监督管理委员会及其派出机构组成。

（1）中国证券监督管理委员会。中国证券监督管理委员会成立于 1992 年 10 月，是国务院直属机构，是全国证券、期货市场的主管部门，按照国务院授权履行行政管理职能，依照相关法律法规对全国证券、期货市场实行集中统一监管，维护证券市场秩序，保障其合法运行。

（2）中国证监会派出机构。中国证监会在上海、深圳等地设立 9 个稽查局，在各省、自治区、直辖市、计划单列市共设立 36 个证监局。其主要职责是：认真贯彻、执行国家有关法律、法规和方针、政策，依据中国证监会的授权对辖区内的上市公司，证券、期货经营机构，证券、期货投资咨询机构和从事证券业务的律师事务所、会计师事务所、资产评估机构等中介机构的证券业务活动进行监督管理；依法查处辖区内前述监管范围的违法、违规案件，调解证券、期货业务纠纷和争议，以及中国证监会授予的其他职责。

2. 证券业自律性组织

证券市场自律是证券市场规范化建设的重要手段，证券市场自律是证券市场管理的一种方式。所谓自律，是指证券市场参与者组成自律组织，在国家有关证券市场法律法规和政策的指导下，依据证券行业的自律规范和职业道德实行自我管理和自我约束的行为。目前，我国证券业自律组织主要包括证券交易所、中国证券业协会、中国证券登记结算公司。

（1）证券交易所自律管理。我国《证券法》第一百零二条规定：“证券交易所是为证券集中交易提供场所和设施，组织和监督证券交易，实行自律管理的法人。”我国《证券法》在借鉴他国经验的基础上，将原由政府部门行使的一部分权力授予了证券交易所，从而确认了证券交易所的组织特性和监管特性。根据《证券交易所管理办法》，证券交易所的监管职能包括对证券交易活动进行管理，对会员进行管理，以及对上市公司进行管理。

（2）证券业协会的自律管理。中国证券业协会正式成立于 1991 年 8 月 28 日，是依法注册的具有独立法人地位的、由经营证券业务的金融机构自愿组成的证券业自律组织。随着证券市场的规范发展和市场监管手段的不断完善，中国证券业协会着力加强行业自律、行业服务和行业基础建设，履行“自律、服务、传导”三大职能，调动和聚集全行业的力量，成为市场监管的必要组成部分，也是行业保护共同利益的必然要求，在业内的凝聚力、权威性得到加强，自身专业化素质得到提高，在我国行业协会中也是职能作用发挥较充分的行业自律组织之一。

（3）证券登记结算公司的自律管理。中国证券市场实行中央登记制度，即证券登记结算业务全部由中国证券登记结算有限责任公司承接，中国证券登记结算有限责任公司提供沪、深证券交易所上市证券的存管、清算和登记服务。中国证券登记结算有限责任公司是为证券交易提供集中登记、存管与结算服务，不以营利为目的的法人。按照《证券登记结算管理办法》，证券登记结算机构实行行业自律管理。

可以说，我国的证券市场及其监管体系从无到有，经历了漫长的过程，虽然还未达到完全成熟，但现行的证券监管体制已初具规模，并已取得一定的成就。

随着我国证券投资规模的不断扩大和证券市场的日益发展，如何尽快和完备地建立起我国有效的证券市场监管体系已是摆在面前的重要课题。这个问题不解决好，将直接影响我国证券市场的健康发展。目前，我国的证券市场正处在探索性阶段向规范化阶段转化的重要时期，必须针对其中依然存在的种种问题和市场失灵现象，不断调整和改善现有的证券监管体制：一方面要不断加快和强化法治建设，进一步完善市场体系，加强监管力度；另一方面要提高证券业的自律化管理水平，引导和帮助建立健全各类专业化协会和组织，制定完备的行业规范和职业道德准则，加强法治观念和自律管理的意识，逐步规范各种形式的投资交易行为，将法律、行政、社会和自律等各种管理监督方式进行有效的结合，使我国的证券市场真正成为一个公平、公正和公开的市场，使其向健康和成熟的方向发展。

本章小结

1. 证券市场监管是指证券市场监管组织运用法律手段、经济手段及必要的行政手段，对证券投资过程中的资金筹集、证券发行、交易过程、投资行为和信息披露等实施的监督、控制和管理。

2. 证券市场监管的原则有依法管理原则、保护投资者合法权益原则、“三公”原则、政府监管与自我管理相结合原则。对证券市场的监管有法律、经济、行政三种手段以及政府监管、内部监管与公众监管三种方式。

3. 证券市场监管的对象包括证券市场参与者及证券市场上发生的行为和活动，其监管的主要内容包括证券投资主体的监管、证券发行市场的监管、证券交易市场的监管、证券经营机构的监管以及证券从业人员的监管。

4. 各国的经济状况和政体环境不同，特别是其立法制度有差异，因此逐步形成了各有其鲜明特色的监管体系。目前，证券市场监管体系主要有集中型、自律型和中间型监管体系三种。

5. 我国证券市场依据以国家立法与政府监控为主、以市场自我管理为辅的基本原则，建立和完善我国的证券监管体系。在此体系的运作过程中，努力促进政府监控与市场自我管理的有机结合，不断增强证券从业人员和投资者的法制意识，逐步完善相关法律和制度建设，不断提高我国的证券投资监管水平。

重要概念

证券市场监管　证券市场监管原则　证券市场监管手段　证券市场监管对象　证券投资主体监管　证券发行市场监管　证券交易市场监管　上市公司监管　证券经营机构监管　证券市场监管模式

复习思考题

1. 证券市场监管的意义是什么？
2. 证券市场监管的目标和原则是什么？
3. 证券市场监管的重点内容是什么？
4. 各国证券市场的监管有哪些类型？比较各种模式的优缺点。
5. 我国证券监管体系的现状是什么？应当改进的方面有哪些？

参考文献

1. 博迪，等．投资学（原书第9版）［M］．北京：机械工业出版社，2012.

2. 威廉·F·夏普，戈登·J·亚历．投资学［M］．第五版．北京：中国人民大学出版社，2002.

3. 贝政新．证券投资学［M］．上海：复旦大学出版社，2005.

4. 博迪，凯恩，马科斯．投资学精要［M］．初晨，谢蕊莲，胡波，译．第7版．北京：中国人民大学出版社，2010.

5. 曹凤岐，刘力，姚长辉．证券投资学［M］．北京：北京大学出版社，2013.

6. 陈春生，孙小兰，等．证券投资学［M］．西安：陕西人民出版社，2005.

7. 陈文汉．证券投资学［M］．北京：机械工业出版社，2010.

8. 楚鹰，李健生．证券投资基础——理论·策略·技巧［M］．武汉：华中科技大学出版社，2003.

9. 何孝星．证券投资理论与实务［M］．北京：清华大学出版社，2006.

10. 胡昌生，等．证券投资学［M］．武汉：武汉大学出版社，2002.

11. 郎荣燊，裘国根．投资学［M］．第3版．北京：中国人民大学出版社，2010.

12. 李诗林．行为金融与证券投资行为分析［M］．北京：社会科学文献出版社，2005.

13. 刘德红，刘恩，等，证券投资学［M］．北京：清华大学出版社，北京交通大学出版社，2007.

14. 刘德红．证券投资学［M］．第二版．北京：清华大学出版社，北京交通大学出版社，2006.

15. 刘红忠．投资学［M］．第二版．北京：高等教育出版社，2011.

16. 刘少波．证券投资学［M］．广州：暨南大学出版社，2002.

17. 米什金．货币金融学［M］．郑艳文，荆国勇，译．第9版．北京：中国人民大学出版社，2011.

18. 彭明强，王恩鹏，等．证券投资学［M］．第二版．成都：西南财经大学出版社，2005.

19. 任淮秀．证券投资学［M］．第二版．北京：高等教育出版社，2007.

20. 斯蒂芬·A·罗斯，等．公司理财［M］．北京：机械工业出版社，2012.

21. 谭中明，侯青，等．证券投资学［M］．第2版．合肥：中国科学技术大学出版社，2009.

22. 汪昌云．投资学［M］．北京：中国人民大学出版社，2009.

23. 王玉霞．投资学［M］．第二版．大连：东北财经大学出版社，2010.

24. 王玉霞．证券投资学［M］．大连：东北财经大学出版社，2012.

25. 威廉·F. 夏普. 投资学 [M]. 北京：中国人民大学出版社，1998.
26. 吴晓求. 证券投资学 [M]. 第三版. 北京：中国人民大学出版社，2012.
27. 谢百三. 证券投资学 [M]. 北京：清华大学出版社，2005.
28. 邢天才，王玉霞. 证券投资学 [M]. 第二版. 大连：东北财经大学出版社，2010.
29. 徐国祥. 证券投资分析 [M]. 北京：科学出版社，2006.
30. 杨文进，何志刚. 投资学 [M]. 北京：清华大学出版社，2007.
31. 杨淼. 证券投资原理与策略 [M]. 北京：经济管理出版社，2005.
32. 易宪容，黄少军. 现代金融理论前沿 [M]. 北京：中国金融出版社，2005.
33. 约翰·赫尔. 期货期权入门 [M]. 张陶伟，译. 北京：中国人民大学出版社，2001.
34. 张效梅，等. 证券投资学 [M]. 长春：吉林大学出版社，2006.
35. 张玉明. 证券投资学 [M]. 北京：清华大学出版社，2007.
36. 张宗新. 证券投资学 [M]. 第二版. 上海：复旦大学出版社，2009.
37. 赵锡军，李向科. 证券投资分析 [M]. 北京：中国金融出版社，2003.
38. 赵锡军. 证券投资学 [M]. 北京：中国人民大学出版社，2008.
39. 中国证券业协会. 证券发行与承销 [M]. 北京：中国财政经济出版社，2012.
40. 中国证券业协会. 证券交易 [M]. 北京：中国财政经济出版社，2012.
41. 中国证券业协会. 证券市场基础知识 [M]. 北京：中国财政经济出版社，2011.
42. 中国证券业协会. 证券市场基础知识 [M]. 北京：中国金融出版社，2012.
43. 中国证券业协会. 证券投资分析 [M]. 北京：中国财政经济出版社，2012.
44. 中国证券业协会. 证券投资基金 [M]. 北京：中国财政经济出版社，2012.
45. 周骏，张中华，等. 投资与资本市场 [M]. 北京：中国金融出版社，2005.
46. 兹维·博迪. 投资学 [M]. 第7版. 北京：机械工业出版社，2010.